L'Opinion française sous Vichy

Du même auteur

Résistants, Vichyssois et Autres
Paris, Éditions du CNRS, 1980

Un journaliste sur le front de Normandie
Carnet de route, juillet-août 1944
(en collaboration avec Bernard Kayser)
Arléa, 1991

Mémoire et Histoire
La Résistance
(codirection avec Jean-Marie Guillon)
Privat, 1995

Pierre Laborie

L'Opinion française sous Vichy

Les Français et la crise d'identité nationale 1936-1944

édition augmentée

Éditions du Seuil

COLLECTION « POINTS HISTOIRE »
FONDÉE PAR MICHEL WINOCK
DIRIGÉE PAR RICHARD FIGUIER

La première édition de cet ouvrage
est parue en 1990, sans sous-titre,
dans la collection
L'UNIVERS HISTORIQUE

La présente édition comporte une préface inédite de l'auteur
et un complément bibliographique.

ISBN 2-02-032291-9
(ISBN 2-02-012072-0, 1re publication)

www.seuil.com

Les faits ne pénètrent pas dans le monde où vivent nos croyances, ils n'ont pas fait naître celles-ci, ils ne les détruisent pas ; ils peuvent leur infliger les plus constants démentis sans les affaiblir...

MARCEL PROUST[1]

Tout est toujours affreusement compliqué de ce qui touche à l'homme, à ses rêves, à ses idées à ses passions – et finalement à ses activités.

LUCIEN FEBVRE[2]

1. *À la recherche du temps perdu. Du côté de chez Swann.*

2. Avant-propos au livre d'Henri Michel et Boris Mirkine-Guetzévitch, *Les Idées politiques et sociales de la Résistance. Documents clandestins,* Paris, PUF, 1954.

Préface
à la deuxième édition

Certains mots vivent des malentendus de leur emploi. Il y a de la distance, et c'est peu dire, entre les vérités de l'histoire *et l'entendement du sens commun, entre l'idée et ses usages, naïfs ou manipulateurs. La* vérité historique *ne s'arrête pas pour autant à la vérité intéressée de ceux qui l'écrivent et ne renseigne pas que sur eux seuls. L'histoire des historiens peut, évidemment, établir le vrai de façon irréfutable, ancrer des repères et apporter parfois des certitudes définitives. Sur des questions primordiales, elle sait désigner les faussaires, démasquer les virtuoses du déni et opposer des faisceaux d'arguments et de preuves à l'acharnement de la négation. Mais, pour l'essentiel, ses vérités irrécusables tiennent à la matérialité des faits, méthodiquement établie. Si rien de solide ne pourrait être construit sans ce travail d'érudition, on en connaît depuis longtemps les limites : la réalité n'est pas un objet déjà constitué à reproduire avec exactitude. Savoir ce qui s'est passé n'explique pas, ou peu, comment et pourquoi il en fut ainsi. Recenser, inventorier, rétablir, situer et ordonner des faits ne suffit pas à leur donner du sens, à faire émerger les logiques de leur enchaînement, à rendre l'événement intelligible.*

Aussi le discours de l'histoire est-il, le plus souvent, un mélange imbriqué d'affirmations du vrai, de questionnements sur le vrai et d'essais sur le vraisemblable. L'historien sait ce qu'il peut y avoir d'illusoire ou de puéril à prétendre saisir le réel dans son entier, à vouloir restituer l'étrangeté de ce qui n'est plus et ne sera jamais plus. Il sait pourtant, en même temps, que ce serait se détourner du passé – et le détourner – que de refuser toute confrontation avec la complexité du social. Là et ailleurs, l'écriture de l'histoire résulte d'une négociation de tous les instants entre le désir de faire comprendre[1] *et l'obstacle de l'intransmissible, entre l'inaccessible et l'inconciliable. L'histoire est affaire de franchissements et de frontières. Ses vérités en découlent. Elles peuvent n'être ainsi que la forme plausible d'une vérité provisoire, que les vérités d'un monde et d'un temps pour les contemporains. Non parce qu'elles ne seraient que construction sur le sable ou propos de circonstance, savoir mensonger, servilité ou arrangements complaisants avec les puissants du jour. Mais, plus fondamentalement, parce qu'il ne peut y avoir de fin au travail de reconstruction et d'élucidation du passé. Les vérités de l'histoire sont le produit de leur propre histoire. Elles se construisent dans les épreuves multiples de la relecture et du temps, dans ce qui leur résiste, dans les réajustements incessants que les interrogations du présent imposent à la recherche d'une vérité un peu moins convenue, dans des révisions décisives ou modestes, dans un questionnement critique des acquis, indéfiniment recommencé. Quand l'histoire se trouve dépassée par ses propres enjeux, détournée et utilisée à d'autres fins, l'obstination des historiens à réinterroger la connaissance installée peut entraîner de l'incompréhension, installer le doute, ou même nourrir de la suspicion à l'égard de déconstructions dérangeantes. L'utilisation malencontreuse de la notion de révisionnisme, obstinément répétée, traduit peut-être ces inquiétudes. Dans tous les cas, pourtant, les vérités de l'histoire ne peuvent que proposer des grilles de sens plausibles*[2]*, que porter l'exigence au plus haut et transmettre avec elle la conscience d'un impossible achèvement. À la différence de la mémoire, de sa légitimité, de ses convictions et de son angoisse du futur, elles ne peuvent prétendre ni arrêter le temps, ni figer la bonne façon de le penser.*

Ces données élémentaires, rappelées parce que parfois oubliées, valent en permanence. Elles valent spécialement pour les passions et les « guerres de religion » qui traversent

1. À entendre seulement, pour éviter de mauvais procès, dans le sens de rendre compréhensible.

2. J'emprunte l'expression à Jacques Revel, Séminaire sur l'événement et l'histoire du très contemporain, EHESS.

toujours l'histoire et la mémoire éclatée des années 40. Elles valent plus encore pour l'histoire de ce que l'on peut appeler les phénomènes et les événements d'opinion. Soit, en d'autres termes, pour tout ce qui témoigne du mental-émotionnel collectif, pour tout ce qui renvoie au fonctionnement des systèmes de représentations des imaginaires sociaux à travers lesquels l'événement est reçu, construit et reconstruit. Quand il s'agit non de plonger dans le passé pour sonder les âmes et les cœurs de millions d'anonymes – prétention évidemment ridicule –, mais de retrouver des façons de sentir et de ressentir, quelques-uns des modes de pensée et de présence au monde d'une société à un moment de son histoire, les difficultés se croisent et s'empilent. Ici, particulièrement, la nature fuyante des phénomènes, ajoutée aux multiples singularités de leur expression et à leurs messages divergents, rend toute vérité incertaine. Qui plus est, la description rigoureuse des faits manifestes, tout en restant indispensable, n'offre plus le secours habituel des positions de repli et du moindre péril. Elle recèle les pièges des évidences trop transparentes et peut même constituer la voie la plus sûre de l'erreur de sens. Ce que l'événement d'opinion donne à voir et à penser, à travers la lisibilité extérieure d'une expression univoque dans sa forme apparente, risque de ne livrer que des informations erronées sur les intentions réelles des acteurs et la signification de l'acte. On peut l'observer à partir d'un simple exemple. Celui qui suit est connu, souvent cité et exploité, propice aux sarcasmes sous le couvert de froide lucidité et d'analyses pseudo-décapantes[3]. Il s'agit de deux mouvements de ferveur populaire, d'autant plus spectaculaires que rapprochés dans le temps, à une période décisive, intensément vécue. À quatre mois de distance, jour pour jour, les 26 avril et 26 août 1944, le maréchal Pétain et le général de Gaulle étaient successivement acclamés par les Parisiens. Sans parler des problèmes posés par la pertinence d'une comparaison entre la nature, la dimension et le statut

3. Voir plus loin, troisième partie, chapitre II. Sur ces mêmes événements, on pourra également se référer à la contribution sur « Les manifestations du 26 août », in *Paris 1944 : les enjeux de la Libération*, sous la direction de Christine Levisse-Touzé, Paris, Albin Michel, 1994.

des deux événements – problèmes qui ne sont pas minces –, c'est rester le nez écrasé sur la vitre que de ne retenir des deux manifestations que ce qu'elles semblent indiquer de manière explicite. C'est aller encore plus vite en besogne que de conclure à un virage à 180° de l'opinion, en trouvant dans la proximité et la mise en relation de ces deux événements les signes probants de la versatilité et de l'opportunisme cynique des Français, pétainistes et vichystes au temps de la puissance allemande, résistants et gaullistes à l'arrivée des Alliés. Il va de soi que les choses ont été un peu plus compliquées. La vérité de l'événement d'opinion n'est pas toujours, et seulement, celle de sa raison et de son expression apparentes. Ce qui est objet de haine ou de ferveur ne suffit pas à expliquer la haine ou la ferveur dont il est l'objet.

Quelle que soit l'attitude ou la conduite à élucider, que ce soit à propos du vieux maréchal, des occupants, des Juifs, des étrangers, des résistants, des maquisards, des peurs de guerre civile, etc., la tentation est grande de ne retenir que ce qui peut être identifié et observé, situé et mesuré. D'où, en bonne logique, l'idée de chercher dans la forme d'expression d'un phénomène d'opinion et dans son objectif désigné la signification du phénomène, de dégager de l'acte le sens de l'acte. Sans négliger ce qui est montré, et qui peut en dire assez, on peut aussi s'interroger sur ce que ne renvoie pas directement le miroir : sur la relation entre l'événement d'opinion et ce qui est censé en être la raison, sur les mutations de statut de ce qui est objet/problème d'opinion dans des systèmes de représentations eux-mêmes changeants, sur les écarts entre les modifications de ce statut dans sa fonction symbolique et l'apparence inchangée des modes d'expression à son endroit, sur ce qu'ils traduisent surtout de la façon dont un groupe social, à un moment daté, pense son rapport au réel. La continuité de forme dans les comportements n'indique pas toujours continuité de sens du comportement, la répétition à l'identique dans la manière de dire n'est pas nécessairement simple redite. Quand en 1941 et 1942, à des rythmes différents, l'effet de réel pénètre les consciences et fait voler en éclats les représentations fondatrices de Vichy – l'État protecteur, le sentiment national reconstitué dans l'unité, la voie française du renouveau –, les mêmes positions attentistes et les mêmes silences à l'égard du régime ne signifient plus les mêmes choses qu'auparavant. Les faits d'opinion disent plus qu'ils ne montrent et les écarts risquent d'être encore plus forts quand les contraintes du contexte restreignent le registre des possibilités d'expression. C'est un des points sur lesquels ce livre voulait attirer l'attention pour souligner les limites des lectures immédiates et pour convaincre surtout de ne jamais cesser d'interroger les évidences. Limites d'autant plus marquées que, de plus, pour les besoins de la cause, les phénomènes étudiés se retrouvent alors artificiellement isolés, faussement considérés comme autonomes, enfermés dans la brièveté d'un temps tronçonné, observés comme des objets en soi, comme autant d'arrêts sur image.

Au-delà, bien sûr, le livre reflète à son tour les questionnements de l'historien et ses tâtonnements pour accéder à une vérité toujours à construire. C'est pourquoi, pour rester cohérent avec ce qui précède, et ne serait-ce que comme une contribution au rapport de l'historien à son propre temps, le texte a été maintenu dans sa version originale. Il a été écrit vers la fin des années 80, en s'appuyant largement sur une thèse d'État. À ce moment-là, abstraction faite des difficultés propres au sujet, la question des attitudes collectives sous Vichy et l'Occupation, toujours présente de façon transversale dans les problèmes abordés, n'était pas considérée comme primordiale par les chercheurs. Dans le prolongement des travaux de Eberhard Jäckel, Robert O. Paxton, Michael Marrus ou Serge Klarsfeld sur la collaboration d'État et les mesures antijuives de Vichy[4]*, la priorité était de dépasser les tabous réels ou supposés qui freinaient l'histoire du régime, de casser l'enfermement des modèles installés, d'ouvrir au scalpel là où ça allait faire mal, d'inventorier les plages de*

4. Dans l'ordre des auteurs cités : *La France dans l'Europe de Hitler*, Paris, Fayard, 1968 ; *La France de Vichy, 1940-1944*, Paris, Le Seuil, 1973, nouvelle édition en 1997 ; *Vichy et les Juifs* (avec Paxton), Paris, Calmann-Lévy, 1981 ; *Vichy-Auschwitz*, Paris, Fayard, 1983-1985. Même si leurs travaux n'ont pas toujours eu l'écho mérité en dehors du cercle des spécialistes, il serait injuste d'oublier Henri Michel, *Vichy année 40*, Paris, Robert Laffont, 1966 ; Yves Durand, *Vichy 1940-1944*, Paris, Bordas, 1972 ; et Jean-Baptiste Duroselle, *L'Abîme, 1939-1945*, Paris, Imprimerie nationale, 1986.

silence, de les interroger, de combler les trous et de réparer les oublis. Priorités justifiées par de multiples raisons, mais étroitement liées à un fait nouveau : sur un terrain jusque-là fortement occupé par la commémoration et le discours résistants, la conscience identitaire des Juifs français s'affirmait avec force, à travers une réactivation de la mémoire de l'exclusion, des persécutions sous Vichy et de l'anéantissement, tragédies diluées dans la masse des souffrances ou discrètement passées à la trappe de l'oubli. Elle dénonçait les responsabilités particulières et considérables de l'État français dans le processus d'extermination, en mettant l'accent sur deux données essentielles, méconnues ou masquées jusque-là : la politique antisémite du régime de Vichy était une spécialité bien française et sa mise en œuvre, dès les premiers mois, ne devait rien à l'antisémitisme nazi ; les mesures judéophobes de Vichy avaient libéré l'expression d'un antisémitisme traditionnel revenu à la surface avec les tendances xénophobes des années 30, inégalement partagé dans la population, mais persistant. Longtemps exilé aux marges de la mémoire nationale, le sort des Juifs de France s'installait au centre des questionnements sur l'histoire de Vichy[5].

Sans être négligé dans les travaux faisant désormais référence sur les années noires, j'y reviendrai à propos des positions de Robert Paxton, le problème des conduites collectives des Français était surtout abordé dans des études régionales[6]*, ou limité à des analyses portant sur des milieux sociaux, des cultures politiques ou des familles spirituelles*[7]*. Les travaux s'inspiraient en général d'une approche du mouvement*

---

5. Je reprends ici l'esprit d'une phrase empruntée à Renée Poznanski et qui constitue le titre d'une contribution fondamentale sur la question : « Vichy et les Juifs. Des marges de l'histoire au cœur de son écriture », *in* Jean-Pierre Azéma et François Bédarida (dir.), *Vichy et les Français*, Paris, Fayard, 1992.

6. À titre d'exemple, John F. Sweets, *Choices in Vichy France. The French under Nazi Occupation*, New York-Oxford, Oxford University Press, 1986. Le livre a été traduit et publié en 1996, chez Plon, sous le titre *Clermont-Ferrand à l'heure allemande*. Les analyses de l'historien américain diffèrent singulièrement des jugements suggérés par le film *Le Chagrin et la Pitié*, situé lui aussi dans la capitale de l'Auvergne.

7. Pour une éclairante remise en perspective, cf. Jean-Pierre Azéma, « Vichy et la mémoire savante », in *Vichy et les Français*, *op. cit.*

des esprits qui privilégiait la presse, les formes explicites du discours, le poids des conditionnements socioculturels et les ressorts raisonnés d'une évolution logique des esprits en fonction des compromissions du régime et des événements extérieurs. En revanche, mais avec des intentions fortement divergentes, le thème était régulièrement abordé dans les médias, dans les conflits de mémoire et dans le champ politique. Les occasions de s'affronter ne manquaient pas. L'actualité fournissait en permanence tous les prétextes pour revenir à la France et aux Français de Vichy[8]*. Elle permettait de multiplier les points de vue personnels sur un sujet où les références rituelles à l'histoire n'étaient que convention de pure forme ou artifice. Chacun savait par ses proches ou sa propre expérience ce qui s'était « réellement » passé, chacun avait un avis autorisé sur ce que les Français avaient été, avaient fait, ou auraient dû faire pendant les années noires, chacun était en droit de se prononcer. Les jugements reposaient sur des convictions catégoriquement exprimées et solidement installées. La chronologie écrasée et l'épaisseur des années réduite à une unité de temps uniforme facilitaient la propension à des extrapolations sommaires. À chacun son miroir et ses modèles, à chacun ses indignations et ses actes de foi, à grand renfort de clichés généralisateurs qui séparaient et opposaient des clans nettement identifiés.*

Que l'on adhère ou non à sa vision des événements, l'historien et journaliste Henri Amouroux, omniscient et omniprésent, systématiquement convoqué comme le spécialiste incontesté des états d'âme et des troubles d'un pays déchiré, contribuait par le ton de ses propos à cette familiarité d'approche. Ses chroniques s'appuyaient sur un travail d'investigation exploitant des documents inédits et faisaient une

8. Les controverses provoquées par la publication de *L'Idéologie française* de Bernard-Henri Lévy, la sortie de films allant du *Dernier Métro* (1980), de *Papy fait de la résistance* (1983), à *Shoah* (1986) ou à *Au revoir les enfants* (1988), les actions en justice avec les inculpations de Jean Leguay, Paul Touvier, Maurice Papon, le procès et la condamnation de Klaus Barbie, les débats parlementaires houleux autour des ombres du passé de Robert Hersant et de François Mitterrand, les affrontements autour des révélations amenées par Daniel Cordier, à propos de la biographie de Jean Moulin, ne sont remis en mémoire que pour donner une idée du climat.

large place au récit d'innombrables expériences vécues relatées par des témoins[9]*. Commentées sur un ton docte, elles redonnaient aux problèmes du temps une dimension ordinaire accessible à tout un chacun. À le suivre, la* bonne *histoire ne demandait rien d'autre que l'assemblage habilement équilibré de tranches de vie choisies pour illustrer l'étendue des drames, la diversité des émotions et la violence des affrontements entre passions, haines, joies, douleurs et autres règlements de comptes... Exprimées avec un talent confirmé de narrateur, analyses et conclusions se voulaient en général conciliantes. Les modèles d'intelligibilité laissaient entendre que, comme la nature humaine, la compréhension de l'histoire était avant tout affaire de bon sens. Posant comme principe le refus de toute forme de manichéisme, Henri Amouroux partait d'une complexité des situations clairement soulignée pour aboutir à une lecture des événements sinon consensuelle, du moins acceptable par le plus grand nombre. Elle consistait à redistribuer les bons et les mauvais points, non plus en fonction des camps opposés, mais à l'intérieur de chacun d'entre eux. Chacun pouvait puiser dans la masse et la variété des récits ou des interprétations ce qui lui convenait, en restant sur ses positions et ses convictions.*

Cette lecture lisse informait en abondance sans trop déranger et préservait une certaine tranquillité d'esprit. Si tout le monde pouvait à peu près y trouver son compte[10]*, les consentements tièdes ne fournissaient pas cette grille interprétative cohérente qui fait la force de diffusion des vulgate. En réaction aux excès de rose de l'imagerie héroïque, grossièrement simplifiée par ses détracteurs, une version autre du comportement des Français allait faire son chemin et se répandre. La nouvelle vulgate reflétait l'air du temps. À la recherche de la lumière, elle virait au gris, au gris sombre. Contre*

9. Entre 1976 et 1988, 8 volumes ont été publiés, chez Robert Laffont, sous le titre général de *La Grande Histoire des Français sous l'Occupation*. En 1991 est paru un 9e volume (*Les règlements de comptes*) sous un titre modifié : *La Grande Histoire des Français après l'Occupation*.

10. Des résistants entrèrent en conflit avec Henri Amouroux, en particulier au sujet de l'épuration. Dans le Limousin, avec Georges Guingouin, ce fut aussi le cas à propos des causes du massacre d'Oradour-sur-Glane par des éléments de la division *Das Reich*.

« l'honneur inventé », elle s'appuyait sur une schématisation des découvertes de l'histoire « savante », identifiées à une interprétation sommaire des dures vérités établies par Paxton, et radicalisait les impressions laissées par le choc du film Le Chagrin et la Pitié. *À la fin du mois d'octobre 1981, dix ans après sa sortie dans les salles, quinze millions de télé-spectateurs avaient pu enfin découvrir ce film. Présenté comme le miroir sans complaisance d'une réalité que les Français s'étaient jusque-là refusés à reconnaître, il renvoyait l'image déprimante d'une France provinciale « moyenne », médiocre, opportuniste, obsédée par le ventre, parfois aux limites de la veulerie et des lâchetés scélérates. Comme lors de la sortie dans les salles, la projection entraînait, dans la confusion, de multiples réactions* [11]*. Dépassant très largement les intentions qui avaient inspiré le réalisateur Marcel Ophuls, et au nom d'un discours démystificateur, certains tenaient à montrer qu'ils savaient nager encore plus vite que le courant et s'employaient à grossir le trait en dénonçant des Français « tous collabos », antisémites, dénonciateurs, complices de l'infamie. Pour ceux-là, qui parlaient fort, l'abjection au quotidien du crémier Poissonnard* [12] *avait gravé une bonne fois pour toutes le portrait-robot du Français occupé ordinaire. Sans généraliser de telles caricatures, un fort courant de l'esprit des années 80 cultivait l'image d'une France peu reluisante dans sa masse, juste reflet du régime dans lequel elle était censée s'être longtemps reconnue, jusqu'en 1943, ou même plus tard encore. C'était curieusement renouer avec le climat culpabilisateur entretenu en son temps par Vichy et lui donner raison. Mais surtout, s'attacher à rendre ainsi la grande majorité des Français coupable de tout aidait à alléger le poids de ceux qui l'avaient été, lourdement, indiscutablement, avec froide application ou avec enthousiasme, dans tous les cas avec la conscience tranquille.*

---

11. Voir nécessairement les pages consacrées à la sortie du film par Henry Rousso dans *Le Syndrome de Vichy*, Paris, Le Seuil, 1990. Il rappelle que Simone Veil et Germaine Tillion exprimèrent une opinion hostile. « De cet ensemble se dégage le profil d'un pays hideux », dira Germaine Tillion. Cf. Jean Lacouture, *Le témoignage est un combat*, une biographie de Germaine Tillion, Éd. du Seuil, 2000.

12. Personnage central du roman de Jean Dutourd, *Au bon beurre*.

Des relents de moisi traversaient certains jours l'atmosphère mais, c'est vrai, ce livre ne cherchait pas à mettre la moisissure en culture. Il se voulait « d'histoire et non d'inquisition[13] *». Pour reprendre l'esprit d'une phrase de Germaine Tillion, il y aura toujours ceux qui ne s'intéresseront qu'au petit bout de vérité qui peut déclencher le scandale ; ils n'auront qu'indifférence ou condescendance pour la vérité massive, trop banale, usée par trop de familiarité d'usage. Que les choses soient claires : après de longues complaisances, il était alors urgent de mettre à nu le mensonge, l'abus de confiance et la dure indifférence du visage de Vichy, soigneusement camouflés sous les traits maquillés d'un vieux monsieur soi-disant compatissant au malheur de ses compatriotes et sauvant ce qui pouvait l'être. Mais il arrivait que les artisans du nettoyage confondent les niveaux de responsabilité, et enferment dans un même sac les exécutants au zèle implacable d'une classe dirigeante dévoyée et ceux qui avaient dû subir de plein fouet les conséquences de leur intolérance ou de leur aveuglement. Quand on plonge dans le temps de la défaite, de Vichy et de l'Occupation, il n'est pas difficile de noircir le paysage. On y trouve des milliers d'exemples qui peuvent laisser sans illusion sur l'infinie capacité de l'espèce humaine à décliner la banalité du mal. Mais on y trouve aussi des traits éblouissants de beauté et de lumière. Sans fermer les yeux sur les moments d'accablement et les bouffées de honte, et plutôt que de se contenter de dénoncer, condamner ou distribuer des médailles, d'une position confortable, il me paraissait plus utile d'essayer de dégager des éléments d'explication à des comportements souvent déroutants, pour certains incompréhensibles à première vue. Mon point de vue est inchangé, plus que jamais. Sans chercher à minimiser le choc considérable de l'immense événement que fut l'effondrement de la France – et je suis de ceux qui ne cessent de le rappeler face à des analyses devenues aujourd'hui incroyablement sélectives –, je continue à observer qu'une des plus grandes interrogations de notre passé reste posée et qu'elle n'a reçu que des débuts*

13. Expression qui appartient à Lucien Febvre (*Honneur et Patrie*, Paris, Perrin, 1996) et que je fais mienne.

de réponses, comme ce livre s'efforce d'en proposer. Pour les historiens, le véritable enjeu est toujours de chercher à comprendre – en dehors de la pseudo-explication par l'idée de décadence, pauvre et fortement connotée – pourquoi cette nation a pu, sinon se coucher, du moins se laisser entraîner dans la spirale de la concession par cette syncope des volontés dont parlait Emmanuel Mounier[14] *; comment, au bout de quelle usure, de quelle fatigue, de quelle désespérance, de quelle humiliation, de quels désenchantements, de quelles incompréhensions, de quels aveuglements, de quelles attentes, de quelles illusions, de quels rêves de futur, elle a pu s'enliser dans cette « culture » de la défaite et du renoncement, dans cette langueur mortelle, qui l'ont préparée à subir le fait accompli, à accepter que l'événement décide, irrémédiablement.*

Plus de dix ans ont passé depuis que ce livre a été écrit et sa relecture, sans indulgence, incite à la modestie. Sur un thème qui prêtait alors bien plus à la polémique qu'au désir de savoir, il témoigne de ce que pouvaient être la sensibilité à l'événement, les préoccupations et les lacunes d'un historien dans les années 80. C'était au moment du procès de Klaus Barbie, avant la profanation des tombes juives de Carpentras et les réactions de l'opinion, avant l'inculpation de René Bousquet pour crime contre l'humanité et son assassinat un peu plus de deux ans après, avant le non-lieu en faveur de Paul Touvier puis son procès à Versailles et sa condamnation, avant la commémoration houleuse de la « rafle du Vel'd'Hiv' » le 16 juillet 1992, avant les polémiques autour du « fichier juif » retrouvé par Serge Klarsfeld, avant l'affaire de la gerbe du président de la République sur la tombe du maréchal Pétain, avant la divulgation publique du passé de François Mitterrand à Vichy et de ses liens avec René Bousquet, avant l'annonce de la construction d'un centre de la mémoire à Oradour-sur-Glane après un enfermement de cinquante ans dans le silence, avant le procès et la condamnation de Maurice Papon, avant les remous entraînés

14. Revenant sur les accords de Munich au printemps 1939, Mounier parle de « cette première syncope des volontés qui annonce leur soumission prochaine » (*Esprit*, n° 80, mai 1939).

par la suspicion jetée sur Jean Moulin et sur les époux Aubrac, avant la déclaration publique du président de la République, Jacques Chirac, sur les responsabilités de la France dans le génocide, avant les commissions d'enquête sur la spoliation des Juifs, avant d'innombrables colloques et débats... Avant, enfin, la publication d'une liste impressionnante de travaux importants, en particulier sur la Résistance, très souvent initiés par les questionnements du présent et recoupant, pour certains d'entre eux, le problème des choix collectifs. À partir de problématiques et d'angles de vue différents, la réflexion poursuivie par Henry Rousso, les recherches de Marc Olivier Baruch et de Philippe Burrin rejoignent des préoccupations proches de celles qui justifiaient l'existence de ce livre[15].

Reste la question de savoir ce qui a réussi à traverser le temps, ce qui subsiste des intentions. Au lecteur de juger si les éléments de réflexion proposés ici constituent toujours des outils utiles à une meilleure compréhension des Français confrontés à une longue crise d'identité nationale, de ce qui avait pu se passer dans leurs têtes pendant ces années troubles. Je ne reviendrai pas sur ce qui concerne l'approche des faits d'opinion, si ce n'est pour une simple remarque. Face aux simplifications répandues, l'analyse des systèmes de représentations mentales – dans le sens où les représentations s'organisent en système, en particulier à travers le mode de réception de l'événement – me paraît justifier le bien-fondé du regard de l'historien sur les phénomènes d'opi-

15. Éric Conan et Henry Rousso, *Vichy, un passé qui ne passe pas*, Paris, Fayard, 1994, puis Gallimard, « Folio-Histoire », 1996 ; Henry Rousso, *La Hantise du passé*, entretien avec Philippe Petit, Paris, Textuel, 1998 ; Philippe Burrin, *La France à l'heure allemande, 1940-1944*, Paris, Le Seuil, 1995 ; Marc Olivier Baruch, *Servir l'État français, L'administration en France de 1940 à 1944*, Paris, Fayard, 1997. J'ai essayé, de mon côté, d'approfondir certains points à peine abordés dans le livre. Voir, par exemple, « The Jewish Statutes in Vichy France and Public Opinion », *Yad Vashem Studies*, vol. XXII, Jérusalem, 1992, « 1942 et le sort des juifs », *Annales ESC*, mai-juin 1993 ; « L'Évolution de l'opinion protestante, 1940-1944 ; (avec François Boulet), in *Les Protestants français pendant la Seconde Guerre mondiale*, numéro spécial du *Bulletin de la Société de l'histoire du protestantisme français*, 1994, « Espagnols et Italiens dans l'imaginaire social des Français », *in* Pierre Milza et Denis Peschanski (dir.), *Exils et Migrations, Espagnols et Italiens en France, 1938-1946*, Paris, L'Harmattan, 1994.

nion. Elle lui donne une légitimité plus convaincante que les interminables – et parfois stériles – revues de presse, les analyses du discours des différentes familles politiques ou les commentaires des sondages.

Sur le fond, un des enseignements du livre réside, à mes yeux, dans l'impossibilité de penser les Français de Vichy à partir des interrogations habituelles, mille fois entendues : collabos ? résistants ? pétainistes ? vichystes ? complices ? Sur ce point non plus, je n'ai pas changé d'avis. On peut dégager des tendances indicatives, des courants dominants, repérer des périodes et des signes de basculement indiquant des évolutions décisives, mais l'influence prépondérante des individus, le poids des expériences inclassables, les rythmes dissemblables des prises de conscience, la multiplicité des formes de rapport au temps et tout spécialement des représentations du futur, les sentiments ambivalents, rendent les comportements irréductibles à des typologies définitivement établies, à des alternatives simples, à l'idée de l'uniformité, du moule, des sensibilités caractéristiques et des découpages soigneusement dessinés. Si des moyens d'élucidation doivent être proposés, c'est pour indiquer des lignes de pente et des modes de fonctionnement, tout en sachant que, sur de telles questions, des itinéraires imprévisibles, de fortes singularités et des évolutions atypiques, resteront toujours irréductibles à une conceptualisation englobante. La construction d'un modèle n'a pas, ici, valeur de démonstration généralisable ; elle ne vise qu'à dégager des outils théoriques et à vérifier leur capacité d'élucidation.

Dans l'avant-propos rédigé pour la nouvelle édition de La France de Vichy, *Robert O. Paxton revient sur les réserves que j'avais alors formulées sur un des versants de son travail. Elles ne portaient pas sur les apports fondamentaux de son livre qui, pour la majorité des historiens de ma génération, ont infléchi de façon décisive la recherche sur Vichy. Comme on pourra le voir, elles mettaient en doute le bien-fondé de son interprétation du mouvement des esprits. Les Français y passaient, progressivement et « logiquement », d'un camp à un autre, en suivant l'évolution des forces en présence. Tout en concédant avoir proposé un schéma abstrait et un peu trop mécanique des modes de fonctionnement de l'opinion,*

Robert O. Paxton s'interroge sur la portée de mes analyses. Il se demande si elles dépassent l'exemple toulousain et si mes conclusions ne trouvent pas là leurs limites. Sans revenir sur les précautions que j'avais moi-même exprimées sur la question, à propos des innombrables spécificités observables – régionales et autres –, je saisis l'occasion de cette réédition pour poursuivre ce dialogue et apporter quelques précisions.

La première concerne l'utilisation des sources. S'il est vrai que j'ai exploité méthodiquement les énormes fonds d'archives de la préfecture régionale de Toulouse, je ne m'en suis pas tenu là. Je me suis largement appuyé sur le « contrôle technique », expression innocente qui désigne le contrôle secret des correspondances privées par l'administration de Vichy. J'ai bien entendu consulté les synthèses effectuées, à l'échelle du pays, par la Commission centrale des contrôles. Mais surtout, il va de soi que les informations qui découlent de ces interceptions postales n'intéressent pas que le lieu où elles sont récoltées : les lettres qui parviennent au centre de tri de Toulouse ne sont pas exclusivement écrites par des Toulousains et ne parlent pas que de Toulouse, même chose à Montpellier ou ailleurs.

La seconde remarque est d'ordre plus général. L'argumentation de Robert O. Paxton semble reposer sur l'idée de « tempéraments » locaux ou régionaux qui constitueraient des facteurs déterminants des comportements. Les identités culturelles ont certainement joué – on le voit en Bretagne, dans le Limousin, dans les Cévennes –, mais leur influence sur la répartition des choix reste difficile à mesurer. C'est encore plus vrai pour le Sud-Ouest qui a connu d'importants brassages de populations en accueillant un grand nombre de réfugiés venant de partout[16]*. On sait qu'il faut se méfier des stéréotypes à visée psychologisante. L'avertissement vaut particulièrement pour le Midi toulousain, un peu vite identifié dans les esprits à la couleur de ses briques. Cette représentation vient en grande partie d'images associées à la Libération et à la légende de la « République rouge de Toulouse ». Elle relève fortement d'une projection rétrospective. Aucun*

16. Les cadres de la Résistance régionale reflètent précisément – et largement – cette diversité d'origine.

déterminisme ne prédisposait les Toulousains à s'opposer ou à résister plus que d'autres, ce qu'ils ne prétendent d'ailleurs pas avoir fait. Ce n'est pas le sujet, mais on pourrait même soutenir la thèse inverse : un seul parlementaire de la Haute-Garonne (Vincent Auriol) a voté contre les pleins pouvoirs le 10 juillet 1940, une grande partie des cadres de la SFIO a rejoint le camp des vichystes, le grand quotidien régional et radical, La Dépêche *de Toulouse, a continué à paraître jusqu'en août 1944, avant d'être interdit par la Résistance...*

Pour l'essentiel, les études qui ont suivi ou les Mémoires de témoins reconnus comme des observateurs lucides de la période n'ont pas apporté de démenti catégorique aux hypothèses avancées sur le mouvement général de l'opinion[17]*. Quoi qu'il en soit, là encore, on ne peut que redire qu'aucune synthèse ne parviendra à rendre compte de façon indiscutable des multiples possibles qui décident des choix effectués. L'observation vaut en premier pour mon travail. La France moyenne ou les Français ordinaires auxquels je fais référence sont des réalités introuvables. Introuvables mais indispensables. Personne ne se reconnaîtra derrière leurs traits, mais ils constituent un instrument de mesure obligatoire pour toute investigation. L'important, à mes yeux, était de dégager des façons d'être et de sentir, de retrouver les sensibilités spécifiques qui traduisaient les modes de présence à l'événement, de démonter les mécanismes qui avaient joué dans les glissements ou les ruptures. J'avais découvert, et cela n'a fait que se confirmer depuis, que cette période, si proche par les années et par une histoire-mémoire qui n'en finit pas de ne pas passer, renvoyait à des codes culturels qui nous sont devenus totalement étrangers, situés pour certains à des années-lumière de ce que nous sommes*[18]*. Il s'agissait donc de construire une grille de lecture qui aide à traduire la complexité des conduites observées. Elle montre en particulier l'importance des attitudes ambivalentes qui permettent de ne plus penser les contradictions apparentes en termes*

---

17. Je me contenterai de citer un des plus brillants : Léon Werth, *Déposition. Journal, 1940-1944*, Paris, Viviane Hamy, 1992.

18. Les témoignages montrent que les acteurs eux-mêmes vont perdre très vite le souvenir et l'usage de ces modes particuliers de présence à l'histoire et de rapport au temps.

antinomiques, mais de les dépasser en s'interrogeant sur ce qu'elles cherchaient à dire. Ce sont les écarts qui indiquent le sens[19]*. L'hostilité à des mesures jugées intolérables ne signifie pas mécaniquement le rejet de ceux qui sont à leur origine. Les conduites face à la persécution des Juifs après les rafles de l'été 1942, ou face au travail obligatoire en Allemagne (STO), chez les réfractaires comme chez ceux qui les soutiennent, en constituent des exemples.*

Ce travail porte inévitablement les marques du temps et il coule de source que je ne l'écrirai pas à l'identique. Parmi les aspects qui devraient faire l'objet d'ajustements, un seul sera brièvement relevé. Vichy commence bien aux lendemains de la défaite, mais le consentement au climat ambiant – avec tout ce qu'il sous-entend d'attentes confuses – qui caractérise les premiers mois de la France de Vichy ne peut pas s'expliquer par la seule tragédie de l'effondrement. En dehors de tout déterminisme ou d'engrenage fatal, j'avais essayé de montrer la nécessité de remettre les modes de fonctionnement de l'opinion en perspective et de chercher des lumières dans les crises et les confusions des années 30. Le livre y consacre une grande place, mais il aurait fallu remonter encore plus loin dans le passé. Ce qui n'était alors qu'une intuition, exprimée dans l'ouvrage par de simples évocations, s'est imposé depuis comme une certitude : c'est la mémoire de la Grande Guerre et de sa victoire trompeuse qui détient une des clés essentielles des lassitudes révélées et exploitées par Vichy.

Les phénomènes d'opinion sont complexes et le livre posait enfin le problème des limites, de l'usage et de la transmission de la complexité. Il est toujours là et il est double. Comment, d'abord, souligner les interactions multiples des événements d'opinion sans relativiser à l'infini, comment ne pas tout diluer dans les fadeurs des bouillies insipides, comment expliquer sans excuser ? Comment, ensuite, transmettre l'intérêt d'une pensée complexe pour l'opposer, précisément, aux erreurs de sens des simplifications réductrices, tout en fournissant des outils d'élucidation, tout en indiquant avec fermeté où passe la ligne qui doit empêcher de confondre l'explicable

19. Se référer aux travaux et à la réflexion que mène Arlette Farge sur ces questions. Cf., en particulier, *Des lieux pour l'histoire*, Paris, Le Seuil, 1997.

et l'intolérable ? Il faut bien constater que les difficultés n'ont pas reculé. Les injonctions de la mémoire et la mise en scène de l'histoire par la justice s'ajoutent au langage binaire de l'ordinateur et aux raccourcis des urgences médiatiques pour peser dans le sens opposé. Sans pouvoir tout résoudre, une partie de la solution passe par le choix de la complaisance ou de la rigueur dans les pratiques des historiens concernés. En prenant du champ, au-delà du problème de la transmission, un des enjeux est le statut à donner à l'histoire du très contemporain, pour lui éviter l'enfermement dans la fausse neutralité des comptages et de la seule relation des faits, ou, autre tunnel à risques, sa mise au service des causes immédiates, avec ce qui en découle. En dépit de la copieuse réflexion qu'il a produite, le rapport de cette histoire aux questionnements du présent n'est pas une affaire réglée. Il n'est pas sûr, et pour ma part j'en doute, que le meilleur usage du passé comme facteur de compréhension du monde, et comme instrument de vigilance, consiste à penser ce passé avec des catégories qui lui étaient étrangères, en mettant au centre de ses préoccupations des interrogations qui occupaient une tout autre place dans ses propres représentations, à le questionner en fonction d'un futur dont on voudrait faire oublier, chez les autres, le caractère imprévisible.

Les Français continuent à penser Vichy avec plus de mémoire que d'histoire et tout laisse supposer qu'il en sera longtemps ainsi. L'historien doit en prendre acte, sans chercher à opposer ce qui n'a pas à l'être. À lui d'interroger le sens de cette confrontation et de ces croisements entre deux logiques, deux formes d'usage de l'événement. L'idée de contemporanéité se fonde, aussi, sur le mode de relation au passé, et elle traduit la façon dont les contemporains, aujourd'hui, pensent leur rapport au monde. Ce qui vaut maintenant vaut pour d'autres temps. Personne ne devrait l'oublier et Chateaubriand a laissé là-dessus une leçon d'histoire : « Nous sommes injustes quand nous jugeons nos devanciers par des lumières qu'ils ne pouvaient avoir, et par des idées qui n'étaient pas encore nées[20]*. »*

---

20. Cité par Jean-Paul Clément, *Chateaubriand, Réflexions et aphorismes*, Paris, Éditions de Fallois, 1993.

Avant-propos
Préalables et premiers repères

L'histoire ne s'écrit jamais de manière innocente. Les mots, ici, ne visent pas, cela va de soi, les liturgies commémoratives, les plaidoyers ou les réquisitoires qui, sous le couvert du même nom – l'histoire est bonne fille –, ne sont que simple ajustement à un esprit de système ou aux convictions préalablement affirmées de leurs auteurs. L'historien peut, par sa probité, se mettre à l'abri de ce type de suspicion et se barder de références imparables, mais il sait pourtant qu'il ne possède pas toutes les clés de son propre discours, qu'il n'en maîtrise pas toutes les influences. Sans avoir toujours les moyens – ou la volonté [1] – d'en évaluer les effets insidieux, il sait qu'il ne peut pas rester imperméable aux relations uniques qui se tissent entre lui et l'objet de ses recherches, aux motivations multiples qui les ont préparées en amont, aux interférences complexes qui en résultent. Dans cette alchimie, dont la plus grande part échappe à la conscience, l'extrême sensibilité de certains terrains joue, évidemment, un rôle amplificateur. L'immense tragédie de la défaite, les ombres de Vichy et de l'Occupation sont de ceux-là. Malgré l'épaisseur du temps écoulé, les années noires, quand elles remontent à la surface, continuent toujours de provoquer des secousses brutales dans la mémoire des Français [2].

Il y aurait ainsi beaucoup de présomption à affirmer que le choix de consacrer de longues années à tenter de comprendre un peu mieux les réactions de la masse des Français

1. Il convient de se réjouir de cette volonté « d'expliciter, en historien, le lien entre l'histoire qu'on a faite et l'histoire qui vous a fait », selon la phrase de Pierre Nora. Cf. *Essais d'ego-histoire*, Paris, Gallimard, 1987.

2. Cf. Henry Rousso, *Le Syndrome de Vichy, 1944-198...*, Paris, Le Seuil, « XXe siècle », 1987 (rééd. Le Seuil « Points Histoire », 1990).

sous Vichy ne laisse pas la moindre place à la passion. Il y en a dans ce travail, et acceptée comme telle. Passion de savoir, pour répondre aux questions sans fin d'une période de troubles et d'ambiguïtés. Passion de la vérité mêlée aux doutes et aux scrupules d'une éthique difficile, passion traversée par des fascinations moins sereines, mais cependant, à tout prendre, stimulantes. Sans chercher à nier leur existence ou à les déguiser, et à défaut de prétendre avoir réussi à les tenir éloignées en toutes circonstances, je me suis efforcé de ne jamais les laisser se confondre avec les entraînements de l'esprit partisan.

Abstraction faite des raisons subjectives, quelques idées simples sont à l'origine de ce livre. En premier lieu, une seule mais vaste interrogation sur ce que furent les attitudes collectives des Français au cours des années de guerre, sur les cheminements et les causes de leur évolution, sur leur rôle, leurs fonctions sociales et leur signification. Ensuite, étroitement associées à ce qui précède, quelques grandes orientations en définissent la conception d'ensemble, l'esprit et la méthode : vérifier si, dans les esprits, tout part bien de la rupture violente de juin 1940 ou si l'on peut éventuellement déceler des signes probants d'une antériorité à l'atmosphère ambiante de la France de Vichy ; s'attacher, pour l'ensemble de la période observée, à étudier en priorité les mécanismes qui règlent les conduites collectives ; dans cette perspective, à travers le rôle des représentations mentales et de leurs interférences, mettre particulièrement en évidence la part primordiale qui revient à l'imaginaire social dans l'explication du politique.

Il reste que les intentions les mieux affirmées pèsent peu face à l'ampleur d'une question qui en appelle une foule d'autres, et aux incertitudes qui, ici comme ailleurs, sont indissociables des phénomènes d'opinion publique. Retrouver et inventorier les réactions significatives de l'opinion ordinaire entre 1940 et 1944, reconstituer les stades de son évolution en s'efforçant, dans tous les cas, d'en saisir les ressorts et d'en dégager le sens, est un projet qui ne se mène pas aisément. La démarche se heurte à une succession d'obstacles et déclenche des effets dont beaucoup échappent au territoire habituel de l'historien.

L'histoire-prétexte

Depuis bientôt près d'un demi-siècle, ce problème des comportements de la population sous Vichy et sous l'Occupation constitue un des plats de résistance – sans mauvais jeu de mots – du débat perpétuellement entretenu par le dialogue entre les Français, leur passé et les images sélectives qu'ils gardent en mémoire. Descriptions et interprétations ne sont le plus souvent que l'occasion d'affrontements où l'histoire ne sert que de vague prétexte. Sans entrer dans le détail d'une problématique autre [3], les jugements exprimés dans et par le grand public – en particulier à travers la presse du même nom – obéissent à deux caractéristiques communes et complémentaires : l'ignorance des faits, « plus c'est flou, plus ça porte [4] », et une faculté de généralisation et de simplification mise au service d'une volonté appuyée de démonstration. Exercice périlleux où l'on peut observer d'étranges rapprochements. Ainsi, pour nous en tenir à un seul exemple, la même opinion sur l'opportunisme aveugle ou l'indifférence complice de la France moyenne [5] offre toutes les facilités d'usage des solutions réversibles. Elle sert à la fois, pour les uns, à dénoncer la part de responsabilité indirecte de la masse anonyme dans les monstruosités du nazisme, et du génocide en premier lieu, mais aussi, du côté opposé, à absoudre ou à minimiser, en la banalisant, la

---

3. Cf. le numéro spécial consacré par *Vingtième Siècle. Revue d'histoire* aux « guerres franco-francaises », Paris, Presses de la Fondation nationale des sciences politiques, n° 5, janv.-mars 1985.

4. Expression empruntée à Casamayor, utilisée à propos des détracteurs de la Résistance dans un article au sujet du procès Barbie et publié sous le titre « Le premier crime », *Le Monde,* 27 mai 1987.

5. On peut donner, à titre d'échantillon, l'opinion de l'écrivain Pierre Bourgeade, sur les attitudes des Français, parue également dans *Le Monde,* le 16 juin 1987, toujours à propos du procès Barbie : « Il fallait enfin que des Français, en masse, traumatisés par l'écroulement de la France, adoptassent une attitude de retrait à l'endroit des événements qui ensanglantaient l'Europe. Ces Français, une majorité peut-être, ne dénoncèrent pas les Juifs, mais ils ne les protégèrent pas. Ils n'aidèrent pas la Gestapo, mais ils ignorèrent la Résistance. Sans force et sans foi, ils attendirent de voir de quel côté le vent tournerait afin de rallier, le moment venu, le camp du vainqueur. »

culpabilité bien réelle de ceux qui ont efficacement agi dans et par la collaboration.

Il y aurait beaucoup à dire sur les effets curieux produits, depuis, par l'influence décapante et la rupture nécessaire qu'apportaient les premières approches neuves sur la période [6]. Le livre de Robert O. Paxton, *La France de Vichy* [7], et le film de Marcel Ophuls, *Le Chagrin et la Pitié* [8], chacun dans son domaine et à sa façon, avaient ouvert la bonne voie en mettant fin aux conventions rassurantes des regards complaisants. Quels que soient leur importance et leurs mérites, ils n'ont pas pu empêcher de nouvelles erreurs d'aiguillage dans l'interprétation des attitudes de l'opinion. Comme toujours en pareil cas, le rejet de la vulgate qui faisait la part trop belle à l'héroïsme collectif a donné lieu à des excès dans l'autre sens. Sans qu'il soit possible d'ignorer ces revirements déconcertants qui tiennent de la mode et des divertissements de société auxquels l'histoire se trouve mêlée, une fois de plus, par abus de langage, ils n'entrent pas directement dans les objectifs de la réflexion menée ici. Ils ne sont évoqués que pour rappeler ce qu'il faut bien désigner comme un étrange déficit de nos connaissances sur la période. Ses effets n'épargnent personne et on les observe jusque chez des historiens reconnus – à juste titre – pour leur sérieux et pour

---

6. Les réactions, en 1974, au film de Louis Malle, *Lacombe Lucien* (scénario écrit avec Patrick Modiano), sont un exemple intéressant. L'agressivité chez les uns, la récupération chez d'autres, montrent comment peuvent s'effectuer des détournements à partir d'un propos qui visait à réintroduire certaines des ambiguïtés du temps dans des comportements ramenés jusque-là, dans la grande majorité des films, à un manichéisme réducteur. Il est vrai que le caractère atypique de la situation évoquée, l'itinéraire d'un jeune agent français de la Gestapo – souvent confondu avec un milicien – ne favorisait pas la sérénité du débat.

7. Robert O. Paxton, *La France de Vichy, 1940-1944*, Paris, Le Seuil, « L'Univers historique », 1973, préface de Stanley Hoffmann. Le livre avait été publié en 1972 à New York, sous le titre *Vichy France Old Guard and New Order, 1940-1944*.

8. Réalisé par Marcel Ophuls en collaboration avec André Harris et Alain de Sédouy, terminé en 1969, le film sort dans un cinéma parisien en avril 1971. Il est vu par environ 700 000 spectateurs mais doit attendre dix ans pour être diffusé les 28 et 29 octobre 1981 sur FR3 devant 15 millions de téléspectateurs. Sur le film et son accueil, cf. Henry Rousso, *Le Syndrome de Vichy, 1944-198...*, *op. cit.*

avoir réussi, sur des enjeux essentiels, à malmener le discours routinier.

Lacunes et approximations

Les jugements sur l'évolution des attitudes que l'on retrouve, par exemple, chez Henri Michel ou Robert O. Paxton constituent le maillon fragile de leurs analyses. Ils généralisent hâtivement l'idée d'une opinion publique choisissant son camp en fonction de la pression des événements extérieurs et passant opportunément de celui du pétainisme, voire de la collaboration, à celui de la Résistance, du gaullisme et des Alliés victorieux. Interprétation procédant d'une réaction qui se veut lucide, mais qui se révèle en fait, on le verra, exagérément réductrice. Henri Michel, pour qui la grande masse des Français s'est contentée pendant trois années « de durer au mieux, au jour le jour », pouvait écrire en toute bonne foi :

> Quand [...] s'est profilée vers le milieu de 1943 la possibilité, puis affirmée la certitude d'une défaite allemande, alors, presque d'un coup, en six mois au plus, la masse de la population a basculé vers le camp allié [9].

De son côté, prenant peut-être un peu trop à la lettre l'idée peu reluisante que Gide semblait se faire de ses compatriotes [10], Robert O. Paxton suggère que le gros de la population aurait suivi le gouvernement dans la collaboration si l'Allemagne avait fait un geste de bonne volonté [11]. En accord

9. Henri Michel, *Les Courants de pensée de la Résistance*, Paris, PUF, 1962.

10. Le 9 juillet 1940, André Gide écrit dans son Journal : « La grande désolation du pays, il n'est pas donné à tant de Français, ni constamment, de la sentir. Ce que l'on éprouve bien plutôt, ce sont des douleurs particulières [...] si la domination allemande devait nous assurer l'abondance, neuf Français sur dix l'accepteraient ; dont trois ou quatre avec sourire. Et il n'y a pas à s'en indigner, non plus de ce que j'en dis » (André Gide, *Journal, 1939-1949. Souvenirs*, Paris, Gallimard, « La Pléiade », 1954, p. 36 et 37).

11. *La France de Vichy*, *op. cit.* Des « collaborateurs » *in a « functional sense »*, dit le texte original, traduit, dans l'édition française, par « au sens fonctionnel du terme ».

avec Henri Michel, et tout en prévenant que « les deux courbes ne seraient pas régulières », il donne une vision linéaire du mouvement de l'opinion dominante et lui attribue une logique géométrique :

> Si l'on traçait un graphique grossier de l'opinion publique entre 1940 et 1944, on verrait que la quasi-totalité de la population était pour Pétain en juin 1940 et pour de Gaulle en août 1944, le point d'intersection de ces deux courbes, l'une décroissante, l'autre ascendante, se situant après l'occupation de la zone libre en novembre 1942.

Il précise un peu plus loin :

> L'opinion publique, dans sa large majorité, accepte donc le régime ; de là à y participer, il n'y a qu'un pas. Il faudra attendre le printemps 1943, après l'occupation totale du pays et l'établissement du STO, pour que la population devienne résolument hostile à Vichy [12].

Cette manière d'appeler en renfort le comportement supposé de l'opinion ne traduit pas une volonté délibérée de déformation. Elle renvoie plus banalement à une sorte de pratique coutumière à laquelle les historiens cèdent trop souvent avec facilité [13]... Le vague qui entoure le concept d'opinion publique et, pour cette période, la rareté des études qui lui sont consacrées suffisent à l'expliquer. En effet, alors que des publications innombrables se sont accumulées sur ces années et qu'il faudrait au moins « vivre deux fois » pour absorber, en partie seulement, l'essentiel de ce qui a pu être dit ou écrit, le champ des études d'opinion reste un espace modérément fréquenté [14]. Et d'autant plus bizarrement, il faut

12. Même source, p. 225 et 231 de l'édition du Seuil, « L'Univers historique », 1973.

13. Pratique dont les historiens n'ont pas le monopole. Récemment encore, parlant de la période d'octobre 1943, Jean Touzot, rédacteur de la préface du Journal de Jean Cocteau, affirmait : « A cette date-là, comme la majorité des Français et comme un grand nombre d'écrivains, Cocteau n'a toujours pas choisi son camp » (Jean Cocteau, *Journal, 1942-1945*, Paris, Gallimard, 1989, p. 12).

14. En 1978, date à laquelle j'ai soutenu une thèse sur l'étude de l'opinion publique dans le Lot pendant la Seconde Guerre mondiale, le seul ouvrage de référence consacré à l'opinion était le livre, déjà ancien, de Marcel Baudot, *L'Opinion publique sous l'Occupation : l'exemple du département*

le redire, que ces problèmes reviennent immanquablement dans tous les débats autour de la France de Vichy, qu'on les retrouve en première ligne et au cœur des enjeux de mémoire, qu'ils en alimentent aussi bien les stéréotypes que les affrontements idéologiques ou autres. À croire que la bizarrerie n'est qu'en trompe l'œil et que les lacunes du savoir favorisent justement les délices des spéculations que procurent les reconstructions sans fin.

Les prismes de l'imaginaire

À croire également que Vichy est à jamais condamné aux filtres et aux prismes de l'imaginaire. Il ne s'agit pas là d'une simple boutade mais d'une observation qui rejoint en droite ligne les axes majeurs autour desquels ce travail a été construit. Tout d'abord une affirmation de principe, qui sera développée ultérieurement, et qui conditionne fondamentalement le choix de la méthode et l'orientation de la réflexion [15] : l'élucidation des phénomènes d'opinion et, avant tout, la compréhension des comportements collectifs passent moins par leur mise en relation logique avec les faits réels [16], ou par la mesure d'influence des idées exprimées dans le cadre de systèmes théoriques et de stratégies organisées – comme les programmes et la ligne des partis politiques –, que par l'analyse des représentations mentales à travers lesquelles ces idées et ces faits sont perçus, vécus, commentés et jugés par les contemporains [17]. La vérité qui décide des attitudes des acteurs sociaux n'est pas la vérité de l'événement que les historiens parviennent après, et parfois, à reconstituer. Elle est, exclusivement, celle qui s'impose à eux

de l'Eure, Paris, PUF, 1960. Des travaux de qualité, encore trop rares, se sont ajoutés depuis. On peut citer, parmi les plus récents, ceux de Jean-Louis Crémieux-Brilhac, Yves Durand, Marc Ferro, Denis Peschanski et John F. Sweets. Cf. la bibliographie.

15. Cf., plus loin, dans la première partie, le chapitre consacré à cette question.

16. Au sens objectif du terme, soit tels que l'historien établit leur « réalité », *a posteriori*.

17. De façon un peu plus restrictive, mais dans le même esprit, Maurice Agulhon écrit : « La principale conclusion généralisable de *La République*

et celle du moment où elle s'impose[18]. Le phénomène est général et constant, mais la France des années 30 comme celle des années de guerre offrent l'exemple de situations de crise où il se manifeste de manière caractéristique, parfois à l'extrême, avec tous les risques de dérives que comporte une intervention excessive de l'irrationnel dans les modes de pensée collectifs. Entendons-nous bien. Le fait de reconnaître l'importance de l'irrationnel dans les facteurs d'influence sur l'opinion n'est pas un retour à Gustave Le Bon[19]. Il ne s'accompagne d'aucune sorte de complaisance à l'égard des diverses idéologies élitistes ou des théories sociopolitiques fondées sur l'« animalité » des foules, le mépris de la raison et l'exaltation des « instincts des masses » qui ont pu en découler[20]. Il se réfère uniquement à un constat : ces courants et ces dérèglements existent, ils appartiennent à ces *obscures profondeurs* de la vie mentale dont parle Marc Bloch[21]. Sans

---

au village est que la classique histoire des idées, des opinions, des politiques théorisées et organisées n'explique pas la totalité des comportements » (« Conflits et contradictions dans la France contemporaine », leçon inaugurale au Collège de France, *Annales ESC*, mai-juin 1987, p. 595-610, repris dans *Histoire vagabonde*, Paris, Gallimard, « Bibliothèque des Histoires », 1988). Cf., également, Pierre Laborie, « De l'opinion publique à l'imaginaire social », *Vingtième Siècle. Revue d'histoire*, avr.-juin 1988, Paris, Presses de la Fondation nationale des sciences politiques, p. 101-117.

18. « La seule vérité qui compte et le demeure bien souvent par la suite, en dépit des démonstrations les plus convaincantes », ainsi que l'écrivent, fort à propos, Jean-Jacques Becker et Serge Berstein (*Histoire de l'anticommunisme en France*, t. I, 1917-1940, Paris, Olivier Orban, 1987).

19. Gustave Le Bon, *Psychologie des foules*, Paris, PUF, « Quadrige », 1981 (1re éd. en 1895).

20. Cf. Serge Moscovici, *L'Âge des foules, un traité historique de psychologie des masses* (Paris, Fayard, 1981), dont on peut reprendre l'opinion exprimée à propos de la psychologie des masses fondée sur l'irrationnel : « Je refuse sa vision de l'Histoire, je doute de sa vérité, mais j'accepte son fait » (p. 21).

Sur les réserves que l'on peut exprimer à l'égard de l'intérêt historique des théories de G. Le Bon, cf. Georges Lefebvre, *La Grande Peur de 1789*, suivi de *Les Foules révolutionnaires*, Paris, Colin, 1988 (1re éd. en 1932) et également, dans le même ouvrage, la présentation due à Jacques Revel.

21. Marc Bloch qui écrit un peu plus loin, sans doute en mars 1942 : « La lourde atmosphère morale où nous sommes en ce moment plongés, estimera-t-on qu'elle marque en nous seulement l'homme des décisions raisonnées ? » (*Apologie pour l'histoire ou Métier d'historien*, Paris, Colin, « Cahier des Annales », 1974).

exagérer leur force, ils ont leur place dans l'explication politique, et une histoire de l'opinion qui voudrait les ignorer ne remplirait pas sa fonction[22].

Les engrenages du passé

Le second principe, où méthode et contenu sont, là encore, étroitement imbriqués, touche à un point essentiel d'interprétation. Il pose la nécessité de faire éclater le corset rigide des années vichyssoises, de ne pas se laisser aveugler par la singularité de la période, aussi marquée, soulignée et justifiée soit-elle. Toute l'histoire de la France de Vichy ne commence certainement pas en juin 1940 et, l'observation vaut dans les deux sens, tout ce qui lui appartient ne s'arrête pas en août 1944[23]. Simple hypothèse de travail, l'idée s'est progressivement imposée que sortir de la chronologie cloisonnée de Vichy pouvait aider à comprendre un peu mieux ce qui avait pu, dans les têtes, s'y passer. Pour ce qui est de l'opinion, en effet, il se révèle impossible d'en élucider les réactions si on ne les met pas en perspective en observant les évolutions qui se dessinent en amont, si l'on n'en passe pas par une analyse attentive des tendances latentes qui se profilent dans les représentations collectives entre l'échec du Front populaire et le déclenchement du conflit. Il s'agit de regarder si l'on n'y trouve pas les traces d'un certain état d'esprit, proche du pétainisme, résultant de la crise de conscience collective qui affecte alors la nation, si, pour reprendre encore une expression de Marc Bloch, des « prédispositions particulières de la sensibilité collective[24] » ne

22. Dans sa communication sur les foules révolutionnaires (cf. note 20), Georges Lefebvre souligne que toute étude d'opinion se devrait de comporter une « reconstitution de la mentalité collective » et l'indication « des procédés au moyen desquels elle s'est formée », mais c'est pour ajouter : « On ne peut malheureusement pas dire que des livres – fort nombreux – dont le titre éveille pareil espoir, il en soit beaucoup qui le satisfassent » (*op. cit.*, p. 254).

23. Ceci, pour insister sur le fait que Vichy ne peut être considéré, en aucune façon, comme une simple parenthèse. Le problème de la continuité vers l'aval entre dans un autre cadre de réflexion.

24. Marc Bloch, *Apologie pour l'histoire...*, *op. cit.*

préparent pas inconsciemment le terrain aux adhésions de juin 1940 et aux renoncements ultérieurs. Ne pas ainsi se limiter à relier les mutations des comportements à la seule rupture des événements, aussi brutale soit-elle, ou à l'aspect dominant d'un système d'idées officialisé fait référence à la conception globale des études d'opinion qui prévaut ici. C'est ne pas en rester au stade, néanmoins nécessaire, de la reconstitution des courants et du mouvement général de l'opinion, mais aller au-delà pour s'efforcer de démonter les mécanismes qui expliquent le fonctionnement de cette opinion. C'est accorder, au fond, une importance plus significative à l'analyse des logiques d'engrenage qu'à l'examen des raisons générales et particulières qu'implique la notion traditionnelle de causalité historique. Le choix de privilégier l'étude des représentations mentales, sur lequel d'autres approfondissements seront donnés plus loin, répond à ce souci de donner la priorité à la compréhension de manifestations peu spectaculaires, rarement explicites et, comme telles, souvent difficiles à discerner. Il est une des voies possibles que l'historien peut emprunter pour parvenir à mieux appréhender des phénomènes connus pour leur caractère fuyant.

Les problèmes de méthode provisoirement écartés, l'orientation de la problématique, qui recoupe le débat général sur rupture ou continuité, soulève un certain nombre d'objections et comporte des risques de malentendus. Une première clarification est donc nécessaire.

La France de Vichy est une réalité historiquement datée. Elle est née, indubitablement, de la défaite et de son traumatisme. La recherche des signes d'une éventuelle antériorité, telle qu'elle est entreprise ici, ne concerne que l'existence et la permanence d'une thématique des valeurs sociales et des modes de pensée auxquels le pétainisme s'est identifié, et qui forment quelques-uns des fondements de son idéologie. Ceci précisé, l'hypothèse d'une continuité culturelle (partielle) ne saurait être interprétée comme un moyen détourné pour normaliser le régime, banaliser ses initiatives et avancer qu'il répond au vœu profond de la nation en suggérant qu'il s'inscrit « naturellement » dans l'ordre des choses. Ce type de discours existe, ses intentions sont claires, mais la réalité est autrement complexe. Vichy n'est pas une vulgaire secousse ou une mutation superficielle, certainement pas un épisode de plus à analyser en termes simples de continuité politique. Relever des indices qui semblent indiquer un état de réceptivité à des thèmes propagés dans la France du maréchal ne conduit pas à vouloir nier l'idée de toute rupture, mais à la nuancer pour ce qui relève des phénomènes de psychologie collective. Être amené à constater que Vichy a pu exploiter à son profit certains effets d'une crise profonde de la conscience nationale – sans pour cela, non plus, faire allusion à la moindre idée de « complot » – ne légitime en rien ni ses origines, ni son existence.

Pas de mécanique fatale

Pas plus qu'elle ne gomme la réalité d'une rupture ou qu'elle ne cache une légitimation déguisée, l'idée qu'il existe des éléments de continuité dans les attitudes ne suggère aucune fatalité et ne repose sur aucune sorte de déterminisme. L'avènement de Vichy a certainement bénéficié d'un contexte exceptionnellement favorable (à son seul avantage...), mais il n'est pas le résultat inéluctable des difficultés d'une conjoncture de déclin relatif qui marque les années 30. Comme l'écrit Michel Winock, « il faut révoquer sans appel le déterminisme selon lequel et le sort des armes et la chute des institutions étaient rendus inévitables par une sorte de décomposition organique du régime devenue évidente depuis le début des années trente[25] ». De la même façon, les comportements que la défaite va révéler ne sont pas la sanction implacable de la crise morale qui précède. Aucune sorte de mécanique ne pouvait laisser prévoir ce qu'allaient être les déferlements de l'exode ou les attitudes à l'égard du maréchal, aucune loi de l'histoire (s'il en existe) ne pouvait rendre compte des choix divergents qui allaient suivre. Si l'antifascisme ouvre souvent le chemin, mais n'amène pas obligatoi-

25. Michel Winock, *La Fièvre hexagonale. Les grandes crises politiques de 1871 à 1968*, Paris, Calmann-Lévy, 1986 (rééd. Le Seuil, « Points Histoire » – Calmann-Lévy, SES, 1987).

rement à la Résistance active, il arrive qu'on parvienne à celle-ci après avoir effectué un détour par le pacifisme munichois. De nombreux engagements de postiers et d'enseignants en témoignent, mais sans que l'on puisse, là encore, aller trop facilement à des conclusions généralisables[26]. S'il y a donc, incontestablement, plus de complexité que de logique prévisible dans les itinéraires des individus et des groupes[27], le refus des fausses explications déterministes ne doit pas nous faire tomber dans d'autres pièges, plus subtils, mais bien réels. Devant la confusion et l'incohérence poussées à l'extrême, la tentation existe de renoncer à s'interroger sur la hiérarchie des responsabilités, de se contenter de tout mettre à plat et à niveau équivalent, quand ce n'est pas de s'en remettre au hasard des circonstances. La recherche des permanences et des signes de continuité dans les comportements nous permet justement d'observer des pesanteurs qui visiblement ne sont pas égales, de discerner des engrenages et des logiques qui ne conduisent pas de façon équitable vers les mêmes destinations. Dire ainsi qu'Édouard Daladier incarne le retour à un esprit général de fermeté face à Hitler est certainement vrai pour les derniers mois de paix. Suggérer, dans le même prolongement, que son gouvernement « annonce tout autant la Résistance que la Révolution nationale[28] », c'est entrer, d'une certaine façon, dans les ambiguïtés du temps et risquer de les prolonger. La volonté de sursaut est incontestable dans les intentions du chef du gouvernement ; la façon dont il concrétise cette politique et dont elle

26. Cf. Rémy Handourtzel, « Du pacifisme syndical à la résistance : comparaison entre l'attitude des postiers et celle des instituteurs, 1939-1942 », in *L'Œil et l'Oreille de la Résistance. Action et rôle des agents des PTT dans la clandestinité au cours du second conflit mondial*, Actes du colloque de novembre 1984 organisé par le Comité d'histoire de la poste et des télécommunications et par l'IHTP-CNRS, Toulouse, Érès, 1986.

27. René Rémond fait remarquer que des hommes dont l'appartenance à la gauche, jusqu'à la guerre, est incontestable ont non seulement collaboré avec le gouvernement de Vichy mais, « chose plus déconcertante encore, avec l'Allemagne national-socialiste » (préface à Rémy Handourtzel et Cyril Buffet, *La Collaboration... à gauche aussi*, Paris, Librairie académique Perrin, « Vérités et légendes », 1989).

28. René Rémond et Janine Bourdin (sous la direction de), *Édouard Daladier, chef de gouvernement*, Paris, Presses de la Fondation nationale des sciences politiques, 1977, préface de René Rémond, p. 20.

est perçue dans les profondeurs du pays appelle quelques nuances et mérite pour le moins un débat[29]. Si, à la veille de la guerre, le patriotisme intact des citoyens, mais aussi les doutes et les contradictions d'une opinion incertaine, recèlent effectivement aussi bien des raisons de résister que des motifs de se résigner, il reste à préciser où se situe le rapport de force. De nombreux signes incitent à penser que les représentations qui peuplent l'univers mental des Français ne donnent pas des chances égales aux deux partis. En décembre 1938, Philippe Lamour et Renaud de Jouvenel créent le mensuel *Les Volontaires*, auquel Georges Friedmann participe, pour lutter « *contre l'esprit de paresse et d'abandon, contre l'ignorance et la peur*[30] ». En juillet et août 1939 encore, Jean Guéhenno, qui médite sur la Révolution et l'Histoire « pour échapper *aux mensonges de ce temps, à sa confusion lâche* », parle ainsi du « drame de la France d'aujourd'hui » :

> Le mal est en elle-même : c'est sa mollesse, cette crise de confiance qu'elle paraît traverser. Elle attend de vivre. Elle ne vit pas. Elle ne croit pas assez fort en la force de la raison et de sa loyauté.

Devant *« cette atonie et cette faiblesse »* dont il voit un signe de plus dans les « commémorations funèbres » de 1789, il s'interroge sur l'indifférence du gouvernement à ranimer la conscience populaire[31]. L'atmosphère déprimante de la drôle de guerre n'amènera rien, loin s'en faut, qui puisse renverser la tendance.

Plus on se rapproche de l'échéance de 1940, plus on sent bien s'installer et progresser, par une circulation souterraine, un climat qui ressemble fort, par endroits, à ce que sera l'esprit de Vichy. Sans aller jusqu'aux excès de la caricature, les mots d'attentisme, de passivité, d'apathie, de léthargie ou autres du même tonneau[32], qui reviennent sans cesse et

---

29. Cf. la deuxième partie.

30. Philippe Lamour, *Le Cadran solaire*, Paris, Laffont, 1981, et Georges Friedmann, *Journal de guerre, 1939-1940*, Paris, Gallimard, 1987.

31. Jean Guéhenno, « Un inédit sur le 150e anniversaire de 1789 », *Le Monde*, 15-16-17 juillet 1989.

32. Dans quelques lignes de ses Mémoires, un paragraphe et un peu plus,

ne cachent souvent que les formes diverses d'une même réalité, celle du désarroi mêlé à la peur, reflètent bien un des traits essentiels de ce que fut la sensibilité dominante de la période[33]. Le choc de la défaite est immense, plus encore ses répercussions, mais il ne suffit pas à expliquer de manière satisfaisante toutes les lentes dérives de l'opinion, moins encore les ralliements et les renoncements qui sont au bout.

Il n'y a jamais de causalité unique en histoire et quand, après avoir fait la part de la contingence et de la nécessité, on parvient à inventorier les facteurs multiples de la complexité, c'est pour constater qu'ils sont rarement cohérents et transparents. Or, ici, l'ambiguïté est toujours au rendez-vous. Étudier l'opinion au cours de cette période, c'est, à partir du contrepoint permanent entre le réel et le symbolique, tenter de déceler la part mouvante que tient l'imaginaire dans les comportements. Loin de justifier ou de condamner, c'est d'abord de comprendre dont il s'agit ; c'est, avant de se risquer à dire *pourquoi*, chercher à savoir *comment* les choses se sont passées.

Des limites

Cette sorte de discours laisse sous-entendre des objectifs ambitieux, alors que c'est de modestie et de limites dont il faudrait parler. Une remarque tout d'abord, d'ordre pratique. L'analyse de l'opinion suppose une connaissance préalable des hommes, des événements et de leurs enjeux. Elle se contente d'y faire référence, par allusion. On ne trouvera donc pas dans ce livre une histoire suivie de la France et des

---

Léon Blum utilise, pour parler de la « disposition réelle » du pays où ne se manifestait pas, selon lui, le « moindre symptôme tangible de résistance », les mots de : pays inerte, taciturne, anesthésie chirurgicale, apathie générale, indifférence morne, obéir, subir, résignation, acceptation passive, torpeur morbide, léthargie (*L'Œuvre de Léon Blum, Mémoires, 1940-1945*, Paris, Albin Michel, 1955, p. 101 et 102).

33. En juillet 1939, Jean Giraudoux décrit le désarroi qui oblige des « Français réels » à la compromission, à l'illogisme, au doute (J. Giraudoux, *Pleins Pouvoirs*, Paris, Gallimard, 1939, p. 12).

Français pendant les années de guerre. Toutefois, dans quelques cas, pour faciliter la compréhension, des informations seront données sous la forme de notes ou de brefs résumés hors texte.

Pour en revenir aux limites, elles apparaîtront sans peine à la lecture. Certaines d'entre elles doivent cependant être immédiatement soulignées. La première tient à la façon dont l'idée d'opinion a été entendue dans ce travail, en relation serrée avec les notions d'imaginaire et de représentation collective. Il est clair que l'opinion publique n'est pas une. Elle est multiple et surtout changeante. Cependant, en dépit des différences incontestables selon le milieu socioculturel, le lieu ou le temps, on peut y discerner des idées-forces, des courants majoritaires qui évoluent, sans progresser de façon linéaire, à partir ou en dehors des modes de pensée et des clivages habituels. Pour les nécessités de l'explication, il a pu arriver, par exception, que l'on doive s'arrêter sur les perceptions de telle ou telle sensibilité particulière. Mais, de façon générale, ce sont les tendances dominantes qui ont été privilégiées. Leur intérêt prévaut, en dépit des restrictions indiquées.

La deuxième observation tient au rôle de l'opinion. Si son étude implique une immersion indispensable dans l'histoire globale, sa valeur explicative reste cependant limitée, parfois sans commune mesure avec la place qu'on veut lui donner, dans certains cas d'ailleurs, à défaut de mieux. Justifier par exemple la politique munichoise ou l'attentisme de la drôle de guerre par la pression de l'opinion publique me semble relever des explications un peu courtes. Cela étant, malgré une forte mise en condition des esprits renforcée par la vénalité d'une bonne partie des journaux [34], en dépit, à partir de l'entrée en guerre, des entraves à la liberté de la presse, la puissance de l'opinion apparaît, de façon paradoxale, assez considérable tout au long de ces années

---

34. Cf. Pierre Milza, *Le Fascisme italien et la Presse française, 1920-1940*, Bruxelles, Complexe, « Historiques », 1987. Jean-Baptiste Duroselle rapporte qu'en 1938 le magazine américain *Time* affirmait que la presse française était « la plus vénale du monde » (*Politique étrangère de la France. La Décadence, 1932-1939*, Paris, Le Seuil-Imprimerie nationale, « Points Histoire », 1979).

de crise. À la fin des années 30, les phénomènes de représentations indissociables de la crise de Munich, de la grève du 30 novembre 1938, puis du voyage de janvier 1939 en Corse et en Afrique du Nord où le président du Conseil affirme la détermination de la France face aux prétentions territoriales de Mussolini, ont fait beaucoup pour la popularité d'Édouard Daladier. Les images mélangées qui en restent, celles du patriote, de l'ancien combattant attaché à la paix, du fils du peuple, du « cacique » et du « jacobin à part entière », pour citer Jean-Pierre Azéma [35], donnent à sa politique une légitimation populaire incontestable. Il est moins sûr que le consensus retrouvé ait suffi à en écarter toutes les perceptions équivoques. Quant à Vichy, une multitude invraisemblable de dossiers [36] indique l'extrême attention avec laquelle le régime est à l'écoute de l'opinion publique. Les efforts entrepris témoignent qu'aux yeux de la majorité des responsables [37] la réussite ou l'échec de la Révolution nationale, comme de la collaboration, sont étroitement dépendants des formes d'adhésion ou d'indifférence qu'elles suscitent chez les Français.

Parler ainsi des Français, en généralisant, ne se fait pas sans extension abusive. Non seulement c'est faire abstraction de la diversité des conditions et des sensibilités mais c'est, en plus, gommer les différences culturelles liées aux particularités géographiques. Une exploitation systématique de toutes les sources était hors de possibilité. Des documents

35. « 1940, l'année terrible », *Le Monde*, 18 juillet 1989, rééd. Paris, Le Seuil, 1990.

36. Les interceptions postales, téléphoniques et télégraphiques étant, sous l'appellation anonyme de « contrôle technique », l'aspect le plus spectaculaire et le plus efficace de cette surveillance constante de la population. Cf. plus loin, le chapitre consacré aux sources.

37. Parmi les exceptions, celle de Jacques Benoist-Méchin qui s'élève dans ses Mémoires contre cette hantise permanente des réactions de l'opinion et cite Ernest Renan : « Il y a un cercle vicieux à rêver qu'on peut réformer les erreurs de l'opinion en prenant son point d'appui dans l'opinion elle-même » (J. Benoist-Méchin, *De la défaite au désastre. Les occasions manquées, juillet 1940-avril 1942*, Paris, Albin Michel, 1984). Même état d'esprit chez un autre ministre, Abel Bonnard, exprimé toutefois dans un autre style : « Le gouvernement est mâle, l'opinion publique est femelle » (cité par Joseph Barthélemy, *Ministre de la Justice, Vichy 1941-1943, Mémoires*, Paris, Pygmalion-G. Watelet, 1989).

d'intérêt général ont été dépouillés, mais c'est principalement à partir d'observations effectuées dans les régions du Sud-Ouest et du Midi toulousain que cette étude a été menée, en tenant compte du contexte national et en élargissant, quand les éléments de comparaison existent. Même si les attitudes n'y sont pas invariablement différentes de celles observées dans la zone Nord, y compris, malgré l'idée répandue, à l'égard du pétainisme, c'est donc avant tout aux dimensions de la zone non occupée que les analyses, dans l'ensemble, peuvent être étendues. Il resterait à se demander dans quelle mesure ce Midi-là, avec sa réputation de tradition républicaine, est le reflet fidèle du pays moyen [38]. Ce serait une autre aventure [39]... Il est vrai en tout cas – ce sera la seule pièce versée au dossier – que pendant quelques semaines d'août et de septembre 1944, au plus haut niveau, on semble s'être sérieusement posé la question de savoir si Toulouse était toujours en France [40]. Ces réserves faites, il serait surprenant

38. En exemple, les réactions au coup d'État de 1851 et les luttes pour la République après 1871. Cf. Maurice Agulhon, *Marianne au combat. L'imagerie et la symbolique républicaines de 1789 à 1880*, Paris, Flammarion, 1979.

Le 10 juillet 1940, sur les 80 parlementaires qui refusent « tous pouvoirs » au maréchal Pétain et à son gouvernement, 35 d'entre eux, soit 44 %, sont des « Occitans ». La population dont ils sont les élus ne représente que le tiers de la population française. La même proportion se retrouve entre leur nombre et celui du total des parlementaires. (Cf. Vincent Badie, *Vive la République*, Entretiens avec Jean Sagnes, Toulouse, Privat, « Le Midi et son histoire », 1987.) Ces calculs appellent des interprétations prudentes. Vincent Auriol est, par exemple, le seul des 6 députés socialistes et de tous les parlementaires de la Haute-Garonne à faire partie des « 80 ».

39. Sur les images du Midi et de la politique nationale, on peut se référer à la thèse de Jean Estèbe, *Les Ministres de la République, 1871-1914*, Paris, Presses de la Fondation nationale des sciences politiques, 1981 (version abrégée), et, du même auteur, sa contribution à Pambenel, *Politiques en Midi-Pyrénées*, Toulouse, Eché, 1987.

Contrairement à une idée reçue, on doit redire que l'attitude protestataire des populations méridionales ne coïncide pas exclusivement avec l'image du « Midi rouge ». Le « Midi blanc » y a également sa part. Cf. *Droite et Gauche de 1789 à nos jours*, Actes du colloque de juin 1973 à Montpellier, Centre d'histoire contemporaine du Languedoc méditerranéen et du Roussillon, Montpellier, 1975.

40. À propos de la « république rouge de Toulouse », cf. Michel Goubet, « Une république rouge à Toulouse à la Libération, mythe ou réalité ? », *Revue d'histoire de la Seconde Guerre mondiale et des conflits contempo-*

que les représentations et les lignes de pente qui, globalement parlant, caractérisent, ici, le mouvement de l'opinion dominante entre 1940 et 1944 ne reproduisent pas, à quelques nuances près, des attitudes proches de celles que l'on devrait retrouver dans les miroirs de la France ordinaire.

---

rains, Paris, PUF, n° 131, 1983, et Rolande Trempé, « Aux origines des Comités mixtes à la production », *ibid.* Cf. aussi, du même auteur, sa conclusion dans *La Libération dans le Midi de la France*, Actes du colloque organisé à Toulouse par les universités de Toulouse-Le Mirail et Paul-Valéry de Montpellier, Toulouse, Eché-Publications UTM, 1986, également sous la direction de Rolande Trempé.

PREMIÈRE PARTIE

LA CRISE D'IDENTITÉ NATIONALE
SOURCES, MÉTHODES, PROBLÈMES

CHAPITRE I

Sources et idéologie

L'intérêt des études d'opinion est directement tributaire de la qualité des sources consultées et tout spécialement quand, comme ici, les enquêtes par sondages restent l'exception. Qualité et non quantité : les lieux où l'historien peut saisir les signes révélateurs des phénomènes de perception sont innombrables. Les techniques de confrontations et de recoupements systématiques entraînent la manipulation d'un volume impressionnant de documentation, mais son contenu s'avère inégalement loquace. Au bout du compte, et d'une longue patience nécessaire pour donner un peu de cohérence à un éparpillement extrême, le profit est souvent dérisoire. Comme chaque fois que l'on entre dans le champ des mentalités, c'est la procédure de traitement des sources qui conditionne, pour l'essentiel, la démarche de l'historien[1].

Deux problèmes seulement seront abordés. Le premier, de façon brève, car rien de ce qui concerne l'accès aux archives publiques n'est vraiment nouveau. Les dispositions de la loi de 1979, qui se voulaient d'inspiration libérale, se révèlent restrictives dans leur application. Elles ouvrent surtout une marge d'appréciation flottante dans la décision des autorités compétentes – en province, les préfets – d'accorder ou non le droit à la consultation. Il suffit de fréquenter divers centres d'archives pour constater que les pratiques y sont différentes. Non seulement certaines interprétations sont surprenantes, mais elles reflètent de curieuses attitudes de suspicion à

1. Cf. le chapitre suivant. Voir la bibliographie consacrée aux problèmes de méthode et, plus particulièrement, les travaux de Jean-Jacques Becker. Ayant eu plusieurs fois l'occasion de traiter ces problèmes, je n'y reviens pas. Cf., par exemple, Pierre Laborie, *Résistants, Vichyssois et Autres*, Paris, Éditions du CNRS, 1980.

l'égard des chercheurs. Les difficultés les plus sérieuses touchent les sources relatives aux réactions de l'opinion publique, soit, avant tout, les papiers du cabinet du préfet où aboutissent les rapports des services de police, y compris les précieuses synthèses des Renseignements généraux. Dans plusieurs départements, ce type de documents est devenu quasi inaccessible, mais il faut souligner que les Archives nationales offrent, heureusement, des conditions plus favorables à la recherche. Des dérogations m'ont ainsi permis de dépouiller une quantité importante de dossiers[2]. Inévitablement lacunaires et de valeur inégale, ils ont fourni, au total, une information convenable.

Le secret des correspondances

Dans cette diversité, il faut souligner, pour l'histoire de l'opinion sous Vichy, l'intérêt capital du gisement que représentent les interceptions postales, téléphoniques et télégraphiques. De 1940 à 1944, des services, discrètement baptisés « contrôles techniques », recueillent des indices sur l'état d'esprit des Français en violant le secret des correspondances et des conversations privées. Ils acheminent, jusqu'à l'échelon gouvernemental, des synthèses diverses en provenance d'antennes locales ou départementales (situées dans les centres de tri postal), ainsi que de quelques « inspections régionales ». Le Service du contrôle technique est issu d'une circulaire du 12 décembre 1939 instituant des commissions de contrôle postal en temps de guerre, mais il donne sa vraie mesure à partir de l'automne 1940. Une circulaire du 12 octobre prescrit l'envoi aux préfets des informations ainsi recueillies. Rattaché d'abord au secrétariat d'État à la Guerre, il passe, après le retour de Laval au pouvoir, en avril 1942,

2. Grâce aussi à l'aide et à la compréhension qui m'ont été accordées à Paris comme à Toulouse. D'où une lourde dette à l'égard de Mme Chantal de Tourtier-Bonazzi, conservateur en chef de la section contemporaine aux Archives nationales, et de Mme Annie Charnay, conservateur aux Archives de Midi-Pyrénées et de la Haute-Garonne. Par convention, AD HG renvoie aux Archives de la Préfecture régionale de Toulouse et de la Haute-Garonne, et, par convention, AN aux Archives nationales.

sous la dépendance directe du secrétariat général du gouvernement, par décision du 24 août 1942[3].

L'activité des contrôles techniques est considérable. Sans obéir, apparemment, à des règles de méthode rigoureusement comparables, elle fait penser à de véritables sondages d'opinion effectués sur des échantillons de dimension stupéfiante, quoique limités au courrier en circulation dans la zone non occupée. Denis Peschanski évalue à une fourchette de 320 000 à 370 000 le nombre de lettres lues et exploitées en moyenne chaque semaine. Au mois de décembre 1943, sans doute un record, près de 2 500 000 lettres, 1 800 000 télégrammes et 21 000 conversations téléphoniques ont été interceptés, selon les chiffres rapportés par Marrus et Paxton[4]. Pour la seule – et modeste – Lozère, Jacques Poujol indique que plus de 20 500 lettres furent ouvertes pendant ce même mois de décembre 1943.

La technique est simple. Les lettres sont prélevées dans les centres de tri, au hasard ou sur instructions[5]. Elles sont ouvertes à la vapeur, inventoriées, répertoriées, exploitées selon des grilles thématiques qui semblent laisser une part à l'improvisation ou à l'imagination des spécialistes locaux, recopiées, par extraits ou en totalité, comptabilisées et classées en fonction des réactions observées. Celles-ci correspondent à la fois à des interrogations permanentes (le prestige du chef de l'État, l'adhésion à la collaboration...) et à des questions d'actualité. Après quoi le courrier, refermé, est réexpédié vers ses véritables destinataires par le circuit habituel. Des consignes impératives, régulièrement rappelées, indiquent aux préfets, et à ceux de leurs collaborateurs ayant accès à ces synthèses, qu'*en aucun cas* ils ne doivent faire mention de l'origine des renseignements ainsi obtenus. Ils

3. Sur le fonctionnement du contrôle technique, cf. Denis Peschanski, « Le régime de Vichy a existé », in *Vichy 1940-1944. Archives de guerre d'Angelo Tasca*, éd. par Denis Peschanski, Milan-Paris, Feltrinelli-CNRS, 1986, p. 42 *sq.*, ainsi que Jacques Poujol, « Une arme secrète du gouvernement de Vichy : le contrôle postal », in *L'Œil et l'Oreille de la Résistance*, *op. cit.*

4. Michaël R. Marrus et Robert O. Paxton, *Vichy et les Juifs*, *op. cit.*

5. Une instruction du 15 novembre 1941 autorise les préfets à demander la surveillance particulière de la correspondance de certaines personnes.

sont cotés selon des formules conventionnelles et anodines du type : « de source sûre... ».

Autant l'intérêt de ces dossiers est considérable, autant les informations qu'ils contiennent ne doivent pas faire l'objet d'une fascination inconsidérée. Les limites dues au fait que les prélèvements ne touchent que la zone Sud sont de moindre importance : le courrier de la zone Nord arrive aussi dans ces régions et son analyse statistique donne d'ailleurs lieu à une exploitation spécifique. C'est en revanche la méthode d'analyse qui suscite des interrogations. On n'en connaît pas les principes et l'esprit de bricolage, qui ressort de la comparaison entre les différents centres, empêche d'en reconstituer les règles. La multiplication des chiffres, établis en apparence avec une précision extrême, l'ignorance des critères à partir desquels sont différenciées les « allusions » à tel ou tel problème, les incertitudes et les divergences des grilles d'analyse appliquées ici ou là laissent perplexe. Il faut ajouter à ces remarques une réserve essentielle : même si le nombre d'opinions comptabilisées est impressionnant par sa taille, il ne donne pas pour autant une image fidèle de la population. Il est évident que la pratique de la correspondance et, plus encore, l'usage du téléphone n'occupent pas, à ce moment-là, une place égale dans la culture quotidienne des divers milieux. Aussi les synthèses postales indiquent-elles moins, dans une conjoncture définie, les mesures précises des rapports de force au sein de l'opinion que des tendances d'évolution à replacer, elles aussi, en perspective.

Des discours sous influence

Le second groupe d'observations à rattacher au problème des sources est d'un ordre tout à fait différent. L'orientation de la réflexion sur les phénomènes de représentations et les mécanismes qui les sous-tendent n'a fait que confirmer la nécessité d'une vigilance critique à l'égard des documents d'origine institutionnelle, et en particulier de ceux qui entrent dans la fabrication des rapports des préfets[6]. Des chevauchements entre l'optique de fonction et des a *priori* idéologiques, agissant à divers degrés de la conscience, peuvent parfois avoir raison du sens du service public généralement reconnu aux hauts fonctionnaires. Sous Vichy, la critique du régime en place et quelques vérités assenées, de temps en temps, en haut lieu, par des esprits indépendants, ne suffisent pas – contrairement à ce qui peut résulter d'une première impression – pour attribuer un label d'authenticité et de sérieux aux états de situation qu'ils produisent sur le sentiment des populations. Les recoupements, les comparaisons et une certaine expérience de ce type de documents imposent la prudence. Nombreux sont les signes indiquant que les effets de perception n'épargnent personne, y compris ceux qui ont pour mission de les déceler. D'où des effets en chaîne dont l'historien doit tenir compte, même si sa tâche s'en trouve singulièrement compliquée[7].

Si l'on tente de dégager les principes ou les logiques qui, volontairement ou non, agissent sur le discours officiel, cinq grands mécanismes d'influence peuvent être mis en évidence. Trois surtout, avec des nuances dans la manière dont ils se manifestent, reflètent le poids de l'idéologie et de ses présupposés. Ce sont, pour en donner une rapide énumération : les effets dus au mode de fonctionnement spécifique de

6. Pour son ouvrage *Resistance in Vichy France* (Oxford, Oxford University Press, 1978), l'historien anglais Harry Roderick Kedward a préféré ne pas utiliser les rapports de préfets, estimant qu'ils ne constituaient pas une source satisfaisante. Sur ces problèmes, on peut se référer à Jean-Pierre Azéma, Nicole Racine et Dominique Veillon, *Le PCF à travers les rapports de préfets, 1940-1941*, colloque sur le PCF de 1938 à 1941, École normale supérieure, octobre 1983, dont les Actes ont été en partie publiés dans Jean-Pierre Azéma, Antoine Prost, Jean-Pierre Rioux, *Le Parti communiste des années sombres, 1938-1941*, Paris, Le Seuil, « L'Univers historique », 1986. Cf. également la thèse de Michèle Cointet-Labrousse, *Le Conseil national de Vichy : vie politique et réforme de l'État en régime autoritaire, 1940-1944*, université de Paris-X, 1984.

7. D'autant plus que celui-ci n'est pas immunisé. D'où l'intérêt, pour lui aussi, de méditer Roland Barthes, avec modestie : « Ni l'idéologie, ni l'inconscient ne permettent plus de croire que par ma seule volonté je vais tenir sur quelque objet du monde un discours extérieur, neutre, indifférent, qui soit à l'abri des instances que, précisément, je travaille à mettre au jour chez les autres » (Préface à Gérard Miller, *Les Pousse-au-jouir du maréchal Pétain*, Paris, Le Seuil, « Connexions du champ freudien », 1975).

la rhétorique administrative ; la capacité d'adaptation aux nécessités de la conjoncture, qui recoupe ou non l'opportunisme des carriéristes ; les convictions délibérément affirmées ; l'idéologie sous-jacente, inconsciemment exprimée à travers le système de valeurs utilisé ; l'excessive perméabilité, enfin, aux pressions du discours dominant.

Remarquablement adapté aux contraintes induites par les conventions de forme, l'opportunisme se manifeste sous la forme des excès de zèle habituels et se repère avec une telle facilité qu'on peut douter de son efficacité, à moins de désespérer de la vanité des hommes d'État... Passons très vite sur le degré de fiabilité que l'on peut accorder à des réponses que l'amiral Darlan ou Pierre Laval sollicitent en personne auprès des préfets pour connaître *« en toute objectivité »* les *« réactions sincères »* de la population à telle ou telle de leurs décisions. Elles donnent lieu à quelques morceaux de bravoure où l'art de la litote est pratiqué à un haut niveau de professionnalisme. Dans des situations moins caricaturales, les atténuations des aspérités exigent un véritable décodage de lecture. Un exemple : dans les derniers jours de février 1941, un télégramme secret et urgent de l'amiral Darlan [8] s'inquiète des répercussions provoquées par la diminution de 20 % des rations de pain. Le rapport établi par le commissaire spécial indique un vif mécontentement de l'opinion, souligne des situations familiales navrantes, et signale des protestations ouvertement hostiles à la politique de collaboration, mise en cause dans cette affaire [9]. Après un délai de réflexion de huit jours, la première version de la synthèse rédigée par le préfet régional reprend l'esprit du texte précédent [10], mais ce rapport va rester dans les cartons de la préfecture, à usage des futurs chercheurs. Celui qui est finalement envoyé à Vichy limite le mécontentement aux « milieux ouvriers » qui « font du pain leur aliment de base » et indique que le rationnement, « supportable », a été « accepté avec discipline et compréhension » [11]. L'auteur de ce glissement tactique est le préfet

8. AD HG 1960-103, 27 février 1941.
9. AD HG 1960-103, 6 mars 1941.
10. AD HG 1960-103, 15 mars 1941.
11. AD HG 1960-103, 17 mars 1941.

Cheneaux de Leyritz, dont la relative indépendance d'esprit – en comparant ce qui peut l'être – est généralement reconnue. Le fait souligne la réserve avec laquelle les historiens doivent apprécier, dès 1941, la réalité des indications avancées sur le soutien au régime de Vichy. Dans d'autres cas, les manifestations de conformisme sont beaucoup plus intempestives. Confirmant en cela des observations déjà effectuées, le retour de Laval au pouvoir étouffe encore un peu plus les velléités d'objectivité. Les préfets des Hautes-Pyrénées, en avril 1943, et de l'Ariège, en avril et juillet de la même année, se signalent ainsi par leur empressement à flagorner, au mépris de tout ce que les autres sources suggèrent sur l'impopularité manifeste du chef du gouvernement [12]. Quant au service régional des Renseignements généraux, il ne sert plus, à partir du printemps 1944, qu'à justifier la politique de répression, brutalement menée par Joseph Darnand [13].

Des situations révélatrices

Il arrive également que les convictions idéologiques des fonctionnaires se manifestent de façon explicite, quand certaines questions sensibles font soudainement craquer le vernis de protection d'une prétendue impartialité. Ainsi en est-il quand, à l'automne 1943, dans l'engrenage d'une violence entrée dans la vie quotidienne, la situation se durcit. À Toulouse, des événements comme les attentats meurtriers contre l'avocat général près la cour d'appel et l'intendant de police régional les 20 et 23 octobre 1943 [14], la mort de trois étudiants

---

12. AD HG 1945-16. Tarbes, 25 avril 1943 : « La tâche entreprise par le président Laval est unique dans l'histoire. » Foix, 26 juillet 1943 : « La politique du gouvernement n'est pas contestée en Ariège et la majorité de la population estime que sans le président Laval la situation serait pire. » 27 juillet 1943 : « Le président Laval a une politique pratique, réaliste, uniquement préoccupée par l'intérêt vital du pays » (AN F1 CIII 139).

13. AD HG 1945-72.

14. L'avocat général Pierre Lespinasse avait prononcé un violent réquisitoire contre le résistant « juif polonais » Marcel Langer, responsable de la Main-d'œuvre immigrée (MOI), guillotiné le 23 juillet 1943. Son exécution a été revendiquée par la 35e brigade MOI. Celle de l'intendant de police

résistants fusillés le 9 novembre, l'exécution du directeur de *La Dépêche* Maurice Sarraut le 2 décembre [15], ou celle de l'abbé Sorel le 20 décembre 1943 par la Résistance [16] – sans qu'il y ait apparemment de rapport entre les faits – suscitent des réactions où le souci d'analyse cède le pas à l'expression mal contenue des opinions latentes. Si le patriotisme se fait discret, le souci de prudence ne vaut pas pour tous. Un commissaire principal des Renseignements généraux [17] reprend ainsi fidèlement à son compte l'essentiel d'une allocution de Marcel Déat prononcée à la salle Wagram le 20 novembre 1943. Transformant son analyse en réquisitoire, il dénonce les assassinats des « révolutionnaires nationaux » et demande que « 50 000 miliciens en armes soient répandus à travers le pays » pour y faire régner l'ordre.

L'attitude à l'égard des Juifs est un des critères les plus révélateurs. Cette remarque ne vise pas, bien entendu, les fonctionnaires du service régional des Questions juives, qui ne font pas mystère de leurs sentiments antisémites. Même non revendiqué, l'antisémitisme provoque des dérèglements qui montrent qu'on touche là au plus profond des êtres et au déraisonnable [18]. On observe ainsi que le discours policier sur les Juifs procède souvent de deux logiques contradictoires :

Barthelet, ordonnée par Alger, résulte d'une action menée par le réseau Morhange en collaboration avec un « envoyé spécial ».

15. Attribué d'abord à la Résistance, l'assassinat de Maurice Sarraut a été organisé par la Milice. L'exécuteur est un membre de la LVF venu de Paris. Les responsables, arrêtés après enquête, ont été libérés en février 1944 sur intervention personnelle de Darnand. Dans le journal clandestin *Libération* de janvier 1944 (n° 42), on peut lire : « La Résistance française ne craint pas de prendre ses responsabilités. Maurice Sarraut n'était pas de nos amis. Il représentait à nos yeux tout ce que nous ne voulons pas revoir de la Troisième République [...] La Résistance française s'incline devant la tombe de Maurice Sarraut. Tombé sous les balles allemandes, il a racheté ainsi, involontairement, les erreurs de sa vie politique » (le texte de l'article est reproduit dans Michel Goubet, *Toulouse et la Haute-Garonne dans la guerre, 1939-1945*, 42120 Le Coteau, Éd. Horvath, 1987).

16. Ce prêtre, conseiller national, était un propagandiste véhément de Vichy, mais les raisons de son exécution restent à éclaircir.

17. AD HG 1945-13, 18 décembre 1943.

18. La lecture directe que Michaël R. Marrus et Robert O. Paxton font des nombreux extraits de rapports qu'ils citent dans leur ouvrage mériterait peut-être d'être nuancée, en fonction des risques de projection signalés (*Vichy et les Juifs*, *op. cit.*).

les auteurs projettent dans l'opinion leur antisémitisme manifeste, comme s'ils voulaient lui donner une sorte de légitimité en le faisant partager par le plus grand nombre, mais ils laissent, en même temps, percer leur agressivité à l'égard du sentiment général en dénonçant les multiples complicités dont les Juifs bénéficieraient, justement, dans cette même opinion. Il est remarquable de voir que des cadres supérieurs des Renseignements généraux, dont certains rapports témoignent, par ailleurs, d'un réel souci de mesure, ne parviennent pas à se maîtriser quand ils abordent ce terrain. En janvier 1943, un commissaire principal, dont les enquêtes sur l'état de l'opinion sont des modèles d'esprit nuancé, place les Juifs immédiatement après les occupants dans les sujets qui provoquent l'hostilité la plus vive de la population, avant le travail obligatoire, le ravitaillement insuffisant, les mauvaises conditions d'existence, la cherté des prix, le marché noir, les trafics frauduleux, etc. [19]. Le même mois, un autre commissaire principal accompagne d'un commentaire significatif les efforts des Juifs pour se cacher ou essayer de passer inaperçus : « ... leur physique et leur instinct de lucre rendent difficile cette tentative de dissimulation. » En mars 1943, c'est un commissaire divisionnaire qui parle, à propos de l'affaire Pucheu [20], de « l'emprise juive » sur le procès. En février 1944, pour en terminer avec cet échantillon, un très long rapport sur l'université de Toulouse reconnaît que « certaines méthodes » à l'égard des Juifs ont provoqué, « par humanité », « indignation et réprobation » dans les milieux

---

19. Dans la région, les recoupements d'informations indiquent au contraire, à ce moment-là, une plus grande sensibilisation au sort des Juifs. La réaction de Mgr Saliège, dont la lettre pastorale manifestant l'indignation face aux persécutions des Juifs date du 23 août 1942, semble avoir marqué le début du processus.

20. Ex-membre des Croix de Feu puis du PPF, qu'il quitte au début de 1939, Pierre Pucheu, un des dirigeants du groupe Worms, entre au gouvernement en février 1941. Il en devient, au mois d'août, le ministre de l'Intérieur. Il s'implique dans la création des sections spéciales (juridictions d'exception) et se compromet dans la désignation des victimes parmi les listes d'otages dressées par les Allemands. Il passe en Afrique du Nord en février 1943 où il est arrêté, malgré un sauf-conduit signé du général Giraud. Jugé et condamné à mort par un tribunal d'Alger, il est exécuté le 20 mars 1944.

étudiants. Il est toutefois précisé que ces mêmes étudiants n'entendent pas voir leurs intérêts « lésés par les Juifs », et sont heureux que la loi ait éliminé ces concurrents éventuels, en pleine conscience « du péril juif » et « des malheurs que cette race a fait accumuler sur la France » [21].

L'idéologie s'exprime également, de façon plus subtile, à travers les perceptions banales qui reflètent discrètement l'ensemble d'un système de valeurs associé à la pratique du pouvoir. Tout le discours quotidien qui, avant la guerre, appartient à la routine du langage de l'administration et porte sur l'extrémisme, le communisme, l'« agitation », les « éléments suspects du point de vue national », les « individus dangereux pour l'ordre public », les « étrangers suspects », les « activités nuisibles », les « activités subversives », les « organisations patriotiques et nationales », les « milieux nationaux », les « milieux pensant essentiellement français »... mériterait une analyse approfondie. Par exemple, à partir du printemps 1939, la notion d'activités nuisibles fait référence aux relations avec les réfugiés républicains espagnols et à l'aide qui leur est apportée. Elles deviennent objet d'enquête. Pour en rester à la seule perception de l'extrémisme et de la subversion, ainsi que des activités du même nom, on peut constater, avant Vichy, une différence sensible de traitement, sans doute non consciente, selon le versant où se situe cet extrémisme ou cette subversion. Les enquêtes menées sur des mouvements supposés avoir été proches du CSAR (la Cagoule) reflètent, à travers le vocabulaire, tout un réseau cohérent de jugements de valeurs. Elles mettent en évidence l'« action défensive contre le danger communiste », la « sincérité indéniable des sentiments patriotiques », la « volonté d'agir au service de la patrie » ou même l'absence d'ambitions politiques. Sans que l'on puisse parler de complicité, la perception de cet extrémisme-là est logiquement et naturellement reliée aux notions positives de nation et de patriotisme, dans un esprit plutôt porté vers la compréhension... Visiblement, toute une culture de l'État et de l'ordre – il faudrait remonter le temps sur une durée plus que sécu-

21. Sur ces questions, cf. les liasses : AD HG 1945-13, 1945-16, 1896-159, 2008-115.

laire pour le vérifier – suggère que le sentiment du vrai danger est ailleurs. En 1938, une circulaire confidentielle du ministre de l'Intérieur qui donne des instructions sur la surveillance des partis et des groupements extrémistes reflète ce type d'approche[22]. On pressent là des aperçus qui éclairent des aveuglements et des détournements d'attention déjà présents et que l'on retrouvera en d'autres circonstances. L'intoxication psychologique peut enfin toucher ceux qui ont justement pour mission d'en observer les effets et d'en décortiquer les procédés. La psychose de peur et les fantasmes du complot, dans les derniers mois de 1936, sont, sur ce point, on le verra, riches d'enseignements.

Toutes ces observations ne remettent pas en cause la valeur des sources officielles sur la surveillance de l'état d'esprit, mais elles en relativisent la richesse apparente. Leur véritable intérêt est dans les possibilités de seconde lecture qu'elles offrent à la réflexion critique de l'historien. Complémentairement aux exigences de ces procédures d'analyse familières aux méthodes des sciences sociales, où l'histoire a beaucoup à prendre et à apprendre, quelques principes de bon sens s'imposent d'eux-mêmes : la méfiance face au document isolé, la nécessité de mettre en relation des séries cohérentes, la pratique systématisée des recoupements, l'observation permanente et rigoureuse de la chronologie. En somme, une application des règles élémentaires de la méthode historique.

22. AD HG 2358-82, 26 décembre 1938.

CHAPITRE II

Opinion et représentations

> Il n'est pas de psychologie que de la conscience claire.
>
> MARC BLOCH

On peut s'interroger indéfiniment sur la nature de l'opinion publique, sur sa matérialité, sur son unicité ou sa pluralité et mettre en doute, en bout de raisonnement, l'idée même de son existence. Ce débat rituel ne sera jamais clos et il le sera d'autant moins si on persiste à vouloir poser en termes d'alternatives bloquées des contradictions évidentes mais que, dans certains cas, on considère à tort comme exclusives [1]. Ce n'est pas ici le lieu de rouvrir un dossier connu pour sa complexité et ses risques de dérives. La nécessité d'affermir une réflexion conceptuelle auparavant négligée ne doit pas revenir buter sur le formalisme des blocages idéologiques et/ou méthodologiques. On voit mal où se situerait l'intérêt d'une démarche qui aboutirait à énoncer des interdits et à retrancher le champ de l'opinion du territoire de l'historien. En dépit des problèmes inhérents à l'incertitude de l'objet, en s'ouvrant largement à la psychologie sociale et à

---

1. Comme j'ai déjà eu l'occasion de l'écrire, l'évidence, répétée comme un argument péremptoire, que l'opinion publique n'est pas un bloc ne justifie pas une opposition irréductible entre unicité et pluralité de l'opinion. L'opinion est perpétuellement en mouvement, et toute son histoire montre que cette dualité est justement une des bases de son fonctionnement. L'existence de représentations dominantes ne gomme absolument pas les attitudes différentielles qui apparaissent entre les divers groupes sociaux ou les différentes sensibilités politiques. C'est la dialectique qui s'instaure entre les unes et les autres qui me semble refléter la dynamique de l'opinion et la signification que l'on peut accorder à ses manifestations.

la sociologie sans pour autant renier ses outils et ses objectifs propres, la démarche spécifique de l'historien reste irremplaçable dans l'élucidation des phénomènes de psychologie collective qui s'expriment à travers l'idée d'opinion[2].

Observer de l'intérieur

L'opinion publique peut être observée, du dehors, à partir des manifestations explicites des courants qui la composent et la font évoluer, mais cette approche traditionnelle, essentiellement descriptive, reste, par là, un peu superficielle. Dans ce domaine, ce qui est visible n'est pas souvent le plus significatif et ce qui est logique est rarement le plus révélateur. L'étude des représentations, à travers le jeu des images et des symboles qu'elles sollicitent, ouvre d'autres portes. Elle est une des solutions possibles pour contourner les difficultés et tenter de saisir le mouvement de l'opinion dans son instabilité même. En effet, malgré leur confusion et leurs contradictions apparentes, les signes explicites, les stéréotypes, les préjugés, les silences et autres formes de réactions expriment et conditionnent à la fois la vision des contemporains sur le monde. Ils dépendent de facteurs qui prolongent des réseaux d'influence et s'organisent entre eux selon leurs logiques propres. Plus ou moins dissimulés, les uns et les autres doivent être mis en évidence et « étudiés pour eux-mêmes, comme les éléments d'un discours cohérent[3] ». Le détour par l'imaginaire, et par l'ensemble des modes de perception à travers lesquels il se construit, permet ainsi d'accéder au niveau souterrain des mécanismes internes de l'opinion. Ce sont eux qui règlent son fonctionnement et qui, dans un va-et-vient avec les réactions perceptibles de surface, pèsent sur les tendances décisives de son évolution.

---

2. Cf., par exemple, Jean-Jacques Becker, « L'opinion », *in* René Rémond (sous la direction de), *Pour une histoire politique*, Paris, Le Seuil, « L'Univers historique », 1988, ou Pierre Laborie, « De l'opinion publique à l'imaginaire social », *Vingtième Siècle. Revue d'histoire*, Paris, Presses de la Fondation nationale des sciences politiques, n° 18, juin 1988.

3. Selon l'expression de Georges Duby, dans la préface rédigée pour *Apologie de l'histoire*, *op. cit.*

Les représentations mentales, théoriquement circonscrites à un objet particulier dont elles reconstruisent, socialement, la réalité, se rattachent en fait à un large tissu d'interconnexions, intégrées à la structure de systèmes[4]. Elles deviennent ainsi un des multiples miroirs de l'univers mental que, pour reprendre Lucien Febvre, chaque société et chaque époque fabrique à son image. Elles en prolongent les constituants caractéristiques, les sensibilités, les émotions, les obsessions, les préoccupations et la dialectique de leur hiérarchie, les contradictions et les incohérences. Sans prétendre à l'ambition d'une histoire globale, l'étude des représentations est un des moyens pour pénétrer, de l'intérieur, dans la complexité de l'imaginaire social.

Réalité de l'événement-imaginaire

L'histoire, on le sait, ne peut pas s'arrêter au seul examen des faits établis, aussi rigoureux soit-il. Son processus n'est pas réductible aux enchaînements reconstitués, *a posteriori*, par la seule raison du discours de l'historien. La vérité mêle étroitement deux ordres de réalités : d'un côté la matérialité des faits, établie, dégagée, analysée et mise en relation par une démarche d'intelligence, de l'autre la perception que les acteurs sociaux se font de ces mêmes faits au moment où ils les vivent, les subissent, les observent ou les reconstruisent. Ces représentations deviennent indissociables des faits et, à leur tour, créatrices de réalité. L'idée-force qui, à travers elles, pénètre dans les esprits constitue une puissante « réalité

4. Cette idée est souvent exprimée chez Georges Balandier (*Anthropologie politique*, Paris, PUF, « Quadrige », 1984, 1re éd. 1967) ou encore chez Michel Foucault : « À toutes les époques, la façon dont les gens réfléchissent, écrivent, jugent, parlent [...] la façon dont les gens éprouvent les choses, dont leur sensibilité réagit, toute leur conduite est commandée par une structure théorique, un SYSTÈME, qui change avec les âges et les sociétés mais qui est présent à tous les âges et dans toutes les sociétés. » En 1971, le travail pionnier d'Edward P. Thompson sur « l'économie morale » des foules anglaises du XVIIIe siècle avait mis l'accent sur l'existence et le rôle, au-delà de l'apparence de réactions discontinues, des logiques des systèmes de représentations (E.P. Thompson, « The Moral Economy of the English Crowd in the 18th Century », *Past and Present*, n° 50, 1971).

historique » dont l'importance, par ses conséquences et sa signification, est parfois aussi grande, si ce n'est plus, que la réalité première dite objective [5]. Dans le champ du politique par exemple, les situations abondent où la représentation imaginaire des événements, des hommes ou des systèmes de pensée compte plus, au moment des choix, que leur réalité. L'idée est banale. Pourtant, sans doute sous l'influence de la tradition positiviste, l'histoire contemporaine l'a longtemps négligée. Pour ce qui est des attitudes collectives, il est indéniable que ces phénomènes de transfiguration exercent une influence déterminante dans le processus de décision, qu'ils pèsent beaucoup plus lourd que la « vérité » des faits. Vérité, qui plus est, rarement accessible, du moins dans l'immédiat, à la connaissance commune [6]. C'est donc, le plus souvent, la vérité du mythe fonctionnant comme un fait, celle de l'événement-imaginaire, de l'homme-imaginaire, du discours-imaginaire, qui devient alors la « vraie réalité » et agit comme telle sur les comportements. Dans ces conditions, il est évident que l'analyse des conduites collectives ne peut pas être menée de l'extérieur, à partir de leur seule mise en relation avec une reconstitution raisonnée des faits et de leur enchaînement, avec le seul recours aux éléments logiques d'explication [7]. Si ceux-ci ont leur place, ils ne doivent pas

---

5. Traitant du danger fasciste en France dans les années 30, dont les historiens « ont beau jeu de faire valoir l'inexistence », Philippe Burrin écrit : « Dans tous les cas, aussi exagérée qu'elle puisse apparaître aujourd'hui, cette perception seule importe historiquement puisqu'elle orienta l'action politique et constitua le sens que les contemporains de gauche donnèrent à la période qu'ils vivaient » (P. Burrin, « Poings levés et bras tendus. La contagion des symboles au temps du Front populaire », *Vingtième siècle. Revue d'histoire*, Paris, Presses de la Fondation nationale des sciences politiques, n° 11, 1986, p. 5-20).

6. Notions de matérialité, de vérité, de réalité des faits qui par ailleurs, on le sait, se révèlent, à l'épreuve de la définition, des notions particulièrement abstraites.

7. Sans entrer dans un débat trop théorique, un minimum de clarification s'impose sur le « statut historique » des représentations. Reconnaître le rôle des perceptions, ou d'une manière générale de l'imaginaire social, ne signifie absolument pas l'affirmation d'un primat du psychologique ou du culturel sur l'économique, le politique ou le social. C'est toutefois, selon moi, refuser l'idée de considérer les représentations comme des superstructures déterminées. Pour reprendre la métaphore habituelle de la maison à étages, le déterminisme ne s'exerce pas ici à sens unique de la « cave au grenier »

prendre toute la place. Il devient indispensable de s'attacher aux médiations entre le réel et l'idéel, aux rapports « imaginaires » que les hommes entretiennent avec les conditions qui définissent objectivement leur cadre de vie, à la façon dont ils les perçoivent, à la manière dont, mentalement, ils les vivent et les reproduisent[8]. Pour emprunter l'esprit d'une formule de Maurice Agulhon, le problème de l'historien de l'opinion est, en somme, le politique – avec tout ce qui vient se placer autour et en amont – vu du côté de sa perception[9].

Le poids des représentations

Dans la crise intense de conscience collective qui marque les années 30 et 40, tout indique l'importance considérable qui revient à l'imaginaire social. Pour la seule période de l'avant-guerre, les exemples se succèdent, reliés par le même

---

mais, comme le dit Fernand Braudel, selon « une double action de bas en haut et de haut en bas », soit en empruntant l'escalier dans les deux sens. On peut donc défendre l'idée d'une relative autonomie des représentations, par interaction, mais la question importante est celle de l'influence mutuelle des facteurs qui concourent à leur formation. Les facteurs économiques, sociaux, politiques, culturels ont à la fois leur propre dynamisme, sont imbriqués et indissociables mais exercent, selon la spécificité des situations, une action décalée dans leurs effets. Le vrai problème reste celui de la hiérarchie des articulations décisives, hiérarchie mouvante sous la conjonction croisée des longues durées et des conjonctures.

8. Sur l'ensemble de ces problèmes, souvent abordés dans les recherches de Maurice Agulhon et de Michel Vovelle, voir en particulier, de ce dernier, *Idéologies et Mentalités*, Paris, Maspero, 1982. Se référer également à Maurice Godelier, *L'Idéel et le Matériel*, Paris, Fayard, 1984, à Cornelius Castoriadis, *L'Institution imaginaire de la société*, Paris, Le Seuil, 1975, à la première partie (p. 7-63) du livre de Bronislaw Baczko, *Les Imaginaires sociaux*, Paris, Payot, 1984, au numéro spécial, « Nouvelles images, nouveau réel », des *Cahiers internationaux de sociologie*, Paris, PUF, vol. LXXXII, 1987. On peut enfin rappeler que, comme les médiévistes, les historiens de l'Antiquité mènent, depuis longtemps, une réflexion fondamentale sur imaginaire et histoire. Les travaux de Nicole Loraux, Jean-Pierre Vernant et Pierre Vidal-Naquet en sont, entre autres, des exemples brillants.

9. Maurice Agulhon écrit : « Le politique vu du côté de sa réception, c'est notre problème en somme... » (« Conflits et contradictions dans la France contemporaine », leçon inaugurale au Collège de France, in *Annales ESC*, mai-juin 1987, p. 595-610 ; repris dans *Histoire vagabonde*, II, Paris, Gallimard, 1988).

fil : le 6 février 1934, identifié, à gauche, à une tentative de coup de force fasciste avec les conséquences que l'on connaît et, dans les esprits, la perception durable d'un « danger fasciste » intérieur ; les explosions de l'été 1936 vécues, dans une autre partie de l'opinion, comme les signes annonciateurs d'une insurrection révolutionnaire et d'un écroulement de l'ordre social et moral ; les événements d'Espagne décryptés, là encore, à travers les mêmes sortes d'inquiétudes, et lus comme la vision prospective d'un complot communiste international[10] ; l'aveuglement des pacifismes face à Munich et au danger extérieur, la grève du 30 novembre 1938 enfermée dans l'image antagonique du social et du national, la puissance des stéréotypes dans les jugements réciproques des Français sur eux-mêmes... Le poids de l'irrationnel est partout. Sous l'effet de divers facteurs, examinés plus loin, la reconstruction de la réalité qui s'élabore dans l'imaginaire collectif exerce alors une influence décisive sur les attitudes dominantes. L'observation des mécanismes de production de ces représentations mentales permet de déceler les prismes à travers lesquels l'opinion situe les enjeux de la réalité et effectue ses choix. Ainsi restructurés dans leur cohérence interne, ces effets de distorsion et de cécité mettent en évidence des engrenages qui, parmi d'autres raisons, conduisent au naufrage dans lequel la nation a été un moment emportée, complice et victime.

Ces quelques principes généraux posés, l'intention du propos n'est ni d'infliger la lecture d'un traité de méthodologie sur l'étude des représentations, ni d'en justifier l'intérêt. La réflexion sur l'histoire ne doit pas envahir l'histoire au point de la faire oublier. Elle reste cependant indispensable et sera abordée à l'occasion, au fil des pages, quand la situation fera nécessité, dans ce dialogue entre les faits et les idées, entre l'histoire et le discours de l'histoire, que Tocqueville considérait comme une exigence. Exigence qu'aujourd'hui des travaux d'histoire contemporaine de renom ont enfin imposée comme la condition même de son écriture.

10. Serge Berstein et Jean-Jacques Becker, *Histoire de l'anticommunisme en France*, *op. cit.*

Facteurs et modes de construction des représentations

Pour éviter toutefois des répétitions fastidieuses et éclairer des remarques ultérieures, il convient de dégager brièvement et d'expliciter quelques facteurs caractéristiques du mode de construction des représentations et de leurs fonctions. Ils recoupent, le plus souvent, les mécanismes de fonctionnement de l'opinion publique elle-même.

– Les effets réducteurs sont les plus apparents. L'imaginaire simplifie les données du monde réel et réduit toujours le complexe au rudimentaire. Il écrase l'épaisseur du temps, bouleverse les chronologies, pose les problèmes sous la forme d'alternatives tranchées, utilise copieusement les amalgames et les stéréotypes. Il est évident que les manipulations et les propagandes usent largement de leur efficacité.

– Les effets des couples repoussoirs ou des couples antagonistes découlent en partie des précédents. Les représentations fonctionnent couramment par attitude négative de rejet, selon des articulations binaires, en prenant appui sur des oppositions manichéennes : progrès social contre intérêt national en 1938, le bon maréchal face à l'âme noire de Laval, l'homme à la cravate blanche...

– Tout un ensemble de mécanismes convergent vers des fonctions de type identique qu'on pourrait appeler effets d'inertie, de normalisation, de refuge, d'intégration, de fusion. Ils appellent l'attention sur des éléments essentiels à la compréhension des phénomènes d'opinion : la passivité qui prolonge une ligne de pente « naturelle » des attitudes collectives, la volonté non consciente, mais permanente, d'identification au groupe. Leur rôle est sensible dans les situations de crise où ils produisent, par l'opposition binaire mentionnée, des effets inversés, par exemple ceux de l'exclusion.

– Les effets de miroir sont à la base même de tous les systèmes de représentations. Celles-ci s'organisent toujours en fonction d'une image supposée de « l'autre », qu'il soit événement, référence abstraite, objet ou personne. Ce schéma implique déjà un imaginaire de l'imaginaire, mais on découvre, à l'usage, des cas de figure encore plus alambiqués. Les jeux de miroir peuvent se multiplier à l'infini, comme les images de Rita Hayworth dans *La Dame de Shanghai*[11], par des projections fondées sur des éventualités de réactions face à d'autres réactions elles-mêmes présumées... Les croisements des strates perméables de l'imaginaire se nourrissent alors de leurs propres confusions et obsessions. Les peurs accumulées autour de la crainte du complot révolutionnaire de l'automne 1936, les représentations que des fonctionnaires de police se font des Juifs, ou des communo-gaullistes, les fantasmes de l'épuration, les perceptions réciproques que résistants de l'extérieur et de l'intérieur se font de leurs intentions à la Libération font, entre autres exemples, appel à ces mécanismes[12].

– Les effets d'anticipation, enfin, indiquent que les représentations se forment dans un espace de temps défini, en fonction de projections imaginaires d'un avenir conçu comme prédéterminé, à partir de ce qui est vu et compris du présent. D'où, là encore, de nouvelles additions de constructions spéculatives et divinatoires. Les perceptions de la guerre civile espagnole et la lecture du futur qu'elles suggèrent pour les Français en 1936 et 1937, celles de l'évaluation du danger de guerre après Munich[13], l'ambivalence accusée de l'attentisme à partir de l'été 1941 renvoient, en partie, vers ce type d'explication.

---

11. Film d'Orson Welles, 1948.

12. Cf., sur ce dernier point, Pierre Laborie, « La libération de Toulouse vue par le pouvoir central, représentations mentales et enjeux de pouvoir », *in* Rolande Trempé (sous la direction de), *La Libération dans le Midi de la France*, *op. cit.*

13. Longtemps ignorés des historiens, les premiers sondages de l'IFOP nuancent le cliché d'une France approuvant massivement, comme ce fut le cas lors du vote de la Chambre, les accords de Munich. Il semble cependant difficile de conclure à la détermination des Français en s'appuyant sur les 70 % des personnes interrogées qui, en octobre 1938, se déclarent disposées à résister à toute nouvelle exigence de l'Allemagne. Cette forte majorité doit évidemment être rapprochée de l'idée que les Français se font du risque de guerre réel dans le proche avenir. Or, on le sait, au lendemain de Munich, « c'est la paix pour notre temps », selon le mot fameux de Neville Chamberlain... Sur ces sondages dont Charles-Robert Ageron a été un des premiers à parler (*Cahiers de l'Institut de l'histoire de la presse et de l'opinion*, université François-Rabelais, Tours, 1973), cf. la revue de l'IFOP, *Sondages*, n°s 1, 2, 3, 1939, et Christel Peyrefitte, « Les premiers sondages d'opinion », *in* René Rémond et Janine Bourdin (sous la direction de), *Édouard Daladier, chef de gouvernement*, *op. cit.*, p. 265-278.

Hiérarchie des préoccupations

Le dernier élément de cette grille d'analyse est certainement un de ceux que l'historien ne doit jamais oublier dans ses outils d'interprétation. Consciemment ou non, les attitudes collectives se réfèrent toujours à ce qui est désigné, dans ce livre, par la notion de hiérarchie des préoccupations. Toute hypothèse sur la signification de telle ou telle réaction collective, ou absence de réaction, passe obligatoirement, sous peine de bévue, par une mise en perspective ; les représentations étudiées ne peuvent être appréciées que par rapport à un ordre de priorités tel qu'il est ressenti, établi et modifié par l'opinion selon l'idée qu'elle se fait, à un instant précis, de ses intérêts du moment. Ainsi, et sans que cela puisse en aucune façon constituer une excuse ou une justification, l'interprétation de l'attitude générale d'indifférence à l'égard du sort des Juifs, en 1940 et 1941, ne peut ignorer cette donnée. Enfin on peut parler, à côté d'une hiérarchie des préoccupations, d'une hiérarchie des rejets par degré comparé d'aversion. Une forte manifestation de refus, ou d'hostilité, aveugle le jugement et minorise d'autres motifs d'antipathie, comme s'il existait une sorte de principe d'économie dans les sentiments d'opposition, ou une loi du moindre inconvénient dans l'idée que l'on se fait du pire [14]. On rejoint aussi, par là, les effets des antagonismes de couple. Les regains de popularité du maréchal Pétain après la dégradation de 1941, et, parmi eux, celui observé lors du fameux voyage à Paris du 26 avril 1944 précédant les visites effectuées dans la zone Nord, doivent être toujours mis en relation avec un autre versant des perceptions où les choses sont mises au pis [15]. L'image repoussoir de Pierre Laval s'avère ainsi d'une efficacité redoutable, pour le plus grand profit de celle du maréchal. La permanence d'une sensibilité anglophile pen-

---

14. Selon le principe attribué au philosophe Bradley et cité par Serge Moscovici, *L'Âge des foules*, *op. cit.* : « Lorsqu'une chose est mauvaise il doit être bon de connaître le pire. »

15. Sur les problèmes d'interprétation posés par l'attitude de la population parisienne lors de la visite du maréchal en avril 1944, cf. la dernière partie de l'ouvrage.

dant l'été 1940, malgré Mers el-Kébir et la propagande officielle, ou encore la haine suscitée par les représailles allemandes en 1944, malgré des sentiments partagés à l'égard des initiatives de certains maquis turbulents, procèdent elles aussi, pour une part, de cette logique.

La recherche a beaucoup à apporter à une problématique encore maladroitement cernée et à une méthode balbutiante, mais on pressent l'intérêt que l'histoire de l'opinion, et plus généralement du politique, peut trouver dans l'exploration des représentations collectives. Dans l'immédiat elle fournit un moyen pour débloquer une situation où, à l'exception de quelques travaux pionniers comme ceux de Jean-Jacques Becker, les perspectives d'une avancée semblaient s'engluer dans les difficultés épistémologiques. Elle contribue aussi à aider ce champ de l'histoire contemporaine à échapper au seul court terme, dans lequel on se plaît à l'enfermer [16], en replaçant l'instantanéité explicite des phénomènes d'opinion dans l'épaisseur des structures mentales, sur un territoire à la fois indissociable et fondamentalement différent de celui de l'histoire des idées [17].

Pour la période étudiée, le choix d'une telle méthode peut se justifier aisément, par deux grandes raisons :

– La profondeur, l'étendue et la complexité de la crise de la nation se traduisent dans les esprits par une impression d'incohérence dont témoignent, à l'excès, les manifestations de l'opinion dominante. Sauf à vouloir en rester à des constats (qui n'en sont pas moins nécessaires) fondés sur la seule observation du visible, leur élucidation implique d'en rechercher ailleurs les ressorts significatifs.

– Dans la violence d'un affrontement idéologique dont les outrances cachent mal de sérieuses ambiguïtés, chaque courant campe alors sur des positions ombilicales. Elles se nourrissent d'images stéréotypées des problèmes du pays et des adversaires politiques, les deux étant le plus souvent confon-

16. En 1979, Stanley Hoffmann peut encore écrire, en parlant de « l'historien futur » des années 40 : « Il lui faudra faire ce qui, en France, ne commence qu'à peine, de l'histoire *contemporaine* qui ne soit pas une simple mise en place des faits ou une simple analyse des points de détail » (« Le désastre de 1940 », *L'Histoire*, Paris, Le Seuil, n° 10, 1979).

17. Sur ce point, cf. également Maurice Agulhon, *op. cit.*

dus et amalgamés. L'historien de l'opinion ne peut pas ignorer la plongée dans l'irrationnel qui marque la période charnière de la fin des années 30. Cette régression du débat démocratique vers le refuge du psychologique sommaire est un des aspects de l'épuisement de cette « société bloquée [18] », de ce lent déclin des valeurs communes qui, avec les divisions, les aveuglements et la confusion, caractérisent la crise d'identité nationale.

18. Expression passée à la postérité et due à Stanley Hoffmann, in *À la recherche de la France*, Paris, Le Seuil, 1963.

CHAPITRE III

La crise d'identité nationale

> J'ai vécu les années 30 dans le désespoir de la décadence française, avec le sentiment que la France s'enfonçait dans le néant.
> Au fond, la France n'existait plus. Elle n'existait que par les haines des Français les uns contre les autres.
>
> RAYMOND ARON [1]

Dans les années qui précèdent l'effondrement de juin 1940, l'altération du sentiment national [2] et les menaces qui pèsent sur la cohésion de la nation caractérisent fondamentalement la situation morale du pays. La sensation d'une pente irrésistible vers une désintégration du tissu national apparaît, avec le recul du temps, comme le trait le plus accusé, celui qui s'impose avec le plus de force, de clarté et de constance à l'historien des mentalités et de l'opinion. C'est à travers les signes multiples de cette dégradation, exprimés partout, mais sous une diversité de formes qui ne les rend pas toujours facilement repérables, que l'on peut sans doute le mieux parvenir à évaluer la gravité de la crise générale qui, à cette période, atteint en profondeur la société française.

---

1. Raymond Aron, *Le Spectateur engagé*, entretiens avec Jean-Louis Missika et Dominique Wolton, Paris, Julliard, 1981.

2. Stanley Hoffmann écrit : « la dégradation, à certains égards même la perversion du sens national » (*Essais sur la France. Déclin ou renouveau ?*, Paris, Le Seuil, 1974).

Fragilité du référent commun

Cette crise de société est aussi en effet celle de la nation, crise à elle seule considérable par son étendue et sa complexité. On n'en retiendra ici que ce qui relève du contexte mental, à travers ce qui transparaît des perceptions et des manifestations de la sensibilité dominante. La crise de la nation est en grande partie le reflet d'une grave crise de conscience collective, ou encore de la « moralité collective », selon les termes de Marc Bloch dans cette référence superbe et irremplaçable que reste *L'Étrange Défaite*[3]. Plutôt que d'en parler sous ces formulations fréquemment utilisées, ou en termes de décadence dont, pour la période, la connotation idéologique est marquée, il a paru préférable de la désigner par la notion de crise d'identité nationale. Un choix qui n'est pas cependant de simple convenance. Parlant du mot d'identité, Fernand Braudel écrit : « Manifeste est son ambiguïté : il est une série d'interrogations[4] ». Cette coïncidence entre les incertitudes de la notion et le contenu même du sujet de ce livre, entre les questions qui l'habitent et l'effort permanent de réflexion nécessaire pour appréhender une matière elle-même fuyante, cette relation indéfinissable a dû certainement compter dans le choix.

La nation est de l'ordre de l'imaginaire. L'identité nationale est une composante de l'identité tout court et les citoyens ont besoin de se reconnaître et de se sentir reconnus, dans et par la communauté à laquelle ils appartiennent. Ils ont besoin de partager avec d'autres un certain nombre de références communes et de savoir qu'elles sont effectivement partagées par les autres membres du groupe. Or, pendant les années 30, et plus nettement encore dans la dernière moitié de la

3. « Crise de la moralité collective dans certaines couches de la nation » qu'il juge, après deux ans de réflexion, plus profonde encore qu'il n'avait osé l'imaginer. (« La déposition d'un vaincu », in *L'Étrange Défaite*, Paris, Colin, 1957).

4. Fernand Braudel, *L'Identité de la France. Espace et histoire*, Paris, Arthaud-Flammarion, 1986, t. I, p. 17. Pour éviter tout malentendu, il est préférable de préciser que « L'opinion et la crise d'identité nationale » était, pour l'essentiel, le titre du sujet de thèse d'État déposé en 1980.

période, de façon extrême dans les premiers temps de Vichy, cette représentation d'une appartenance partagée, confusément ressentie mais intérieurement présente, se déchire progressivement. Il devient manifeste que l'idée de nation renvoie de moins en moins à une signification identique – si ce n'est pour tous, du moins pour la grande majorité des Français –, que l'idée en devient terriblement contrastée, confuse et incertaine. Il n'y a plus guère de nation, écrit Maurice Agulhon, *« si elle se réduit à l'activité contingente de ceux qui habitent à l'intérieur d'un même circuit de frontières »*, si l'on n'y trouve pas ce *« minimum d'unité objective et subjective de nature plus profonde »*, cet indispensable *« consensus philosophique et moral sur les valeurs »*, qui fondent précisément l'identité nationale[5]. Cette absence des solidarités élémentaires correspond bien à ce qui ressort de ces années de crise. Le sentiment d'appartenir à une communauté de destin s'est effrité et plus encore, à la différence de 1914, l'idée que ces liens surpassent « toute autre solidarité, sociale, professionnelle, idéologique, religieuse[6] ». La République, identifiée à l'État démocratique, modèle de morale publique, ciment de l'identité nationale, est elle-même en crise depuis qu'on l'identifie aux marécages des scandales et aux calamités des dysfonctionnements du régime parlementaire. Contestée dans une partie de la gauche à travers la dénonciation d'un ordre social qu'elle contribuerait à figer, on connaît les haines qu'elle suscite dans les rangs de l'extrême droite et la négation même de la nation à laquelle elles aboutiront parfois[7]. La crise sociale révélée par les

5. « Conflits et contradictions dans la France contemporaine », in *Histoire vagabonde*, *op. cit.*, p. 288 et 293.

6. René Rémond, préface à Jean-Jacques Becker, *1914. Comment les Français sont entrés dans la guerre*, Paris, Presses de la Fondation nationale des sciences politiques, 1977.

7. Dans ses Mémoires, Charles Rist, qui revient souvent sur l'obsession de ces milieux – « Périsse la France pourvu que la République meure aussi » –, rapporte cette anecdote : « Mme Aubouin me dit qu'au lendemain de l'armistice elle a reçu la lettre d'une amie réactionnaire contenant ces mots : "Enfin nous avons la victoire !" Elle est restée, dit-elle, un moment sans comprendre » (C. Rist, *Une saison gâtée. Journal de la guerre et de l'Occupation, 1939-1945*, éd. préparée par J.-N. Jeanneney, Paris, Fayard, 1983).

peurs et les affrontements du Front populaire produit des ravages qui accentuent les déchirures et laissent des cicatrices irréparables, encourageant les comportements d'exclusion. La nation ne peut plus subsister en tant que communauté d'existence quand, comme l'écrit Antoine Prost, différentes catégories de citoyens « sont délibérément tenues en dehors de cette communauté [8] ». Pour ceux-là, que leur perception soit fondée ou faussée par tout un contexte d'affrontements et de revanche sociale, les liens d'appartenance à une nation dont ils se sentent rejetés deviennent flous et distants. Dans leurs témoignages, Georges Friedmann et Marc Bloch reviennent souvent sur l'idée que la désagrégation du pays reste incompréhensible si on ne la confronte pas à la dureté du climat de luttes sociales qui y régnait à la veille de la guerre. La désintégration du tissu social vient ainsi renforcer la liquéfaction ou la remise en cause des symboles de reconnaissance et des valeurs fondatrices de la nation. Si l'on y ajoute la conviction intérieure et généralisée que « le pays est entré dans une période de déclin qui menace à terme sa survie [9] » on conçoit aisément que les Français aient une représentation particulièrement trouble de leur destin national, comme de la place et du rôle qu'ils peuvent et doivent y tenir. Il y a bien crise d'identité et elle est double : l'identité de la nation n'est plus assimilée à une morale publique reconnue par l'ensemble des membres de sa communauté ; ceux-ci ne parviennent plus à retrouver leur propre identité de Français dans une image de la nation devenue pour eux fuyante et insaisissable.

Cette représentation incertaine de la nation qui prolonge et favorise la désagrégation du sentiment et du tissu nationaux constitue l'indication la plus frappante de la crise d'identité nationale. Elle se traduit aussi par de nombreuses autres

---

Marc Bloch, de son côté, parle de ceux qui ont accepté trop tôt le désastre « parce qu'ils lui trouvaient ces atroces consolations : écraser sous les ruines de la France un régime honni » (« Examen de conscience », in *L'Étrange Défaite*, *op. cit.*).

8. Antoine Prost, in *Histoire du peuple français, Cent ans d'esprit républicain*, Paris, Nouvelle Librairie de France, 1966, p. 431.

9. Serge Berstein, *La France des années 30*, Paris, Colin, « Cursus », 1988, p. 80-81.

caractéristiques qui seront reprises et analysées tout au long des pages de ce livre dont elles forment la trame. Dans l'immédiat, c'est seulement pour situer le cadre de la problématique qu'elles vont être brièvement décrites et, par commodité, artificiellement isolées. Dans les faits, comme dans les représentations à travers lesquelles les Français les vivent, elles sont, en réalité, étroitement imbriquées.

Divisions et confusions

L'absence d'une « passion lucide de l'intérêt national », pour reprendre l'expression de Jacques Debû-Bridel [10], ou, plus simplement, la régression alarmante du sens de l'intérêt général sont dans la logique des signes qui précèdent. Elles se retrouvent dans les violentes divisions et dans le déchaînement des passions civiles. Elles s'expriment par le rétrécissement des perceptions de la réalité ramenée à des visions sélectives, étriquées ou borgnes, par l'obsession de préoccupations égoïstes, par la confusion entre les considérations d'intérêt national et les convictions idéologiques. Ainsi, c'est moins en fonction dc l'intérêt de la nation que de leur possibilité de récupération, comme arguments de poids dans les affrontements intérieurs, que les problèmes extérieurs sont jugés. Ces logiques de pensée viennent justifier des attitudes suicidaires pour le pays et installent le trouble sur l'identité de la nation. Le doute et sa contrepartie inévitable qu'est le rejet, par le besoin brutal d'être rassuré, entraînent les attitudes d'exclusion traditionnelles en pareil cas. Elles se traduisent par des réactions xénophobes et la remontée d'un antisémitisme ordinaire, les deux phénomènes apparaissant à ce moment-là comme difficiles à dissocier.

La crise découle aussi d'un formidable confusionnisme qui la nourrit avant qu'elle ne le développe en retour, par apports réciproques. L'opinion perd l'essentiel de ses repères d'identification, les clivages sont brouillés, les références

10. Jacques Debû-Bridel, *L'Agonie de la IIIe République*, Paris, Éd. du Bateau ivre, 1948.

habituelles ne fonctionnent plus [11]. Sur des options aussi fondamentales que la sauvegarde de la paix et les problèmes de sécurité extérieure, les représentations dominantes accumulent les signes d'aveuglement et de désarroi. Cette « confusion générale », qui, comme l'écrit Robert Escarpit, « conduisait à de monstrueux malentendus sur les hommes et les événements » [12], est certainement une des manifestations les plus nettes de l'ampleur de la crise d'identité et elle favorise tous les dérèglements. L'opinion, désorientée, renvoyée à des explications primaires, se réfugie dans la facilité des stéréotypes et dérive vers des comportements irrationnels. L'envahissement progressif par tout un système de perceptions artificielles et déphasées par rapport aux réalités et à leurs urgences est un des signes de ce déclin dont la crise n'est qu'un des reflets. Avec tous les risques de fausses solutions qu'il comporte. Raymond Aron reconnaît avoir lui aussi, à ces moments-là, désespéré de la nation : « Il m'est arrivé par instants de penser, peut-être de dire tout haut : s'il faut un régime autoritaire pour sauver la France, soit, acceptons-le, tout en le détestant [13]. »

Dans cette confusion, les ambiguïtés, qui marquent aussi bien le combat pour la paix que les luttes idéologiques, jouent un rôle déterminant. Si rien ne permet de mettre en doute la permanence d'un sentiment patriotique resté intact [14], on peut néanmoins s'inquiéter de la façon dont il trouve à s'exprimer.

---

11. Harry Roderick Kedward, qui parle du « temps de la confusion », estime que la chute du premier gouvernement Blum (le 21 juin 1937) a été une étape décisive dans la désorientation de l'opinion populaire. Elle avait dès lors la conviction renforcée que « la politique était un jeu qui se jouait en dehors d'elle » (H.R. Kedward, *Naissance de la Résistance dans la France de Vichy*, avant-propos de Jean-Pierre Azéma, Paris, Champ Vallon, 1989, le livre est la traduction de *Resistance in Vichy France*, paru en Grande-Bretagne en 1978, *op. cit.*).

12. Robert Escarpit, *Carnets d'outre-siècle*, Paris, Messidor, 1989, p. 128.

13. Raymond Aron, *Mémoires. Cinquante ans de réflexion politique*, Paris, Julliard, 1983, p. 151. Au début de 1940, face à une nouvelle dégradation de la situation, André Gide voit les esprits « s'acheminer peu à peu à l'idée d'une dictature » (*Journal, 1939-1949*, *op. cit.*, p. 14).

14. Cf. Yves Durand, *La France dans la IIe Guerre mondiale, 1939-1945*, Paris, Colin, « Cursus », 1989, et les travaux d'Antoine Prost sur le sujet, dont *Les Anciens Combattants et la Société française, 1914-1939*, Paris, Presses de la Fondation nationale des sciences politiques, 1977, 3 vol.

Il semble bien altéré, si ce n'est perverti sous l'effet de facteurs contradictoires. Les aveuglements des pacifismes, un antifascisme mal clarifié, un anticommunisme et un antisoviétisme virulents largement partagés, en faisant souvent fonction d'alibi, amènent de sérieux égarements dans l'appréciation des menaces véritables qui pèsent sur le pays. Celui-ci, mal informé et éclairé [15], est dans l'incapacité d'apporter des réponses nettes à des questions primordiales pour son avenir immédiat : qui sont et où sont les ennemis ? ceux du dedans ou du dehors ? où se situe le danger prioritaire ? Les raisons mêmes de ne pas se laisser aller à subir semblent manquer, et Léon Blum parlera, avec beaucoup d'autres, autant chez les hommes au pouvoir que chez les socialistes, de l'incapacité à préserver et plus encore à ranimer « l'instinct de la conservation nationale [16] ».

Deux grandes interrogations

Au total, les divers éléments se conjuguent pour désintégrer la cohésion nationale et entamer un processus de décomposition dont l'échéance se situera au mois de juin 1940 sans, comme déjà dit, que l'on puisse parler pour autant de fatalité ou de déterminisme. Les aspects de cette crise d'identité nationale amènent ainsi deux grandes questions qui rejoignent la problématique d'ensemble. En premier lieu, une interrogation essentielle sur la réalité du consensus dans la France de 1939 : suffit-il de faire observer, à travers la popularité dont il bénéficie, l'adhésion de l'opinion à l'œuvre de redressement d'Édouard Daladier, et à la volonté de faire face qui lui est prêtée, pour admettre que le pays était moralement préparé et que tout avait été fait pour ressouder le tissu national, peu de temps auparavant profondément déchiré ? En d'autres termes, de quel consensus s'agit-il, sur

---

15. Le poids de l'ignorance, qui n'est pas le monopole de la France moyenne (cf. par exemple les réflexions de Raymond Aron sur ce point), doit toujours être rappelé.

16. Léon Blum, *À l'échelle humaine*, in *L'Œuvre de Léon Blum*, *op. cit.*, p. 454. Jugement sur les hommes que l'on retrouve également, plusieurs fois répété, dans le *Journal de guerre* de Georges Friedmann, *op. cit.*

quelles bases repose-t-il, quelle est sa signification et à quel moment précis ? Question qui en appelle immédiatement une autre, sur la réalité cette fois des motivations, des intentions et des actes de la classe politique dirigeante. Peut-on affirmer que l'accord apparent que traduisent les liens d'unité de la majorité gouvernementale, au moment de Munich et après, exprime chez tous la même volonté de mobiliser et de galvaniser les énergies dans le seul but de préparer le pays à l'épreuve ? Avec, chez tous, le même souci prioritaire de tout faire pour redonner à la nation son unité et, par là, son identité en partie perdue [17] ?

En second lieu, il convient de s'interroger sur les rapports éventuels entre les effets de la crise dans la sensibilité collective et la nature des réactions de l'opinion face à Vichy. Soit : de chercher à discerner dans quelle mesure la paralysie du plus grand nombre face au sentiment de déclin ou les révoltes qu'il provoque chez quelques autres [18] peuvent éclairer les choix de 1940 ; de chercher dans quelle mesure encore le maréchal Pétain et son régime ont pu profiter d'une situation exacerbée par la défaite, et l'utiliser, en apparaissant comme les garants de la cohésion nationale et de sa reconstruction. Enfin, dans le prolongement, de voir, justement, si c'est avec et grâce au nouveau régime que se produit une rupture décisive dans le processus de désagrégation de la nation, ou si la reconstitution de son identité résulte, plus tardivement, d'influences contraires symbolisées par les valeurs morales de la Résistance, sanctionnant ainsi, irrémédiablement, l'échec de Vichy.

---

17. « Toute identité nationale implique, forcément, une certaine unité nationale, elle en est comme le reflet, la transformation, la condition » (Fernand Braudel, *L'Identité de la France*, *op. cit.*).

18. On pense bien entendu, mais pas seulement, à Drieu La Rochelle et à son obsession de la décadence. Cf. *Mesure de la France*, Paris, Grasset, « Les Cahiers verts », 1922.

DEUXIÈME PARTIE

VICHY AVANT VICHY ?
DÉRIVES ET ENGRENAGES

Introduction

« Quel que puisse être le succès final, l'ombre du grand désastre de 1940 n'est pas près de s'effacer », écrivait Marc Bloch dans la dernière page de son « Examen de conscience d'un Français [1] ».

Diagnostic lucide mais retenu, comme si l'historien, encore sous la pression des rumeurs et des émotions du premier été de Vichy, voulait indiquer, par l'économie des mots, ses propres difficultés à prendre la mesure véritable des faits ou ses hésitations à l'admettre. Les années n'ont fait que le confirmer : l'effondrement de juin 1940 est un immense événement, toujours aussi difficile à saisir dans sa totalité et dont on ne soulignera jamais assez à quel point, avec des effets divers où les ravages dominent, il a pu humilier les Français. « Quiconque ne fait pas l'effort nécessaire pour comprendre aujourd'hui ce qu'a pu être cette humiliation risque de ne jamais sentir ce qu'a pu être à l'origine la Résistance, c'est-à-dire un mouvement élémentaire de dégoût et de refus [2]... » La défaite militaire, qui frappe les esprits par sa violence et sa rapidité, en est à la fois la manifestation la plus connue et la cause la plus souvent évoquée, sans doute parce qu'elle en fournit l'explication la plus transparente. Pourtant, on le

1. Ce chapitre forme la troisième et dernière partie de *L'Étrange Défaite*. Le témoignage a été rédigé entre juillet et septembre 1940, dans la Creuse (*op. cit.*, p. 220).

2. Jean Touchard, à propos de la liquéfaction de l'opinion en juin 1940, dans *La Gauche en France depuis 1900*, Paris, Le Seuil, « Points Histoire », 1977. Évoquant la seule occasion où elle a éprouvé de la honte à être française, c'est sur le souvenir de cette profonde humiliation que revient aussi Françoise Giroud dans ses entretiens avec l'écrivain allemand Günter Grass sur « ce que signifie aujourd'hui être français et être allemand » (*Le Nouvel Observateur*, 16-22 septembre 1988).

sait, aussi spectaculaire soit-elle, la déroute de l'armée ne donne qu'une vision restreinte d'une tragédie qui allait marquer le pays en profondeur, partout et pour longtemps. Les errances d'un pouvoir à la dérive, les réalités quotidiennes de la débâcle et de l'exode avec leur trop-plein de lâchetés, de bassesses et d'égoïsmes, les défaillances de trop d'élites dirigeantes, la désagrégation du tissu national témoignent de la véritable dimension du naufrage. Dans cette sorte de grande peur qui a accompagné l'anéantissement, une multitude de faits attestent que, à de rares exceptions près, la nation était alors en état de décomposition[3].

La brutalité de la catastrophe, la précipitation et l'accumulation des événements ajoutées à un climat d'émotion intense ont naturellement imposé l'idée d'une rupture radicale dans l'histoire de ce pays. En amont ou en aval, tout venait logiquement buter sur les semaines tragiques de juin 1940, tout ne pouvait finir ou recommencer que là, tout semblait devoir s'expliquer et s'organiser à partir et autour de cette référence capitale.

Cette perception fut, tout à fait normalement, celle des contemporains. Elle a, depuis, influencé le discours de l'histoire et contribué à légitimer l'opinion, communément admise, qui postule la singularité de Vichy et insiste vigoureusement sur la spécificité de ses traits. L'idée a été acceptée avec d'autant plus de facilité que le régime était né de circonstances exceptionnelles, que sa durée pouvait être aisément repérée et cloisonnée dans le temps. Ses débuts – les faits et l'esprit précédant de quelques semaines la naissance officielle – coïncidaient avec la phase ultime de la crise et les conditions de la demande d'armistice, dans un climat

3. Les témoignages et les réquisitoires abondent. Vichy ne manquera pas de les exploiter, à sa façon et à son seul profit. On peut se référer, par exemple, à Léon Blum, *Mémoires*, in *L'Œuvre de Léon Blum*, *op. cit.*, à Roland Dorgelès, *La Drôle de guerre, 1939-1940*, Paris, Albin Michel, 1957, à Alfred Fabre-Luce, *Journal de la France, mars 1939-juillet 1940*, Paris, JEP, 1941, à Georges Friedmann, *Journal de guerre, 1939-1940*, *op. cit*, à Jean Montigny, *Toute la vérité sur un mois dramatique de notre histoire*, Clermont-Ferrand, 1940, aux études d'Henri Amouroux, *Le Peuple du désastre, 1939-1940*, Paris, Laffont, 1976, Jean-Pierre Azéma, *De Munich à la Libération*, *op. cit.*, Nicole Ollier, *L'Exode sur les routes de l'an 40*, Paris, Laffont, 1970, Jean Vidalenc, *L'Exode de mai-juin 1940*, Paris, PUF, 1957.

d'extrême confusion où la forte ambivalence des sentiments, source de toutes les ambiguïtés, donnait déjà, et d'emblée, le ton des années à venir.

Pas de Vichy-parenthèse

La singularité de Vichy s'est ainsi identifiée à son existence même et elle semble logiquement en découler, comme si les deux notions se confondaient. Elle a la force de l'évidence et il est vrai qu'elle n'est pas réellement contestable. Il ne s'agit donc pas d'ouvrir un faux débat mais, simplement, de ne pas se laisser abuser par un conformisme paresseux. Une singularité affirmée en bloc risque, en accréditant trop facilement des jugements calqués sur la fameuse parenthèse des « quatre ans à rayer de notre histoire [4] », de fausser les perspectives. Il serait certainement rassurant d'imaginer pouvoir retrouver et expliquer tout Vichy, dans et par Vichy. Rassurant mais naïf. Il apparaît vite que la compréhension des comportements de l'opinion au cours de la période se satisfait mal d'un champ d'analyse limité aux seules années noires. Si l'on veut tenter de les élucider, il est préférable d'en passer par des règles de méthode simples et de s'inspirer, par exemple, de ce que Tocqueville nous laisse à propos de 1789. La référence ne suggère aucune comparaison. Certes, la Révolution, rejetée ou exaltée selon les camps, appartient à l'univers de la France de Vichy – l'une et l'autre occupent d'ailleurs les mêmes zones sensibles de la mémoire collective –, mais le rapprochement s'arrête au domaine du symbolique [5].

---

4. Selon le mot célèbre du procureur général Mornet.

5. Dans l'affrontement idéologique et la symbolique des représentations, la proximité des deux événements est incontestable. Alors que Vichy dénonce « l'idéologie égalitaire et maçonnique de 1789 » qui a livré la France « à l'astuce et à la duplicité juive » (*Le Matin*, 2 juin 1942), on sait tout ce que la Résistance française a puisé de conviction dans l'héritage. En 1944, en préfaçant une réédition des discours de Danton, le poète Pierre Jean Jouve pouvait ainsi écrire : « Il n'est pas étonnant que la Révolution soit demeurée la pierre de scandale pour tout le XIXe siècle [...] et surtout que le désastre de la France en 1940 ait posé à nouveau, sous la lumière la plus pure, la question de la Révolution française. On n'a pu obtenir la capitulation de la nation qu'en minant et détruisant la République, grâce

C'est donc en gardant une juste mesure des choses face à deux événements de nature et de portée incomparables que l'on pourrait appliquer l'enseignement de Tocqueville à la lecture de l'épisode vichyssois :

> La Révolution ne sera que ténèbres pour ceux qui ne voudront regarder qu'elle ; c'est dans les temps qui la précèdent qu'il faut chercher la seule lumière qui puisse l'éclairer[6].

Même en limitant le retour sur le passé au cadre étriqué de la conjoncture immédiate, la leçon reste exemplaire dans son principe. Sans, comme cela a été indiqué, que la démarche puisse impliquer une conception déterministe des attitudes dominantes, il apparaît tout à fait artificiel de vouloir les dissocier du contexte général de crise qui pèse de manière diffuse sur la conscience collective pendant les dernières années de l'avant-guerre. Une lecture attentive des représentations mentales qui se mettent alors en place permet en effet de déceler des signes troublants. Ils laissent deviner des latences inquiétantes et suggèrent des attitudes implicites prêtes à émerger, pour peu que des sollicitations extérieures ou les circonstances les y encouragent.

Des mécanismes sous-jacents

Il est évident que des indicateurs ponctuels n'ont pas, si on les considère isolément, de signification véritable. Leur intérêt découle de leur accumulation, de leurs interférences, de leur place réciproque dans des systèmes de représentations qui, comme pour constituer une sorte de refuge face au désarroi ambiant, alimentent tout un imaginaire de crise. Cet imaginaire social se structure et développe ses ramifications à

---

aux erreurs et aux défaillances, en agissant en premier lieu contre le patrimoine idéal de la Grande Révolution » (*Danton, discours, choix de textes* par P. J. Jouve et Frédéric Ditisheim, Fribourg, Egloff, 1944). L'esprit de ce texte est rappelé par Pascal Ory, « La commémoration révolutionnaire en 1939 », in *La France et les Français en 1938-1939* (sous la direction de René Rémond et Janine Bourdin), Paris, Presses de la Fondation nationale des sciences politiques, 1978, p. 115-136, bibliographie.

6. *L'Ancien Régime et la Révolution*, Paris, Gallimard, 1967.

partir des perceptions qu'il a lui-même contribué à créer, dans une sorte de cycle d'autoreproduction permanent et extensif. À partir de là, il s'agit moins de chercher à établir un inventaire complet des signes révélateurs d'une sensibilité en voie de mutation[7] que de s'attacher à reconstituer l'imbrication des systèmes de pensée qui les produisent et, plus encore, à discerner les mécanismes internes qui les structurent. Soit, en d'autres termes, de mettre en évidence les réseaux de conditionnement et les effets d'engrenage qui préparent, inconsciemment, un terrain propice aux adhésions ambiguës et aux consentements résignés, à toutes les dérives dont Vichy va pouvoir tirer profit.

Aux alternatives trop simples des schémas d'explication habituels, la réalité oppose la multiplicité et la complexité des facteurs qui vont peser sur les comportements ultérieurs. Les pesanteurs du vieillissement démographique aggravées par la mémoire obsédante de l'hémorragie de 1914-1918, la crise économique, les peurs et les affrontements de l'été 1936 exacerbés par le miroir espagnol, les désillusions et la désagrégation du rassemblement populaire, les divisions du mouvement ouvrier face à la vigueur de la revanche sociale, l'imbroglio idéologique ajouté au trouble de l'Église catholique, la puissance du pacifisme et ses ambiguïtés compliquées des effets pervers de l'anticommunisme, l'altération enfin du sentiment national dont, on l'a vu, le symptôme le plus évident est l'absence d'un consensus clair face à une menace extérieure imprécise, donnent, même dessinés et repris ainsi à très gros traits, une première idée du malaise ambiant. Les dérèglements de toutes sortes, la perte des repères élémentaires devant des discours biaisés et des stratégies politiques devenues étrangères au sens commun placent le pays dans une situation d'anomie. On conçoit aisément que tant d'éléments de trouble et d'instabilité ne soient pas allés sans prolongements dans l'évolution de l'esprit public. L'historien doit chercher à les identifier et à faire émerger de la confusion et du désordre apparents la cohérence interne de

---

7. Cette tâche, qui exigerait le dépouillement de toutes les sources, presse y compris, représenterait un travail démesuré, pratiquement irréalisable et de toute façon peu productif car inévitablement répétitif.

ces mécanismes qui sous-tendent les lames de fond de l'opinion. C'est à travers cette approche qu'il peut tenter de savoir et de comprendre – de faire comprendre aussi, comme le souhaitait Lucien Febvre – dans quelle mesure ces logiques mentales ont pu contribuer à faire entrer dans les têtes, avant Vichy, une part de l'esprit de Vichy.

CHAPITRE I

Les constats : un climat de confusion, des images floues et ambiguës

L'opinion publique n'est pas à un paradoxe près. Elle s'accommode parfaitement de ses propres contradictions mais réagit mal à l'absence de cohérence extérieure. Il lui faut des points de repère stables et clairement identifiables. Le sentiment d'être confrontée à une réalité perçue comme sans ordonnance déstabilise la fragilité de ses équilibres, perturbe son mode habituel de fonctionnement et la hiérarchie plus ou moins consciente des valeurs sur laquelle il s'appuie. Cette sensation de vacuité libère les freins ; elle facilite la levée des interdits, elle favorise le développement des tendances aux égarements et aux excès.

1. Trouble et désarroi

Le désordre des idées et des comportements est une situation banale, inhérente aux périodes critiques de la vie d'un pays. Tout est question de proportions. À la fin des années 30, la confusion des esprits est devenue un phénomène envahissant qui domine exagérément le débat intellectuel et politique. Elle participe pour une large part à la désintégration du tissu social. Elle est un des symptômes caractéristiques de la crise d'identité nationale et, après en avoir été un des facteurs, elle en accentue les effets. On la retrouve partout, comme un des relais communs à tout un ensemble de représentations. La disparition ou la friabilité des références idéologiques et des symboles traditionnels d'identité accroissent l'impression d'insécurité dans la sensibilité collective. Par la diffusion d'un sentiment d'impuissance face à l'impossibilité de déchiffrer la complexité du réel, elle renforce, à défaut d'explications, les tentations au repli, à la résignation, aux réflexes d'exclusion et autres dérèglements propres à la montée de l'irrationalité.

Pierre Brossolette a parlé du « grand trouble des esprits et des cœurs de l'avant-guerre [1] ». La réalité de ce climat de confusion ne fait aucun doute et il est facile d'en accumuler des preuves abondantes. Sans que cette perspective ait été privilégiée par leurs auteurs, on peut en relever à profusion, aussi bien chez les mémorialistes que dans des travaux consacrés à des aspects particuliers de la période [2]. La totalité des situations où la confusion transparaît n'a pas été recensée. Il a paru plus utile d'en montrer brièvement la diversité des formes et d'analyser, à travers quelques exemples significatifs, les facteurs d'un phénomène qui influence, en profondeur, les mouvements de l'opinion publique.

Le désordre idéologique

Après les reclassements provisoires – mais non vécus comme tels dans l'« illusion lyrique » du Front populaire – qui s'étaient effectués entre 1934 et 1936, les signes de confusion se multiplient ensuite et deviennent de plus en plus manifestes à partir de l'automne 1938. Ils sont vécus comme un indice supplémentaire de l'idée de déclin qui imprègne progressivement une opinion dont la porosité croit parallèlement à l'inquiétude. Cette perception traduit l'émergence, dans la conscience collective, du même type de désarroi que celui qui avait amené, quelques années auparavant, dans les

---

1. Allocution radiodiffusée à Londres, le 22 septembre 1942. Le texte complet est reproduit dans *Anthologie des écrivains morts à la guerre, 1939-1945*, Paris, Albin Michel, 1960, p. 90-92.

2. De nombreuses indications peuvent être relevées dans les études de Jean-Jacques Becker, Serge Berstein, Guy Bourdé, Harry Roderick Kedward, René Rémond, Michel Winock, ainsi que dans les deux volumes des Actes du colloque *La France sous le gouvernement Daladier* (sous la direction de René Rémond et Janine Bourdin), Paris, Presses de la Fondation nationale des sciences politiques, 1977.

limites restreintes des milieux intellectuels, le débat sur la crise de civilisation et les fondements des sociétés libérales [3]. Nous sommes, écrivait Henri Lefebvre en décembre 1932, « dans une époque de transition, de destruction, de création [4] ».

Les connivences paradoxales sur un rejet commun de l'ordre établi qui caractérisent les démarches amorcées au début des années 30 reflètent bien la réalité du trouble et la volonté de tout mettre en œuvre, y compris en faisant sauter les blocages idéologiques, pour avancer dans la réflexion [5]. Si, comme le dit justement Marc Simard, les proximités partielles ne sont pas des similitudes [6], rien ne prouve que, vues de l'extérieur, elles aient été ainsi comprises par l'opinion commune. On peut avoir de sérieux doutes sur leur capacité à clarifier les problèmes, surtout quand elles témoignent

---

3. Le nombre et la qualité tant des publications que des initiatives de toutes sortes témoignent de l'intensité de la crise morale et du débat. On peut rappeler qu'en trois ans paraissent : Robert Aron et Arnaud Dandieu, *Décadence de la nation française*, 1930 ; Marcel Déat, *Perspectives socialistes*, 1930 ; Georges Duhamel, *Scènes de la vie future*, 1930 ; Georges Bernanos, *La Grande Peur des bien-pensants*, 1931 ; Paul Valéry, *Regards sur le monde actuel*, 1931 ; Paul Nizan, *Aden Arabie*, 1931, et *Les Chiens de garde*, 1932 ; Henri Bergson, *Les Deux Sources de la morale et de la religion*, 1932 ; Louis-Ferdinand Céline, *Voyage au bout de la nuit*, 1932 ; *La Condition humaine* de Malraux paraîtra l'année suivante. Il faudrait y ajouter la création de revues – *Réaction* et *La Revue française* en 1930, *Plans* en 1931, *Esprit* en 1932, *Ordre nouveau* en 1933 – et la multiplication des mouvements de pensée de toutes obédiences.

4. In *La Nouvelle Revue Française*, cité par Michel Winock, *Histoire politique de la revue « Esprit », 1930-1950*, Paris, Le Seuil, « L'Univers historique », 1975.

5. Il suffit, pour s'en persuader, d'observer les noms des personnalités qui cohabitent dans les groupes de réflexion ou les comités de rédaction des revues engagées dans le même projet de « dépassement du libéralisme et du socialisme », dans une sorte de solidarité de révolte. En retrouvant son nom et celui de Pierre Brossolette aux côtés de ceux de Jean Luchaire et de Paul Marion dans le journal *Notre Temps*, Jacques Debû-Bridel indique que cette juxtaposition illustre bien ce « grand désordre des esprits qui marquait alors la recherche de la vérité » (J. Debû-Bridel, *L'Agonie de la IIIe République*, *op. cit.*). À noter l'évolution de *Notre Temps*, qui sera financé par l'ambassade d'Allemagne, à partir de 1936, où il émargeait pour 4 000 abonnements.

6. Marc Simard, « Intellectuels, fascisme et antimodernité dans la France des années trente », *Vingtième Siècle. Revue d'histoire*, Paris, Presses de la Fondation nationale des sciences politiques, n° 18, avr.-juin 1988, p. 55-75.

d'une certaine précipitation embrouillée chez les protagonistes eux-mêmes. Deux exemples. À Toulouse, un *Cercle d'études sociales*, fondé à la fin du mois de décembre 1935, se réunit chaque lundi à l'Institution catholique Notre-Dame, dans une salle « ornée d'un immense Christ ». La trentaine d'étudiants qui participent aux réunions viennent de tous les horizons politiques et s'accordent pour dénoncer le rôle néfaste des parlementaires et la faillite complète du système, sur le plan politique et économique[7]. Des adhérents de l'Action française, des Jeunesses patriotes, des Volontaires nationaux, des Croix de Feu se retrouvent côte à côte avec des socialistes ou des communistes, et non des moindres. Achille Auban pour les premiers, et Jean Marcenac pour les Jeunesses communistes, occupent déjà des postes de responsabilité et ils deviendront tous les deux, dans la Résistance, des cadres importants de leurs organisations[8]. En janvier 1938, une autre initiative du même type se fait jour. Les cercles *Jeune France*, créés dans le cadre du mouvement de l'Unité française, lancé par Jean Rivain, veulent œuvrer à la reconstitution de l'unité nationale[9]. Organisées selon les règles simples d'un fonctionnement libéral – « toutes les opinions sont admises, toutes les discussions sont libres » –, les réunions regroupent là encore toutes les sensibilités,

---

7. AD HG 1945-141. Lettre du préfet au ministre de l'Intérieur, 28 décembre 1935.

8. Jean Marcenac ne fait pas allusion à cette expérience dans son livre de souvenirs, *Je n'ai pas perdu mon temps*, Paris, Messidor/Temps actuels, « La Vérité vraie », 1982. L'histoire de ce cercle semble avoir été brève. On peut supposer que son existence n'a pas résisté aux choix imposés par la politique de rassemblement populaire.

9. Jean Rivain est l'auteur d'un ouvrage intitulé *Refaire l'unité française.* Son objectif est de « refaire l'unité du pays en se servant de toutes les opinions, la vérité n'appartenant à personne ni à aucun parti ». La phrase est tout à fait caractéristique du discours de la période. Une brochure mensuelle, *La Vérité aux Français, Cahiers de la nouvelle France*, est régulièrement publiée à partir de 1937. En 1938, dans le Sud-Ouest, des cercles Jeune France sont ouverts, après Toulouse, à Bordeaux, Agen, Angoulême, Périgueux, Auch, Mont-de-Marsan, Pau, Tarbes. Ces organisations précèdent par leur esprit les futurs « centres de civisme » de Vichy et elles seront d'ailleurs officiellement reconnues en 1941 (*Journal officiel* du 8 mai 1941). Le 18 novembre de la même année, J. Rivain fera publiquement état de « l'entière approbation » de son programme par le maréchal Pétain.

de l'extrême droite aux libertaires. Des réticences semblent toutefois s'être manifestées du côté du PCF, qui n'est représenté, d'après les sources consultées [10], que par des sympathisants et des adhérents des « Amis de l'URSS ».

Au mois de mai 1939, c'est précisément sur le problème « faut-il intégrer le communisme dans l'unité française ? » que porte le débat du cercle Jeune France de Toulouse. À la fin des échanges, un vote des participants sur la question donne un résultat sans surprise qui indique, par là même, les limites de ce type de démarche [11]. Quelque temps auparavant, lors de la réunion de janvier consacrée à la collaboration de classes, l'universitaire socialiste Raymond Naves – qui mourra en déportation après avoir été un grand résistant – siège au bureau. Avec le recul et à la lecture de tous les documents qui se rapportent à ce bouillonnement, il y a quelque chose de pathétique à découvrir chez les hommes de cette génération une telle volonté de surmonter le désarroi et de lutter contre le sentiment lucide d'une désagrégation de l'unité nationale. Non seulement il est visible que leur attitude ne rencontre que peu d'écho à l'extérieur, mais on est en droit de se demander si les effets réels de ces initiatives n'ont pas été contraires à leur raison d'être, en brouillant un peu plus encore des images déjà bien floues dans l'opinion.

Cette confusion intellectuelle et idéologique constitue la toile de fond de l'environnement psychologique dans lequel évolue l'opinion publique. L'incohérence de la vie parlementaire avec ses majorités équivoques, la permanence dans les milieux de gauche d'un langage incantatoire de fidélité aux engagements du rassemblement populaire – thème récurrent d'un des versants du discours communiste – alors même que des anathèmes, des pratiques et des votes apportent des démentis répétés [12], le rôle dans le conditionnement des esprits d'une large partie de la presse dont on connaît

10. Rapports de police et cabinet du préfet.

11. 5 oui contre 22 non et 8 abstentions. AD HG 1945-104.

12. Encore après le discours de Daladier du 21 août 1938, le groupe parlementaire radical-socialiste de la Chambre des députés apporte son appui à la nouvelle orientation politique et économique annoncée par le président du Conseil et affirme en même temps sa fidélité au Front populaire.

aujourd'hui les méthodes mensongères et la vénalité [13] sont, parmi les multiples facteurs qui favorisent le trouble ambiant, ceux qui sont le plus souvent avancés.

La détérioration des repères

La perte des références idéologiques et la détérioration des valeurs auxquelles elles sont identifiées sont dans le prolongement logique du doute généralisé. Toutes les formes de la vie quotidienne en portent les traces, y compris dans des aspects communément considérés, souvent à tort, comme idéologiquement neutres. C'est le cas pour le sport. Les incidents provoqués par les passions qui se déchaînent sur le Tour de France cycliste montrent qu'il y aurait là un terrain intéressant à explorer [14]. L'échelon local n'offre que des ressources plus modestes. À la fin de 1937, le lendemain de Noël, un match de rugby est organisé à Valence-d'Agen, dans le Tarn-et-Garonne, entre l'Avenir valencien et le Club universitaire fasciste de Bologne. Les rapports de police soulignent la bonne ambiance dans laquelle il se déroule, à la satisfaction évidente des spectateurs et à un petit détail près. Au moment où les joueurs italiens, alignés sur un rang au

13. Cf. l'avant-propos et l'opinion du magazine *Time* déjà mentionnée. Ce jugement sera maintes fois repris par la Résistance, et le discours politique de la Libération est rempli d'allusions à « la presse pourrie d'avant-guerre ». Pour ce qui est de l'exploitation volontaire d'informations mensongères, la guerre d'Espagne et l'URSS de Staline, de part et d'autre, offrent un terrain d'exploitation aux ressources quasi inépuisables. En plus de Jean-Baptiste Duroselle, *Politique étrangère de la France. La Décadence, 1932-1939*, *op. cit.*, et de Pierre Milza, *Le Fascisme italien et la Presse française*, *op. cit.*, on peut se référer à Charles-Robert Ageron, « La vénalité de la presse française dans la première moitié du XXe siècle », *Cahiers de l'Institut d'histoire de la presse et de l'opinion*, université François-Rabelais, Tours, n° 3, p. 107-130, à Max Gallo, *La 5e Colonne*, Bruxelles, Complexe, 1984. *Le Crapouillot* a consacré, en juillet 1937, un numéro spécial au « bourrage de crânes ».

14. En 1937, le Belge Sylvère Maës, maillot jaune devant le Bordelais Roger Lapébie, est agressé à coups de pierres. Les Belges, qui avaient déjà gagné le Tour en 1935 et 1936, abandonnent l'épreuve. Ce déchaînement de chauvinisme n'est certainement pas étranger, malgré des apparences trompeuses, aux doutes qui caractérisent un aspect de la crise de la nation.

centre du terrain, font le salut fasciste en direction des spectateurs, quelques coups de sifflets « très isolés » et de rares cris de protestation se manifestent. Ils sont immédiatement couverts par les applaudissements redoublés de la foule [15]. Cet incident révèle la conception incertaine que l'on peut se faire alors, dans la France moyenne encore imprégnée de l'esprit du Front populaire, aussi bien des modèles politiques dominants que de ces domaines bien séparés que constituent, dit-on, le sport et la politique.

Anecdotiques ou insignifiants en apparence, les signes de flottement renvoient à un contexte idéologique mouvant. La désorientation et les doutes se font envahissants. Sous des influences diverses, mais de direction convergente, les lignes de partage se modifient et se compliquent. Les clivages qui émergent à partir de l'automne 1938, tant dans l'ensemble de l'opinion qu'au sein des partis et des syndicats, ne passent plus par les frontières habituelles des familles politiques traditionnelles. Le débat rituel sur la réalité du contenu des notions de droite et de gauche, interrompu avec les réalités visibles de l'été 1936, revient avec les confusions qui traînent à nouveau dans l'air du temps [16]. Au mois de mars 1938, Emmanuel Mounier donne dans la revue *Esprit* un « court traité de la mythique de la gauche » où il énonce l'impossibilité de fonder l'opposition gauche-droite sur des arguments rationnels. À un tout autre niveau, celui des sourds règlements de comptes et des affrontements « à la base » entre socialistes et communistes, qui constituent la face à peine cachée de leurs relations dans la région toulousaine, où le contentieux est lourd, des slogans de militants reflètent des simplifications inquiétantes. Dès 1937, la presse communiste – mais, sur d'autres thèmes, celle de la SFIO n'est pas en reste, loin s'en faut [17] – dénonce régulièrement les attitudes « complices » des

---

15. AD HG 1960-13.

16. En 1931, Emmanuel Beau de Loménie, proche de l'Action française, avait publié les résultats d'une enquête réalisée sur le sujet auprès de diverses personnalités (*Qu'appelez-vous droite et gauche ?*, Paris, Librairie du Dauphin, 1931). Cf. Jean Touchard, *La Gauche en France depuis 1900, op. cit.*

17. Le travail méticuleux effectué par Philippe Teissier, à partir de la presse des deux partis, en donne un tableau évocateur (*Le Parti communiste et la SFIO dans la Haute-Garonne de 1936 à 1939 : discours et images*

socialistes à l'égard du fascisme, leurs « capitulations » successives, tant à l'égard du « fascisme intérieur » qu'extérieur. À la fin du mois de juillet 1939, *La Voix du Midi*, le journal régional du Parti communiste, en dresse encore un bilan récapitulatif [18]. En février 1939, et dans la même tendance à l'obscurcissement, des tracts d'obédience libertaire dénoncent le fascisme naissant que Daladier et Reynaud veulent imposer sous le prétexte des nécessités de la défense nationale. Pas question, est-il écrit de la façon la plus claire, de prendre parti pour Daladier contre Hitler ou pour La Rocque contre Mussolini [19]. Aux ambiguïtés de la représentation populaire du fascisme correspondent celles de l'antidote et l'extrême ductilité de la notion d'antifascisme. Celui-ci, écrit Annie Kriegel, en réfléchissant sur la pertinence historique du concept, « a l'avantage de pouvoir étendre à l'infini ou restreindre à volonté le champ de définition de l'ennemi. Noyant en lui la spécificité du nazisme, il peut à son abstraction joindre l'intemporalité : le fascisme est tout, partout, toujours, sans plus aucune référence concrète... [20] ». Perception vague, extensive et envahissante que les fascistes eux-mêmes, il faut l'ajouter, se chargent d'entretenir :

« Vivre plus vite et plus fort, cela s'appelle aujourd'hui être fasciste. Il y a cent ans, cela s'appelait être libéral, il y a cinquante ans, être socialiste », proclame Drieu La Rochelle en octobre 1938 [21]. Au milieu de ce tohu-bohu, on comprend que Giraudoux puisse écrire en juillet 1939 :

---

réciproques, mémoire de maîtrise, UER d'histoire, université de Toulouse-Le Mirail, octobre 1988, 2 vol.).

18. Numéro du 29 juillet 1939. Si l'on en croit les rapports de police, le 1er avril 1938, au cours d'une réunion de la cellule communiste d'une grande entreprise publique de Toulouse, l'ONIA, le secrétaire accuse la SFIO de vouloir briser le Front populaire et de faciliter, par son comportement, « l'avènement du national-socialisme en France ». Léon Blum est lui-même qualifié de national-socialiste français (AD HG 2008-30). Renseignements apparemment fournis par un indicateur.

19. AD HG 1945-141, 11 février 1939.

20. Annie Kriegel, « Résistance nationale, antifascisme, résistance juive : engagements et identités », in *De l'exil à la Résistance. Réfugiés et immigrés d'Europe centrale en France, 1933-1945*, Paris, Arcantère, 1989 (cité par Stéphane Courtois, Denis Peschanski et Adam Rayski, *Le Sang de l'étranger. Les immigrés de la MOI dans la Résistance*, Paris, Fayard, 1989).

21. Dans un article de *L'Émancipation nationale*, hebdomadaire du PPF,

> Il est hors de doute que le Français, depuis un certain nombre d'années, ne sait plus guère ni où il en est, ni même qui il est, dans un monde où, au contraire, les entités et les symboles eux-mêmes se mettent à être des personnages excessivement concrets et conscients [22].

La dégénérescence des symboles

Dans les facteurs qui transforment des références rassurantes et solidement installées en images floues, la symbolique joue en effet un rôle essentiel. Les chassés-croisés de 1936, entre drapeaux rouges et tricolores comme entre *L'Internationale* et *La Marseillaise*, la mise en veilleuse de *L'Avant-Garde* des Faucons rouges, ou encore la volonté de ne pas laisser à la droite le monopole de Jeanne d'Arc, « fille du peuple », montrent bien que les enjeux sont connus et ressentis comme tels. En fait foi le message en forme de défi lu par Jean Perrin au vélodrome Buffalo, à Montrouge, le 14 juillet 1935 : « Ils vous ont pris Jeanne d'Arc, cette fille du peuple, abandonnée par le roi que l'élan populaire venait de rendre victorieux, et brûlée par les prêtres qui depuis l'ont canonisée. Ils ont essayé de vous prendre le drapeau de 89, ce noble drapeau tricolore des victoires républicaines [...] ce drapeau qui tout à l'heure, à nouveau coiffé du bonnet phrygien de 92, va flotter au-devant de nos troupes, symbole des libertés que vous avez conquises, à côté de ce drapeau rouge devenu celui de l'Union soviétique et qui, lui, symbolise l'espérance des malheureux. Ils ont essayé de nous prendre cette héroïque *Marseillaise*, ce chant révolutionnaire et farouche qui fit trembler tous les trônes d'Europe [...] cette *Marseillaise* qui a été, pendant un siècle, le chant des peuples opprimés et de la Russie elle-même [23]... » Aussi, comme le fait remarquer J.-B. Duroselle, cette dégénérescence des symboles avait « de quoi déconcerter beaucoup de modérés mais

---

du 28 octobre 1938, cité par Henri Amouroux, *Le Peuple du désastre, 1939-1940*, *op. cit.*

22. Jean Giraudoux, *Pleins Pouvoirs*, *op. cit.*

23. Cité par Louis Bodin et Jean Touchard, *Front populaire 1936*, Paris, Colin, 1961, p. 25-26.

aussi toute une gauche pacifiste[24] », dans la nostalgie partagée d'un temps où chaque chose était à sa place et y restait.

Dans ce même domaine du symbolique, les conditions restrictives de la célébration du cent cinquantième anniversaire de 1789 vont dans un sens identique et brouillent un peu plus encore des références passablement obscurcies[25]. Le 14 juillet 1939, dans un Paris noyé sous une pluie diluvienne, le souffle révolutionnaire se fait léger. Il est ramené à l'abstraction de quelques grands principes et réduit aux proportions du message radical-socialiste du moment, celui de la démocratie rurale et des autorités constituées, pour reprendre les expressions utilisées par Édouard Herriot. À travers le symbole du cent-cinquantenaire, la France des deux Édouard se montre sélective dans sa conception du ralliement républicain, étrangement proche des reclassements politiques qui ont suivi la liquidation du Front populaire. Elle paraît visiblement plus soucieuse de rassurer du côté d'une droite frileuse – et dont la partie imprégnée par l'idéologie contre-révolutionnaire n'a pas le triomphe discret[26] – que de chercher à intégrer dans la nation un autre versant de l'héritage perpétué dans la mythologie révolutionnaire du mouvement ouvrier[27]. On sait que les cérémonies de la commémoration,

---

24. Jean-Baptiste Duroselle, *Politique étrangère de la France. La Décadence, 1932-1939*, *op. cit.*, nouvelle éd., Le Seuil, p. 184.

25. Jean Zay (*Souvenirs et Solitude*, Le Roeulx [Hainaut], Éd. Talus d'approche, 1987), chargé de la responsabilité de la commémoration, indique les difficultés rencontrées.

26. Concessions et prudence qui semblent avoir surtout provoqué l'ironie de la presse de droite et d'extrême droite, celle-ci ne se privant pas de manifester son hostilité à « l'immonde 14 juillet ». La lecture de *La Croix* est, là-dessus, tout à fait éclairante mais elle ne reflète que la sensibilité du courant le plus traditionnel chez les catholiques.

27. Dans *Esprit* de septembre 1939, Henri-Irénée Marrou écrit à propos de la commémoration : « Tandis que les officiels pérorent sans conviction, uniquement soucieux, semble-t-il, de ne pas donner prise, par une parole imprudente, à la propagande communiste prête à enchaîner... » Sur la commémoration, cf. Pascal Ory, « La commémoration révolutionnaire en 1939 », in *La France et les Français en 1938-1939*, *op. cit.*, et, du même auteur, « Le cent-cinquantenaire ou comment s'en débarrasser », *in* Jean-Claude Bonnet et Philippe Roger (sous la direction de), *La Légende de la Révolution au vingtième siècle*, Paris, Flammarion, 1988. Sur les enjeux idéologiques, cf. *Le Débat*, n° 26, 1983 (contributions de François Furet et de Mona Ozouf), et, de Maurice Agulhon, « Faut-il avoir peur de 1989 ? », *Le Débat*,

à Paris comme en province, n'ont pas attiré les foules, mais le symbole demeure, avec une force que la Résistance confirmera. Celui du consensus restrictif exprimé en juillet 1939, à deux mois d'un conflit jugé inévitable par les hommes au pouvoir, en dit beaucoup sur la représentation qu'ils se font, et de la nation, et du patrimoine de ses valeurs [28]. On voit mal en tout cas comment l'opinion pourrait puiser des éléments de conviction et de cohésion dans une célébration sagement consignée dans les placards du passé. « La France fête le cent cinquantième anniversaire de la Révolution. Mais tout se passe comme si elle avait un peu honte », écrit Jean Guéhenno en juillet 1939 [29].

L'école et la crise de la nation

Ces aperçus, inévitablement incomplets, indiquent la diversité des facteurs qui amènent et entretiennent le climat de trouble et de doute. Il faudrait sans doute en ajouter un dernier, en forme d'interrogation, sur l'influence éventuelle de l'école dans cette perturbation du système de valeurs et de sa hiérarchie. Quelles sont les représentations collectives significatives de l'école et des enseignants dans la France à la fin des années 30 ? Les unes et les autres ont-elles évolué depuis la fin de la Grande Guerre et de quelle façon ? Quel a été le rôle de ces mutations éventuelles dans la détérioration du climat moral du pays et dans la désorientation de l'opinion [30] ? Questions difficiles et hasardeuses car elles en

---

n° 30, 1984, ainsi que « La Révolution française au banc des accusés », *Vingtième Siècle. Revue d'histoire*, janv.-mars 1985.

28. Il est difficile de ne pas penser, à quelques mois de distance, à une éventuelle mise en relation de ces choix idéologiques – au nom du refus de l'idéologie – avec l'absence de buts de guerre qui caractérise, avant le 10 mai 1940, cette autre variante de l'attentisme qu'illustre le climat de la drôle de guerre.

29. Inédit sur le 150ᵉ anniversaire de 1789 publié dans *Le Monde* du 15 juillet 1989. Jean Guéhenno reproche au gouvernement d'Édouard Daladier de n'évoquer les morts que pour endormir la volonté nationale, de ne célébrer qu'une « révolution passée, une révolution morte ».

30. Le bon sens suggère que ces effets ont certainement été très différents selon les lieux et les milieux. Tout ce que j'ai pu entrevoir montre que

recoupent d'autres déjà posées dans un contexte d'affrontements et dans un tout autre esprit. À l'automne 1934, une violente polémique s'était déchaînée contre l'« *école rouge* », accusée de préparer la guerre civile et de corrompre les cerveaux des enfants[31]. Le 3 décembre, cette campagne d'opinion recevait l'appui prestigieux du « plus illustre des Français ». Le maréchal Pétain profitait d'une conférence au dîner de *La Revue des Deux Mondes* pour exposer ses vues sur les problèmes de l'éducation nationale et mettre en cause aussi bien ses finalités que l'irresponsabilité du corps enseignant :

> Aujourd'hui, notre système pédagogique poursuit comme but unique le développement de l'individu considéré comme une fin en soi. Voici même qu'ouvertement des membres du personnel enseignant se donnent pour objet de détruire l'État et la société. Ce sont de tels maîtres qui élèvent nos fils dans l'ignorance ou le mépris de la patrie !

Et de préciser que, « avant de se jouer sur les champs de bataille, les destinées d'un peuple s'élaborent sur les bancs de la classe et de l'amphithéâtre ». L'origine et le contenu de ces attaques comme, quelques années plus tard, l'iniquité du procès fait par Vichy aux instituteurs de l'école publique ne doivent pourtant pas suffire à écarter une réflexion qui touche aux fondements mêmes de la crise d'identité nationale et moins encore, là comme ailleurs, tenir lieu de réponse satisfaisante et définitive. La puissance du Syndicat national

---

l'influence du modèle culturel de l'école publique reste considérable dans la France rurale du Sud-Ouest avec des valeurs qui, sur bon nombre de points, coïncident parfaitement avec l'enseignement traditionnel de la morale chrétienne. Rappelons enfin que la France rurale, légèrement déclinante en termes de démographie, reste majoritaire en termes de culture dominante dans la France des années 30 (la population urbaine devient légèrement plus importante que la population rurale en 1931 avec 51,2 % et elle passe à 52,4 % en 1936).

31. *L'Information sociale* du jeudi 31 janvier 1935 titre sur toute la largeur de la page : « Une offensive fasciste contre l'école publique. » Le même numéro fait état des réactions aux déclarations du maréchal Pétain et on peut là encore lire des phrases qui en annoncent d'autres : « Magnifique visage, lisse comme un beau marbre, magnifique visage que Pascal eût affirmé marqué de l'esprit de géométrie mais aussi de l'esprit de finesse. Avec une lenteur, une gravité, une tranquillité surhumaine, Pétain avance dans sa démonstration [...] Sa parole est sage, simple, nette comme lui » (*Le Jour* du 4 décembre 1934).

des instituteurs [32], sa participation constante au débat national, son engagement dans des actions de « lutte positive » contre la guerre et ses initiatives spectaculaires au moment de la conférence de Munich en font incontestablement un relais d'opinion puissant et influent [33]. Il l'est non seulement par le retentissement de ses prises de position, mais plus encore par tout ce que l'école, son modèle de culture dominante dans la France moyenne, sa fonction civique et ses enseignants – le tout, sommairement confondu dans une même image par l'opinion commune – symbolisent alors dans l'héritage de la morale républicaine.

De multiples emboîtements caractérisent en effet le mode de construction des systèmes de représentations de l'imaginaire, un peu à l'image des poupées russes, et, dans le cas de l'école, ils jouent à plein. Toutes sortes d'amalgames se créent entre l'école et le maître, le maître et le citoyen – souvent, qui plus est, secrétaire de mairie –, le maître-citoyen et le syndicat, entre le SN (ainsi qu'on l'appelait alors) et la forte personnalité publique de son secrétaire général André Delmas [34]. Ils ont pu favoriser, à travers une vision

---

32. Le Syndicat des instituteurs est fondé en 1920. Sur 132 000 instituteurs en 1938, près de 110 000 adhèrent au « SN », soit plus de 80 %. Sur l'intervention du syndicat dans le débat politique et les questions de politique extérieure, cf. Michèle Cointet-Labrousse, « Le Syndicat national des instituteurs, le pacifisme et l'Allemagne, 1937-1939 », in *Les Relations franco-allemandes entre les deux guerres*, Actes du colloque international du CNRS, Paris, Éditions du CNRS, 1976, et Jacques Girault, « Le Syndicat des instituteurs », in *La France et les Français en 1938-1939*, *op. cit.* Voir également les interventions d'André Delmas au colloque *La France sous le gouvernement Daladier d'avril 1938 à septembre 1939*, dont le volume précité reproduit une partie des travaux (cf. bibliographie).

33. Au moment de la crise de Munich, le SN et le syndicat des agents des PTT lancent une campagne de pétitions et d'affichage sur le thème « Nous ne voulons pas la guerre ». Les positions pacifistes du syndicat sont affirmées avec force au congrès d'août 1933 et on les retrouve dans la motion d'André Delmas au congrès de la CGT à Nantes, du 13 au 17 novembre 1938.

34. Complémentairement à son rôle au sein de la tendance *Syndicats* (du nom du périodique créé par René Belin pour lutter contre l'influence communiste à la CGT), André Delmas, originaire du Tarn-et-Garonne, était connu pour ses liens avec des hommes comme Anatole de Monzie et Georges Bonnet, eux-mêmes associés dans l'opinion publique à une politique étrangère fondée sur la recherche de l'apaisement. On lui prête, souvent à tort,

simplificatrice, une identification globale à l'idéologie pacifiste, à la nécessité absolue d'éviter tout conflit. Les effets de cette représentation sur les valeurs civiques du modèle culturel diffusé par l'école resteraient à mesurer pour dépasser ce qui n'est là qu'intuition. Il serait surprenant qu'ils n'aient pas contribué, eux aussi, sinon à perturber, du moins à remodeler l'imaginaire de la nation[35].

2. Contradictions et ambiguïtés du pacifisme

> Nous sommes ici, les pieds dans nos cadavres, parmi nos femmes stériles.
>
> PIERRE DRIEU LA ROCHELLE[36]

Le problème général de la place et des effets du pacifisme entre les deux guerres est une immense question, aux interférences multiples. Elle dépasse, et de très loin, le cadre des sensibilités de telle catégorie sociale ou de telle famille politique. Dire, comme on le fait traditionnellement, que le pays exprime une volonté collective de paix ou que les Français sont alors pacifistes dans leur grande majorité, est à la fois exprimer une vérité et la simplifier exagérément. La notion de pacifisme, couramment utilisée par commodité, se révèle à l'expérience une référence vague, à l'image des tonalités dominantes du contexte du moment. Un mot unique et d'emploi facile désigne, en fait, une très grande diversité d'attitudes dont le seul point commun est une profonde aspi-

---

des formules spectaculaires du type « Je préfère vivre à genoux que mourir debout ». De façon plus prosaïque, il déclare au congrès de la CGT à Nantes : « Je suis contre la politique des mitrailleuses et pour la politique des bornes-fontaines » (*La Dépêche* du 16 novembre 1938).

35. Pendant l'été 1939, les Éditions SUDEL, contrôlées par le Syndicat national des instituteurs, publient *Combats pour la paix*, qui regroupe diverses déclarations et écrits d'André Delmas. Dans la préface, celui-ci rappelle que, depuis sa fondation, le SN s'est attaché à traduire « les sentiments ardemment pacifistes de ses adhérents » (cf. Jacques Girault, art. cité).

36. Pierre Drieu La Rochelle, *Mesure de la France*, *op. cit.*

ration à la paix. On conviendra qu'il n'y a rien là de très surprenant. Les perceptions incertaines des contemporains se prêtent à une utilisation abusive de la notion, devant laquelle un peu de rigueur s'impose à l'historien. Une précaution élémentaire exige, ainsi, de différencier pacifistes et munichois, pacifistes et néo-pacifistes, de ne pas associer non plus, inconsidérément, le pacifisme dominant de la période aux thèses de l'idéologie pacifiste. Ce courant-là existe, mais il n'est pas représentatif du sentiment majoritaire. Pour celui-ci, et d'une façon générale dans les milieux populaires, urbains et ruraux, l'attachement à la paix coïncide avec un patriotisme intériorisé, mais réel, et avec la permanence d'une germanophobie latente.

Ce premier niveau d'élucidation posé, tout n'est pas clarifié pour autant. On découvre vite que le pacifisme, et tout particulièrement celui de la dernière période des années 30, ressemble à une sorte de vaste pochette-surprise. Comme c'est le cas dans tous les domaines où les réactions affectives de l'opinion sont fortement sollicitées, il devient un terrain de prédilection pour toutes les captations idéologiques. Les variantes et les masques du discours sur la paix, les modes d'expression contrastés, les motivations ambiguës ou même opposées, les contradictions explicites ou non, les calculs eux aussi plus ou moins avoués, les exploitations partisanes, les effets dangereux, voire les ravages dans les esprits, font bien du pacifisme le lieu par excellence de toutes les confusions, le carrefour de toutes les ambiguïtés, un des reflets les plus révélateurs du trouble profond de la conscience nationale. C'est l'analyse de cette seule perspective qui a été retenue ici[37].

---

37. C'est par souci de cohérence que la question du pacifisme n'est abordée ici que sous cet angle mineur. Elle a fait l'objet, sur le fond, de nombreux travaux et constitue un des aspects les mieux connus de la période. On peut rappeler, à titre indicatif, les analyses pénétrantes d'Antoine Prost sur les anciens combattants, de Serge Berstein sur le Parti radical-socialiste, de Jean-Jacques Becker sur les prolongements du premier conflit mondial, sur le Parti communiste et l'anticommunisme, d'Isabel Boussard sur le pacifisme paysan, de Jean-Paul Brunet et de Jean-François Sirinelli sur celui des intellectuels (cf. bibliographie). Pour ce qui concerne le pacifisme de l'extrême gauche, on pourra par exemple se référer au témoignage et aux

Un immense besoin de paix

Un intense désir de paix imprègne incontestablement l'opinion française dans l'entre-deux-guerres. Les signes de cette volonté collective peuvent être observés dans tous les courants de pensée comme dans tous les milieux. On trouve partout le même refus viscéral de la guerre, la même détermination pour rejeter toute logique qui admettrait l'idée du conflit inévitable, pour refuser toute politique qui, selon le mot de Jean Guéhenno, présenterait la guerre comme fatale. Ce pacifisme est un sentiment puissant, largement majoritaire dans le pays, enraciné dans des convictions profondes où la part d'idéalisme reste forte. En pensant, en accord avec Jules Romains, « qu'une guerre différée est peut-être une guerre qui n'aura pas lieu » ou, avec Alain, que les malheurs apportés par la guerre sont toujours pires que ceux qu'elle prétend éviter, beaucoup de Français se persuadent que les conflits armés ne deviennent une réalité que quand on a perdu l'espoir de les empêcher. Ces Français-là, les plus nombreux, se réfèrent à une véritable mystique de la paix. Ils croient à la nécessité d'inculquer la haine de la guerre aux enfants, ils comptent sur la raison des peuples pour imposer définitivement l'idée que la force ne peut pas régler les affrontements entre les nations.

On sait que la mémoire collective joue un rôle déterminant dans la puissance de cette lame de fond. « L'horreur de la guerre anime les hommes de ma génération. Ils ont eu vingt ans dans les tranchées », écrit sobrement le journaliste Robert Lazurick[38]. Sans l'avoir vécue, Raoul Girardet, comme tous les petits Français de son époque, fait son apprentissage d'homme à « l'ombre de la guerre[39] » :

> Le temps de mon enfance fut celui où les monuments aux morts étaient encore neufs. Quant aux morts eux-mêmes, ils demeuraient toujours étrangement présents. C'étaient eux dont

---

réflexions de Nicolas Faucier, *Pacifisme et Antimilitarisme dans l'entre-deux-guerres, 1919-1939*, Paris, Spartacus, 1983.

38. Dans son quotidien *La Justice*, le 15 mars 1939. AN 72 AJ547, Fonds Louis-Marin.

39. C'est le titre que Raoul Girardet donne à sa contribution aux *Essais d'ego-histoire*, *op. cit.*, p. 139-171.

> on entendait presque chaque jour évoquer les noms dans la conversation des adultes [...] C'étaient eux aussi dont on découvrait les visages – les si jeunes visages – dès que l'on pénétrait dans une maison amie...

Des milliers de pages pourraient être citées sur la quotidienneté et la puissance de ce souvenir obsédant. L'hécatombe de 1914-1918 et les innombrables tragédies humaines qui l'ont accompagnée ont laissé des traces indélébiles dans l'imaginaire des Français, avec ses cris de révolte comme le « *Français peuple d'assassins* » de Drieu La Rochelle [40]. La tradition orale, restée très vive dans les zones rurales, en décuple les effets. Les réalités démographiques et les longues listes de noms des monuments aux morts les rendent, partout, encore plus tangibles et douloureuses. Même si plus d'un sur cinq d'entre eux ont déjà disparu en 1938, les survivants du conflit représentent environ 40 % de la population masculine, soit deux hommes sur cinq [41]. Il faudrait ajouter, pour apprécier convenablement le poids de cette empreinte directe et concrète, les 2 millions de « victimes de guerre ». Les silhouettes noires des femmes, les images parfois insupportables des mutilés, les célébrations du 11 novembre, les puissantes associations d'anciens combattants, de multiples mouvements et organisations de toutes origines, de formidables succès de librairie, le cinéma, les valeurs diffusées par l'école entretiennent et réactivent cette sensibilité [42]. La

---

40. *Mesure de la France*, *op. cit.*

41. En 1938, 5 250 000 survivants sur les 7 893 000 mobilisés métropolitains. En 1940, ils restent un peu moins de 5 023 000. Cf. Janine Bourdin, « Les anciens combattants et la célébration du 11 novembre 1938 », in *La France et les Français en 1938-1939*, *op. cit*, p. 95-114, ainsi que le t. II de la thèse d'Antoine Prost, *Les Anciens Combattants et la Société française, 1914-1939*, *op. cit.*

42. On peut rapidement rappeler le succès populaire des œuvres les plus connues : Henri Barbusse, *Le Feu*, Maurice Genevoix, *Les Éparges*, Roland Dorgelès, *Les Croix de bois*, Georges Duhamel, *Vie des martyrs*, Louis-Ferdinand Céline, *Voyage au bout de la nuit*, Pierre Drieu La Rochelle, *La Comédie de Charleroi*, sans parler de l'audience du *Crapouillot* et du *Canard enchaîné*. Au cinéma il faut au moins citer *La Grande Illusion* de Jean Renoir, 1937, et *J'accuse* d'Abel Gance, sorti en mars 1919 et repris en 1922 et 1938, « un cri de révolte pacifiste », pour reprendre les mots de Marcel Oms dans « Histoire et géographie d'une France imaginaire », *Cahiers de la Cinémathèque*, Perpignan, Institut Jean-Vigo, n°s 33-34, 1981.

France vit au rythme du souvenir et baigne dans un immense besoin de paix.

Un consensus fragile

Si l'on cherche un point de consensus dans un pays que l'on sait déchiré par ses antagonismes, il est là, dans ce pacifisme foncier largement partagé. Cette constatation suffit à indiquer la fragilité et le caractère dérisoire d'un tel lien d'unité. La référence à la paix correspond en effet à des motivations et à des finalités très diverses. Le pacifisme n'est pas ici la manifestation d'un mouvement d'opinion cohérent, mais, typiquement, par sa nature, celui d'un phénomène d'opinion, consensuel en apparence, en fait lieu géométrique de tous les contraires. Il traduit, pour l'essentiel, un sentiment collectif, une réaction affective d'angoisse face à la menace d'un nouveau conflit. Le pacifisme des Français, à la fin des années 30, concentre à lui seul la plupart des types de représentations mentales indiqués jusqu'ici. Il reflète tout à la fois les contradictions qui multiplient les ambiguïtés et la complexité qui résulte de leurs croisements. Le lacis de leurs effets conjugués brouille chaque fois un peu plus les repères et les valeurs.

On comprend dès lors les difficultés à établir une typologie cohérente d'un pacifisme multiforme. Les modèles souvent proposés, entre pacifisme de gauche et néo-pacifisme de droite, ne sont pas à écarter, mais le code de lecture sur lequel ils s'appuient est mal adapté au flou de la situation. Non seulement les aspirations pacifistes ne coïncident pas avec les frontières des grands courants politiques, mais elles établissent elles-mêmes d'autres clivages qui les traversent et les transcendent. De nouvelles lignes de partage les fractionnent et engendrent des oppositions internes. Plus pertinente, car elle laisse la porte ouverte à la circulation des courants, est la classification proposée par Jean-Jacques Becker, en relation avec les quatre grands groupes d'influence – anciens combattants, paysans, intellectuels et enseignants du primaire – qui représentent les puissants relais d'opinion à travers lesquels le pacifisme s'exprime et se diffuse[43]. Toute tentative de mise en ordre semble bien de toute façon condamnée à une part d'approximation. Plus proche de la nébuleuse que de systèmes rigoureux de pensée, les pacifismes se prêtent mal aux découpages et aux alignements. Si « faire la guerre à la guerre » recueille une approbation quasi générale, il n'existe rien de tel sur la stratégie à utiliser pour empêcher le déclenchement d'un conflit. Les divergences de choix se retrouvent à chaque forme d'expression du pacifisme et elles sont nombreuses. Il n'y a pas lieu ici d'en faire une analyse approfondie. Un simple inventaire, établi sur des critères liés à la nature idéologique du phénomène et à ses objectifs (déclarés ou masqués), a paru constituer un outil suffisant pour révéler son hétérogénéité.

Un pacifisme multiforme

Le pacifisme peut être ainsi viscéral, intégral, patriotique[44], de raison, de conviction, de tradition, et se fonder, selon les modèles, sur la peur, l'émotion du souvenir, les principes philosophiques, ou encore la lucidité face aux faiblesses du pays, sans qu'aucune de ces motivations soit exclusive. Il peut aussi se référer à un contenu idéologique précis, et s'affirmer pacifisme antifasciste, anticommuniste, antisoviétique – dans ces deux derniers cas, à droite comme à gauche –, internationaliste ou révolutionnaire. Il peut enfin être justifié par des intentions moins explicites ou se déterminer par rapport à la stratégie supposée des adversaires politiques, par crainte de favoriser leurs desseins. On peut parler alors de pacifisme calculateur, opportuniste, attentiste, par réaction de défense à un danger considéré comme important, mais autre que le risque majeur de guerre.

À cette énumération, qui n'exclut évidemment pas les interférences, viennent s'ajouter encore les risques de déri-

---

43. Jean-Jacques Becker, *La France en guerre, 1914-1918. La grande mutation*, Bruxelles, Complexe, « Questions au XXᵉ siècle », 1988.

44. Allusion au pacifisme des anciens combattants dont parle Antoine Prost, cf. *Les Anciens Combattants et la Société française*, *op. cit.*, t. III, p. 76.

ves, les incohérences et les contradictions internes qui traversent ou menacent les courants qui se réclament du pacifisme. Tout a été dit sur la réflexion sans issue et l'esprit de démission auxquels aboutit alors la logique du pacifisme intégral. Jean Giono, qui répète que la guerre ne fait pas des héros mais des corps mutilés et des sots, en arrive à écrire sentencieusement qu'« être vivant est une plus grande qualité qu'être héros mort[45] ». Quant à Jean Mathé, responsable syndical des postiers, il prononce en 1936, au congrès de la CGT à Toulouse, des phrases qui donneront lieu par la suite à des raccourcis fameux[46] :

> Puisqu'il faut, de deux maux, choisir le moindre, plutôt la servitude que la guerre, car de la servitude, on en sort et de la guerre, on ne revient pas.

L'unité du mouvement ouvrier ne résistera pas à sa confrontation avec le problème de la paix. La tendance pacifiste de la CGT est incarnée par des personnalités comme Georges Lefranc, Georges Dumoulin, Ludovic Zoretti, Louis Lecoin, Colette Audry, qui fondent en avril 1938 le *Centre syndical d'action contre la guerre* dirigé contre la « mystique nationaliste et belliciste ». Ils affirment que la guerre ne

45. Jean Giono (1895-1970) publie *Refus d'obéissance* en 1937 et inspire le mouvement de Contadour dans le sens du pacifisme intégral. Il signe le texte du tract « Paix immédiate » distribué clandestinement à 100 000 exemplaires en septembre 1939 et est interné à Marseille après avoir lacéré spectaculairement, dans cette ville, les affiches de la mobilisation générale. Il est libéré trois mois plus tard, sur intervention de diverses personnalités auprès d'Édouard Daladier.

46. « Plutôt la servitude que la mort », attribué souvent à tort à André Delmas. La phrase de Mathé est elle-même rapportée avec des nuances ou des inexactitudes de date, selon les auteurs. Cf. par exemple Nicolas Faucier, *op. cit.*, ou Marc Sadoun, *Les Socialistes sous l'Occupation*, Paris, Presses de la Fondation nationale des sciences politiques, 1982. Cette version est celle rapportée dans une lettre de E. Fronty à *La Révolution prolétarienne* du 25 décembre 1937. Le même numéro reproduit le discours prononcé par Mathé au congrès du syndicat national des agents des PTT dans lequel il s'explique sur le sens à donner à sa phrase. Coupures de presse, AN 72 AJ349-350. Sur *La Révolution prolétarienne*, journal de l'extrême gauche syndicale, cf. Colette Chambelland, « La naissance de *La Révolution prolétarienne* », in *Communisme*, Paris, PUF, n° 5, 1984, p. 77-87, et la contribution de Michel Dreyfus, « Syndicats, nous voilà !... », in *Vichy 1940-1944*, *op. cit.*, p. 93-110.

résoudrait rien, que sa préparation compromet les conquêtes ouvrières, que l'union nationale et le surarmement menacent les libertés, que *« la lutte contre le fascisme ne se fera point par la guerre. Au contraire »*. Le manifeste se termine par trois mots d'ordre :

– Ni la paix par la guerre.
– Ni la liberté par l'acceptation de la servitude militaire.
– Mobilisation générale contre le massacre et la ruine[47].

Pendant la crise de Munich, cette organisation déclenche une campagne d'opinion sur le thème : « Mobilisation générale... pour la paix ». C'est le titre, points de suspension inclus, des affiches posées au moment même de la conférence et signées par plusieurs autres associations, parmi lesquelles l'Union anarchiste, Solidarité internationale antifasciste, le Comité de vigilance des intellectuels antifascistes, le Parti socialiste ouvrier et paysan[48]. Après avoir rappelé que « la guerre ne résoudrait rien », qu'elle serait un « suicide collectif », le texte ajoute :

> Il est faux de dire qu'on détruira le fascisme par la guerre qui, au contraire, étendrait les dictatures à l'Europe entière.

La référence au danger fasciste et l'ambiguïté de l'allusion aux dictatures de l'Europe entière renvoient à un autre terrain de contradictions, celui du pacifisme de gauche et de sa relation difficile avec l'antifascisme. Le rôle et la puissance des convictions antifascistes de l'opinion populaire dans la mystique unitaire de la gauche, affirmées dans le cadre de positions théoriques, se trouvent brutalement et concrètement confrontés à des problèmes bien réels avec la guerre d'Espagne et plus encore avec Munich et ses conséquences. Cette situation donne un nouvel exemple des troubles qui laissent chaque fois l'opinion un peu plus désemparée.

---

47. Cf. *La Révolution prolétarienne* du 10 avril 1938 et le tract reproduit en fin de chapitre. La plupart des signataires appartiennent à la tendance *Syndicats*.

48. Rapport du préfet de la Haute-Garonne au ministre de l'Intérieur, 3 octobre 1938, AD HG 1945-141.

Pacifisme et antifascisme : les contradictions de la gauche socialiste

La SFIO est un terrain de prédilection pour observer les contradictions du pacifisme de conviction et leurs prolongements. Son histoire, ses liens avec le mouvement ouvrier, son immersion dans le pays, la diversité des tendances qui s'y expriment en font une sorte de modèle de référence. Le pacifisme est un des credo du socialisme français. Son ardente volonté d'empêcher le « mal suprême » de la guerre renoue avec une tradition historique qui s'est renforcée, par nécessité, depuis la scission de 1920. Elle s'explique sans doute aussi par une certaine mauvaise conscience liée au souvenir de l'Union sacrée. Or, c'est pourtant sur le problème de la paix que le parti va se déchirer, même si, au prix de concessions à l'équivoque, la « religion de l'unité » conduit les responsables à sauver les apparences[49].

L'évolution amorcée par Léon Blum lors de son passage aux affaires, et formulée avec prudence au congrès de Royan – accepter le risque de la guerre pour éviter la guerre[50] –, se heurte aux résistances du puissant courant traditionnel. Les hommes qui l'incarnent occupent des positions clés dans la SFIO et ils ont évolué vers un « pacifisme tolstoïsant[51] », à travers un anticommunisme exprimé publiquement avec retenue, mais profondément ancré. Paul Faure en précise l'esprit quand il affirme rudement que n'importe quelle cession de territoire vaut mieux que la mort « d'un seul vigneron du Mâconnais[52] ». La non-intervention en Espagne, le vote sur

49. Sur l'ambiance dans le parti après le congrès de Montrouge de décembre 1938, où les affrontements sur ces problèmes avaient été sévères, cf. la déclaration d'Augustin Laurent rapportée par Marc Sadoun, *op. cit* : « Nous sommes arrivés à un point où nous ne savons plus si nous devons tendre la main à un camarade, si nous devons lui serrer la main... » (p. 11).

50. 7 juin 1938. Léon Blum reprend une position exprimée par Jean Guéhenno, quelques mois auparavant. Cf. *L'Œuvre de Léon Blum, 1937-1940. La fin du rassemblement populaire, de Munich à la guerre*, Paris, Albin Michel, 1965.

51. Expression empruntée à un éditorial de Paul Bastid dans *La Dépêche* du 31 décembre 1938.

52. Paul Faure, secrétaire général de la SFIO, originaire de Périgueux,

les accords de Munich[53], les luttes d'influence au sein du mouvement syndical avec les communistes n'aident pas à la construction d'une image aux contours nets. Les subtils équilibres des motions de congrès ou des éditoriaux du *Populaire* ne peuvent empêcher les antagonismes de se figer dans des contradictions insurmontables. Ce n'est pas dans l'attitude de la SFIO que l'opinion publique peut trouver des réponses à sa perplexité ou des repères pour une ligne de conduite cohérente. C'est d'ailleurs une part de responsabilité que Léon Blum admettra, en réfléchissant, en 1941, sur les causes de l'effondrement du pays. Alors, dit-il lucidement, que l'opinion s'attache principalement à la cohérence de l'action et des prises de position publiques, la position de la SFIO était « ambiguë, balancée et comme honteuse d'elle-même ». On avait vainement attendu d'elle un mot d'ordre clair, une position franche, et il ajoute :

> Ce qui séparait le socialisme du peuple à l'heure de la défaite [...] c'était l'attitude contrainte et équivoque qu'il avait conservée depuis Munich vis-à-vis du problème de la guerre[54].

Pacifisme et antifascisme : l'extrême gauche révolutionnaire

Contradictions internes éludées ou amorties dans le brouillard d'une navigation à vue chez les socialistes, contradictions et incohérences encore plus déroutantes dans les groupes minoritaires des « pacifistes révolutionnaires »... Affirmant

---

était député de Saône-et-Loire. Il se rallie à Vichy et devient conseiller national. Cf., sous la direction de Jean Maitron, le *Dictionnaire biographique du mouvement ouvrier français*, Paris, Éd. ouvrières, t. 27. La phrase est citée par Jacques Droz, *Histoire de l'antifascisme en Europe, 1923-1939*, Paris, La Découverte, 1985, p. 202.

53. Léon Blum parlera plus tard des divisions profondes et amères qui séparaient le groupe parlementaire de la SFIO et de la vivacité des débats qui avaient précédé la décision de vote à la Chambre. Selon *La Bataille socialiste*, c'est par 97 voix contre 43 qu'il avait été décidé d'approuver les accords de Munich. Cf. Marc Sadoun, *Les Socialistes sous l'Occupation*, *op. cit.*, chap. I.

54. Léon Blum, *À l'échelle humaine*, in *L'Œuvre de Léon Blum, 1940-1945*, *op. cit.*, p. 455.

haut et fort leur antifascisme militant, ils font preuve d'un activisme incontestable, tout au moins dans la région toulousaine, en relation avec les événements d'Espagne. On peut craindre toutefois, au vu des positions exprimées, et à la façon dont elles pouvaient être reçues dans une opinion en mal de certitudes, qu'ils n'aient contribué qu'à obscurcir un peu plus la dialectique opaque du rapport entre pacifisme et antifascisme.

L'extrême gauche libertaire a elle aussi ses divergences internes sur le sujet de la paix. Sans rentrer dans le réseau alambiqué des chapelles, deux grandes attitudes se détachent[55]. La première rejoint le champ très ouvert du pacifisme intégral, dans la ligne politique de Félicien Challaye, qui préfère, à tout prendre, l'occupation étrangère à la guerre et croit, même face à Hitler, aux vertus de la paix désarmée[56]. Hitler qui, de toute façon et selon la même analyse, ne devrait pas résister au soulèvement général du prolétariat en cas de crise grave. Bien entendu, tout ce qui, de près ou de loin, peut rappeler les duperies de l'Union sacrée est l'objet d'une répulsion sans appel. Les frontières qui séparent ce pacifisme inconditionnel de celui que l'on retrouve dans certains courants de la SFIO ou de la CGT sont évidemment minces et perméables. Quand Marceau Pivert dénonce la « suprême saloperie » qu'est la guerre, il est tout à fait dans le ton. Les dérives sont partout de même nature et la logique pacifiste aboutit à des conclusions peu propices à clarifier et à renforcer la conscience antifasciste. On peut affirmer « qu'il n'y

55. Cf. Michel Bilis, *Socialistes et Pacifistes ou l'impossible dilemme des socialistes français, 1933-1939*, Paris, Mouton, 1979 ; Jacques Droz, *op. cit.* ; Nicolas Faucier, *op. cit.*

56. Socialiste, proche des communistes entre 1920 et le début des années 30, anticolonialiste, membre dirigeant de la Ligue des droits de l'homme, professeur de philosophie, il écrit le 20 novembre 1933 dans *Les Cahiers des droits de l'homme* : « Si douloureuse qu'elle puisse être, l'occupation étrangère serait un moindre mal que la guerre. » Adhérent au frontisme de Bergery, il signe le tract « Paix immédiate » avant de se retrouver du côté de Vichy. Cf. Philippe Burrin, *La Dérive fasciste. Doriot, Déat, Bergery, 1939-1945*, Paris, Le Seuil, « L'Univers historique », 1986 ; Michel Dreyfus, « Pacifistes socialistes et humanistes dans les années trente », *Revue d'histoire moderne et contemporaine*, 1987, p. 452-469 ; Jean-François Sirinelli, *Génération intellectuelle. Khâgneux et normaliens dans l'entre-deux-guerres*, Paris, Fayard, 1988.

a pas de différence entre pays démocratiques et fascistes puisque les uns et les autres entretiennent des armées[57] ». La Solidarité internationale antifasciste (SIA) réaffirme son attachement au pacifisme, à la fin du mois de mars 1939, tout en englobant dans la même complicité Blum le traître et Franco le fasciste[58].

La deuxième grande tendance est celle du défaitisme révolutionnaire, qui préconise de transformer la guerre extérieure en guerre civile et en « révolution ouvrière internationale », pour permettre au prolétariat de prendre le pouvoir. Union nationale et Union sacrée y sont violemment dénoncées comme contraires aux « intérêts des travailleurs et à la cause de la paix ». Sous le titre « Nous ne marchons pas », *La Révolution prolétarienne* du 25 mars 1938 affirme de façon péremptoire qu'il « n'est pas de défense nationale en régime capitaliste ». Les « communistes libertaires » du Centre d'études sociales de Toulouse, qui semblent se rattacher à ce courant, voient, eux aussi, les signes d'un fascisme naissant dans la politique de défense nationale de Paul Reynaud et d'Édouard Daladier. En février 1939, ils refusent de faire la moindre différence entre démocraties parlementaires et États fascistes. Il faut « répudier tous les fascismes » et il n'est pas question de prendre parti « pour Daladier contre Hitler, pour La Rocque contre Mussolini[59] ». En avril 1939 encore, ils affirment publiquement que « seule la révolution peut arrêter la guerre » et qu'il faut, dès lors et dès maintenant, la préparer[60]. Deux semaines après l'entrée des troupes allemandes

57. AD HG 1960-91. Réunion publique, organisée par la Ligue universitaire internationale pour la paix, à la faculté des lettres de Toulouse le 17 février 1938, devant une centaine de personnes. Selon les rapports de police, cette association serait proche des milieux de l'extrême gauche libertaire.

58. La SIA, où militent des anarchistes, mais où l'on trouve aussi des personnalités comme Henri Jeanson, Georges Pioch, Marceau Pivert, Henri Torrès, succède au Comité pour l'Espagne libre. Elle publie un hebdomadaire du même titre et lutte pour la solidarité avec l'Espagne républicaine. AD HG 1960-91.

59. Tract distribué à la suite d'une réunion tenue le 11 février 1939. AD HG 1945-141.

60. Rapport du préfet de Toulouse au ministère de l'Intérieur du 4 avril 1939. AD HG 1945-141.

à Prague, au moment où le général Franco publie son communiqué « La guerre est finie » (1er avril), quelques heures avant le coup de force mussolinien en Albanie (6 avril), on peut facilement concevoir dans quels abîmes de perplexité se trouvaient plongés tous ceux qui, quelques années auparavant, s'étaient rassemblés sous la bannière de l'antifascisme. Ils n'étaient pourtant pas au bout du chemin.

Le Parti communiste et le pacifisme

Si le Parti communiste joue habilement avec le thème de la paix et les accents du patriotisme jacobin – la fermeté et la recherche de l'union sont toujours placées sous le signe de la « lutte pour la paix » –, sa fidélité à la ligne antifasciste reste constante jusqu'au virage de septembre 1939[61]. Il forme un bloc sans fissure, mais isolé, tant à l'intérieur de la gauche que dans l'ensemble de l'opinion. Cette situation tient à des causes complexes où le pacifisme joue un rôle déterminant. Elles alimentent, surtout depuis la crise de septembre 1938 et la grève du 30 novembre, un anticommunisme puissant et largement étalé, y compris dans les rangs de la gauche politique et syndicale[62]. Il est relayé par un antisoviétisme non moins virulent, qui s'exprime dans la majorité des journaux conservateurs et modérés. Cette forte pression idéologique dénature certainement les analyses du Parti communiste et restreint leur portée mais elle n'explique pas tout. La lecture d'une presse relativement mesurée dans son hostilité – *La Dépêche* est dans ce cas –, comme celle des rapports de

61. Cf. dans le numéro spécial de la revue *Communisme*, « Les communistes et la lutte pour la paix », les contributions de Michel Dreyfus et d'Yves Santamaria, Paris, L'Âge d'homme, nos 18-19, 1988, p. 71-77 et 98-106.

62. Cf. l'étude de Serge Berstein et Jean-Jacques Becker, *Histoire de l'anticommunisme en France*, t. I, *1917-1940*, *op. cit.*, et des mêmes auteurs, « L'anticommunisme en France », *Vingtième Siècle. Revue d'histoire*, Paris, Fondation nationale des sciences politiques, n° 15, 1987, p. 17-28. L'importance de ces travaux, comme celle des publications qui ont suivi le colloque d'octobre 1983 sur le Parti communiste entre 1938 et 1941, fait que la question de l'anticommunisme ne sera pas reprise ici de manière approfondie, malgré les effets majeurs d'un phénomène qui constitue un des « fils rouges » (si l'on peut dire...) essentiels à la compréhension de la période.

police ou des préfets sur l'opinion, met en évidence une constante dans la perception extérieure des attitudes du Parti communiste. Elle met systématiquement l'accent, à partir de l'automne 1938, sur l'« hypocrisie » et la contradiction des communistes qui dénoncent les concessions faites au nom de la paix, affirment un patriotisme intransigeant, mais qui refusent en même temps de donner au pays les moyens de se défendre, sabotent la production, préconisent une agitation de masse, encouragent les occupations des lieux de travail, entravent l'action de redressement du gouvernement, bref, travaillent « consciemment ou inconsciemment à la destruction des forces morales et matérielles du pays[63] ». Cette représentation s'appuie sur quelques-unes des composantes tenaces qui structurent l'imaginaire commun hostile au Parti communiste et définissent l'image négative qu'il véhicule : le double langage, la dissimulation des intentions véritables, l'exploitation du désordre social, la soumission aux intérêts extérieurs. Elle tire aussi son efficacité de l'opposition catégorique qu'elle permet de créer entre cette image des communistes et les idées-forces dont l'opinion commence alors à être imprégnée : la nécessité de l'ordre, de la discipline, le devoir impérieux de redressement sont, répète-t-on, les conditions indispensables au salut de la nation[64]. *La Dépêche*, par exemple, jouant avec la mémoire des faits et des chiffres, n'hésite pas à englober les votes des 4 et 5 octobre 1938 – sur Munich, puis sur les pleins pouvoirs – dans une même « entreprise de redressement » face à laquelle le bloc des républicains n'a trouvé devant lui, comme opposants, que les seuls 73 députés communistes[65].

---

63. Tout ce style d'expression et son vocabulaire sont tirés des éditoriaux de *La Dépêche*. Ceux des 6 octobre, 14 octobre et 10 décembre 1938 sont particulièrement significatifs. Les réactions à la grève du 30 novembre 1938 donneront lieu à des débordements d'une autre ampleur, comme on le verra.

64. Là encore, ces mots, et surtout l'expression de « redressement national », reviennent en permanence. Il est clair qu'on cherche à les identifier à l'action menée par Édouard Daladier, dont on connaît, à ce moment-là, la forte popularité.

65. *La Dépêche* du 10 décembre 1938. Les accords de Munich ont été approuvés massivement à la Chambre, le 4 octobre, par 535 voix contre 75. Seuls ont voté contre les 73 communistes, le député de droite Henri de Kérillis (inscrit au groupe des indépendants républicains) et le socialiste

Même s'il ne dépend que pour fraction des jugements portés sur sa ligne politique, le statut contesté et fragile que le Parti communiste occupe alors dans l'opinion oblitère la crédibilité de ses appels à une politique de fermeté [66]. Il jette également la suspicion, par effet pervers, sur ceux qui plaident la même cause et proviennent d'autres milieux, y compris de la droite jacobine ou nationaliste. Dans ces conditions, l'audience d'un discours à contre-courant des tendances dominantes ne pouvait être que restreinte. Après mars 1939, quand les faits semblent lui donner raison, le contact se rétablit lentement entre le Parti communiste et une partie de la nation. Ce ne sera que pour un très court laps de temps. La signature du pacte germano-soviétique pulvérise les premiers résultats de ce travail de reconstruction. Il réactive l'anticommunisme et lui donne surtout une fonction d'alibi et de diversion qui dépasse largement les frontières des milieux conservateurs [67]. Il donne le coup de grâce à l'ensemble du courant antifasciste, depuis longtemps mal en point et désemparé, et, on le sait aujourd'hui, sème le désarroi dans les propres rangs du Parti communiste [68].

Jean Bouhey. En revanche, le lendemain, le projet gouvernemental sur les pleins pouvoirs n'a obtenu qu'une majorité modeste : 331 pour, 78 contre, 203 abstentions.

66. Cf. Pierre Laborie, « Images et crise d'identité du PCF », *in* Jean-Pierre Azéma, Antoine Prost, Jean-Pierre Rioux, *Le Parti communiste français des années sombres, 1938-1941*, *op. cit.*

67. Harry Roderick Kedward estime ainsi que la pratique de l'antisoviétisme et de l'anticommunisme contribue à dissimuler aux Français leur « propre manque d'ardeur belliqueuse » et permet au gouvernement « de sembler moins indécis » (*Naissance de la Résistance dans la France de Vichy*, *op. cit.*).

68. Sur l'ensemble de ces problèmes, cf. Jean-Pierre Azéma, Antoine Prost, Jean-Pierre Rioux, *Le Parti communiste français des années sombres, 1938-1941*, *op. cit.*, et, sous la direction des mêmes auteurs, *Les Communistes français de Munich à Châteaubriant, 1938-1941*, Paris, Presses de la Fondation nationale des sciences politiques, 1987. Cf. également Stéphane Courtois, *Le PCF dans la guerre*, Paris, Ramsay, 1980, et la thèse de Guillaume Bourgeois, *Communistes et Anticommunistes dans la drôle de guerre*, Paris X-Nanterre, 1983.

Néo-pacifisme des nationaux et anticommunisme

Dans l'opposition au fascisme, à gauche et au-delà, l'aveuglement, la désorientation et la démobilisation dominent. C'est le résultat des divisions et des contradictions insurmontables entre pacifisme et antifascisme. Ailleurs, dans la droite conservatrice ou extrême, mais venant largement déborder sur l'espace traditionnel de la gauche, un pacifisme détourné sert d'arme absolue à la dénonciation et à la lutte contre le complot international d'origine soviétique, appuyé sur la masse de manœuvre des communistes de l'intérieur, quand ce n'est pas, anticipation révélatrice, contre le complot « judéo-bolchevik ». Ainsi, dans une série de conférences qu'il donne dans le sud-ouest de la France entre avril et juin 1939, Loustanau-Lacau, sous le pseudonyme de « Navarre », associe, dans une même dénonciation, la « peste rouge » et la « pieuvre juive »[69]. Le néo-pacifisme de la droite nationaliste ou ultranationaliste amène, dans le camp des pacifistes traditionnels, des alliés assez surprenants et inattendus. Inutile d'insister, devant ces retournements spectaculaires, sur le nouvel étage de confusion qui, dans les esprits, s'ajoute aux précédents[70]. Les apparences du même idéal de paix cachent, là aussi, quelques nuances de taille. Sans parler de la composante antifasciste quasi absente, les

---

69. En particulier à Bordeaux le 13 avril et à Toulouse le 21 juin 1939. Les conférences sont organisées dans le cadre de l'Ordre national, mouvement qui semble disposer de gros moyens de propagande. (AD HG 1945-141.) Sur la collusion entre anticommunisme et antisémitisme à cette période, cf. Serge Berstein et Jean-Jacques Becker, *Histoire de l'anticommunisme en France*, *op. cit.*, p. 320-328, dont l'analyse, sur ce point, entre tout à fait dans la problématique de ce travail. Ils écrivent ainsi : « L'acte d'accusation du judéo-communisme est alors dressé, de manière implicite, comme honteuse, par une partie de l'opinion républicaine traditionnelle, de manière d'autant plus franche et ouverte par l'extrême droite, qu'elle sait qu'une bonne partie des Français est désormais prête à accueillir ses arguments » (p. 323-324).

70. Lors du débat du 5 octobre 1938, Gabriel Péri avait dit : « L'on se demandera avec stupeur comment une bourgeoisie qui a occupé la Ruhr à l'époque de l'Allemagne républicaine abandonne à l'Allemagne de Hitler la Rhénanie, l'Autriche et la Tchécoslovaquie » (cité par Jacques Droz, *op. cit.*).

néo-pacifistes sont plutôt de sensibilité militariste et la condamnation du recours à la force armée ne constitue pas, chez eux, la motivation fondamentale de leur vocation récente. C'est bien entendu dans l'anticommunisme qu'il faut la chercher, le même anticommunisme qui fait le lien et crée une communauté de circonstance avec de nombreux pacifistes de tradition, appartenant à ou venant de la gauche socialiste et radicale. Il n'occupe peut-être pas la même place dans les deux sphères, déterminant majeur et revendiqué comme tel dans l'une – les néo-pacifistes de droite[71] –, déterminant plus nuancé et moins facilement avoué dans l'autre. Il n'empêche que, dans les deux cas, le combat pour la paix et la lutte contre le bolchevisme ne font qu'un. Ils sont indissociables, celui-ci servant à la fois de camouflage et de levain à celui-là, et réciproquement[72]. Les citations puisées dans le discours et la presse des pacifistes « nationaux » sur les manœuvres bellicistes des « salopards moscouvites[73] » ou autres « soviets moscoutaires » pourraient être alignées sans fin. Au cours des semaines qui suivent l'affaire de Munich, c'est un déchaînement. On en donnera seulement deux exemples.

Le 15 octobre 1938, *L'Aurore de l'Est*, qui se déclare socialiste, républicaine et française, barre sa première page d'un grand titre : « Ils ont failli nous avoir. » L'auteur de l'article, André Lévy, dénonce les criminels qui voulaient la guerre :

> Les criminels, ce sont les chefs communistes et tous ceux qui, dans une certaine mesure, dépendent de Moscou. Ce sont ces hommes qui souhaitaient une conflagration générale parce qu'ils espéraient que la révolution mondiale en sortirait et que

71. Avec, parfois, une démarche plus subtile, justifiant la paix par la faiblesse du pays due au Front populaire, faiblesse volontairement encouragée et préparée dans une stratégie de révolution...

72. Sur les problèmes posés par l'équilibre nécessaire entre la lutte idéologique contre le communisme et le refus de tomber dans les pièges de l'anticommunisme-alibi, cf., par exemple, les positions de la rédaction d'*Esprit in* Michel Winock, *Histoire politique de la revue « Esprit »*, *op. cit.*

73. Expression citée par Isabel Boussard, « Le pacifisme paysan », in *La France et les Français en 1938-1939*, *op. cit.* Elle est tirée du journal *Le Progrès agricole.*

> le bolchevisme s'installerait sur les ruines fumantes de notre civilisation[74].

À Toulouse, le journal *La Garonne*[75], au cours des mois d'octobre et de novembre, publie une longue série d'articles dans lesquels il dénonce furieusement la « Guerre Rouge ». Non seulement il s'en prend violemment aux communistes, accusés de préparer sciemment la boucherie, mais il dénonce les pantalonnades d'Albert Sarraut, « prisonnier de Moscou », « politicien suspect qui déshonore et ridiculise la démocratie française », ainsi que le « pacifisme belliqueux » de Vincent Auriol, « traître à tous les vrais intérêts français » et accusé d'être un des proches de Zyromski[76]. L'anticommunisme ouvre la voie à d'autres anathèmes et annonce, là encore, des méthodes d'un proche futur. Quant à l'argumentation, c'est la thèse éternelle du complot. Il est d'ailleurs souvent décrit avec force détails, comme dans cet extrait daté du 8 octobre, quelques jours après Munich :

> Il ne s'agissait ni de la sécurité française, ni de l'équilibre européen, ni même de sauver la Tchécoslovaquie, dont Maurice Thorez insultait les dirigeants en 1933.
> Il s'agissait d'envoyer les bourgeois et les paysans français à l'abattoir, de les faire poignarder dans le dos par les 300 000 métallos embusqués dans les usines de la région parisienne, de s'emparer des leviers de commande en recommençant le coup des bolchevistes russes de 1917 et d'établir la dictature du prolétariat sur les ruines fumantes de vos cités et de vos foyers.

---

74. Dossiers de presse. AN 72 AJ547.

75. Ce journal paraît à Toulouse à partir de janvier 1938. Il tire à environ 21 000 exemplaires et couvre 15 départements dans les régions du Languedoc, du Béarn, de la Gascogne, du Rouergue et du Quercy. *La Dépêche*, par comparaison, a 18 éditions et tire à 270 000 exemplaires. *La Garonne* succède à *L'Express du Midi*, ancien journal monarchiste devenu en juillet 1937 « républicain anti-collectiviste ». Le journal veut maintenir la famille, la propriété, les traditions, les libertés. Il sert de tribune aux nationaux des droites et du centre, des ex-ligues reconstituées aux catholiques. Il est soutenu financièrement (et discrètement) par le Comité d'études pour le redressement français (CERF), dont les positions sont très hostiles au Front populaire. AD HG 1896-80.

76. Antimunichois, leader de la tendance *La Bataille socialiste* à la gauche de la SFIO, accusé de crypto-communisme par ses adversaires.

> C'est pour cela que le parti communiste voulait faire la guerre en faisant ce qu'il faut pour que cette guerre tourne au désastre[77].

Le pacifisme, facteur de confusion

En dépit d'un accord de façade, de convictions profondément ressenties et largement partagées dans le pays, le pacifisme n'assure aucune fonction réelle de cohésion dans l'opinion à la fin des années 30. Il n'offre, non plus, aucune possibilité de rassemblement sur des positions de politique extérieure clairement explicitées. Ce consensus en trompe l'œil se prête à l'inverse, par sa confusion, à toutes les manipulations, à tous les discours déguisés, à toutes les justifications idéologiques. Le couple pacifisme-anticommunisme, le premier arrivant à n'être, dans certains milieux de droite comme de gauche, que le prétexte du second, en constitue l'exemple le plus évident. Les stratégies des partis, plus ou moins bien comprises de l'extérieur, n'étant qu'un des multiples facteurs d'influence des réactions de l'opinion publique, le problème essentiel n'est pas, ici, de savoir « qui l'emporte de la peur de la guerre ou de la peur des rouges. Les liens sont à l'évidence étroits, et, dans l'imaginaire des Français, les résultats sont aussi désastreux dans l'une et l'autre hypothèse. Plus important est de souligner le rôle de ces phénomènes de psychologie collective et des mutations qui s'y préparent. De façon insidieuse, le sentiment légitime d'attachement à la paix et le souci de sécurité animé par la crainte traditionnelle du danger allemand se diluent, comme le soulignent René Girault et Robert Frank, « dans une peur plus générale, confuse et inhibante, la peur de la guerre, du "feu qui tue"[78] ». Ce pacifisme-là démobilise et annonce d'autres renoncements. Il brouille les cartes et les enjeux, il nourrit des perceptions faussées qui accentuent une tendance

77. La dernière partie du texte est imprimée en majuscules. Voir en fin de chapitre le texte de l'article.

78. René Girault et Robert Frank, *Turbulente Europe et Nouveaux Mondes. Histoire des relations internationales contemporaines, 1914-1941*, Paris, Masson, 1988.

chronique à la myopie de l'opinion, pour ne pas parler de cécité. Paralysée par l'horreur de la guerre et le dogme de la *der des der* ou du *plus jamais ça*, la nation, *saignée à blanc*, est anesthésiée par la peur obsessionnelle d'un risque de nouveau conflit. Elle n'épargne personne, même parmi les esprits qui se veulent les plus lucides. « J'étais aveugle, comme la plupart des gens de ma génération », écrit Robert Escarpit, qui refait à longueur de pages le même constat : « Le pacifisme était ancré en moi par toute mon éducation politique... la paix était dans mes tripes... la soif de paix m'habitait... » À propos de Munich, il ajoute : « Je voudrais pouvoir dire qu'un éclair de lucidité m'a traversé, que j'ai vu le danger, senti monter les périls. Mais non : le soulagement immédiat apporté par l'éloignement de la menace de guerre emportait tout autre sentiment[79]. » L'opinion publique, ballottée, mal informée, habituée à travers les pratiques du clientélisme politique aux aspects rassurants des chemins tracés et de certaines formes de conditionnement de pensée, se retrouve plus que jamais dans une situation d'attente perplexe et de dépendance. Les écrans superposés, que l'on installe entre elle et la réalité des problèmes, lui interdisent d'accéder à une conscience juste des vrais dangers et à une appréciation claire de leurs priorités[80]. Dans les

79. Robert Escarpit, *Carnets d'outre-siècle, 1934-1940*, *op. cit.*

80. Il est devenu habituel de souligner, à juste titre, la popularité de Daladier en 1938 et 1939, son autorité, ses convictions d'antimunichois contraint de se comporter à l'inverse par souci de gagner du temps, sa volonté de préparer le pays à la guerre et à la résistance contre le nazisme. Soit. On peut tout de même s'étonner de la facilité avec laquelle on écarte une question pourtant simple. Puisque Daladier était si pleinement convaincu de la nécessité d'une politique de fermeté à l'égard de Hitler, il ne pouvait ignorer qu'un tel objectif ne pouvait pas être atteint sans le soutien actif de l'opinion et la nécessité, donc, de l'y préparer. Comment expliquer alors qu'il ait, à l'opposé de ses intentions présumées, non seulement tout fait pour justifier Munich (ce qui était de bonne guerre, mais aggravait la pente du soulagement-résignation-somnambulisme) mais surtout voulu exploiter politiquement ses résultats, y compris en prenant le risque d'aggraver encore les divisions internes du pays (cf. les réactions à la grève du 30 novembre 1938 et le climat social de 1939) ? Les comportements de l'opinion doivent être appréciés au regard des perceptions qu'elle peut avoir de la réalité, mais doit-on juger l'action d'un homme d'État plus en fonction de ses intentions, aussi sincères soient-elles, que de ses pratiques et de leurs effets concrets ?

représentations mentales, en revanche, ils favorisent des glissements inquiétants vers les refuges de l'irrationnel, ils ouvrent la porte à tous les dérapages. L'exemple extrême de la naïveté de Jean Cocteau n'est pas significatif de l'état d'esprit général, mais l'anecdote mérite d'être citée. Après avoir rapporté, sur les dires du sculpteur Arno Breker, que Hitler avait proposé à Daladier « un défilé franco-allemand où les soldats jetteraient leurs armes dans le Rhin », il commente ainsi : « On imagine Daladier et Herriot en face de ces conceptions grandioses. La fausse finesse des parlementaires. Ils nous ruinent par crainte d'être dupes. Chez Hitler, c'est le poète qui échappait à ces âmes de pions [81]. »

N'y a-t-il pas des traces d'ambiguïté autant dans la personnalité de Daladier que dans la représentation que les Français se font de sa détermination ?

81. Jean Cocteau, *Journal, 1942-1945*, *op. cit.*, p. 188.

AUX SYNDIQUES DECIDES A LUTTER CONTRE LA GUERRE

Un nombre important de militants syndicalistes de la C.G.T. se refusant résolument à se laisser griser par une mystique nationaliste et belliciste, viennent de se réunir. Ils se sont mis rapidement d'accord pour prendre les résolutions suivantes :

I. — Contre les excitations chauvines des uns, la passivité et les abandons des autres, un « CENTRE SYNDICAL D'ACTION CONTRE LA GUERRE » est créé.

II. — Son but est d'engager sans délai une campagne antibelliciste, s'inspirant des idées suivantes :

> La guerre ne résoudrait rien. La paix n'a pas été établie depuis 1919 ; c'est elle qu'il faut construire sur tous les terrains.
> L'émancipation des travailleurs ne se fera point par la guerre. **Au contraire.** La préparation à la guerre compromet **déjà** toutes les conquêtes ouvrières.
> La lutte contre le fascisme ne se fera point par la guerre. **Au contraire.**
> L'union nationale, le surarmement paralysent l'action de classe du prolétariat et menacent toutes les libertés.

III. — Un comité provisoire d'organisation s'est constitué.

IV. — Ce Comité aura recours à la presse ouvrière pour y insérer toutes ses informations et ses communiqués.

V. — Un manifeste sera publié dénonçant le crime collectif qui se prépare et indiquant l'action à mener pour l'éviter.

Afin d'engager immédiatement cette action et en attendant des décisions ultérieures, le Comité d'organisation d'accord avec les membres du CENTRE SYNDICAL D'ACTION CONTRE LA GUERRE, demande aux militants décidés à lutter contre la guerre, de se mettre en rapport avec lui.

Travailleurs, le sort de la paix est entre nos mains. **Aucun** gouvernement n'acceptera la guerre contre notre volonté virilement exprimée. Par notre attitude résolue, obligeons les fauteurs de guerre quels qu'ils soient, à consentir les sacrifices nécessaires à la paix.

Ni la paix par la guerre.

Ni la liberté par l'acceptation de la servitude militaire.

MOBILISATION GENERALE CONTRE LE MASSACRE ET LA RUINE

Ont déjà signé :

Alimentation : Mathé (Boulangers). — **Bâtiment** : Froideval, Vieilledent (Serruriers). — **Cheminots** : Simonnet (Paris-Nord), Magail (Wagons-Lits). — **Eclairage** : Delsol (Gaz de banlieue). — **Employés** : Pineau, Cottet, H. Poulaine, Boulanger. — **Enseignement** : Zoretti (Enseignement supérieur), G. Lefranc, Colette Audry, Weber (Enseignement secondaire), Emile Lefranc, Vidalenc (E. P. S.), Hagnauer, Wullens (Instituteurs). — **Livre** : Basignan, Chardy (Livre parisien), Amaré, Largentier, Pacault, Charbit, Charrouin, M. Martin (Typographie) ; les membres du Comité syndical des Correcteurs, et Lecoin, Faucier, Anderson, Cadeau. — **Journalistes** : Louis Vallon. — **Métaux** : M. Roy, Lacnastre, Geslin, Duvernet, Walter, Dionnet. — **P. T. T** : Jean Mathé, Théron, Deloche, Giroux, Minaire, Four (Agents). — **Services Publics** : Madeleine Frank. — **Techniciens** : André Juin (Dessinateurs). — **Travailleurs de l'Etat** : Maupioux (Monnaies). — **Unions Départementales** : G. Dumoulin, Salembier (Nord), Marie Langlois (C[illegible]); Guiraud, Barrué (Gironde); Albertini (Aube); Poubert, Suberfonton (Eure-et-Loir); Re[illegible] (Charente), etc...

Adresser d'urgence les adhésions individuelles et co[illegible]s en indiquant le syndicat et l'entreprise à : JUIN ANDRÉ, 61, r[illegible]

COOP. ETOILE
18-20, r. du Temple
PARIS (XIe Arr.)

Pour la Guerre Rouge[82]

LA MAIN DANS LE SAC

Les communistes, qui étaient antimilitaristes il y a quatre ans, sont devenus, comme l'on sait, de furieux bellicistes et des patriotes plus chauvins que les nationalistes les plus intransigeants.
Pourquoi ? C'est ce que nous allons voir.
Dans « L'HUMANITÉ » du 2 janvier 1934, M. Maurice THOREZ écrivait :
« UN SEUL parti, le parti communiste, est capable de préparer l'instauration de la dictature du prolétariat.
« LA VICTOIRE EST POSSIBLE D'ABORD DANS CELUI DES PAYS QUI SERA LE PLUS ATTEINT PAR LA GUERRE. »
Le même Maurice THOREZ déclarait à la Chambre des députés le 15 mars 1935 (« Journal Officiel », p. 1038) :
« SI LA GUERRE ÉCLATAIT, NOUS SAURIONS INTERVENIR ET UTILISER DE TOUTES NOS FORCES LA CRISE ÉCONOMIQUE ET POLITIQUE CRÉÉE PAR LA GUERRE POUR AGITER LES COUCHES POPULAIRES LES PLUS PROFONDES ET PRÉCIPITER LA CHUTE DE LA DOMINATION CAPITALISTE. »
Une brochure communiste « La lutte contre la guerre », éditée en 1935, précise encore plus clairement les vues du parti communiste.
« Le début de la guerre, y lit-on, signifiera l'avènement d'une crise révolutionnaire.
« DANS CETTE CRISE, NOUS NOUS BATTRONS DE TOUTES NOS FORCES À LA TÊTE DES MASSES, POUR LA TRANSFORMATION DE LA GUERRE IMPÉRIALISTE EN GUERRE CIVILE CONTRE LA BOURGEOISIE.
« NOUS NOUS BATTRONS POUR LA RÉVOLUTION ET POUR LA PRISE DU POUVOIR. »
« Comprenez-vous, braves gens, pourquoi le parti communiste voulait la guerre... et la défaite ?
Il ne s'agissait ni de la sécurité française, ni de l'équilibre européen, ni même de sauver la Tchécoslovaquie, dont M. THOREZ insultait les dirigeants en 1933.
IL S'AGISSAIT D'ENVOYER LES BOURGEOIS ET LES PAYSANS FRANÇAIS À L'ABATTOIR, DE LES FAIRE POIGNARDER DANS LE DOS PAR LES 300 000 MÉTALLOS EMBUSQUÉS DANS LES USINES DE LA RÉGION PARISIENNE, DE S'EMPARER DES LEVIERS DE COMMANDE EN RECOMMENÇANT LE COUP DES BOLCHEVISTES RUSSES DE 1917 ET D'ÉTABLIR LA DICTATURE DU PROLÉTARIAT SUR LES RUINES FUMANTES DE VOS CITÉS ET DE VOS FOYERS.
C'est pour cela que le parti communiste voulait faire la guerre en faisant ce qu'il faut pour que cette guerre tourne au désastre.
C'est pour cela qu'il traîne dans la boue MM. DALADIER et BONNET, coupables d'avoir sauvé la paix.
C'est pour cela qu'il sabote la production et les fabrications de Défense Nationale. Cela s'appelle de la TRAHISON. Ceux qui se livrent à cette besogne sont des TRAÎTRES. Au peuple français d'exiger leur châtiment !

(À suivre)

82. *La Garonne*, éd. de Toulouse, samedi 8 octobre 1938.

CHAPITRE II

Une situation d'anomie : aveuglements et dérèglements

Les faux-semblants et les contradictions du pacifisme ne sont qu'un des aspects, un des plus lourds de conséquences, de tout un ensemble de dérèglements étroitement liés à la représentation que les Français se font de l'évolution des événements intérieurs ou extérieurs, et à la vision du rôle qu'ils peuvent y jouer. Leur accumulation et leurs effets psychologiques créent, dans une opinion inquiète et désorientée, les conditions propices à des dérives d'attitudes.

1. Ambivalence et nouvelles ambiguïtés

Isoler le phénomène, et insister, comme cela a été fait, sur le confusionnisme et les fonctions équivoques des représentations dominantes pour en accuser le trait, déforme inévitablement les perspectives. Les gros plans et les éclairages appuyés ne correspondent évidemment pas à l'analyse que les contemporains pouvaient faire de leurs propres réactions. Tout bilan partiel – et celui-ci abandonne beaucoup de choses en chemin – fait apparaître une telle somme de signes convergents, que l'on s'explique mal, si l'on s'en tient là, une telle obstination dans l'aveuglement, une telle lenteur dans les prises de conscience. En fait, si la toile d'araignée se tisse silencieusement et à l'insu des intéressés, mais sans obéir à on ne sait quel plan occulte, elle se tisse sur un fond d'ambivalence qui rend les fils du réseau encore moins distincts. Ces doutes, ce balancement incertain des sensibilités sont habituels et propres à l'opinion publique. Cependant, compte tenu des rapports de force et des pressions idéologiques qui profilent la pente dominante de l'opinion, on peut se demander si cette ambivalence, loin de constituer un facteur d'équilibre, n'aboutit pas, ici, en atténuant les incohérences et les contradictions, à une fausse régulation. Si, dans certaines situations, elle ne participe pas, elle aussi, de la confusion et de l'ambiguïté. De brèves remarques sur le contenu de quelques représentations collectives semblent justifier cette interrogation.

L'ambivalence du projet politique

À partir de l'automne 1938, et tout au long de la dernière année de paix, Édouard Daladier, on l'a vu, bénéficie d'une autorité reconnue et d'une grande popularité dans l'opinion. Difficile, cependant, d'y voir l'expression manifeste d'une communauté nationale ressoudée autour d'objectifs clairement perçus [1]. Son projet politique aussi bien que son image d'homme d'État portent en effet les marques visibles d'influences contraires.

Ambivalence entre la volonté proclamée de redressement moral et les références appuyées à l'héritage républicain, celles-ci étant mises au service de celui-là. La restauration des valeurs, réclamée, entre autres, par l'Église catholique, par des associations d'anciens combattants, des organisations paysannes ou des partis proches des anciennes ligues, est prise en compte par le président du Conseil. Elle constitue la trame récurrente de son discours au pays [2]. Or, le renouveau de la spiritualité, l'insistance mise sur les notions de devoir et de discipline, les vertus de l'ordre, de l'effort, le rôle majeur de

1. Sur ce qui est à la fois, en 1939, la reconstitution et les limites de la cohésion nationale, cf. Jean-Louis Crémieux-Brilhac, « La France devant l'Allemagne et la guerre au début de septembre 1939 », in *Les Relations franco-allemandes entre 1933 et 1939*, Paris, Éd. du CNRS, 1977.

2. Cf. *La Dépêche* qui soutient inconditionnellement la politique de Daladier. À partir d'octobre 1938, les termes de redressement et d'ordre sont systématiquement utilisés dans les titres et les commentaires. Les Mémoires de Michel Debré sont tout aussi révélateurs (M. Debré, *Trois Républiques pour une France, Mémoires*, Paris, Albin Michel, 1984).

la famille indiquent, au moins en partie, une remise en question de l'individualisme, du principe de l'affirmation des droits, des valeurs libérales issues des Lumières et de la Révolution, valeurs restées, jusque-là, celles de la IIIe République. Sur ce point, le passage au discours pétainiste sera, pour l'opinion, moins brutal qu'on ne veut parfois le laisser croire.

Ambivalence seconde, mais dont il ne faut pas négliger les effets à venir, autour du non-dit sur le déclin. À vouloir convaincre, jour après jour, et avec une telle insistance, de la nécessité primordiale d'une remise en ordre en profondeur, on fait inévitablement apparaître, en négatif, l'idée d'une décadence de la nation. Elle se retrouve ainsi associée, par un procédé identique, aux « contre-valeurs » hostiles au redressement et aux expériences politiques néfastes qui les symbolisent. On rejoint là, par coïncidence objective, un thème cher au message constant des droites autoritaires et extrêmes. Ce même phénomène de lecture en creux se retrouve, comme cela a déjà été relevé, dans la symbolique de la célébration du cent-cinquantenaire de 1789. Le silence du discours officiel sur l'héritage encombrant de certaines années révolutionnaires rejoint, par la signification de ce qui n'est pas dit, les condamnations de la presse conservatrice et les succès de librairie d'une littérature pseudo-historique, mais, à coup sûr, d'inspiration contre-révolutionnaire.

Ambivalence encore dans les perceptions contrastées que l'opinion peut se faire de l'homme fort qui dirige le pays. Leur diversité fonde et sert sa popularité, elle traduit « les hésitations de l'âme française », selon le mot d'Anatole de Monzie, à qui l'on doit un ensemble de traits visiblement peu marqués par les élans d'une affection démesurée[3]. « Il subit, c'est la loi de son caractère. Mais quand il cède aux

3. Dans son Journal, Anatole de Monzie revient souvent sur « ce personnage d'une particulière complexité » auquel il consacre deux pages le 29 mars 1939. Il écrit encore : « Je ne suis jamais sûr avec Daladier que le calcul domine les impulsions contradictoires à quoi il obéit [...] Il traduit les hésitations de l'âme française. Il est bon peuple de France. Le bon peuple de France a toujours désiré la paix et méprisé ceux qui la maintiennent [...] Le discours de Daladier est destiné à satisfaire le trublion qui cohabite avec le pacifiste dans le cerveau de la plupart des nôtres » (*Ci-devant*, Paris, Flammarion, 1941, p. 99-100). A. de Monzie, maire de Cahors et député du Lot, est ministre des Travaux publics dans le gouvernement Daladier.

influences, il prend l'air de commander aux passions [...] Même quand il parle, surtout quand il délibère, Daladier écoute deux voix. Il écoutait deux voix ce 30 septembre, celle du peuple pacifique et l'autre... » Après un itinéraire qui, toujours d'après Monzie, conduit l'homme du 6 février 1934 à « disparaître pour reparaître en 1935, constituer le Front populaire et, deux ans plus tard, s'employer à le détruire », Édouard Daladier utilise les ressources d'une image complexe. Il est à la fois, dans l'espace d'une courte année, l'homme de Munich, qui tire tout le profit politique possible de son patriotisme d'ancien combattant attaché à sauver la paix, et l'homme qui fait preuve d'une attitude résolue face au danger extérieur, ralliant en même temps pacifistes et partisans de la fermeté. Il est également, et encore à la fois, « l'homme à poigne » qui s'identifie à la reconstruction de l'unité nationale indispensable au redressement souhaité, et celui qui brise la grève du 30 novembre 1938 en prenant le risque d'un affrontement prémédité avec le mouvement ouvrier puis la responsabilité d'une répression durement menée dans un lourd climat de revanche[4]. Le républicain du rassemblement populaire aux origines modestes rallie ainsi les tenants de l'ordre et de l'anticommunisme.

Ambivalence, enfin, des motivations profondes du redressement et de la détermination qui s'effectuent sur un fond de politique munichoise et de tension sociale. Le maintien de Georges Bonnet et de ses amis aux affaires[5], la représentation incertaine de « l'ennemi », la neutralisation idéo-

4. On peut rappeler que, lors de son 31e congrès réuni à Nantes entre les 13 et 17 novembre 1938, la CGT avait voté une motion hostile aux accords de Munich. Quant à la répression qui suivra la grève du 30 novembre, les études montrent qu'elle a été plus sévère que celle de 1920. En février 1939 encore, Daladier engage la responsabilité de son gouvernement pour faire repousser l'amnistie des grévistes sanctionnés. L'effondrement du mouvement ouvrier français est bien antérieur à Vichy. Cf. Étienne Dejonghe et Yves Le Maner, « Les communistes du Nord et du Pas-de-Calais de la fin du Front populaire à mai 1941 », in *Les Communistes français de Munich à Châteaubriant*, *op. cit.*, p. 201-248, Guy Bourdé, *La Défaite du Front populaire*, Paris, Maspero, 1977, ainsi que les contributions et les interventions de Jean Bruhat, Antoine Prost, René Belin dans *Édouard Daladier, chef de gouvernement*, *op. cit.*

5. C'est lors du remaniement du 13 septembre 1939 que Daladier prend lui-même la responsabilité ministérielle des Affaires étrangères. Georges

logique de l'idée de conflit, qui témoigne de la fragilité de la cohésion nationale – la guerre ne sera ni nationale ni idéologique[6] –, ne constituent pas des motifs puissants pour affermir le patriotisme réel, mais contenu, de l'opinion. Deux images très différentes, fortement symboliques l'une et l'autre, suffiront à montrer toutes les ambiguïtés de cette politique et celles, inévitables, des perceptions auxquelles elle ne pouvait que donner lieu.

Deux images symboliques

La première est liée aux entretiens franco-allemands qui se situent une semaine après la grève générale du 30 novembre 1938, trois semaines après la terrible « nuit de cristal » du 9 au 10 novembre, où l'antisémitisme nazi se déchaîne. Le 6 décembre, après un travail préparatoire de l'ambassadeur François-Poncet, le ministre des Affaires étrangères du Reich, Joachim von Ribbentrop, est reçu officiellement à Paris. L'accord qu'il signe avec Georges Bonnet débouche sur une déclaration commune par laquelle les deux pays s'engagent à se concerter pour éviter toute nouvelle crise européenne. Un grand titre en première page de *La Dépêche* affirme qu'aucune « question d'ordre territorial n'existe plus entre les deux pays ». Le quotidien radical salue cette « collaboration pour la paix », exprimant sans retenue une satisfaction dont l'avenir démontrera la perspicacité[7]. Quant à

Bonnet reste au gouvernement comme ministre de la Justice, « poste le plus honorifique après le Quai d'Orsay », selon ses propres déclarations. (Cf. Guy Rossi-Landi, *La Drôle de guerre*, Paris, Fondation nationale des sciences politiques-Colin, 1971.)

6. Cf. Jean-Louis Crémieux-Brilhac, « La France devant l'Allemagne... », art. cité.

7. Une ambiguïté de plus, si l'on en croit le témoignage de Jean Zay. Daladier, tout en manifestant des réserves à l'égard de l'initiative de Georges Bonnet, aurait laissé faire, en ne réunissant aucun conseil des ministres entre le 23 novembre et le 24 décembre, et ceci, malgré la grève générale du 30 novembre. Jean-Baptiste Duroselle ne relève pas ce fait mais indique, en revanche, que Daladier s'était « extrêmement bien préparé » à la visite du ministre allemand (J.-B. Duroselle, *Politique étrangère de la France. La Décadence, 1932-1939*, *op. cit.*).

l'image retenue, elle ne relate qu'une anecdote de quelques secondes, mais elle reflète toute l'ambivalence du temps. Le 7 décembre, Michel Debré assiste de son bureau de la cour du Louvre au spectacle « humiliant et tragique » de von Ribbentrop et son épouse accueillis à grand renfort de sourires par Georges Bonnet et sa femme, fille de Camille Pelletan. Dans le bureau de Paul Reynaud, tout proche de l'endroit d'où Michel Debré regarde la scène, est exposée une carte des ambitions hitlériennes, où l'on a soigneusement indiqué celles qui ont déjà été réalisées. Le choc porte au rouge les sentiments bouillonnants de Michel Debré :

> Je sors sur la galerie et j'enregistre avec une douleur que je ressens encore l'image des quatre silhouettes montant l'escalier en se faisant des politesses. La France, ma grande France s'abaissait à accueillir avec déférence le représentant d'un gouvernement dont le Führer avait déclaré son intention de la rayer de la carte du monde.
> Voilà où nous en étions tombés[8].

Lors du colloque sur le gouvernement Daladier, le même Michel Debré devait reconnaître « l'ambiguïté des motivations » qui existaient à cette période chez les responsables, y compris dans l'entourage de Paul Reynaud. Alors que la politique de redressement était, dans son esprit, le moyen d'assurer les bases économiques d'une position de fermeté et la condition indispensable au renforcement de la défense nationale, elle était pour d'autres – favorables à l'apaisement et moins convaincus des urgences extérieures que des nécessités intérieures de l'ordre social –, à elle seule, « une fin en soi[9] ».

La seconde image est plus tardive. Le 29 juillet 1939, le gouvernement Daladier crée le commissariat général à l'Information. Il doit faire passer dans la nation la volonté

---

8. Michel Debré était chargé de mission dans le cabinet de Paul Reynaud *(Mémoires, op. cit.).* Autre signe du « voilà où nous en étions tombés » dont il ne dit rien, mais dont parle Jean-Pierre Azéma : « On poussa loin les choses : pour ne pas froisser le très délicat ministre du Reich, les ministres juifs, ou supposés tels, ne furent pas invités à la réception officielle ; bien plus, dans un aparté avec Ribbentrop, Bonnet se laissa aller à des confidences bien périlleuses » (J.-P. Azéma, *De Munich à la Libération, 1938-1944*, Paris, Le Seuil, « Points Histoire », 1re éd., 1979, p. 33).

9. *Édouard Daladier, chef de gouvernement, op. cit.*, p. 197.

arrêtée de ne plus reculer devant les revendications allemandes en se préparant à gagner, si nécessaire, la guerre morale et psychologique dont on pressent le rôle primordial. Tâche incontestablement difficile quand on connaît les limites du consensus national en 1939. L'homme désigné pour transmettre ce souffle, mettre fin aux incertitudes, galvaniser les énergies et organiser une propagande qui va représenter un enjeu considérable, est Jean Giraudoux. En 1935, il avait triomphé au théâtre avec *La guerre de Troie n'aura pas lieu* où la raison des hommes parvient à imposer la paix. Dans le dernier de ses livres, qui paraît au moment même où il se trouve investi de ces responsabilités, il affirme que « le problème français est un problème intérieur, non extérieur[10] » et récuse « comme une grande erreur » l'idée qui fait des relations avec les pays totalitaires la question majeure du temps. Il précise d'ailleurs très clairement sa pensée :

> Croire que le combat que nous avons à livrer est un combat de démocratie contre tyrannie, c'est accepter une confusion dangereuse. C'est rejeter sur une Allemagne et sur une Italie qui n'y sont pour rien la responsabilité d'un souci mortel, mais purement interne, que nous nous ingénions, dans un stoïcisme ou une veulerie inconscients ou feints, à dissimuler sous les angoisses extérieures. [...]
> Je dois dire que mon souci profond ne vient pas de l'Allemagne ou de l'Italie.

Cet esprit raffiné qui disserte sur « la paix appelée à un devoir guerrier », étranger aux techniques de la psychologie des masses, dira de Hitler, aux Français, qu'il faut « le chasser de la cuisine, du jardin, de la chambre et du cœur de la nuit ». On sait ce qu'il en adviendra[11].

---

10. Jean Giraudoux, *Pleins Pouvoirs*, *op. cit.*, juillet 1939. Les pages consacrées à l'immigration, juive en particulier, sont suspectes et révélatrices. Voir plus loin.

11. La relecture des messages de Jean Giraudoux pendant la drôle de guerre plonge dans l'abattement. Bernanos et Saint-Exupéry, par exemple, n'ont pas ménagé le commissaire général à l'Information. L'extrait cité est tiré d'Henri Michel, *La Drôle de guerre*, Paris, Hachette, 1971, p. 205. Cf. aussi François Fonvieille-Alquier, *Les Français dans la drôle de guerre*, Paris, Laffont, 1972.

Le refuge de l'équivoque

L'ambivalence qui sous-tend le projet politique imprègne aussi la sensibilité collective. Elle est partagée entre l'espoir et l'inquiétude, le poids de la peur et une certaine insouciance résultant surtout d'un excès de confiance. La « maginite » et tout ce qui s'appuie sur l'exploitation du mythe de l'invincibilité de la ligne Maginot, les déclarations optimistes des responsables, leur souci de ne pas perturber de façon trop voyante la vie quotidienne, tout un environnement qui se veut rassurant entretiennent cet état d'esprit, dont il est inutile de souligner l'aspect artificiel. Sous le titre « Le refuge de l'équivoque », un éditorialiste de *La Dépêche* en dénonce les dangers à la fin de l'année 1938 [12]. Il constate que « l'opinion se plaît aux équivoques » et pratique la politique de l'autruche. Même après l'affaire de Prague, on retrouve les mêmes mises en garde. C'est en particulier ce que fait, en mai 1939, un juriste universitaire toulousain, M. Dupeyroux. Au cours d'une conférence organisée par les Nouvelles Équipes françaises [13], où il dénonce la volonté d'anéantissement manifestée par les nazis à l'égard des Juifs, il exprime son inquiétude devant le climat qui domine dans l'opinion. Ses commentaires sont on ne peut plus nets : les Français pèchent par excès de confiance et s'accrochent avec un contentement non dissimulé à de funestes illusions ; l'inconcevable satisfaction éprouvée après les résultats de Munich perdure encore, au risque d'une prochaine catastrophe. Dans une certaine mesure, l'alliage subtil qui imprègne majoritairement l'esprit des anciens combattants, « ce double et profond attachement à la patrie et à la paix », selon l'expression d'Antoine Prost, relève de ce sentiment ambiant d'ambivalence.

---

12. 27 décembre 1938.

13. Conférence sur l'antisémitisme organisée par les NEF, proches de *L'Aube*, le journal de Francisque Gay. Elle a lieu le 4 mai 1939 devant une soixantaine de personnes, étudiants, amis de la revue *Esprit*, catholiques en très grande majorité (AD HG 1960-81).

Le cinéma entre la confiance et l'angoisse

Le cinéma, qu'il soit ou non de fiction, en fournit lui aussi une illustration tout à fait caractéristique. Du côté des actualités cinématographiques, projetées à cette époque-là non seulement en première partie des films mais aussi, en permanence, dans des salles spécialisées des grandes villes, les CINEAC, on ne remarque rien qui contribue à préparer efficacement l'opinion française à affronter une menace précise. Les images de la guerre d'Espagne, habituelles en 1936 et 1937, se font rares par la suite, tout comme celles de l'armée allemande. Le thème de la défense est régulièrement abordé, mais « sans que soit jamais désigné l'ennemi [14] ». Pas de danger clairement souligné et, dans l'ensemble, un discours qui se veut avant tout rassurant. L'analyse de la thématique fait apparaître une glorification de l'armée, de sa force, de sa puissance défensive, avec les inévitables reportages sur la haute technicité de la ligne Maginot et des usines d'aviation. La célèbre et malheureuse déclaration du général Weygand sur l'efficacité de l'armée et l'exceptionnelle compétence de ses chefs – « elle possède un matériel de la plus haute qualité, des fortifications de premier ordre, un moral excellent et un haut commandement remarquable [15] » – est tout à fait dans le ton. Cet éloge d'une armée qui garantit la sécurité du pays – signification que l'on a voulu aussi donner aux démonstrations spectaculaires du défilé du 14 juillet 1939 – est relayé et renforcé par l'évocation de la fidélité de l'Empire colonial, la solidité de l'alliance anglaise et l'évocation constante des anciens combattants, sans doute comme une sorte de garantie assurée dans la continuité de la victoire.

C'est exactement le même type de message que l'on retrouve dans les deux films officiels, *Unité française* et *Sommes-nous défendus ?*, qui reçoivent deux des grands prix du

---

14. Sur toutes ces questions, cf. la bibliographie et, tout particulièrement, Jean-Pierre Jeancolas, *15 Ans d'années trente. Le cinéma des Français, 1929-1944*, Paris, Stock/Cinéma, 1983. La citation est extraite de cet ouvrage.

15. Lille, le 2 juillet 1939.

Cinéma français, le 7 juillet 1939 [16]. La France est forte et calme, elle vit dans la tranquillité, sûre de la puissance de son armée, sans ennemi déclaré. Quelques citations empruntées aux commentaires ou aux dialogues des films valent mieux que de longues exégèses. Ainsi, dans *Unité française* [17], réalisé à partir du voyage d'Édouard Daladier en Corse, en Tunisie et en Algérie du 2 au 6 janvier 1939 [18], on peut entendre :

> Ce pays pacifique et tranquille, parce qu'il est sûr de sa force, parce qu'il a la certitude de sa force, est en mesure de faire face à toutes les attaques et à tous les défis.

Les dialogues de *Sommes-nous défendus ?*, où se mêlent scénario de fiction et documents sur la puissance militaire du pays, sont de la même veine. Un des protagonistes, commentateur supposé avisé des problèmes du temps, assure que « la France peut fermer ses portes et tirer ses verrous de sûreté ». La ligne Maginot garantit nos frontières à l'Est et nul ne peut franchir les cimes de nos montagnes sans la permission de nos chasseurs alpins... C'est sur un défilé militaire impressionnant et le fameux « vous pouvez dormir tranquilles, nous sommes défendus », que le film s'achève. Ce cinéma, qui prolonge la volonté politique du pouvoir, prépare les esprits à l'épreuve de la guerre, non en nommant et en analysant le danger, non en insistant sur la gravité des enjeux, mais en ménageant la sensibilité et la fierté du pays, en le rassurant, en écartant de son horizon les motifs de doute.

Le cinéma de fiction, en revanche, celui en tout cas qui s'exprime à travers les chefs-d'œuvre d'une période exceptionnelle pour la création française, n'entre pas entièrement dans cet univers. Il reflète plutôt l'autre versant de la confiance imperturbable et de la sérénité de circonstance,

---

16. C'est Jean Zay qui institue les grands prix du Cinéma français en décembre 1938. Cinq catégories de récompenses sont décernées : fiction, documentaire, science, actualités, pédagogie. Cf. J. Zay, *Mémoires et Solitude*, *op. cit.*

17. Le film dure 40 minutes et a été présenté le 10 janvier 1939 au cours d'un grand gala présidé par le président Albert Lebrun.

18. En réaction aux revendications de l'Italie.

le côté de l'ubac, celui des ombres. Pour nous en tenir aux grands prix du Cinéma français attribués en 1939, *Quai des brumes*, récompensé en même temps que les deux films précédents, est, sur ce point, un exemple inespéré. Il en dit beaucoup sur la fragilité et l'instabilité du moral des Français, sur les multiples reflets d'une ambiguïté omniprésente dans leurs préoccupations. Le film de Marcel Carné est celui du désespoir, des vies inutiles, des perdants, de l'attente de la mort. La phrase célèbre de Jean Gabin à Michèle Morgan, « T'as de beaux yeux, tu sais », n'appartient pas au recueil des amours heureuses. L'histoire de ce déserteur située dans la France de 1938, au bord des eaux douteuses du port du Havre, est celle d'un monde où tout se défait. Jean Renoir, qui donnait alors des critiques au journal *Ce Soir*, voyait, dans l'œuvre de Marcel Carné, de la propagande pour le fascisme. Devant ces « individus tarés, immoraux, malhonnêtes », on ne pouvait que souhaiter « un dictateur à trique pour remettre de l'ordre là-dedans ». Cette interprétation donna lieu à une violente polémique. Prévert menaçait de « casser la gueule » à l'auteur de *La Grande Illusion* et Henri Jeanson le dénonçait comme « agent politique du Parti communiste maquillé en cinéaste », chargé de discréditer Carné et Prévert selon les « méthodes dégradantes du stalinisme »[19]. Ces affrontements traduisent ceux de l'époque comme ce film de brouillard et de pluie reflète le pessimisme du temps. « Tout le monde vivait dans la désespérance », dira plus tard Marcel Carné[20]. Raymond Borde a parlé avec talent du « frisson nouveau qu'apportaient les ciels bas à la Vlaminck, les pavés gras du Havre et l'amour fou du déserteur », pour rappeler cette impression

19. Selon Henri Jeanson, le PCF tenait Prévert et Carné pour de « dangereux trotskistes ». Sur l'ensemble de cette affaire, cf. la remarquable publication *Les Cahiers de la Cinémathèque*, Perpignan, Institut Jean-Vigo, n° 5, 1972. C'est également dans ce numéro que l'on trouve l'entretien de Raymond Borde cité plus loin. Sur le cinéma de fiction de la période, en plus de Jean-Pierre Jeancolas déjà cité, cf. François Garçon, *De Blum à Pétain. Cinéma et société française, 1936-1944*, Paris, Éd. du Cerf, 1984.

20. Marianne Benteli, Daniel Jay et Jean-Pierre Jeancolas, « Le cinéma français : thèmes et public », in *La France et les Français en 1938-1939*, *op cit.*, p. 27-41.

de fatalité qui semble peser sur l'atmosphère des derniers mois de paix :

> On ne peut plus sentir *Quai des brumes* comme nous l'avons senti à l'époque...
> Pour une génération, [il] représenta beaucoup plus qu'un film, même excellent. C'était le reflet, la cristallisation d'une angoisse qui marqua une époque.

Si l'on met à part *La Grande Illusion*, dont la signification est loin d'être univoque[21], la plupart des réalisations importantes qui constituent les grands succès de 1938 et 1939 portent la même empreinte[22]. La naissance du mythe Gabin, classé meilleur acteur en 1938 – autre symbole, succédant à Fernandel –, va dans le même sens. Certains de ces films seront interdits, dès septembre 1939 *(La Bête humaine, La Règle du jeu)*, comme « déprimants, morbides, immoraux », avant que Vichy n'y voie des signes révélateurs de la décadence de notre civilisation et qu'il ne les dénonce pour avoir contribué au désarmement moral de la nation.

2. Les dérives vers l'irrationnel

Le passage alterné de la peur à la fragile sécurité d'une confiance sur commande, la crise des idéologies, le va-et-vient confus entre les contradictions et les ambiguïtés ne permettent d'avancer qu'une seule certitude sur l'état de l'opinion : aucun des courants qui la traversent, aucune des influences qui se télescopent et rebondissent de l'une à l'autre ne concourent à favoriser la lucidité de ses jugements. Elle ne perçoit de la réalité que des représentations déformées par des écrans protecteurs ou aveuglants, déformées aussi par le

---

21. Cf., par exemple, Marc Ferro, « Double accueil à *La Grande Illusion* », in *Cinéma et Histoire*, Paris, Denoël-Gonthier, « Médiations », 1977, p. 71-77.

22. *Quai des Brumes* est classé au deuxième rang des films à succès en 1938 derrière *Blanche-Neige.* Viennent ensuite, classés par le public, *Hôtel du Nord, La Bête humaine, Le jour se lève, La Fin du jour.* (D'après le référendum organisé par *La Cinématographie française.*)

croisement des effets de prisme et de miroir. D'où, selon le mécanisme habituel, son inclination à rechercher des refuges qui servent de réponse à son désarroi. À côté du repli somnambule vers l'insouciance équivoque des « marchands de sommeil[23] », d'autres tendances apparaissent. Elles marquent le retour à la surface des modes de fonctionnement primaires de la pensée collective.

Ces dérives ne sont pas le fait du hasard, mais bel et bien encouragées par tout un discours dominant sur la décadence, dont la logique d'exploitation répond à des schémas connus[24]. L'idée de déclin est soit ouvertement et pesamment affirmée par un large courant réactionnaire où les droites extrêmes donnent le ton, soit discrètement suggérée, comme cela a déjà été indiqué, par l'image ambivalente d'une politique fondée sur la nécessité de la remise en ordre du pays. Le glissement de la raison à la déraison, les facilités des fausses explications démonologiques viennent se substituer à l'analyse des causes complexes de la crise et reposent sur un enchaînement de certitudes – ou du moins présentées comme telles. Elles s'articulent dans un système à quatre temps, au rythme de quelques règles simples de méthode : affirmation, dénonciation, explication, solution.

1. On décrète la décadence. On en souligne la gravité, avec toute la dramatisation nécessaire, en réactivant des sentiments de peur toujours latents.

2. On affirme catégoriquement que des forces malignes travaillent à cette décomposition de la nation. On les choisit, de préférence, occultes ou extérieures à la communauté nationale – par leurs origines ou par leur appartenance idéologique. Elles peuvent ainsi se rattacher à tous les fantasmes que déclenche inévitablement le mythe du complot[25].

---

23. Expression prêtée au philosophe Alain.

24. Dès 1895, Gustave Le Bon relevait les trois principes qui permettaient d'incruster les idées « dans les régions profondes de l'inconscient où s'élaborent les motifs de nos actions » : l'affirmation (dégagée de toute preuve et de tout raisonnement), la répétition, la contagion (les idées, les émotions, les croyances « possèdent un pouvoir contagieux aussi intense que celui des microbes ») (G. Le Bon, *Psychologie des foules*, *op. cit.*).

25. Cf. Raoul Girardet, *Mythes et Mythologies politiques*, Paris, Le Seuil, 1986.

3. On démasque les responsables et on les désigne pour être traités comme tels. Ainsi, non seulement on soulage des peurs que l'on avait fait naître, mais on resserre, contre les ennemis qui veulent détruire le pays de l'intérieur, les liens de la communauté.

4. On tire les leçons et on amène la solution. Pour enrayer la décomposition, redonner toute sa force à la nation et conduire cette mission de salubrité publique, les éléments sains de la nation doivent se regrouper derrière une politique ou un homme qui sera leur rempart. L'homme fort n'est plus alors très loin de l'homme providentiel.

Les stéréotypes

Le manichéisme, la puissance des stéréotypes et les appels insistants à la causalité diabolique pour toute explication indiquent une fuite générale vers le refuge de l'irrationnel. Nous n'insisterons pas sur les errements et les blocages qui en découlent. Ils figent les positions, exacerbent les antagonismes et les rejets, verrouillent la plupart des issues. Tout cela a été plusieurs fois signalé et décrit. Pour être entendues, les opinions doivent ressembler à des camps retranchés et on arrive à tenir pour acquis que si l'on est contre la guerre on est pour le fascisme, ou, à l'inverse, que les antifascistes ne sont que des bellicistes, agents conscients ou inconscients de la « révolution bolchevique »[26]. De la même façon, qui est antimunichois ne peut être que prosoviétique ou cryptocommuniste. En conséquence, tous les opposants au bolchevisme ne peuvent qu'approuver les actions en faveur de la paix, etc. Les représentations se modèlent sur cette logique infernale. Qui se fait entendre des milieux populaires ne peut être que démagogue[27]. Chez beaucoup d'officiers pour qui

26. Ces remarques s'inspirent de réflexions que l'on trouve souvent dans les Mémoires des contemporains. C'est le cas chez Jean Chauvel, *Commentaires*, Paris, Fayard, 1973, et chez Emmanuel Berl, *Le 10 juillet 1940. La fin de la IIIe République*, Paris, Gallimard, 1968 (dans sa préface). Cf. aussi Jean Touchard, *La Gauche en France*, *op. cit.*

27. Cf. Pierre Mendès France, *La vérité guidait leurs pas*, Paris, Galli-

le journal *Le Temps* représentait « l'extrême rouge », Marc Bloch a observé et décrit le phénomène :

> Que savaient-ils des réalités sociales ? L'école, la caste, la tradition avaient bâti autour d'eux un mur d'ignorance et d'erreur. Leurs idées étaient simples. « À gauche », on était « antimilitariste » ; on y pensait mal, on n'y respectait pas l'autorité qui fait, comme chacun sait, la force principale des armées. [...] Quiconque pactisait avec ces gens-là se trouvait suspect[28].

Sur un plan plus général, patronat et monde du travail, catholiques et militants laïques, ruraux et citadins se connaissent remarquablement mal. Le fait n'est pas nouveau, mais le contexte de crise donne à ces effets de miroir une ampleur exagérée. Les uns et les autres, à la recherche de toutes les « explications » possibles, se situent en fonction d'une image fantasmatique de « l'autre » où le positionnement par les critères négatifs, le culte de « l'anti », prend le pas sur tout le reste.

Ces stéréotypes envahissants reflètent aussi bien l'idée que les Français se font réciproquement d'eux-mêmes, que la vision étriquée qu'ils se font, par absence de curiosité, du monde extérieur. Les manifestations de chauvinisme, qui restent une donnée constante des comportements, prennent alors une dimension autre[29]. Sous la pression des événements et des peurs, elles semblent un peu servir d'exutoire ou de compensation au sentiment diffus de la dégradation du sentiment national. La recherche aveugle de responsabilités au malaise général va dériver, selon les engrenages habituels, vers des attitudes xénophobes et antisémites.

La xénophobie

Ralph Schor, dans sa thèse sur *L'Opinion française et les Étrangers en France de 1919 à 1939*, a établi indiscutablement

---

mard, 1976. C'est à propos de Léon Blum que P. Mendès France développe cette idée (p. 169).

28. Marc Bloch, *L'Étrange Défaite*, *op. cit.*, p. 212-213.

29. Cf. les incidents du Tour de France déjà signalés, cf. aussi (et surtout) les réflexions pénétrantes que Léon Blum fait sur ce sujet dans *À l'échelle humaine*, in *L'Œuvre de Léon Blum*, *op. cit.*

l'importance du phénomène xénophobe dans la France des années 30[30]. Il montre également, avec d'innombrables preuves à l'appui, son aggravation à partir de 1937, en particulier à la suite d'une série d'attentats politiques qui exaspèrent l'opinion publique. Cela étant, on s'en doute, l'explication par l'événement ne suffit pas. Les dossiers consultés corroborent ces analyses, que ce soit sur l'assise du phénomène, qui ne se limite pas aux milieux réputés proches de la droite, ou sur sa précocité. Contrairement à ce que l'on avance parfois, la phase d'explosion est antérieure à l'arrivée massive des réfugiés républicains espagnols même si, incontestablement, l'aspect spectaculaire du déferlement laisse des traces. Il apparaît nettement que l'étranger est majoritairement perçu comme intrus, indésirable et suspect par nature. « Entre chez nous qui veut », croit pouvoir affirmer Jean Giraudoux, qui note en 1939 : « *Notre terre est devenue terre d'invasion. L'invasion s'y poursuit exactement de la façon dont elle s'opéra dans l'Empire romain, non point par des armées, mais par une infiltration continue des Barbares*[31]. » L'épithète « indésirable » se généralise et devient un lieu commun, y compris dans les journaux de gauche. Alors que la CGT s'enferme dans une position défensive et s'interroge sur la nécessité de contrôler le marché du travail, le Parti communiste navigue aux confins de l'ambiguïté en reprenant à son tour le slogan de la droite nationale, « la France aux Français »[32]. La presse conservatrice est, comme il est facile de l'imaginer, un vivier inépuisable d'expressions qui traduisent violemment les représentations xénophobes : dépotoir, lie, poubelle, tourbe, pègre, métèque, ramassis et autres délicatesses sur lesquelles on n'insistera pas.

Parallèlement, ou complémentairement, à partir d'avril 1938 et du retour de Daladier aux affaires, les pouvoirs publics

---

30. Paris, Publications de la Sorbonne, 1985. Cf. la 4e partie et en particulier les chap. V-VIII, p. 633-705.

31. *Pleins Pouvoirs*, *op. cit.*, p. 59.

32. Le 28 septembre 1937, lors d'un meeting au Vélodrome d'hiver, Maurice Thorez revendique l'asile pour les immigrés antifascistes, demande une « répression impitoyable contre les agents étrangers de l'espionnage et du terrorisme fasciste », et poursuit : « Nulle xénophobie ne nous anime quand nous crions "la France aux Français". » (Cf. Stéphane Courtois, Denis Peschanski et Adam Rayski, *Le Sang de l'étranger. Les immigrés de la MOI dans la Résistance*, *op. cit.*)

donnent la nette impression, en tout cas sur ce sujet, de ne pas vouloir prendre l'opinion à rebrousse-poil. Toute une série de circulaires officielles, en particulier du ministre de l'Intérieur Albert Sarraut, indiquent clairement, de la part des autorités, une volonté de surveillance, de contrôle et de répression à l'égard des étrangers [33]. Dès le 14 avril 1938, il demande une « action méthodique, énergique et prompte en vue de débarrasser notre pays des éléments indésirables trop nombreux qui y circulent ». Il juge inadmissible l'intervention des étrangers dans « des querelles ou des conflits politiques ou sociaux qui ne regardent que nous [34] ». Dans la correspondance entretenue avec les préfets, le ministre radical souligne à diverses reprises la nécessité de répondre par des mesures appropriées aux « aspirations légitimes » de l'opinion publique [35]. Le décret du 12 novembre 1938, qui autorise l'internement préventif des « indésirables » dans des centres spéciaux pour des motifs de sécurité, est bien, comme l'écrivent les auteurs du livre *Le Sang de l'étranger*, « une véritable loi des suspects ».

Même si elle ne date pas de là, c'est avec l'arrivée des réfugiés espagnols que la xénophobie se révèle ouvertement dans la région toulousaine, amplifiée comme partout par les affrontements idéologiques. Si les courants de gauche tentent de mettre un frein à des dérapages qui deviennent inquiétants, ailleurs on se déchaîne. Ceux qui dénoncent la « Guerre Rouge » pratiquent, comme il se doit, une xénophobie rouge qui n'efface pas pour autant les signes de la xénophobie ordinaire. La comparaison des réseaux sémantiques sur les perceptions des réfugiés espagnols entre le discours modéré

33. Pendant l'été 1938, Albert Sarraut, en s'appuyant sur des sources très sérieuses, demande une extrême vigilance à l'égard « des éléments étrangers suspects ». Ils prépareraient, avec la complicité de milieux non définis, des « mouvements d'excitation et de désordre, à propos notamment de certains conflits sociaux au besoin provoqués » (AD HG 2113-117, 31 août 1938). Ces craintes sont-elles susceptibles d'éclairer l'attitude du gouvernement face à la grève du 30 novembre, quelques mois plus tard ?

34. Sur l'ensemble des mesures réglementaires prises par le gouvernement Daladier à l'égard des étrangers, cf. les deux premiers chapitres du *Sang de l'étranger*, *op. cit.*

35. C'est une constante dans l'accumulation des instructions et circulaires concernant le statut des étrangers. (AD HG 1896-31 ; 1912-57 ; 1912-58 ; 1945-52.)

de *La Dépêche* et celui de la droite musclée, représentée par *L'Express du Midi* ou son successeur *La Garonne*, indique, au-delà des sentiments d'humanité exprimés dans les premières semaines, plus de nuances que d'oppositions fondamentales [36]. Les enjeux politiques, représentés par les réactions à la présence de « l'étranger », peuvent être différents, mais ils sont partout, et exploités en conséquence. Le problème de l'accueil, très sensible dans l'opinion, amène ainsi *La Dépêche* à se démarquer d'une « singulière campagne », « déclenchée par les communistes » pour « exciter l'opinion contre le gouvernement », en remplissant leurs journaux d'« histoires abracadabrantes » : les réfugiés, privés d'eau, en seraient réduits à boire leur urine. Le journal radical, pour qui l'intérêt porté aux réfugiés par les communistes n'est qu'un prétexte, adresse alors à « ces apôtres soviétiques » un « charitable avertissement » :

> Nous comprenons parfaitement leur tactique et leur but. L'intérêt des réfugiés n'est là que pour l'apparence. Ce que ces gaillards-là voudraient, c'est semer l'agitation, organiser des meetings, bref, faire la besogne que nous connaissons depuis longtemps, pour en avoir éprouvé sur nous-mêmes les effets nocifs, tant avant qu'après le 30 novembre dernier.
> ... la France n'a pas de leçon d'hospitalité à recevoir de la part de ceux qui ne voient dans la misère humaine que le tremplin de leur ambition politique [37].

Cette question des camps d'hébergement et de la concentration des réfugiés empoisonne l'atmosphère et fait l'objet de débats houleux à la Chambre des députés, autour de la problématique de l'étranger « utile et/ou indésirable ». Alors que dans les deux premières années de la guerre civile on clame haut et fort à Toulouse que l'Espagnol n'est pas un étranger, on assiste en 1939, sous l'effet du « mascaret humain [38] », de la ruée des « hordes humaines » et du contexte événementiel,

---

36. Cf. p. 142, les réseaux d'association de termes. Ils ont été construits à partir des travaux de Marie-Ange Blaizat, *L'Opinion publique et les Représentations des républicains espagnols dans la région toulousaine, 1936-1940*, mémoire de maîtrise, université de Toulouse-Le Mirail, 1987.

37. *La Dépêche*, 13 février 1939.

38. L'expression est d'Albert Sarraut. Sur « l'irrésistible ruée », cf. aussi Anatole de Monzie, *Ci-devant*, *op. cit.*

à un glissement incontestable dans l'opinion. Le réfugié redevient l'étranger, on passe du républicain à l'indésirable[39]. Ainsi que le souligne Dominique Schnapper, « il a suffi de quelques mois pour que l'hostilité et le mépris succèdent à l'émotion[40] ».

La déclaration de guerre va confirmer l'amalgame et la permanence des tendances xénophobes qui se manifestent aussi bien dans le public que chez certains responsables. Au début du mois de septembre 1939, le préfet de la Haute-Garonne écrit à tous les maires du département pour leur demander d'empêcher le renouvellement de « manifestations particulièrement inopportunes » et d'essayer de convaincre la population d'avoir une attitude correcte à l'égard des étrangers. Le fait de ne pas « provoquer la susceptibilité de nos voisins espagnols et italiens » est avancé comme la raison essentielle[41]. Plusieurs maires écrivent dans les jours suivants au préfet en se déclarant « péniblement surpris » par son intervention. Leurs arguments sont résumés dans la lettre du maire de la petite commune de Lafitte-Vigordane demandant aux autorités de comprendre les réactions de

> parents affligés dont les enfants font actuellement vaillamment leur devoir et qui ne sont pas sans éprouver une impression douloureuse à la vue de solides gaillards italiens se rendant paisiblement à leurs occupations[42].

Très rapidement, des lettres anonymes ou des associations dénonceront les comportements d'étrangers, espagnols surtout. Cela peut aller de la vie privée de la veuve d'un républicain fusillé, dont les visiteurs passent « même la nuit chez elle[43] », jusqu'à une demande de licenciement exigé par le Comité de vigilance et d'action des anciens combattants de la Haute-Garonne :

---

39. Cf. Marie-Ange Blaizat, *op. cit.*
40. Cf. la contribution de Dominique Schnapper, *in* Yves Lequin (sous la direction de), *La Mosaïque France. Histoire des étrangers et de l'immigration en France*, Paris, Larousse, 1988.
41. AD HG 1960-87, 8 septembre 1939.
42. AD HG 1960-87, 19 septembre 1939.
43. Le correspondant ajoute qu'elle est réputée pour ses « idées communistes avancées » et conclut : « En bon Français, je fait [*sic*] mon devoir » (AD HG 1960-64).

> À l'heure où les Français se font tuer pour défendre le patrimoine national, les Anciens Combattants ne sauraient admettre que des étrangers jouissent, en toute quiétude, à l'arrière, de situations publiques [44].

Cette agressivité s'exerce même, semble-t-il, à l'égard des étrangers qui veulent s'engager dans l'armée pour la durée de la guerre. Se faisant l'écho de diverses plaintes et d'interventions de ses amis dont il garantit, citant les noms, l'opinion impartiale et désintéressée, Maurice Sarraut, directeur de *La Dépêche*, écrit au préfet pour lui exprimer son indignation et dénoncer, en termes vifs, « l'accueil déplorable réservé par les militaires aux étrangers qui veulent s'engager [45] ». Il est à craindre que ces comportements ne soient pas l'exception dans l'armée ou dans l'ensemble des administrations [46]. Par exemple, derrière l'apparence d'un simple constat sur les attitudes majoritaires dans l'opinion publique, le commandant des camps de la XVIIe région montre qu'elles sont très proches de ses propres sentiments et justifie les mesures de sévérité pratiquées :

> Les réfugiés espagnols sont considérés dans leur ensemble par le public comme des indésirables. Le bon sens populaire, confirmé dans son opinion par la façon dont les miliciens se comportent parfois, ne comprendrait pas qu'ils soient traités autrement.
>
> ... l'opinion publique ne conçoit pas [...] qu'on abandonne le point de vue qui est demeuré à l'origine de leur maintien sur le sol français. Elle considère en tout cas qu'il ne leur est dû que la vie quotidienne et que l'excédent, en espèces, de leur production revient de plein droit à l'État qui leur donne l'hospitalité [47].

Comme le souligne Marie-Ange Blaizat dans son étude sur les attitudes à l'égard des réfugiés espagnols, il paraît

44. La personne concernée est un Espagnol travaillant à la préfecture comme électricien (AD HG 1960-64, 17 octobre 1939).

45. Le préfet Atger invite le général Bessey de Boissy, commandant d'armes, à donner des instructions pour que les étrangers soient l'objet d'une déférence toute particulière.

46. Ce qui renvoie l'historien au problème des sources et des perceptions sous-jacentes (cf. première partie).

47. AD HG 1960-86. À propos des conditions d'utilisation des réfugiés dans les usines d'armement à Toulouse.

insupportable à la population « que les étrangers et les Français soient traités sur un pied d'égalité[48] ». La discrimination est voulue, exigée, ressentie comme la simple expression du bon sens. Il est évident que cette représentation de l'étranger, dont le réfugié républicain devient une sorte d'archétype, porte en germe les conduites qui vont se dégager après la défaite, sous Vichy. À la fin des années 30, dans une opinion où les signes de trouble se multiplient, l'écho du discours xénophobe dépasse très largement l'espace des clientèles habituelles. En 1939, les Français sont en majorité persuadés que « l'un des plus graves problèmes de l'heure résulte de vingt années de présence étrangère sans retenue[49] ». Les mesures du gouvernement Daladier, à la lettre comme dans l'esprit, renforcent, par la voie réglementaire, la logique d'une politique d'exclusion qui sera poursuivie après juin 1940.

L'antisémitisme

Sans nier un seul instant le caractère spécifique de l'antisémitisme, il apparaît difficile, pour la période des années 30, de le détacher entièrement de la xénophobie. Tout en la renforçant, il en est un des prolongements, fortement réactivé par l'arrivée d'immigrés juifs, allemands et autres, qui fuient les persécutions nazies. La teneur du discours xénophobe-antisémite de Giraudoux, sur « l'immigrant débarqué à onze heures de la gare de l'Est » qui peut vendre à midi bagages et fourrures dans une « boutique du boulevard Sébastopol », est révélatrice d'un sentiment répandu. On doit à cet esprit délicat – comme le désigne Bernanos – des passages étonnants sur ces « centaines de mille Askenasis échappés des ghettos polonais ou roumains », sur la « horde » de ces étrangers « grouillants » qui « dénaturent notre pays par leur présence et leur action et l'embellissent rarement par leur apparence personnelle », qui se multiplient « dans une génération spontanée qui rappelle celle des puces sur le chien à

48. Cf. Marie-Ange Blaizat, *op. cit.*, p. 202-204.
49. Comme l'écrit avec raison Dominique Schnapper *(La Mosaïque France, op. cit.).*

Un exemple de l'image
des réfugiés républicains espagnols
dans l'opinion de la «droite nationale»
La Garonne, janvier-août 1939

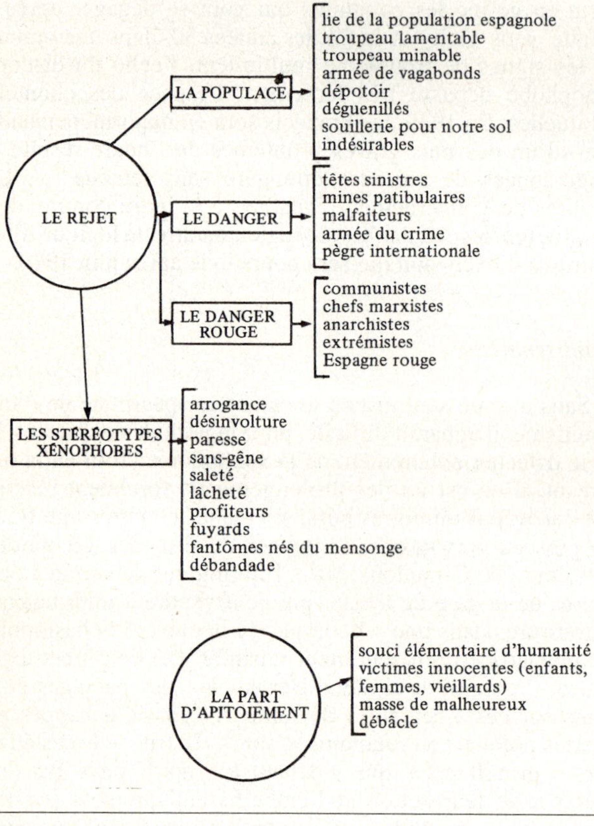

Un exemple de l'image
des réfugiés républicains espagnols
dans l'opinion radicale et modérée
La Dépêche, janvier-août 1939

La lecture du quotidien radical fait apparaître un balancement entre deux grands types de réactions, la pitié et la méfiance.

L'évolution dans le temps marque une accentuation progressive du poids des perceptions négatives.

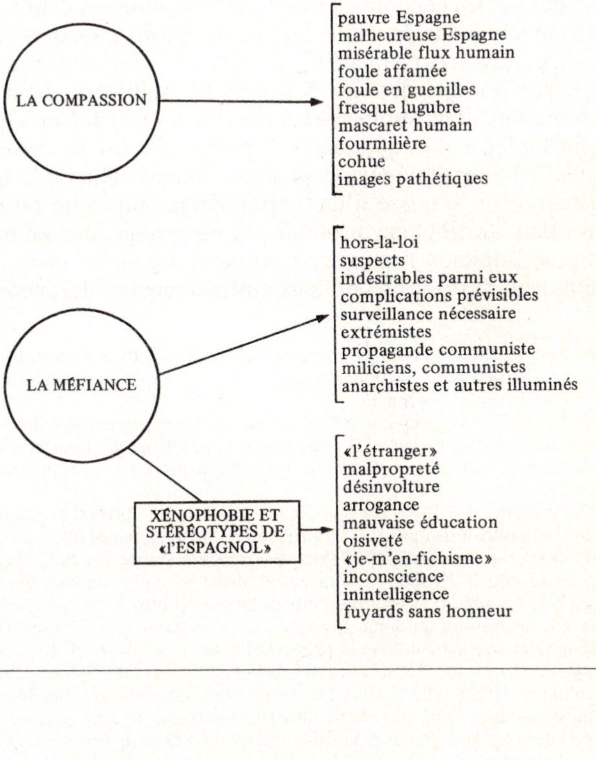

peine né »[50]. De telles évocations rendent tout commentaire superflu. Tout en s'entourant de précautions, le même Giraudoux écrit : « Nous sommes pleinement d'accord avec Hitler pour proclamer qu'une politique n'atteint sa forme supérieure que si elle est raciale, car c'était aussi la pensée de Colbert ou de Richelieu[51]. » Aucune trace d'encouragement indirect à l'antisémitisme ne transparaît, en revanche, dans les pratiques administratives officielles, même s'il demeure que les Juifs immigrés sont soumis aux mêmes mesures restrictives que celles qui touchent tous les étrangers[52]. Quant à la presse, si les quotidiens et les hebdomadaires d'extrême droite étalent violemment leur haine des Juifs, les grands journaux modérés ne participent pas à des campagnes systématiques de dénigrement.

Malgré ces atténuations, à travers de multiples nuances d'expression, l'antisémitisme est bien un des mécanismes qui pèsent sur les modes quotidiens de pensée à la fin des années 30. Qu'il soit explicite ou larvé, selon l'expression de Serge Berstein, qu'il s'agisse d'un antisémitisme populaire ou de conviction idéologique profonde, il imprègne une grande partie de l'opinion française, à droite et à gauche, chez les catholiques, dans tous les milieux professionnels[53]. Là encore,

---

50. Simple échantillon auquel on pourrait ajouter : « Ils apportent là où ils passent l'à-peu-près, l'action clandestine, la concussion, la corruption. » (Cf. *Pleins Pouvoirs*, *op. cit.*).

51. *Pleins Pouvoirs*, *op. cit.*, p. 76. Giraudoux accompagne son jugement d'un commentaire dans lequel il indique que le problème, en France, n'est pas comme en Allemagne d'obtenir, « par l'épuration, un type physique primitif ».

52. En France, en 1939, sur une population juive de 300 000 personnes environ, la moitié à peu près sont d'origine étrangère et, parmi elles, moins de 100 000 sont des immigrés récents. La grande majorité des Juifs étrangers, de 65 000 à 70 000, est concentrée dans la région parisienne. La propagande antisémite avance des chiffres beaucoup plus importants.

53. Cf. les travaux de Serge Berstein, qui a en particulier débusqué un antisémitisme transparent dans la presse radicale de province (S. Berstein, *Histoire du Parti radical*, Paris, Presses de la Fondation nationale des sciences politiques, 1980-1982, 2 vol.). Des comportements antisémites insidieux apparaissent aussi dans une partie des films produits à cette période, y compris dans les plus grands et les plus célèbres. *La Grande Illusion* n'évite pas quelques poncifs antisémites. Les milieux professionnels du cinéma, où la concurrence est vive et où les réalisateurs de talent d'origine juive sont nombreux, n'échappent pas non plus à la dérive antisémite. Sur ce point, cf. François Garçon, *De Blum à Pétain*, *op. cit.*, p. 170 *sq.*

comme pour la xénophobie, ces tendances sont étroitement liées aux difficultés matérielles du quotidien, au pacifisme et à l'anticommunisme. La représentation antisémite banale semble reposer sur une double argumentation. Celle tirée du fonds traditionnel, l'explication magique aux problèmes du temps, la « causalité diabolique » stimulée par les conséquences de la crise économique : la « solidarité de race », les manœuvres des financiers juifs et leurs méthodes déloyales, employées pour fausser la concurrence, sont tenues pour les causes du déclin des classes moyennes. Le même schéma vaut pour l'affaiblissement général du pays, qui provient de la pénétration grandissante des Juifs dans l'information, la culture et dans les rouages de la vie politique, qu'ils cherchent à contrôler entièrement. Personne ne paraît échapper à ces dérapages et à la commodité de leurs interprétations [54].

Le second volet tient plus étroitement à la conjoncture et aux affrontements idéologiques. On soupçonne les Juifs, parfois on les accuse ouvertement, de vouloir précipiter la France dans la guerre contre l'Allemagne pour défendre le sort de leurs coreligionnaires persécutés. Ainsi, même à la SFIO, les rivalités entre les hommes et les affrontements sur la politique extérieure se règlent parfois sur fond d'antisémitisme. « J'en ai assez de la dictature juive sur le parti. Le socialisme n'est pas un ghetto. Je ne marche pas, moi, pour la guerre juive », déclare sans autre précaution le député-maire de Villefranche-sur-Saône, qui ne constitue pas un cas isolé dans le camp des pacifistes [55]. Au moment de Munich, on y reprend souvent l'argument que, comme l'écrit Zoretti dans le journal de la SFIO du Calvados, « le peuple de France [...] ne veut pas, dans

---

54. Cf. Pierre Birnbaum, *Un mythe politique. La « République juive » de Léon Blum à Pierre Mendès France*, Paris, Fayard, 1988. Ce livre contient par ailleurs une foule de citations antisémites et des références bibliographiques extrêmement denses.

55. Il s'agit d'Armand Chouffet. La phrase a été prononcée après une altercation avec Salomon Grumbach et Jules Moch (rapporté par Jacques Debû-Bridel, *L'Agonie de la IIIe République*, *op. cit.*, p. 483). On cite aussi souvent la phrase de Théo Bretin, membre dirigeant de la SFIO, déclarant qu'« autour de Blum, il n'y a plus que des Juifs, les Blumel, les Grumbach, les Bloch, les Moch ». Cf. aussi, pour d'autres exemples de manifestations d'un esprit antisémite à la SFIO, Marc Sadoun, *Les Socialistes sous l'Occupation*, *op. cit.*, et Pierre Birnbaum, *Un mythe politique*, *op. cit.*

son sein, faire tuer des millions d'hommes, détruire une civilisation pour rendre la vie plus facile aux 100 000 Juifs des Sudètes [56] ». Avec beaucoup d'autres, et surtout avec l'extrême droite, le néo-socialiste Adrien Marquet répète « Blum, c'est la guerre ! » et dénonce « le crime, la guerre pour l'URSS et la juiverie » [57]. La guerre juive rejoint alors la Guerre Rouge, avec tous les amalgames classiques autour de l'idée-force du judéo-bolchevisme dont il a déjà été fait mention [58]. Les représentations de la guerre d'Espagne jouent là aussi un rôle de pointe, et, quand un curé du Tarn-et-Garonne veut dénoncer les responsabilités premières de l'assassinat des prêtres espagnols, il les trouve dans « l'introduction du communisme en Espagne par 60 Juifs misérables venus de Moscou [59] ».

Sans revenir sur les déchaînements liés au choc du Front populaire, encore amplifié par la personnalité et les fonctions de Léon Blum, on peut remarquer que la propagande antisémite survit à l'échec de son gouvernement. Pendant l'été 1937, le Parti réaliste français, qui déclare avoir son siège à Strasbourg, où il éditerait un journal, exploite le thème de l'invasion juive. Les tracts et les papillons distribués et collés à Toulouse affirment que les Juifs se sont emparés de la France par la ruse et le mensonge, que le temps est donc venu d'effacer cette honte [60]. L'année suivante, en mai 1938, les mêmes procédés de propagande signalent, de façon inquiétante, avec des signes de mort qui anticipent sur l'histoire, les commerçants israélites à l'attention de la popula-

---

56. *Le Pays normand*, cité par Michel Bilis, *Socialistes et Pacifistes...*, *op. cit.* À la suite de cet article, Ludovic Zoretti sera provisoirement écarté de toute responsabilité à la SFIO avant d'en être exclu après la déclaration de guerre. Le 29 septembre 1938, à la Bourse du travail de Toulouse, lors d'une réunion du Centre syndical d'action contre la guerre, Massot, secrétaire général des auxiliaires du Livre CGT, s'élève contre « le fléau de la guerre » et affirme : « Les Français ne se sont pas dérangés pour défendre la république espagnole. Pourquoi veut-on, à l'heure actuelle, les obliger à défendre les grosses fortunes juives de Prague ? » (AD HG 1945-141.)

57. Jacques Debû-Bridel, *op. cit.*, p. 422.

58. Cf. Serge Berstein et Jean-Jacques Becker, *Histoire de l'anticommunisme en France*, t. I, *op. cit.*

59. Bulletin paroissial de Molières, mai 1937, communiqué par Pascal Caïla.

60. AD HG 1960, 8 juillet 1937.

tion[61]. Les actions les plus importantes sont toutefois à porter au crédit (si l'on peut dire) du Rassemblement anti-juif de France où le président Darquier, dit Darquier de Pellepoix, fait ses premières armes. L'antenne toulousaine de cette organisation distribue les numéros de *La France enchaînée* et imprime ses propres textes, de façon assez soutenue, entre novembre 1938 et mars 1939. Le contenu, répétitif, se résume, là encore, à une double thématique. Les textes renvoient aux leitmotive traditionnels de l'antisémitisme, au complot juif, à la dictature occulte... La divulgation (!) de la prophétie du « rabbin Reichhorn » – apparemment un héritage des *Protocoles des Sages de Sion* –, annonçant la révolution sanglante qui asservira définitivement les chrétiens selon un plan déjà en partie exécuté, est suivie du commentaire approprié[62] :

> Comprenez-vous entre quelles mains, avec la bande juive des Blum-Zay-Brunschwig, vous et votre patrie êtes tombés ? Qu'attendez-vous pour réagir ?

Le second aspect de cette campagne antisémite se fixe comme objectif de proposer des solutions pour en finir, en sollicitant toujours les mêmes images fantasmatiques, avec la « coalition internationale juive, maçonnique et marxiste ». Comme on va le constater, le Rassemblement anti-juif ne fait pas dans la nuance. Les Juifs doivent être privés de tous les droits civiques et il faut immédiatement expulser : tous les étrangers, juifs et autres, mêlés à la vie politique, ouvertement ou clandestinement tous les Juifs susceptibles de contaminer la santé morale et physique de la nation. Quant aux Juifs « autorisés à vivre sur notre territoire », ils devront payer des impôts supplémentaires. Après une période de calme apparent[63], des manifestations ouvertes d'antisémitisme surgiront

61. AD HG 1896-83... Voir les documents ci-après.
62. Cf. le texte complet en annexe.
63. Le 21 avril 1938, un décret-loi dû à Paul Marchandeau, alors ministre de la Justice, modifiait la loi de 1881 sur la presse. Toute attaque par voie de presse envers un groupe de personnes appartenant par leurs origines à une race ou à une religion déterminée, dans le but d'exciter à la haine, était dorénavant sanctionnée. Vichy abrogera le décret le 27 août 1940.

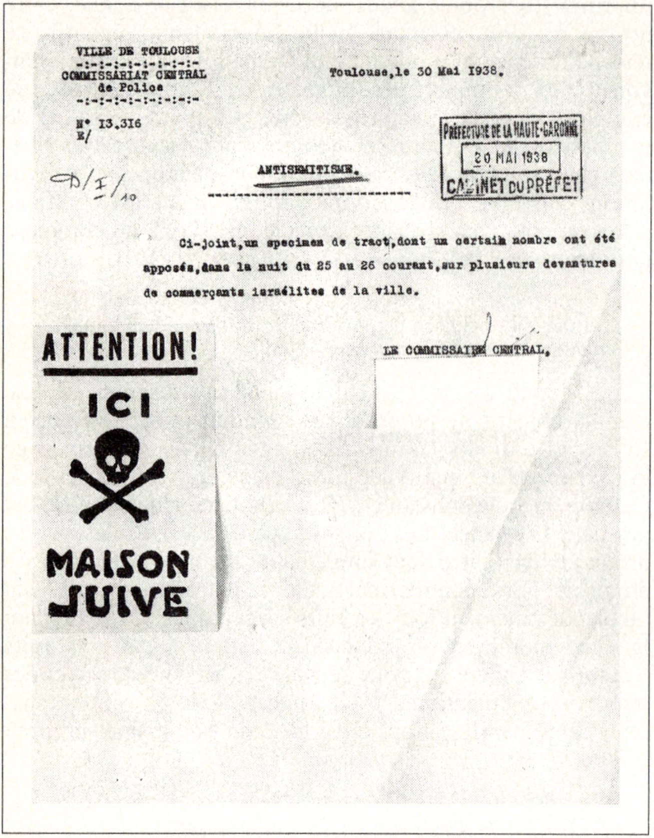

VILLE DE TOULOUSE
-:-:-:-:-:-:-:-:-
COMMISSARIAT CENTRAL
de Police
-:-:-:-:-:-:-:-:-

N° 13.316
E/

D/I/10

Toulouse, le 30 Mai 1938.

PRÉFECTURE DE LA HAUTE-GARONNE
20 MAI 1938
CABINET DU PRÉFET

ANTISEMITISME.

Ci-joint, un specimen de tract, dont un certain nombre ont été apposés, dans la nuit du 25 au 26 courant, sur plusieurs devantures de commerçants israélites de la ville.

LE COMMISSAIRE CENTRAL,

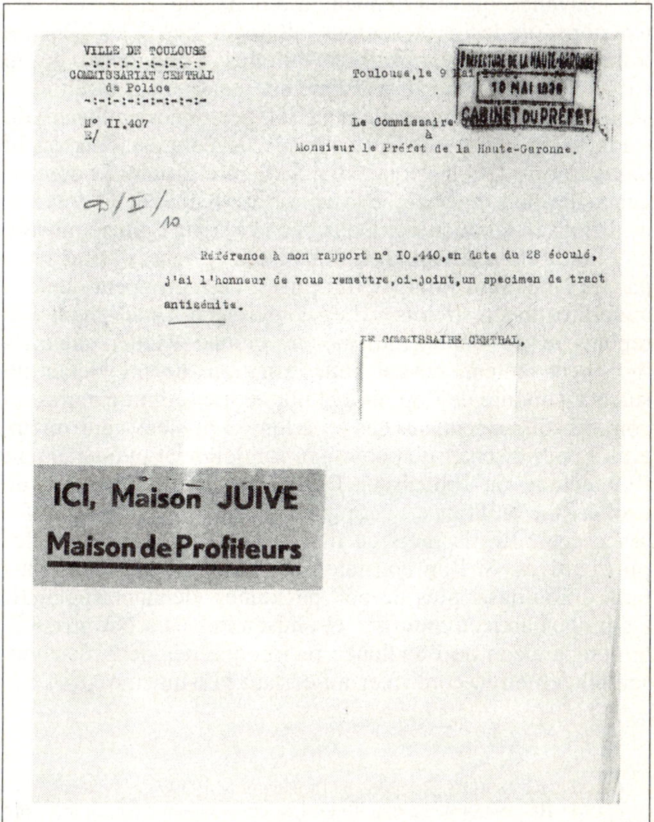

VILLE DE TOULOUSE
-:-:-:-:-:-:-:-:-
COMMISSARIAT CENTRAL
de Police
-:-:-:-:-:-:-:-:-

N° II.407
E/

Toulouse,le 9 Mai

PRÉFECTURE DE LA HAUTE-GARONNE
10 MAI 1938
CABINET DU PRÉFET

Le Commissaire
à
Monsieur le Préfet de la Haute-Garonne.

9/I/10

Référence à mon rapport n° 10.440,en date du 28 écoulé, j'ai l'honneur de vous remettre,ci-joint,un specimen de tract antisémite.

LE COMMISSAIRE CENTRAL,

ICI, Maison JUIVE
Maison de Profiteurs

à nouveau pendant la drôle de guerre. En décembre 1939, des tracts et des affiches dénoncent la *guerre juive* et les *Juifs responsables de la guerre.* Des inscriptions MORT AUX JUIFS font ainsi leur apparition sur les murs de Toulouse[64].

Avant la guerre, les relents insidieux d'antisémitisme et les nouvelles qui parviennent d'Allemagne entraînent des réactions où les protestations alternent avec des séances d'information. Il semble bien qu'elles n'obtiennent qu'un succès d'estime. La LICA (Ligue internationale contre l'antisémitisme) rassemble seulement 350 personnes au théâtre du Capitole en mai 1939. Au cours de la manifestation, on lit une lettre de l'archevêque Mgr Saliège affirmant la convergence des buts de la Ligue avec la ligne même de la doctrine de l'Église catholique[65]. Deux réunions sur l'antisémitisme en France et en Allemagne, organisées en mars et mai 1939 par les Nouvelles Équipes françaises, ne regroupent que des auditoires très restreints[66]. Les conférenciers soulignent « le renouveau de l'antisémitisme en France depuis quelques mois » et tentent, devant cette situation, de provoquer un sursaut salutaire de l'opinion publique. Les commentaires du commissaire spécial sur ces « parlotes » et « ces gens mieux armés pour discuter que pour agir » rejoignent indirectement l'inquiétude du Professeur Dupeyroux sur les ravages de l'hitlérisme en France, y compris, précise-t-il dans la conférence des NEF du mois de mai 1939, dans les milieux les plus cultivés. Si l'on constate que, quelques semaines plus tard, à Toulouse, plus de 600 personnes viennent applaudir les propos anticommunistes et antisémites de « Navarre »[67], la comparaison de l'audience réciproque des deux discours semble, en effet, confirmer un certain pessimisme.

---

64. AD HG 1896-83. Rapport du 18 décembre 1939.

65. AD HG 1945-69, 12 mai 1939. Les commentaires du commissaire spécial, visiblement surpris par les déclarations de l'archevêque, et qui parle d'un orateur en disant qu'il est un « représentant de la race juive à laquelle il s'honore d'appartenir », renvoient une fois de plus aux perceptions latentes de certains fonctionnaires d'autorité.

66. AD HG 1945-92, 29 mars et 6 mai 1939.

67. AD HG 1945-141. La réunion se tient à Toulouse le 21 juin 1939. Sur « Navarre », cf., ci-dessus, p. 113.

3. La désintégration du tissu social La grève du 30 novembre 1938

Sans tomber dans des simplifications outrancières qui mettraient à égalité de traitement, dans le même camp des exclus, l'Espagnol immigré, le Juif et l'ouvrier, il demeure que la détérioration du climat social et les ruptures qui l'accompagnent procèdent de mécanismes semblables : mêmes amalgames idéologiques, même dérive vers le besoin irrationnel de désigner des responsables « extérieurs », mêmes ravages des stéréotypes dans les engrenages des comportements de rejet. Dans cette optique, l'événement clé que constitue la grève du 30 novembre 1938 devient un révélateur des attitudes latentes d'une société en crise et, par là, un outil d'observation pour appréhender leurs modes de fonctionnement. Les conditions dans lesquelles le mouvement se prépare, son déroulement, ses prolongements et les leçons qu'on en tire de part et d'autre fournissent une masse de matériaux [68]. Ils contiennent des indications significatives sur les perceptions communes du monde ouvrier dans l'idéologie dominante, comme sur les représentations que ces travailleurs se font de la société française, sur celles qu'ils se font aussi d'eux-mêmes, de leur place et de leur statut dans cette société. Deux ans après les rêves du Front populaire, et un peu plus d'un an après la chute du premier cabinet Blum, l'historien peut y trouver de quoi apprécier le niveau de tension atteint par l'aggravation des blocages et des fractures au cours de l'automne et des débuts de l'hiver 1938-1939. Il y trouve également matière à réflexion sur le rôle qui revient à l'imaginaire collectif dans ce qui constitue un des aspects les plus inquiétants de la crise de la nation, le processus de désintégration du tissu social.

C'est évidemment l'angle d'approche qui a été privilégié ici et notre analyse fait délibérément abstraction de tout un

68. Les événements de la grève et la répression ne seront pas repris. Cf. Guy Bourdé, *La Défaite du Front populaire*, *op. cit.*, et *Édouard Daladier, chef de gouvernement*, *op. cit.*, avec une attention particulière pour l'analyse d'Antoine Prost sur « Le climat social » (p. 99-117).

pan d'explication, en particulier des facteurs économiques. On comprendra qu'il ne s'agit ni d'escamoter le malaise dû à la hausse des prix, au chômage, au raidissement du patronat[69], ni de nier le poids de la logique du profit, ni celui de la défense des conditions de travail et de rémunération. Cela précisé, et sans vouloir exagérer l'importance des attitudes mentales dans les outils d'élucidation, il semble qu'elles soient ici au cœur des problèmes. Ceux que pose l'évolution du climat social, à partir de l'été finissant de 1938, ont peu de chances d'être compris si l'on n'en passe pas par l'analyse des représentations collectives et par le rôle décisif de leurs fonctions symboliques.

La classe ouvrière n'apparaît comme un bloc homogène que dans la perception sommaire, et généralement craintive, que certains se font d'elle, particulièrement en période de tension sociale[70]. Dans ce domaine comme dans beaucoup d'autres, le Front populaire, la guerre d'Espagne et l'anticommunisme ont renforcé les craintes et les stéréotypes. En 1938, le monde ouvrier est pourtant troublé et divisé, à l'image du monde syndical qui le représente. Troublé par le durcissement des affrontements entre les tendances internes de la CGT[71] et des organisations politiques dont il se sent

---

69. Cf. Étienne Dejonghe et Yves Le Maner, « Les communistes du Nord et du Pas-de-Calais de la fin du Front populaire à mai 1941 », in *Les Communistes français de Munich à Châteaubriant*, *op. cit.*, p. 201-249 ; Patrick Fridenson, « Le patronat français », in *La France et les Français en 1938-1939*, Paris, Presses de la Fondation nationale des sciences politiques, 1977 ; Bernard Sérampuy (pseudonyme de François Goguel), « Le comportement du patronat français », *Esprit*, VI, p. 660 ; Henry W. Ehrmann, *French Labor from Popular Front to Liberation*, New York Cornell University Press, Russell & Russell, 1947-1971.

70. Méconnaissance du monde ouvrier qui semble générale et dont le cinéma apporte une preuve. Si l'on met à part *La vie est à nous* (1936), il n'y a pas, avant la guerre, de film qui prenne implicitement pour objet l'ouvrier dans son cadre de vie et de travail. François Garçon (*op. cit.*) dit de l'image de l'ouvrier qu'elle est périphérique et souvent malveillante. Dans les associations catholiques, même sensibilisées à la « question sociale », le même phénomène peut être observé (cf., ci-dessous, p. 185).

71. Rivalités traditionnelles entre les ex-unitaires, les confédérés et la tendance *Syndicats*, marquées par un net durcissement des militants communistes qui correspond, semble-t-il, à un recul sensible de leur influence. La baisse de fréquentation dans les réunions de cellules d'entreprise (26 présents sur 65 adhérents en avril 1938, 7 sur 60 en mai à l'ONIA) s'accom-

proche, divisé, à l'image du pays tout entier, sur le problème de la paix. À ces deux motifs de malaise, il faut ajouter l'amertume et l'inquiétude, face à l'évidence que le Front populaire est bien en voie de liquidation. En annonçant en plein été 1938 (le 21 août) qu'il fallait « remettre la France au travail », Édouard Daladier a clairement indiqué qu'il prenait à son compte la politique économique de Paul Reynaud. L'émotion soulevée par la crise de Munich, et son exploitation dans l'opinion, créent un rapport de force incontestablement favorable au pouvoir dirigeant. Les majorités qui se dégagent – non sans équivoque – au congrès de la CGT à Nantes, contre Munich et contre les décrets-lois, n'éclaircissent pas vraiment la situation. Après les grèves dans le Nord et la région parisienne, l'occupation des usines Renault, les heurts violents avec les gardes mobiles et les réactions vigoureuses du patronat[72], c'est dans des conditions un peu précipitées et sur des objectifs en partie ambigus que l'ordre de grève générale est lancé pour le 30 novembre.

Si l'on en juge par l'exemple des ouvriers de l'aviation à Toulouse, il est indéniable que la violente campagne déclenchée par les militants communistes contre Édouard Daladier, dans tout le pays, est relayée par des prises de position politiques exprimées sur le plan syndical. Le 4 novembre 1938, 650 ouvriers métallurgistes de l'aviation (Latécoère et 6e groupe) se réunissent à la halle aux grains de Toulouse. Les trois orateurs[73] s'en prennent à *La Dépêche* qui, selon eux, cherche à « dresser les classes moyennes contre la classe ouvrière », en traitant les travailleurs de l'aviation de « fainéants » et de « saboteurs ». L'insuffisance des rendements, argument essentiel du journal, découlerait en fait de déficits dans l'outillage et de la mauvaise organisation de la production, exemples cités à

---

pagne d'attaques violentes contre la SFIO et d'une tentative de contrôle de l'embauche dans le 6e groupe d'aviation qui provoque des heurts sérieux avec les autres cégétistes (août 1938) (AD HG 2008-30 ; 1896-219).

72. 28 000 licenciés chez Renault, 3 400 chez Farman à Boulogne. (Cf. Antoine Prost et Guy Bourdé, *op. cit.*)

73. Verdier (syndicat des techniciens), Llabres (syndicat des ouvriers), Charrière, secrétaire national de la fédération des métaux (AD HG 1896-219).

l'appui. C'est toutefois au président du Conseil que les critiques les plus virulentes sont adressées. Charrière, le secrétaire fédéral, lui reproche d'avoir trahi le Front populaire, de vouloir instaurer la dictature et de gouverner « pour le capitalisme et la finance internationale ». C'est pourquoi « son départ devient une nécessité », demande réitérée, à un autre moment de l'intervention, sous la forme d'une alternative aux allures d'ultimatum : ou Daladier accepte d'appliquer la législation sociale actuelle, ou, en cas de refus, on « doit le chasser du pouvoir[74] ». On retrouve le même objectif dans les décisions prises lors de la réunion du conseil syndical des ouvriers de l'aviation, qui se tient le 23 novembre 1938 en présence de tous les délégués, à l'exception des équipes de nuit. Dans la perspective éventuelle d'un ordre de grève générale, les responsables syndicaux prennent l'engagement de « s'opposer par tous les moyens à l'application des décrets-lois et d'entraîner la démission du gouvernement Daladier[75] ».

Avec les « 40 heures » et le problème général de la répartition de la durée du travail, les accusations de « grève politique » sont largement exploitées auprès de l'opinion, mais comme deux arguments parmi d'autres. L'affaiblissement de la défense du pays et les attaques contre la politique de paix du gouvernement, symbolisée à cette période-là par les tentatives de rapprochement avec l'Allemagne, sont aussi fréquemment utilisés. Jouant sur les deux versants de la sensibilité de l'opinion, ils ne donnent pas une parfaite impression de cohérence. Ce léger flottement dans la dénonciation de la grève est le pendant de l'ambiguïté que l'on peut observer du côté de la CGT. Deux jours encore avant le mouvement, le pouvoir n'hésite pas à le présenter avant tout comme une attaque contre les négociations franco-allemandes, et à faire de la lutte contre les décrets-lois un simple alibi. Le 23 novembre, *La Dépêche* écrit *qu'en vérité* le prétexte des décrets-lois couvre

74. Selon les rapports concordants du commissaire spécial et du commissaire central transmis au ministère de l'Intérieur (AD HG 1896-219).

75. Rapport du commissaire divisionnaire de police spéciale, 24 novembre 1938 (AD HG 1896-219).

> une certaine manœuvre politique qui s'éclaire si l'on réfléchit aux controverses soulevées par les conversations internationales qui sont en cours.

Le 26 novembre, le journal revient à la charge en annonçant la grève du 30 et en accordant à l'événement une place considérable. Le commentaire indique que « ceux qui jettent le désordre dans le pays » créent un handicap redoutable au moment des négociations avec l'Allemagne. Le 28 novembre enfin, sous le titre « La vraie raison des grèves », le quotidien radical reprend l'argument d'Édouard Daladier dénonçant « une action de masse contre le gouvernement de la république » pour le « contraindre à capituler sous la menace ». Il ajoute :

> Soyons clairs et francs. Ces brusques occupations d'usines, ces grèves partielles, cette grève générale sont une tentative d'action brutale contre la politique de paix que poursuit le gouvernement.

Ce n'est qu'une fois l'échec de la grève enregistré que la dénonciation de l'agitation, contraire aux nécessités de la défense nationale, devient l'argument principal. C'est lui qui sera repris comme tel dans les explications *a posteriori.* En fait, témoignages et études ont montré que, en novembre 1938, le problème prioritaire était celui de l'orientation à donner à la politique sociale du gouvernement [76]. Édouard Daladier veut en finir avec les pressions de l'opposition de gauche, et le relais qu'elles trouvent dans le mouvement syndical. Il se range pour cela, en toute conscience, aux côtés d'un patronat en mal de revanche et décidé à briser la CGT [77].

---

76. Jean Zay, qui condamne la grève, affirme qu'elle aurait pu être évitée mais que, malgré l'action de quelques ministres, Daladier s'est dérobé à tout contact (J. Zay, *Souvenirs et Solitude*, *op. cit.*). Cf. aussi le témoignage de René Belin dans *Édouard Daladier, chef de gouvernement*, *op. cit.*, p. 198-200.

77. Offensive amorcée au printemps 1937 et illustrée par le petit livre de Claude-Joseph Gignoux, *Patrons, soyez des patrons*, Paris, Flammarion, 1937. Sur l'esprit du patronat animé par la volonté de gagner sa « bataille de la Marne » (expression due à Simone Weil et reprise depuis dans tous les travaux), cf. Antoine Prost, Guy Bourdé, Serge Berstein déjà cités ainsi que Henry W. Ehrmann, *La Politique du patronat français, 1936-1959*, Paris, Colin, 1959, et I. Kolboom, *La Revanche des patrons. Le patronat français*

La volonté d'en découdre avec le monde ouvrier – à travers sa représentation syndicale – est illustrée par la concentration du tir sur le thème des « 40 heures ». Ajouter, à la critique technique des effets néfastes de la loi, des reproches culpabilisateurs sur la paresse, la facilité, les loisirs, la semaine des deux dimanches, sans jamais mettre en cause les responsabilités éventuelles du patronat et l'inadaptation des structures aux nouveaux besoins de la production, c'est toucher au domaine ultrasensible du symbolique et de l'affectif. Il fallait une certaine dose de mauvaise foi ou une très mauvaise connaissance de la psychologie ouvrière – peu vraisemblable – pour s'étonner ensuite de la violence de réactions pourtant facilement prévisibles. Comme l'écrit Antoine Prost, les 40 heures sont un dogme pour les ouvriers et « aucun raisonnement économique ou politique ne peut l'ébranler[78] ». Dans ce que l'on pourrait appeler l'autoreprésentation de leur identité sociale, les ouvriers accordent une valeur symbolique exemplaire aux conquêtes du Front populaire, qui marquent la reconnaissance de leur dignité et celle de leur intégration à part entière dans la nation. Plus encore parce qu'elles sont contestées par un courant qui reprend le point de vue patronal, les 40 heures deviennent la référence emblématique d'une mystique, une sorte de seuil limite de l'acceptable au-delà duquel tout recul signifierait la capitulation devant la puissance adverse, celle des patrons, le retour au temps de l'humiliation. Il est manifeste que les représentations que les ouvriers se font du patronat relèvent des mêmes effets de miroir, du même manichéisme et des mêmes stéréotypes que ceux qui jouent contre eux et qu'ils dénoncent. « Nos ennemis relèvent la tête », s'écrie Giroux lors d'une réunion du syndicat des postiers à Toulouse[79]. De plus, au symbole et à la fidélité affective s'ajoute un mode de pensée spécifique, une logique qui commande la perception

---

face au Front populaire, Paris, Flammarion, 1986 (pour la traduction française). Ce dernier ouvrage ne va guère au-delà du premier gouvernement Blum mais, bien documenté, il donne quelques approches intéressantes sur la psychologie patronale en 1936.

78. Antoine Prost, « Le climat social », in *Édouard Daladier, chef de gouvernement*, *op. cit.*

79. AD HG 1896-181, 21 novembre 1938.

des problèmes et qui transcende les oppositions idéologiques[80]. Communistes, socialistes et autres se retrouvent naturellement réunis sur la base de quelques idées simples, dans une analyse identique où la solidarité de classe est un facteur déterminant et que l'on peut résumer ainsi : pas question d'augmenter la durée du travail alors qu'il y a des chômeurs ; pas question de renier l'esprit du Front populaire en cédant sur une mesure indissociable de cette victoire historique sur le patronat, sur l'« ennemi de classe ». Ces refus s'intègrent dans une sensibilité portée à vif par le sentiment d'être mis au banc des accusés, d'être une fois encore les seuls à devoir supporter injustement les sacrifices, de ne pas être écoutés quand, comme dans l'aviation, ils ne cessent de dénoncer des incohérences dans l'organisation de la production[81]. L'impression d'une collusion entre gouvernement, patronat et appareil d'État renforce une attitude défensive face à ce qui est ressenti, ainsi que Léon Jouhaux l'écrit le 14 novembre, comme une tentative de « mise à l'écart de la collectivité nationale[82] ». Les problèmes de la défense nationale ne sont pas ainsi perçus par le monde ouvrier comme tels. Dans le contexte d'apaisement de Munich – dont l'extraordinaire pesanteur ne doit pas être oubliée – et des pourparlers avec l'Allemagne, ils sont interprétés comme un prétexte à une régression sociale, comme le terrain de reconquête d'un pouvoir patronal entamé en 1936. Les réactions de la presse

---

80. Les réunions qui se succèdent en octobre et novembre 1938 se concluent toutes par des positions identiques sur le fond : les acquis de 1936 doivent être maintenus coûte que coûte. Céder sur les 40 heures, c'est désavouer le Front populaire, c'est renforcer le patronat qui « viole quotidiennement les lois sociales ». Deux référendums organisés les 18 et 20 octobre 1938 chez Latécoère et au 6e groupe donnent respectivement 350 voix sur 380, et 2 150 sur 2 200 pour le maintien des 40 heures (AD HG 1896-219 ; 2008-30).

81. Ce thème est systématiquement développé par les syndicats de l'aviation, et les exemples donnés sont troublants. Insuffisances de l'outillage, retards dans les livraisons de matières premières, sous-utilisation de spécialistes occupés à la réparation sans avenir de modèles dépassés, mise en route de séries plusieurs mois après la mise au point de prototypes, aucune coordination dans la continuité de fabrication, gabegie, pas de « rééducation professionnelle » pour faciliter les adaptations aux techniques nouvelles... (AD HG 1896-219 ; 1896-220 ; 1896-181 ; 2008-30.)

82. *La Dépêche.*

Redressement et revendications sociales

La Dépêche, du 21 novembre 1938 au 29 novembre 1939

En novembre 1938, *La Dépêche* apporte un soutien inconditionnel à Édouard Daladier. Elle amalgame systématiquement sa politique de «redressement» à l'intérêt national.

C'est en fonction de ce postulat que les lecteurs du journal sont incités à juger l'attitude contestataire du monde ouvrier. La construction d'un champ lexical autour du mot de *redressement* montre que les images positives qui y sont associées sont schématiquement opposées aux connotations suggérées par les actions de revendication.

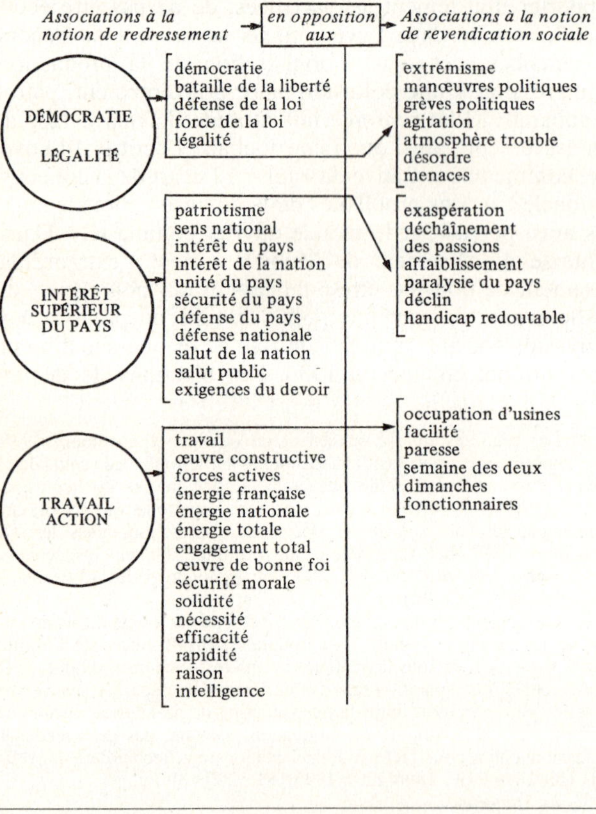

La grève du 30 novembre 1938
et les grévistes
La Dépêche
du 28 novembre 1938 au 6 décembre 1938

Association / Identification

EXTRÉMISME

INTÉRÊT PARTISAN

→

extrémistes
meneurs
agitateurs professionnels
communistes
socialistes

intérêt du parti
instrument de propagande politique
œuvre souterraine de destruction
violences contre le gouvernement et la nation

VIOLENCE

TROUBLES

→

spectacle odieux
voies de fait
troubles
agitation stérile
violences
désordre
excitations de toutes sortes
tumultes
tramways assaillis
actes intolérables
déraison
moyens les plus contestables

agitateurs (professionnels)
meneurs
mœurs de sauvages
mœurs intolérables
frappent «en brutes qu'ils sont»

IMAGE DÉGRADÉE DU PAYS

→

mots d'ordre de paresse
paralysie du pays
déchirement du pays
pour l'étranger, début de guerre civile
force de la France atteinte
France divisée, affaiblie

La grève du 30 novembre 1938
et les grévistes
La Dépêche
du 28 novembre 1938 au 6 décembre 1938

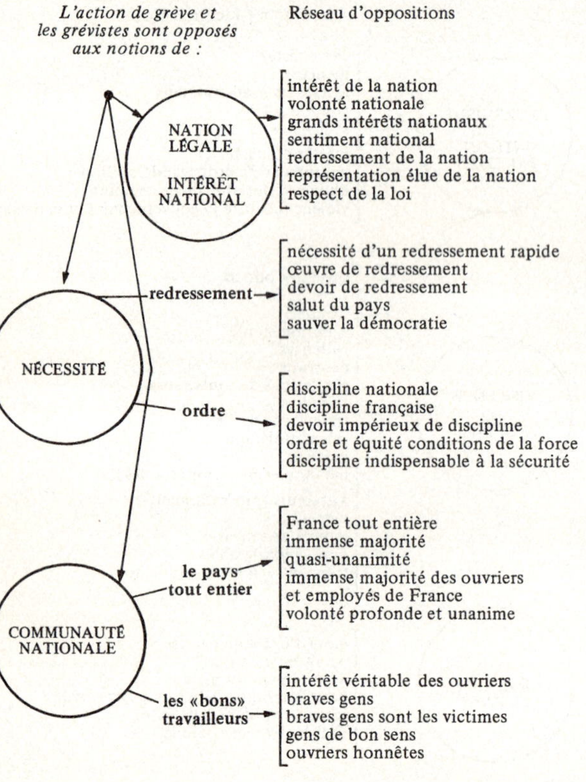

L'échec de la grève du 30 novembre
La Dépêche
du 1er décembre 1938 au 6 décembre 1938

IL EST :

le triomphe →
- du sens national
- du bon sens français

la victoire →
- du bon sens
- de l'instinct de démocratie
- de la conscience nationale
- du réflexe de sens national
- de la loi républicaine
- de la représentation élue de la nation

l'échec →
- de la préparation à l'anarchie
- du désordre social
- de la paralysie du pays
- de la tentative pour obtenir la démission du gouvernement
- de l'encouragement aux revendications fascistes italiennes

proche des milieux dirigeants ne pouvaient que fortifier ces craintes. Les réseaux sémantiques élaborés à partir des positions médianes de *La Dépêche* sont, là-dessus, on ne peut plus explicites.

Les lendemains de grève confirment, *a posteriori*, les craintes du monde ouvrier et la volonté d'affrontement du patronat. L'échec de la grève, incontestable, mais considérablement amplifié par son exploitation dans la presse écrite et à la radio[83], est suivi par une répression d'envergure, impressionnante par sa sévérité, massive et intentionnelle. Le tout dans un climat qui, avec le recul, apparaît assez détestable[84]. Les grévistes ont le sentiment d'être mis au ban de la nation, de se retrouver dans le box des accusés face au reste du pays[85]. Les moyens utilisés jouent sur les tendances marquées de l'opinion à juger de tout à partir de dichotomies élémentaires. Les effets sont désastreux, et, le 13 décembre 1938, Léon Jouhaux s'en inquiète publiquement[86]. Il dénonce la falsification des informations et des « méthodes de propagande en honneur dans les pays totalitaires ». On n'a pas hésité, écrit-il, à risquer la dislocation du pays « pour satisfaire des rancunes », à mener une politique qui exclut les travailleurs de la collectivité nationale :

---

83. Malgré les entraves opposées par la puissante fédération de la presse (3 bulletins de 7 minutes le matin et pas de revues de presse sur les postes d'État), la radio est en progrès constant à la fin des années 30. 32 émetteurs pour l'ensemble du territoire, 3 200 000 appareils particuliers en 1936, 4 700 000 à la fin de 1938, près de 5 000 000 un an après.

84. 800 000 licenciements dans 15 grandes entreprises du secteur privé, dont 280 000 métallurgistes sur 1 645 000, 90 000 ouvriers de la chimie sur 240 000 d'après le témoignage de R. Belin. Cf. aussi Antoine Prost et Guy Bourdé, *op. cit.*

85. Guy Bourdé fait justement remarquer que la répression judiciaire (1 731 poursuites, 806 peines de prison ferme d'après les déclarations de Marchandeau à la Chambre) a un caractère infamant. La sanction pénale a aussi une forte valeur symbolique et signifie à l'opinion publique que « l'appareil d'État est à nouveau dirigé contre le mouvement ouvrier » (Guy Bourdé, *La Défaite du Front populaire*, *op. cit.*).

86. *La Dépêche*, idées et doctrines. Signe des temps, ce même jour, en première page du journal, l'article de Jouhaux est contredit par un éditorial de Maurice Ajam intitulé « Au-dessus des haines », qui dénonce le chantage d'une « CGT politique » sur « le gouvernement issu du suffrage universel ». Jouhaux était un collaborateur régulier de *La Dépêche*.

> Contre la classe ouvrière, on a créé une atmosphère de guerre civile [...]
> On ne peut pas traiter les travailleurs en ennemis et prétendre en même temps faire appel à eux.

Le mouvement ouvrier est brisé, des milliers de syndicats sont décapités et disparaissent, les effectifs s'écroulent et passent de 4 millions en 1937 à moins de 1,5 million au début de 1939. Selon l'expression de René Belin, « c'en était fini du syndicalisme de masse ». Ce n'est donc ni la guerre, ni les retombées du pacte germano-soviétique, ni la défaite, ni Vichy, contrairement à ce qui est souvent avancé, qui déclenchent ou amènent le mouvement de dégradation du syndicalisme ouvrier ou qui en portent la responsabilité première. Quant aux conséquences, leur gravité va de soi. Après une phase de révolte contre les excès de la répression – à Toulouse, 2 500 ouvriers de l'aviation s'entassent, le 4 décembre, dans une salle archi-comble pour protester –, c'est très vite l'abattement, l'amertume, l'écœurement qui prennent le dessus. Les brèches s'élargissent au sein des organisations, des syndicats « PPF » tentent de s'implanter chez Dewoitine et chez Latécoère. Les milieux ouvriers ont le sentiment de vivre dans un environnement hostile et se sentent rejetés. À un point tel que le préfet intervient auprès de plusieurs chefs d'entreprise pour faire appel à leur compréhension[87], ou que *La Dépêche*, après réflexion, revient plusieurs fois sur le thème : il ne doit y avoir ni vainqueurs ni vaincus. Langage de raison dont il est permis de se demander s'il ne vient pas un peu tard. Les ruptures sont profondes et vont laisser des traces qui, là encore, expliquent bien des choses pour l'avenir. Réfléchissant sur l'événement trois ans après, Jean Zay ne s'y trompe pas :

> L'ennemi qui se vit ainsi confirmer notre faiblesse morale, nos dissensions, se trouva encouragé dans ses projets ; sur le

87. Dans sa réponse (négative), un chef d'entreprise, dont un tiers de l'effectif a été licencié, précise au préfet, le 9 janvier 1939 : « Il est certain que nous n'avons pas pu, dans le choix des ouvriers que nous étions obligés de licencier, laisser entièrement de côté le fait que tel ou tel avait fait ou non la grève du 30 novembre 1938. Ainsi que le gouvernement le reconnaît, les ouvriers qui ont fait grève ce jour-là ont en effet commis une faute grave » (AD HG 1896-107).

plan intérieur, la force syndicale fut brisée, ses chefs diminués, et, par là même, la République amputée d'un de ses plus sûrs éléments de défense. Ce n'est qu'aujourd'hui qu'on peut mesurer, à ces deux points de vue, les effets de cette regrettable journée [88].

88. Jean Zay, *Souvenirs et Solitude*, *op. cit.*, p. 148-149.

CHAPITRE III

Les mécanismes : logiques et engrenages

Selon l'angle d'approche retenu, il est possible de donner de la France à la fin des années 30 deux images diamétralement opposées ou, du moins, fortement contrastées. Elle peut être celle d'une vision strictement institutionnelle et politique. C'est alors, dans ses aspects les plus connus, la France du sursaut, replacée par Édouard Daladier dans la bonne direction, le miracle de longévité ministérielle [1], le pays remis au travail, le redressement économique en cours, un pouvoir fort et stable qui a mis fin aux détraquements et aux échecs du Front populaire, une opinion subjuguée par la personnalité et l'autorité du président du Conseil [2]. Elle peut être, avec des nuances moins roses, celle qui ressort de ce premier parcours effectué à travers les représentations collectives qui définissent son univers mental : images de confusion et de désordre des idées, désorientation des esprits, repères flous, attirance vers les explications démonologiques, doutes et attitudes ambiguës d'une nation en crise, socialement divisée, où les mutations psychologiques qui se dessinent dans une atmosphère troublée laissent présager des évolutions inquiétantes.

À l'évidence, la réalité tient des deux perceptions, parmi plusieurs autres, mais cette alchimie n'est pas l'objet du propos. Pour en rester aux seules incertitudes du fonctionnement des phénomènes d'opinion, ils recèlent, au-delà de la diversité de leurs objets et de la dispersion apparente de leurs réactions, une sorte d'ordonnance interne, difficilement perceptible dans les remous de surface. Les représentations col-

---

1. Édouard Daladier reste président du Conseil du 12 avril 1938 (investi à la quasi-unanimité) au 20 mars 1940.

2. René Rémond, *Notre Siècle, 1918-1988*. Cf. t. VI de l'*Histoire de France*, dirigée par Jean Favier, Paris, Fayard, 1988, chap. IX, p. 223-242.

lectives résultent de connexions dont les liens et les relais semblent s'organiser en systèmes. Ce sont ces circulations, ces croisements et ces interdépendances qui structurent l'imaginaire social et lui donnent sa vraie cohérence. On la devine à travers les convergences que laissent percevoir les lignes de pente de la sensibilité collective et des modes de pensée, à travers aussi les mécanismes qui commandent les évolutions. En effet, sans que le phénomène soit vécu consciemment, de puissantes logiques mentales orientent de manière décisive les mutations de l'opinion. Si celles qui ont été retenues semblent avoir joué un rôle primordial dans le préconditionnement de l'opinion aux thèmes de l'idéologie pétainiste, il y manque l'anticommunisme qui devrait figurer au premier rang. C'est exclusivement pour les raisons précédemment indiquées qu'il ne donne pas lieu, ici, à de plus longs développements[3].

Les quatre grands processus étudiés le sont séparément, pour la commodité et la clarté de l'exposé. Dans les faits, ils agissent à la fois de manière autonome mais aussi, en recoupant d'autres réseaux d'influence, par effet d'amplification et d'entraînement. On voit bien, par exemple, en quoi l'inertie et l'immobilisme contribuent à renforcer la logique de l'aveuglement et, réciproquement, tout ce que celle-ci emprunte aux perceptions étriquées des réalités. Ou encore tout ce que l'engrenage de la peur peut accentuer dans les tendances au repli frileux et aux diverses formes de démission. S'il est indéniable que ce sont les effets de croisement et d'accumulation qui pèsent le plus sur la formation des représentations, rendant ainsi aléatoire tout effort de distinction, deux mécanismes semblent avoir eu cependant une action tout à fait déterminante : la logique myope des visions rétrécies, la logique de la peur. Pour cela, une attention particulière leur a été accordée.

3. Cf., dans les pages du chapitre I consacrées au pacifisme, la partie concernant le Parti communiste et le pacifisme.

1. La logique de l'immobilisme et du renoncement

Logique de l'immobilisme, de l'inertie, de la routine, de la défensive... L'addition des mots n'apporte que des nuances à une même idée-force : dans son expression majoritaire, la société française des années 30 répugne au mouvement. Cette attitude est manifeste dans la classe politique, où elle apparaît comme le prolongement naturel des manœuvres parlementaires, du clientélisme électoral et d'une culture dominante toujours fortement imprégnée de ruralité. Elle reflète sans doute aussi, de façon beaucoup plus inconsciente, une absence de dynamisme en relation avec l'évolution des structures démographiques, le phénomène étant lui-même indissociable, comme on l'a vu, de l'épouvantable saignée de la Première Guerre mondiale. Tout au long de son *Journal de la guerre et de l'Occupation*, Charles Rist, observateur incisif d'un monde qu'il connaît bien, ne cesse de dénoncer les « idées rances du conservatisme français », les « vieilles routines intellectuelles et morales » de la classe dirigeante, comme une des raisons essentielles du désastre de 1940. Avec beaucoup de rudesse, le grand bourgeois qu'il est s'indigne des « innombrables formes de la bêtise retardataire et hargneuse de la bourgeoisie française[4] », ou écrit, plus cruellement encore, parlant des mêmes avec la part d'injustice due à toutes les généralisations :

> Sans vergogne ils expriment leur défiance à la fois des Russes, des Allemands, des Anglais, des Américains. Ils rêvent d'un monde où tous les pays étrangers resteraient tranquilles et immobiles pour permettre au bourgeois français qui a horreur de tout mouvement et de tout changement de continuer à mener tranquillement sa petite vie ; ils voudraient immobiliser le monde autour de cet axe endormi, effrayé et incompréhensif : le bourgeois français[5].

On pense à Bernanos, que l'on pourrait également citer à longueur de pages sur le sujet. Si le ton n'est pas le même, le diplomate Jean Chauvel ne dit pas autre chose. Lui aussi

4. Charles Rist, *Une saison gâtée*, *op. cit.*, p. 308.
5. *Ibid.*, p. 227.

revient à plusieurs reprises et avec sévérité sur « cette chose extraordinaire » qu'est « un grand pays démissionnaire », sur le somnambulisme de la routine et ses effets désastreux :

> La France de 1938 était le lieu-dit où vivait un peuple entier de somnambules, poursuivant l'accomplissement de leurs tâches quotidiennes et médiocres, ne faisant ni plus ni moins, par une habitude qu'aucune inquiétude ne venait rompre, non plus qu'aucune impatience [6].

La peur du changement et son corollaire, le refuge dans la passivité, entrent dans tout un système de représentations du monde, fortement dépendant des autres logiques mentales et renforcé par leur puissance. Ladislas Mysyrowicz suggère fortuitement [7] une corrélation entre les conceptions stratégiques défensives de la France et le poids des résistances sociales inséparables des valeurs dominantes du monde paysan [8]. Des valeurs qu'en novembre 1935, dans un petit village d'une vallée pyrénéenne, le maréchal Pétain vient exalter comme modèles des vertus publiques d'une « nation conservatrice » qui « a protégé ses frontières terrestres par une barrière bétonnée » : la « prudence faite de prévision à longue échéance », les décisions « lentement mûries, la confiance raisonnée, le goût d'une vie rude et simple », l'insensibilité aux « excitations pernicieuses », l'obéissance au chef « sans discuter » [9]... La doctrine militaire ancrée sur la notion de défensive, les manifestations d'incompréhension face à la révolution de la mécanisation ne seraient ainsi qu'une traduction des réticen-

---

6. Jean Chauvel, *Commentaire de Vienne à Alger, 1938-1944*, Paris, Fayard, 1971, p. 37.

7. *Autopsie d'une défaite. Origines de l'effondrement militaire français de 1940*, Lausanne, L'Âge d'homme, 1973 (un livre important mais méconnu). L'hypothèse reprise est seulement énoncée dans une note, en fin de livre.

8. À rapprocher, bien sûr, du titre fameux de *Syndicats paysans* du 3 octobre 1939 : « La paysannerie, ligne Maginot de la résistance vitale du pays. » Cf. Isabel Boussard, « Le pacifisme paysan », in *La France et les Français*, *op. cit.*

9. Extraits de l'allocution du maréchal Pétain venu proclamer son « admiration pour le paysan français » à l'occasion de l'inauguration du monument aux morts sculpté par Antoine Bourdelle à Capoulet-Junac, dans l'Ariège, le 17 novembre 1935. Cf. l'édition ariégeoise de *La Dépêche*, qui consacre, le 18 novembre 1935, plusieurs pages à l'événement.

ces d'une société en crise, vieillissante, menacée dans ses certitudes et tentée par la solution du repli sur ses habitudes traditionnelles. Ce type de raisonnement est toujours hasardeux. On peut cependant se demander si le mécanisme n'a pas tout de même joué, par les effets d'un phénomène culturel plus complexe qui recoupe une énième fois le problème des responsabilités d'une partie des milieux dirigeants, dont le Sénat, à travers son mode d'élection, pourrait être le symbole. La classe politique, dans son ensemble, est le reflet sociologique d'une France peu ouverte à la modernité, phénomène particulièrement sensible dans les zones rurales et semi-rurales du Midi et du Sud-Ouest. Barricadée dans son pré carré, déchirée par ses passions, occupée à chercher et à désigner des boucs émissaires, elle a eu tendance à confondre insensiblement le sentiment diffus de son propre déclin avec celui de la nation, à projeter dans ses approches de la réalité une représentation qui porte en elle les justifications de tous les attentismes, les logiques de la résignation et du consentement à l'inévitable. Des chemins dont la pente devient vite dangereuse et qui, on le sait, peuvent conduire jusqu'à l'esprit de soumission.

2. La logique de l'aveuglement

Il y a peu de la résignation à l'absence de lucidité. Celle-ci se nourrit de l'état d'esprit entretenu par l'autre et les deux agissent dans la même direction. La logique de l'aveuglement est soulignée par de nombreux observateurs de la période et il n'est pas utile d'y insister longuement. Elle résulte de tout l'environnement mental qui a été décrit jusqu'ici, auquel on doit ajouter, pour souligner son importance, la profonde ignorance des Français sur les problèmes du temps, leur grave méconnaissance des réalités internationales et des nécessités de la sécurité extérieure. « Ce qui me frappe rétrospectivement lorsque je songe à cette époque, écrit Jean Touchard [10],

10. Jean Touchard, *La Gauche en France depuis 1900*, *op. cit.*, p. 219-220. Ce thème de l'ignorance des Français est régulièrement repris par les observateurs de la période (Rist, Chauvel, Aron par exemple).

c'est l'extrême ignorance de l'opinion française. » Elle n'était, chez les intellectuels y compris, « que très abstraitement consciente du péril hitlérien pour la France ». La remarque vaut pour toutes les sensibilités, et on peut rappeler les ravages exercés sur ce point par le pacifisme [11]. « S'ils doivent mourir des bouleversements politiques de ces dernières années, la plupart de nos concitoyens auront du moins la consolation de les avoir méconnus », écrit Paul Marion avec un mélange d'humour et de cynisme [12]. Raymond Aron, qui revient souvent sur ce problème de l'aveuglement par ignorance, indique par exemple que la solidarité de principe manifestée par les intellectuels antifascistes à l'égard de Léon Blum, face à la haine que lui portait l'extrême droite, a sans doute dissimulé les erreurs d'analyse de l'homme d'État à l'égard du danger extérieur. Cette solidarité interdisait toute rigueur dans la réflexion critique qu'il aurait fallu pourtant mener sur ses analyses, alors qu'il se fourvoyait lourdement, qu'il « ne dépassait pas le reste de la classe dirigeante par le savoir ou par le jugement [13] ». À propos de Munich, R. Girault comme J.-B. Duroselle estiment que, même si l'on admet l'argument d'une politique d'apaisement imposée en 1938 par souci de réalisme, l'idée repose de toute façon sur une vision fausse de la nature profonde du nazisme et de la volonté expansionniste de l'Allemagne hitlérienne.

Est-il nécessaire d'ajouter que rien n'était fait, au contraire, pour alerter efficacement l'opinion publique, pour l'associer aux péripéties et à la gravité des enjeux ? L'engrenage de l'aveuglement est tel que l'opinion en arrive à ne

11. Dans le *Bulletin* de l'ENS de Saint-Cloud de novembre 1987, Jacques Bouteloup, entré à l'école en 1938, fait état de sa stupéfaction devant les réponses données par Marceau Pivert lors d'une conférence-débat avec les normaliens : ne rien faire qui puisse nous mettre en conflit avec l'Allemagne et, si l'Allemagne attaque, « un gouvernement de salut public et une levée en masse des ouvriers et des paysans sauveront la patrie comme à Valmy » (!).

12. Paul Marion, *Leur Combat. Lénine, Mussolini, Hitler, Franco*, Paris, Fayard, 1939.

13. Raymond Aron, *Mémoires*, *op. cit.*, p. 137-138 et 145-146. Le problème est repris dans *Le Spectateur engagé*, *op. cit.* Dans ses Mémoires, Léon Blum reconnaît implicitement ses erreurs de jugement à l'égard de l'Allemagne.

plus relever l'aspect dévoyé de certains comportements. Ainsi en est-il de ceux qui consistent à faire de l'Allemagne, et de ses réactions éventuelles face aux initiatives de la France, une sorte d'arbitre de la situation intérieure du pays. Ne pas déplaire au chancelier, ne rien faire qui puisse heurter sa susceptibilité deviennent des formes de raisonnement banales chez les pacifistes de tous bords. La normalisation de cet état d'esprit est un témoignage supplémentaire de la détérioration du sens national. Elle appelle inévitablement d'autres renoncements. L'aveuglement prépare ainsi la tragédie dans un climat ouaté, en vase clos. Les esprits jouent à vide, remarque Raymond Aron, « à seule fin, inconsciemment, de camoufler le renoncement [14] ».

3. Prismes réducteurs et myopie hexagonale

Les perceptions faussées qui expliquent l'aveuglement de l'opinion, ou celles qui en découlent, tiennent pour une large part à un phénomène essentiel dans la France des années 30 : le rétrécissement des perspectives de jugement. Exagérément ramenées à la myopie de préoccupations égocentriques, elles traduisent l'incapacité à porter le regard au-delà de l'écran des problèmes intérieurs, à dépasser le champ d'une vision étriquée. Trop souvent, la réalité n'est lue, analysée et interprétée que du seul point de vue national, à travers les vues déformantes de ce que l'on pourrait appeler le prisme hexagonal et qui précède de peu l'« illusion gallocentrique » du royaume de Vichy [15].

La méconnaissance des autres, le confort des stéréotypes, les tendances xénophobes, le repli de l'immobilisme participent de cette attitude. Aussi cette logique réductrice n'est-elle qu'une des multiples formes de la crise générale d'une nation d'autant plus recroquevillée sur elle-même que son identité

---

14. *Mémoires*, *op. cit.*, p. 137.

15. L'expression est utilisée par Michel Winock dans *La Fièvre hexagonale*, *op. cit.*

devient plus incertaine. Elle joue partout, à tous les niveaux, ramenant chaque fois les problèmes d'intérêt général, au-dehors comme au-dedans, à l'échelle de leurs répercussions supposées sur des intérêts immédiats et particuliers. Les Français jugent tout d'après leurs petits désirs, écrit Charles Rist. Leurs désirs, mais aussi leurs peurs et leurs obsessions. La perception des dangers du fascisme est à cet égard caractéristique. Le péril qu'il est censé représenter à l'intérieur est considérablement surévalué au détriment des réalités, au prix des confusions et des renoncements que l'on sait. Le pacifisme, l'anticommunisme, les affrontements internes à la gauche syndicale et politique concourent à donner à un antifascisme qui se veut rassembleur une coloration fortement « francocentriste ».

En octobre 1938, le journal SFIO *Le Midi socialiste* voit dans son concurrent de droite *La Garonne* un journal fasciste à la solde de Hitler et de Mussolini et affirme, dans le même élan, que le mouvement fasciste en France est à nouveau déchaîné : « Les fascistes de l'intérieur, tranquillisés depuis le départ des socialistes du pouvoir, comptent sur le triomphe des dictateurs fascistes qu'ils servent en attendant leur heure[16]. » Un mois après, au congrès de la CGT à Nantes, ce sont des craintes identiques que l'on retrouve dans les propos d'André Delmas quand il déclare : « *Le danger sur le plan intérieur est aussi grave que sur le plan extérieur :*

16. 19 octobre 1938. *Le Midi socialiste* est fondé en 1908. Il annonce un tirage de près de 50 000 exemplaires mais il semble que ce chiffre soit considérablement exagéré. En 1939, il ne dépasse pas 25 000 exemplaires répartis entre 18 éditions régionales qui couvrent le Sud-Ouest toulousain et une partie du Languedoc. Il reproduit tous les jours un ou plusieurs articles des grandes signatures du *Populaire.* Léon Hudelle, l'éditorialiste et le directeur du journal depuis 1912, appartient à la tendance de Paul Faure. Au lendemain de Munich, il n'hésite pas à parler de « victoire des démocraties » en affirmant qu'elles ont « répondu à la menace par la menace », que Hitler « s'est dégonflé », que, « tout bien considéré », l'accord sur la Tchécoslovaquie « ne paraît pas être l'essentiel »... Rallié à Vichy, le quotidien socialiste cessera de paraître le 18 août 1944 (AD HG 1896-38). Le thème du fascisme intérieur sera utilisé par la propagande du PCF clandestin pendant la drôle de guerre. Un tract distribué le 11 novembre 1939 indique : « Exigez que soit chassé le gouvernement de réaction qui instaure chez nous le fascisme en prétendant faire la guerre de la liberté. »

le fascisme nous guette[17]. » Sincère ou calculé, l'argument est en tout cas largement exploité, à gauche et à l'extrême gauche, par les pacifistes, inconditionnels ou autres. Au nom d'un souci aigu de vigilance, il détourne le bon sens et en arrive, précisément, à endormir toute vigilance face aux véritables menaces.

Le miroir espagnol

La même logique restrictive commande les représentations de la guerre d'Espagne[18]. Elle n'est pas perçue et jugée comme un événement extérieur, mais intégrée aux luttes internes de la politique nationale. Les Français vivent et règlent leurs problèmes par républicains et franquistes interposés. Le miroir espagnol les transforme en spectateurs de leurs propres affrontements, de leurs angoisses ou de leurs espoirs. Il explique le présent et permet même de lire le futur. Les effets d'anticipation sur l'image de l'avenir, celle qu'une partie de l'opinion construit à travers ce qu'elle retient des événements d'Espagne, rejoignent et renforcent l'action d'une autre logique décisive, l'engrenage de la peur par contagion[19]. Dans les milieux conservateurs, le thème du *« mécanisme fatal »*, qui amène implacablement toute solution de Front populaire aux tragédies de la guerre civile, est systématiquement exploité et enfoncé régulièrement comme un clou. Robert Brasillach écrit, le 1er août 1936 :

> Le jour viendra, le jour n'est sans doute pas loin où nous apprendrons que Paris, Lyon ou Marseille ont envoyé dans

---

17. *La Dépêche*, 16 novembre 1938. Toujours sur le danger du fascisme intérieur, voir aussi, p. 181, la conférence d'Emmanuel Mounier d'avril 1939.

18. Il y aurait une étude d'envergure à entreprendre sur le rôle du miroir espagnol dans les représentations de l'opinion française. Plus on avance, plus il apparaît que la guerre civile est une des clés indispensables à la compréhension du fonctionnement de l'imaginaire politique entre 1936 et la Libération.

19. Voir p. 184 *sq.* Sur le rôle des effets d'anticipation dans la formation des représentations, cf. l'article « De l'opinion publique à l'imaginaire social », *Vingtième Siècle. Revue d'histoire*, *op. cit.*

> les petites villes leurs camions de tueurs. Où les évêques rouges seront pendus dans leurs chiffons de pourpre, et les curés démocrates éventrés avec leurs enfants de chœur, au pied des croix renversées et des ciboires souillés d'excréments [20].

Dans un autre style, en octobre 1936, *L'Express du Midi* prédit la fin proche et misérable de l'expérience Blum, pour enchaîner :

> C'est l'occasion qu'attend le Parti communiste pour se livrer aux gestes désespérés, proclamer la grève générale et tenter, à la faveur du désarroi provoqué, d'instaurer sa dictature et son cortège inévitable d'horreur et d'ignominie [...] comme en Espagne où les élections du Front populaire ont abouti par un mécanisme fatal à une catastrophe sanglante. Le péril est le même chez nous [21].

Un an plus tard, le texte d'une affiche, reproduite dans ce journal [22] et placardée dans la Haute-Garonne au moment des élections au conseil général, reste tout aussi significatif :

> Paysan français !
> Si tu votes pour les communistes ou pour leurs alliés rouges, tu prépares un ministère Blum-Thorez qui pour sauver l'Espagne rouge déclarera la guerre à Franco. Mais la guerre à Franco c'est aussi la guerre avec Hitler, la guerre avec Mussolini. Car Hitler et Mussolini nous ont bien avertis : ils ne tolèrent pas que le bolchevisme s'installe en Espagne.
> ... Que choisis-tu ?
> Ni boche, ni russe, Français !
> Vote pour le candidat anticommuniste, c'est la dernière chance qui te reste de sauver ta peau et ta liberté.
> La paix d'abord, Vive la France !
> À bas la guerre !

---

20. *Je suis partout.* De longs passages de l'article de Robert Brasillach sont reproduits dans Jacques Delperrié de Bayac, *Histoire du Front populaire*, Paris, Fayard, 1972.

21. *L'Express du Midi*, 16 octobre 1936.

22. 8 octobre 1937. L'idée qu'« après l'Espagne, ce sera le tour de la France », est développée copieusement dans la presse de droite et d'extrême droite (dans *Je suis partout* en particulier). Cf. aussi Serge Berstein et Jean-Jacques Becker, *Histoire de l'anticommunisme*, *op. cit.*

Quand l'Espagne républicaine s'effondre en 1939, *La Garonne*, qui poursuit le « combat national » de *L'Express du Midi*, peut ainsi crier victoire et remercier le général Franco en affirmant, et cela quatre jours avant l'entrée de la Wehrmacht à Prague, que le « Caudillo a arrêté l'invasion bolchevique et ainsi sauvé la France et l'Europe de la révolution et de la guerre [23] ».

Le danger extérieur

À l'évidence, c'est dans la représentation que l'opinion se fait de l'Allemagne et du danger extérieur que la myopie hexagonale va avoir les effets les plus sensibles. À la suite de Giraudoux qui s'essouffle à dire : *« On ne saurait trop le répéter : le problème français est un problème intérieur, non extérieur »*, Jean Guéhenno renchérit :

> Le drame de la France d'aujourd'hui, ce n'est pas tout ce qui de l'extérieur la menace. Son péril, ce n'est pas l'existence de Monsieur le chancelier Hitler, de Monsieur Mussolini. Le mal est en elle-même [24].

L'obsession du débat français et l'exaspération des antagonismes vont perturber la hiérarchie des priorités dans les dangers entre Allemagne ou URSS, fascisme ou communisme, menace étrangère ou complot intérieur. Une étude de la presse et du discours politique menée dans la région toulousaine fournit sur ce problème une série d'indices convergents [25]. Leur analyse permet de dégager avec netteté quelques enseignements sur les mécanismes qui influencent, dans ce domaine, les attitudes de l'opinion.

Il est courant d'avancer que la focalisation extrême de l'attention sur les passions intérieures a masqué la réalité

---

23. 11 mars 1939.

24. *Pleins Pouvoirs*, *op. cit.*, p. 30, et inédit de Jean Guéhenno sur le 150e anniversaire de 1789 publié dans *Le Monde* du 16-17 juillet 1989.

25. Le propos s'appuie sur le mémoire de maîtrise d'Olivier Loubes, *Discours politique et Problème du danger extérieur dans la presse toulousaine, octobre 1938-septembre 1939*, université de Toulouse-Le Mirail, 1986.

du danger allemand et qu'elle en a occulté ou minimisé les risques. Sans être inexacte, cette interprétation présente sous la forme d'un raccourci un peu simplificateur des mécanismes qui semblent avoir fonctionné de façon plus complexe.

En premier lieu, si l'on se fonde sur la place tenue dans le discours politique et le reflet médiatisé qu'en donne la presse écrite, il est certain que l'attention des Français a été sérieusement sollicitée entre octobre 1938 et septembre 1939 sur les sujets de politique étrangère. En données quantitatives, leur prépondérance est indiscutable. Les calculs d'Olivier Loubes montrent qu'ils représentent en moyenne 60 % des centres d'intérêt recensés, avec des nuances selon les tendances des journaux et la période considérée. L'Allemagne occupe la première place tout au long de la période, avec le tiers de l'ensemble des thèmes consacrés aux problèmes extérieurs. C'est à la fois peu et beaucoup. Le pourcentage est modeste en données brutes, mais il est révélateur d'un intérêt réel. Il l'est d'autant plus que la proximité de l'Espagne capte ici l'attention et modifie assez sensiblement les perspectives.

Il faut donc nuancer l'idée reçue selon laquelle les Français, insuffisamment informés des questions internationales, ne s'y intéressaient, alors, que peu et mal. Peut-on pour autant conclure que l'opinion publique avait une juste notion du danger et était moralement préparée à l'épreuve prévisible ? Il s'agit d'une tout autre question qui touche aux limites de l'analyse quantitative. Les relevés de fréquence, aussi précis soient-ils, ne nous renseignent ni sur la conscience réelle du péril dans l'opinion, ni sur la perception des priorités dans la hiérarchie des dangers potentiels. Ils ne nous disent rien sur la représentation majoritaire que les Français se font des problèmes extérieurs, rien qui nous aide à savoir s'ils entrent, concrètement ou non, dans leurs préoccupations quotidiennes. Ils ne donnent qu'une vision externe de l'état de l'opinion, une photographie plate, écrasée par la distance.

En fait, quand on regarde les choses de plus près, en les recoupant avec d'autres indications et en travaillant sur une périodisation stricte, on s'aperçoit que cette conscience paraît longtemps diffuse, lente à s'installer, qu'elle reste incertaine et partagée. Jusqu'au printemps 1939, la logique du prisme hexagonal joue pleinement. L'information est abondante, mais l'analyse des questions internationales et de leurs enseignements est régulièrement rattachée à une argumentation avant tout dirigée contre les adversaires politiques de l'intérieur[26]. La situation extérieure n'a qu'un rôle de point d'appui, elle devient une sorte de référence théorique, un prétexte à relancer un débat centré sur des priorités ombilicales. Ainsi, sans être vraiment occulté ou masqué, le thème rituel du danger extérieur est utilisé à d'autres fins. Il n'en est pas moins, par ce traitement, fortement déformé et brouillé, certainement sous-évalué.

Après l'invasion de la Bohême et de la Moravie, le 15 mars 1939, la relecture imposée des concessions de Munich et l'image palpable des visées expansionnistes de l'« Allemagne éternelle » conduisent à une lente évolution vers plus de lucidité. Non seulement il est bien tard mais il a déjà été souligné au milieu de quelles ambiguïtés et de quelles divisions cette prise de conscience tente d'émerger. Dans ces conditions, rien d'étonnant à constater ses limites et sa fragilité. Les affrontements autour de l'opportunité d'un maintien ou d'un renforcement de l'alliance avec l'URSS, qui agitent une partie de la droite, montrent que, même si la menace se précise, certaines permanences d'attitudes résistent et semblent incorrigibles. À la fin du mois de juin 1939 encore, un article publié dans *L'Action française* sous le titre « Le succès serait un désastre », souhaite l'échec des pourparlers « avec les soviets ». Un résultat positif ne ferait, selon l'auteur, que « multiplier les chances d'une guerre où Staline veut nous pousser[27] ». Du côté de la gauche, les socialistes

26. « Ceux qui parlent pour ou contre Hitler, en France, parlent en réalité pour ou contre Blum, en toute ignorance d'Hitler », écrit Denis de Rougemont dans son *Journal d'Allemagne, 1935-1936* (Paris, Gallimard, 1938, réédité en 1968 dans *Journal d'une époque*, chez le même éditeur).

27. 29 juin 1939. L'article est de J. Delebecque. Le 3 janvier 1939, *Le Temps*, reprenant un article de la *Revue de Paris* sous le titre « Que vaut l'armée russe ? », concluait à la médiocrité de son encadrement. Il demandait que le traité du 2 mai 1935, « du point de vue militaire, un grave danger pour la France », soit « dénoncé avant le 2 mai 1939 » (AN 72 AJ547).

« paul-fauristes[28] » et autres pacifistes impénitents persistent imperturbablement à camper sur leurs positions. Ils y resteront jusqu'à la fin du mois d'août en attendant, après une cure de silence et pour certains d'entre eux, d'enchaîner, avec Vichy, sur le thème de la continuité.

L'Église catholique et l'apostasie

Dans le registre des permanences d'attitudes, on peut également ranger celles qu'expriment les positions de l'Église catholique[29]. Ses représentations du monde comme celles des problèmes de la nation obéissent elles aussi au même rétrécissement du champ de vision et prolongent un regard obstinément fixé sur sa préoccupation première, soit, pour reprendre les propres termes de Mgr Saliège, *soixante ans d'apostasie nationale*[30]. L'évêque de Périgueux, Mgr Louis, chargé de l'exposé inaugural lors de la rentrée solennelle de l'Institut catholique, le 15 novembre 1938, indique ce jour-là avec précision où se situe le « mal profond » de la nation :

> Les hommes ont cru qu'ils pouvaient se passer de Dieu sans dommage et ils lui ont donné son congé. Les résultats désastreux de cet ostracisme commencent d'apparaître aux yeux dessillés ; la société meurt de s'être séparée de Dieu. Il faut lui redonner Dieu. [...]

---

28. Tendance majoritaire dans la puissante fédération SFIO de la Haute-Garonne (5 élus sur 6 députés en 1936) et ceci malgré l'influence de Vincent Auriol, acquis aux positions de Léon Blum.

29. Celles mises en évidence dans la région recoupent les études menées par ailleurs. Cf. *Églises et Chrétiens dans la Deuxième Guerre mondiale, la France*, Actes du colloque de Lyon, 1978, sous la direction de Monique Luirard et de Xavier de Montclos, Lyon, Presses universitaires de Lyon, 1982. Cf. les mémoires de maîtrise de Vincent Denis, *L'Église catholique et les Crises de la fin des années trente. L'exemple du diocèse de Toulouse*, université de Toulouse-Le Mirail, 1987, et Valérie Marcoul, *L'Église catholique dans l'Aude de 1936 à 1940*, université de Toulouse-Le Mirail, 1987. Sur un plan plus général, lire René Rémond (en collaboration avec Aline Coutrot), *Les Catholiques dans la France des années 30*, Paris, Éd. Cana, 1979.

30. *La Semaine catholique de Toulouse*, 23 juin 1940.

> Nos contemporains [...] gémissent avec Jérémie [...] Il faut leur donner Jésus, le seul sauveur, le seul médecin qui puisse guérir leurs plaies et les sauver de la mort [31].

Que ce soit dans la Haute-Garonne, dans l'Aude, dans l'Aveyron ou dans le Lot, on retrouve la même constante du discours, la même cohérence dans la continuité. L'Église catholique semble obsédée, le mot n'est pas trop fort, par la déchristianisation du pays, par le spectacle de sa propre crise qu'elle assimile à celle qui affaiblit la nation entière. C'est là, en premier lieu, et de très loin, que se situe pour elle le danger prioritaire. Mgr Saliège peut ainsi affirmer à son tour et avec la plus grande netteté, en décembre 1938 : « *Le plus grand ennemi de la France, ce n'est pas l'ennemi extérieur, c'est l'ennemi intérieur* [32]. » Le 31 mai 1938, un rassemblement sur le thème du déclin, présidé par l'archevêque, regroupe 1 200 personnes à Toulouse. Le message transmis, d'une clarté limpide, contient trois affirmations : c'est dans la crise des valeurs morales que se situe la cause profonde de tous les malheurs du pays ; elle trouve son origine dans le principe de laïcité, qui est la ruine des idéaux de notre civilisation ; la restauration spirituelle est le seul remède possible au mal français [33]. La rareté des vocations sacerdotales, l'athéisme grandissant des populations, la baisse de la moralité, l'école sans Dieu, l'esprit de facilité, le relâchement des liens familiaux, la chute de la natalité et tant d'autres signes du déclin moral du pays forment un réseau de causes à utilisation polyvalente. Douées d'un remarquable pouvoir d'adaptation, elles se révèlent pertinentes en toutes circonstances et fournissent une continuité d'explication étrangère aux contingences. Elle vaut aujourd'hui pour la décadence du pays – du moins pour le sentiment que l'Église en a –, elle vaudra demain pour l'épreuve de la guerre (« Si les hommes avaient observé la loi de Dieu, il n'y aurait pas la

31. *Bulletin de littérature ecclésiastique*, janv.-mars 1939.

32. *La Semaine catholique* du 11 décembre 1938. L'exemple du diocèse de Toulouse est d'autant plus intéressant à observer que l'archevêque et la majorité de son clergé se voient reprocher dans les milieux catholiques traditionnels une indulgence coupable à l'égard de la politique du Front populaire.

33. AD HG 1945-92.

guerre »), elle servira encore un peu plus tard pour celle de la défaite. Ainsi que Mgr Saliège le répète souvent sous diverses formes, « le salut du pays est attaché à sa rechristianisation ». Tous les arguments sur les raisons des « malheurs présents » se trouvent d'ailleurs rassemblés dans une lettre de l'archevêque de Toulouse sur « la vie facile », publiée dans *La Semaine catholique* du 28 avril 1940. Ces extraits permettent de comprendre que, pour la masse des catholiques imprégnée d'un tel discours répétitif, le ralliement au maréchal Pétain entrera tout naturellement, quelques semaines plus tard, dans la logique des choses.

> Vie de facilité, vie de jouissance où seul le bien-être matériel compte, la mystique remplaçant la morale et rendant l'homme heureux, la mécanique suppléant à la fois les muscles et la pensée, il semblait que cela devait durer longtemps et prendre des accroissements indéfinis. Ce qui frappait l'observateur, c'est qu'on parlait toujours de bien-être, jamais de sacrifice, c'est qu'on parlait toujours de repos, rarement de travail. Cependant, les campagnes se dépeuplaient, les berceaux étaient vides, la famille méconnue. Nous devenions un peuple de vieillards et de vieux garçons. Aucun effort n'était fait pour sauvegarder la moralité publique. À l'envi, les théâtres, les cinémas, les romans, les illustrés travaillaient à rendre polissons les Français et à nous faire à l'extérieur une réputation de pornographes attitrés de l'univers.
>
> Qu'en sera-t-il des lendemains de cette guerre ? Si nous voulons vivre, il nous faudra travailler, il nous faudra faire effort, il nous faudra dominer nos passions. Les dancings qui assurent le succès de certaines municipalités seront obligés de fermer. On voudra des distractions plus saines. On cherchera les causes du conflit actuel, les causes profondes et on fera la révision de bien des idées qui sont des idées fausses, des idées perverses, des idées canailles. On sera obligé de trouver Dieu ou de périr.
>
> Les régimes de facilité n'aboutissent qu'à des ruines, à des catastrophes [...] Le salut du pays est attaché à sa rechristianisation. Voilà pourquoi, de toute nécessité, il faut faire pénétrer le bon Dieu à l'école, dans la famille, dans la vie nationale [...].
>
> L'esprit de sacrifice devra survivre à la guerre.

L'entreprise de redressement d'Édouard Daladier et le nouveau contexte politique de 1938 sont, pour l'Église catholique, l'occasion de renforcer cette dénonciation des conséquences du matérialisme et d'appeler au retour des valeurs traditionnelles fondées sur les principes de la chrétienté [34]. Il s'agit là d'un sentiment largement répandu dans la communauté des catholiques, indépendamment des engagements politiques. On le retrouve par exemple dans les NEF [35] ou chez les « amis d'*Esprit* », où il coexiste avec une volonté affirmée de garder la plus grande vigilance face à l'Allemagne nazie. Lors de la conférence qu'Emmanuel Mounier donne à Toulouse, le 22 avril 1939, sur « le vrai problème d'aujourd'hui », la menace du fascisme en France [36], le thème des dangers de la facilité est longuement abordé. Pour le président de séance, « le désordre et le laisser-aller qui sévissent en ce moment préparent l'avènement du fascisme. L'ère de la vie facile est révolue, le pays doit se régénérer ». L'analyse que le directeur d'*Esprit* propose ensuite sur les facteurs du risque fasciste dans le pays passe rapidement sur les causes politiques et socio-économiques pour s'appuyer essentiellement sur les aspects et les effets de la crise morale : « contraintes ridicules » de la mode, aspiration populaire vers un « bonheur moyen », irresponsabilité d'un bout à l'autre de l'échelle sociale, exploitation de la haine opposée aux valeurs de la civilisation chrétienne qui, « qu'on le veuille ou non, est celle des pays civilisés ». Il conclut lui aussi à la nécessité d'un salutaire effort de régénération pour faire « grandir notre force morale [...] et lutter contre le danger sans cesse grossissant des fascismes » [37].

34. Dans une lettre publique, le cardinal Verdier, au nom des cardinaux et archevêques de France, félicite Daladier pour son entreprise de « redressement national » et lui apporte l'aide de l'Église pour contribuer à sa réussite. Le texte complet est publié dans *La Semaine catholique* du 9 avril 1939.

35. Sur les Nouvelles Équipes françaises dont il a déjà été fait mention, cf. Françoise Mayeur, « Une Résistance avant la lettre : les NEF », in *Églises et Chrétiens dans la Deuxième Guerre mondiale*, *op. cit.* Dans la région, le groupe de Toulouse est en relation avec celui d'Edmond Michelet à Brive.

36. Cf. en annexe la reproduction de l'affiche annonçant la conférence (AD HG 1960-81).

37. Ce compte rendu des propos d'Emmanuel Mounier est un résumé,

L'intensité avec laquelle les catholiques se crispent ainsi sur le problème de l'apostasie et de la décadence des valeurs morales ne doit pas amener à l'idée simplifiée et erronée d'une attitude univoque. Cette représentation du danger prioritaire est constante et envahissante, mais elle se juxtapose aux autres, en particulier aux perceptions de la menace allemande, dans une relation qui évolue avec le temps. On observe sur ce point, à l'intérieur du monde catholique, l'ambivalence, les incertitudes et les variations qui caractérisent l'opinion commune. Dans la sensibilité conservatrice qui s'exprime à travers *La Croix de Toulouse*[38], on retrouve des positions proches de celles du quotidien national *La Croix*[39] : l'image de l'Allemagne y est floue, hésitante, partagée entre l'anticommunisme viscéral, la fascination pour les solutions d'ordre des régimes forts et les inquiétudes suscitées par la montée du fascisme. Elle est de plus, comme dans la représentation habituelle de l'opinion, subordonnée et rétrécie à des considérations de politique intérieure. *La Semaine catholique de Toulouse*, en revanche, reflète un courant de pensée très proche de l'archevêque, qui, sans céder un pouce de terrain sur le problème majeur de la crise des valeurs chrétiennes, fait preuve, avec le temps, de plus en plus de fermeté à l'égard de l'Allemagne. Elle manifeste en particulier une attitude de refus intransigeant devant les théories et les pratiques racistes du nazisme. Avec lucidité, Mgr Saliège reprend, dans sa propre rubrique, un article d'Henri de Kérillis qui démonte le piège dans lequel les

---

établi à partir des rapports de police consultés, en particulier celui rédigé par le commissaire divisionnaire de police spéciale. Les réserves d'usage s'imposent, mais son esprit coïncide avec ce que l'on peut brièvement en lire dans la presse.

38. *La Croix de Toulouse et du Midi*, hebdomadaire, tire environ à 12 000 exemplaires. Elle fait partie du consortium des *Croix* du Midi (chacune ayant son édition locale) qui entre lui-même dans le groupe des *Croix* régionales. En 1939, elles sont au nombre d'une soixantaine, avec un tirage de 284 000 exemplaires (AD HG 2731-14).

39. Cf. Alain Fleury, « *La Croix* devant la marée brune », *Vingtième Siècle. Revue d'histoire*, Paris, Presses de la Fondation nationale des sciences politiques, n° 9, janv.-mars 1986, p. 53-66. A. Fleury est l'auteur d'une thèse de doctorat d'État, *« La Croix » et l'Allemagne de 1930 à 1940*, Paris, Éditions du Cerf, 1986.

pacifistes et les nationalistes traditionnels se sont laissé enfermer, pour le plus grand profit des ambitions hitlériennes

> Il y a des années que l'Allemagne intervient chez nous dans tous les partis, dans tous les milieux. À gauche, elle se sert des anarchistes, des trotskystes, des pacifistes impénitents. À droite elle fait des efforts plus grands encore parce qu'elle attache, à juste titre, un prix particulier aux défaillances et aux déviations qui se produisent dans le camp traditionnel du nationalisme. Elle s'est glissée dans la « Cagoule », à l'insu, certes, des bons patriotes fourvoyés [...] elle a favorisé l'antisémitisme, elle a dévoyé une partie de la presse [...] elle a essayé d'aveugler les conservateurs en les hypnotisant uniquement sur le danger communiste.
> Elle a tenté de désagréger le patriotisme des élites, et, hélas, dans une certaine mesure, elle a réussi [40].

On est frappé, avec le recul, par le mélange de clairvoyance et d'errement que traduit ce constat, publié au mois d'août 1939, trop tard pour être vraiment entendu. L'archevêque de Toulouse est un patriote sincère, courageux, comme son attitude ultérieure le montrera, tout spécialement en 1942. Il est aussi un homme de son temps et il en reflète le désarroi et les ambiguïtés, ses réactions de 1940 en témoignent. Le souci de faire partager cette analyse indique qu'il perçoit certains des mécanismes pervers qui ont joué dans l'opinion, mais il semble croire, avec d'autres, que le moteur principal se trouve dans une cause externe, commode pour l'esprit. Sans minimiser les effets de la propagande et de l'action psychologique menée par l'Allemagne, on trouvera sans doute, à juste titre, qu'elle a bon dos dans cette analyse. Nous savons que ces défaillances collectives proviennent moins de conspirations extérieures que d'engrenages complexes au sein de la nation. Dans les confusions du moment, ils étaient sans doute difficiles, voire impossibles, à déceler, même par les acteurs les plus lucides. On imagine ce qu'il pouvait en être pour la majorité des Français, ballottés, déconcertés et souvent abusés.

---

40. *La Semaine catholique* du 6 août 1939. Le texte est publié sous le titre « La conspiration allemande », après un compte rendu d'un article de politique religieuse, sans commentaire, avec à la fin le nom de H. de Kérillis.

Du tissu serré où s'entrecroisent les raisons de cette sorte de somnambulisme dans lequel l'opinion tend à s'enfermer, il reste à détacher une autre et lourde logique d'influence, celle de la peur. Un engrenage de plus qui n'est pas le moins inoffensif.

4. L'engrenage de la peur

Les confusions, les amalgames, les dérèglements de toutes sortes, le sentiment du déclin, tous les facteurs d'aveuglement et de repli recoupent, à des degrés divers, le terrain de la peur et se conjuguent avec elle. Une peur toujours présente, mais non ressentie comme telle, peu avouable et rarement avouée, si ce n'est, peut-être, dans un certain pacifisme ou encore dans l'anticommunisme, où elle est ouvertement exploitée. Sans aller jusqu'à dire avec Charles Rist qu'elle explique tout des attitudes d'une catégorie de Français à ce moment-là[41], elle est, dans la France des années 30, un phénomène collectif d'une incontestable puissance d'influence. Omniprésente, mais difficile à saisir, multiforme, elle résulte de l'addition et du croisement de vieilles angoisses enfouies que les inquiétudes du temps viennent remodeler et faire resurgir : peur de la guerre, peur du complot révolutionnaire, peur du fascisme, peur de la guerre civile, peur du bolchevisme, peur sociale, peur de la foule[42], peur de la décadence, de l'évo-

---

41. Le 28 mai 1941, Charles Rist écrit dans son Journal, parlant de tous ceux qui se sont accommodés (et parfois réjouis) de la catastrophe extérieure : « Le despotisme allemand [...] les soulage de l'affreuse peur qui les étreint depuis dix ans. Peur du communisme et peur des crises, peur qu'ils n'osent pas avouer mais qui explique en réalité tous leurs gestes, toutes leurs haines, toute leur acceptation sans critique des pires calomnies et des pires romans policiers sur les hommes du régime. » (*Une saison gâtée*, *op. cit.*, p. 165.)

42. Jean Touchard affirme que les manifestations de rue ont suscité de la part des adversaires du Front populaire une « véritable peur et une véritable haine », et il cite à l'appui une phrase de Pierre Taittinger écrite dans *L'Ami du Peuple* au lendemain du 14 juillet 1936 : « Désormais, c'est la foule anonyme, irresponsable, la foule passionnée, aveugle et déchaînée,

lution du monde, peur globale et irrationnelle de toutes les différences, de l'autre, du Juif, de l'étranger, parfois même de l'ouvrier [43]... Selon le processus habituel dans le fonctionnement de l'imaginaire social, la peur, issue d'un état de crise, contribue en retour à l'amplifier. L'imaginaire des Français, à la fin des années 30, est nourri de toutes ces peurs accumulées. Dans un article de *Ce Soir* sur « La France de 1938 », Henry de Montherlant s'exprime avec fureur sur les effets dévastateurs de la « maladie nationale », mélange d'inertie et de morale craintive :

> Certains notables de notre pays portent un costume vert afin de bien montrer – exemplairement – que c'est par la verte peur qu'ils sont parvenus à leur haute situation [...] Mais en fait, ce sont tous les Français qui, depuis le collège, et dès le collège, ont été élevés sous le drapeau vert de la peur. Résultat : le mot d'ordre national : Pas d'histoires [44] !

Pour comprendre, au moins en partie, il faut remonter à ce moment exceptionnel – dans tous les sens du terme – que fut l'été 1936. Dire que tout y a commencé n'aurait guère de sens. Dire en revanche que des comportements déterminants s'y révèlent et se renforcent ne paraît guère contestable. Une fois encore, de multiples facteurs convergent : la peur sociale face aux grèves, aux occupations des lieux de travail et aux nouvelles conditions de lutte entre patronat et salariés ; des chocs culturels en série, celui de la symbolique révolutionnaire ostensiblement affichée dans l'exaltation des démonstrations de masse, ceux de l'accès des couches populaires aux loisirs et ceux de la nouvelle « règle du jeu » dans

---

aigrie par trois ans de crise. Oui, c'est la foule qui exerce le pouvoir ! » (*La Gauche en France depuis 1900*, *op. cit.*, p. 232).

43. Dans son travail, Vincent Denis montre que, malgré des efforts de rapprochement, la perception dominante du monde ouvrier chez les catholiques ouverts à la « question sociale » reste celle d'un « univers hostile par nature ». Elle est fortement marquée par des idées préconçues et des stéréotypes : l'ouvrier est rustre, brutal, de peu de moralité, mauvais père de famille et communiste de surcroît. L'amalgame entre communiste et ouvrier est habituel. Cf. *L'Église catholique et les Crises de la fin des années trente...*, *op. cit.*, p. 75-83. Dans le même ordre d'idées, la lecture des numéros de la bande dessinée *Bécassine* qui paraissent à cette période est tout à fait éclairante.

44. *Ce Soir*, 7 décembre 1938.

les rapports de classes[45] ; la guerre d'Espagne et ses atrocités étalées avec un luxe de détails inouï par ceux-là mêmes qui dénoncent sur un ton horrifié « l'avilissement de la bête humaine » ; enfin, la grande rumeur de peur de l'automne 1936, autour du fantasme du complot. Tous agissent pour enfermer les esprits dans un climat d'angoisse sourde. S'ajoutant aux autres éléments de trouble, ils font de la peur profonde et chronique une sorte d'invariant permanent dans les attitudes, un facteur constant et remarquablement stable dans la formation des représentations de l'opinion. Stable et durable : la peur revenue est installée pour longtemps et ses effets n'en finissent pas de se faire sentir dans les années qui suivent. Même si ce genre d'observation irrite souvent et se retrouve relégué, à tort, dans l'arsenal des arguments polémiques, il n'y a aucune exagération ou parti pris à soutenir que, en juin et juillet 1940, le fort mouvement d'adhésion au maréchal Pétain est d'abord, pour une part essentielle, celui d'une immense peur collective[46].

La rumeur de septembre 1936

La volonté de souligner la puissance de l'engrenage de la peur dans l'évolution des esprits à la fin des années 30 n'est pas neuve. Cependant elle se limite souvent à une évocation abstraite d'impressions fondées sur les analyses rétrospectives des témoins. La découverte heureuse de dossiers exceptionnellement complets sur la psychose collective qui se développe au cours de l'automne 1936 dans les régions du Midi permet de suivre dans les faits – en beaucoup plus modeste – le déroulement d'une autre forme de *grande peur*[47].

---

45. Allusion au célèbre film de Jean Renoir, sorti en 1939.

46. C'est d'ailleurs ce que Philippe Henriot, orfèvre en la matière, déclare dans un bel élan de sincérité lors d'une visite à Montauban le 9 juin 1943, devant 1 300 personnes : « Contrairement à ce que nous voyons aujourd'hui, le pays était uni en juin 1940 derrière le Maréchal mais ce n'était pas de la foi, c'était uniquement de la peur » (rapport des Renseignements généraux et rapport mensuel du préfet, AD HG 1945-16 et AN F1 C III 1193).

47. La quasi-totalité des informations exploitées provient des liasses

Les choses commencent par l'exploitation de rumeurs alarmistes dans la presse. Le 2 septembre, *L'Éclair* de Montpellier, journal de la droite nationale, publie en première page et en caractères gras une lettre ouverte aux quatre préfets de sa zone de diffusion, le Gard, l'Hérault, l'Aude et les Pyrénées-Orientales. Le texte fait état d'un plan de complot préparé dans le cadre de « grandes manœuvres marxistes » sous l'autorité du « chef des soviets de Gérone et de Figueras », avec l'aide d'agitateurs professionnels. Le scénario prévu correspond au schéma type des actions menées en Espagne depuis juillet par les « rouges », selon du moins la narration qui en est donnée par la presse conservatrice en France : prise d'otages, exécutions, installation au pouvoir par la terreur. On conçoit sans peine l'émotion que ces perspectives provoquent dans la population. Elle atteint très vite la région toulousaine, où elle se propage au milieu de bruits alarmants concernant le sort du gouvernement de Léon Blum qui, dit-on, mène le pays à une « situation financière catastrophique » et à de graves affrontements que l'on prévoit pour octobre et novembre. Le 5 septembre, le commissaire divisionnaire de police spéciale informe le préfet sur les rumeurs et lui transmet des renseignements qu'il tient « d'une assez importante personnalité politique modérée ». Selon cette source, un soulèvement d'extrême gauche serait en train de s'organiser dans le Midi de la France en corrélation avec les gouvernementaux espagnols. L'éventualité est jugée peu vraisemblable par le commissaire, qui croit plus volontiers à « une tactique des milieux réactionnaires pour créer une psychose dans le public ».

La suite semble en effet montrer que l'on se trouve face à une action concertée à l'échelle du pays. *Je suis partout* consacre un article de première page à l'annonce d'un putsch communiste imminent, et de multiples précisions en provenance de diverses origines accompagnent le chemin de la rumeur. On apprend ainsi que le signal de l'opération sera donné par un attentat contre Doriot ou Maurras et qu'elle est

---

1896-145 et 2358-82 (AD HG). Pour éviter des répétitions incessantes, leur origine ne sera pas systématiquement mentionnée.

prévue un samedi, soit le 12, le 19 ou le 26 septembre. Pour les rapports de police dont les commentaires restent toujours à bonne distance de l'affaire, tout montre « que les partis de droite s'efforcent de créer une psychose de peur et, par réaction, d'inculquer à leurs amis, sous prétexte de défense, un esprit de combat[48] ».

Dans la région de Toulouse, les effets vont largement dépasser ces intentions (véridiques ou non) et aller très au-delà de la simple mise en condition psychologique de troupes en mal de combativité. Ils vont entraîner, à certains endroits, de véritables émotions populaires. Le premier secteur à être touché est, très vite, celui de Muret et d'Auterive. Le 10 septembre, un article anonyme publié dans *L'Express du Midi*, sous le titre « Le Frente popular chez nous », annonce la proximité du « grand soir ». Une liste de 40 familles à exécuter (toutes « authentiquement murétaines ») est déjà prête et d'autres suivront, car « on compte ainsi supprimer, au nom de la liberté, tous ceux qui ne pensent pas socialiste ». Rappelant que la hardiesse des bourreaux n'est faite que de la faiblesse des victimes, le journal appelle à une réaction vigoureuse au cri de « Debout, donc, les condamnés à mort ». Il avertit par la même occasion les assassins d'en face que les « moutons de fascistes » sauront, s'il le faut, devenir des loups.

Les réactions d'affolement amènent le préfet à écrire confidentiellement au ministre Vincent Auriol pour lui faire part de son inquiétude[49], d'autant que le mouvement s'étend. Après les 40 de Muret ce sont maintenant 29 familles d'Auterive qui, selon de nouveaux bruits, se trouvent promises au même sort. La gendarmerie s'en mêle et confirme la persistance des rumeurs alarmantes, mais le ton des rapports indique qu'un glissement est en train de s'opérer dans l'esprit de certains responsables. On commence à y admettre l'idée que ces bruits puissent être en partie fondés. Le capitaine de gendarmerie, qui indique tenir ses informations de trois personnes dignes de foi ayant déposé sous le sceau du secret,

48. 7 septembre 1936.

49. 11 septembre 1936. Vincent Auriol, originaire de Revel, avait été élu député socialiste de Muret pour la première fois en mai 1914.

LE « FRENTE POPULAR » CHEZ NOUS [50]

Notre Soviet local, mis en goût par l'ignoble conduite du « Frente Popular », pense à réaliser le Grand Soir chez nous. Aimables lecteurs qui avez cru aux belles paroles qui vous ont été servies en période électorale, ouvrez les yeux.

La comédie est finie ! ! !...

Une première liste comprenant, paraît-il, quarante familles de Muret (et authentiquement murétaines) est dressée et ses membres, au Grand Soir, doivent être assassinés. D'autres victimes viendront ensuite.

On compte ainsi supprimer, au nom de la liberté, tous ceux qui ne pensent pas « socialiste ».

Vous laisserez-vous prendre longtemps encore aux boniments des futurs assassins ?

Vous connaissez bien le rictus de certains d'entre eux qui prétend être un sourire. Et la face patibulaire de certains autres dont un condamné de droit commun, qui désignent déjà leurs victimes.

La hardiesse des bourreaux n'est faite que de la faiblesse et de la pusillanimité des futures victimes.

Debout, donc, les condamnés à mort ! Sachez vous unir pour vous défendre.

Et que les bandits, qui prétendent mener la danse, sachent bien qu'ils sont connus, et qu'aux premiers gestes les moutons de « fascistes », devenant des loups, sauront infliger à d'aussi lâches agresseurs le juste châtiment qu'ils méritent.

Avis leur en est donné !

LAVERNOSE-LACASSE

50. Texte d'un tract reproduit le 10 septembre 1936 dans *L'Express du Midi*.

écrit qu'elles confirment l'existence de « comités d'extrémistes » chargés de mettre au point les listes des futures victimes auxquelles il faut désormais ajouter les noms des gendarmes des localités visées [51]... Selon la même source, les révolutionnaires disposent d'armes et les événements se dérouleront sur le modèle espagnol : des centaines d'extrémistes, transportés par camions et venus d'assez loin pour ne pas être reconnus, seront chargés des exécutions.

Le risque d'intoxication semble réel et les réactions de Roger Salengro montrent que l'affaire est bien de dimension nationale. Dans une lettre adressée au président du Conseil, au garde des Sceaux et diffusée auprès des préfets, le ministre de l'Intérieur confirme que des bruits alarmants et identiques sont propagés sur l'ensemble du territoire à des fins politiques, pour créer une atmosphère de panique dans la population. Il demande aux préfets de saisir les parquets compétents et assure que le gouvernement est déterminé à utiliser tous les moyens nécessaires pour faire respecter l'ordre public [52].

Psychose et logique de la peur

Dans la population, la mécanique de la peur est en marche et fait céder les garde-fous de la raison. En dépit des mises au point [53], des évidences de bon sens et des rendez-vous manqués avec un coup de force toujours annoncé comme proche et toujours repoussé, la psychose poursuit ses ravages insidieux et s'étend. Tout au long des mois d'octobre et de novembre, les manifestations d'anxiété se succèdent, provoquant un flottement certain chez plusieurs fonctionnaires d'autorité. Du côté de l'opinion – sauf à Toulouse, le milieu urbain semblant bien résister, du moins au début, à la propagation de ce type de fantasmes –, certaines régions sont

51. Rapport secret du capitaine de gendarmerie du 13 septembre 1936.
52. 21 septembre 1936.
53. Le 26 septembre 1936, un article de *La Voix des travailleurs* intitulé « Une infamie » dénonce la manipulation de l'opinion. Cf. également, plus loin, la réaction de Mgr Saliège.

dans un « état réel d'alarme[54] ». Dans plusieurs cantons où les bruits circulent de village en village depuis des semaines, les familles qui se croient menacées achètent des armes et des munitions. Les listes de victimes où les gendarmes figurent désormais en bonne place circulent partout. Aux 40 familles de Muret et aux 29 d'Auterive déjà promises à la mort – gendarmes non comptés –[55], s'ajoutent 50 personnes à pendre à Luchon, 20 exécutions prévues à Aurignac, 20 à Saint-Béat, plus un nombre non précisé de personnes d'une petite commune du Villefranchois à noyer dans l'Hers... Des familles effrayées demandent l'autorisation de se mettre en sécurité dans les casernes de gendarmerie. À Rieumes, où le maire déclare que des mouvements analogues à ceux d'Espagne sont à redouter et décide d'organiser des groupes de défense[56], c'est un « véritable affolement dans la population ». Des verrous sont placés aux portes et aux fenêtres, les gens se barricadent et dorment avec leur fusil après avoir fait provision de chevrotines, le curé dispose de vêtements civils et se tient prêt à fuir[57]. L'accumulation de détails renforce la crédibilité des rumeurs et un rapport de capitaine de gendarmerie peut ainsi décrire, avec une précision stupéfiante, la façon dont les événements vont se dérouler dans son secteur. À un point tel qu'il en oublie, momentanément, l'usage du conditionnel :

> 600 anarchistes de Toulouse, pourvus d'armes et de munitions, voire de bombes, seront transportés, de nuit, en camions dans les localités visées où des indicateurs les conduiront à la porte des maisons habitées par les familles à faire disparaître. La

54. Les descriptions proviennent de quatre rapports secrets transmis par le chef d'escadron commandant la gendarmerie du département de la Haute-Garonne (16 octobre 1936) et d'un rapport de synthèse établi par le commissaire divisionnaire de police spéciale (14 octobre 1936).

55. Seule liste sur laquelle on apprend quelques détails, mais sans que jamais on ne fasse mention d'un document quelconque. Elle comprendrait les familles de deux médecins, de deux pharmaciens, d'un retraité des postes, de deux frères propriétaires terriens et exploitants agricoles, des gendarmes... sans oublier les deux curés de la paroisse (14 octobre 1936).

56. Comme la remarque en a souvent été faite, la référence à l'Espagne est une constante. On fait partout état de contacts entre les « extrémistes français » et les révolutionnaires espagnols.

57. 14 octobre 1936.

> lumière électrique et les communications téléphoniques seront préalablement coupées par des complices locaux. Les anarchistes commenceront par assassiner les autorités locales – même si celles-ci appartiennent au parti socialiste – et les gendarmes. La population, terrorisée, n'oserait pas réagir. Les bandits pourraient tuer et piller à volonté. Leur coup fait, ils pourraient repartir en vitesse[58]...

Le préfet reconnaît, le 16 octobre, que « l'éventualité d'un coup de main par le parti communiste » a produit dans la population rurale une émotion qui ne s'apaise que difficilement[59]. Impression partagée par le commandant départemental de gendarmerie dans les derniers jours du mois[60]. Il confirme que la persistance des bruits alarmistes entretient toujours le risque de « créer parmi la population une atmosphère de panique susceptible de dégénérer en désordre ». Au début de novembre, une autre source indique que la peur gagne maintenant la ville de Toulouse. L'insistance avec laquelle la rumeur est reprise fait naître des « inquiétudes sérieuses dans tous les milieux[61] ». On parle d'exécutions, de coups de main contre les services publics selon un plan de complot conduit par anarchistes et communistes réunis. Décidées à faire face, « les organisations de droite se sont concertées pour organiser un système d'autodéfense ». Un mois après encore, au début de décembre, dans la crainte d'une insurrection révolutionnaire attendue cette fois pour le soir même ou le lendemain, un mouvement de panique se développe dans la ville. Selon le commissaire central, qui se dit assailli de coups de téléphone pendant deux jours consécutifs, les chefs de familles bourgeoises envoient femmes et enfants se cacher à la campagne, tandis que des dépôts de vivres sont constitués pour pouvoir subsister plusieurs jours[62]. Rien de ce qui est annoncé ne se produit, mais

58. 16 octobre 1936. La description du scénario est accompagnée des signes d'affolement habituels relatifs aux « amples provisions d'armes et de munitions » et aux demandes d'hébergement à la gendarmerie, dès la première alerte.

59. Rapport au ministre de l'Intérieur.

60. 28 octobre 1938.

61. Rapport du commissaire central de Toulouse au préfet, 3 novembre 1936.

62. Commissaire central, rapports des 4 et 5 novembre 1936.

l'anxiété grandit quand même un peu plus encore les jours suivants, jusqu'à gagner « les éléments républicains ». C'est à ce moment-là, sans doute pour souffler à nouveau sur les braises, que *L'Express du Midi* publie sur trois colonnes un *document accablant* [63] sous le titre : « COMMENT LES MILICES COMMUNISTES SE PRÉPARENT POUR LE GRAND SOIR. » Le journal appelle à son tour à la constitution de « comités d'autodéfense » en demandant à chacun de faire son devoir pour riposter au « fascisme rouge ». Ainsi, écrit-il

> pendant que le moujik Maurice Thorez invite les catholiques à la réconciliation nationale, ses troupes préparent minutieusement la guerre civile et la dictature sanglante du prolétariat à la mode de Moscou.
> Aucun doute ne peut subsister sur les buts projetés par le parti de la IIIe Internationale.

Le lendemain, c'est un véritable appel à la mobilisation que *L'Express du Midi* lance aux « Commingeois anticommunistes et aux anciens combattants du Comminges » pour empêcher que la France ne devienne le théâtre d'une horrible tragédie : « Faudra-t-il pour que vous croyiez au danger que nous dénonçons que les bourreaux dressés et armés par le Kominteru vous aient déjà arrachés de vos lits pour vous torturer d'abord et vous fusiller ensuite ? » Enfin, dans la foulée et pour faire bonne mesure, l'annonce d'une guerre imminente vient s'ajouter à celle des prochains massacres projetés par les « valets de Staline » et autres « bandes de tueurs » venus de l'étranger. Un placard du Centre de propagande des républicains nationaux lance un ultime avertissement [64] :

FRANÇAIS, LA GUERRE VOUS MENACE !

Jamais, peut-on y lire, la situation n'a été aussi grave. 80 % des effectifs allemands et la presque totalité des divi-

---

63. Document trouvé, selon le journal, dans « la poche d'un communiste de la Charente-Inférieure dont les libations trop copieuses avaient endormi la vigilance antifasciste ».

64. *L'Express du Midi* du 19 décembre 1936.

sions motorisées d'assaut sont massés à la frontière. Si des désordres se produisaient en France, « *et, à plus forte raison, si une grève générale et des émeutes éclataient, elle serait une proie facile pour l'Allemagne. Elle deviendrait une nouvelle Espagne, un champ de bataille international dont il ne resterait que d'innombrables ruines* ».

Ce n'est que vers la fin du mois de décembre que la tension commence à baisser lentement dans les esprits. « L'émotion causée par l'annonce d'une insurrection imminente s'est apaisée mais n'est absolument pas calmée », note le commissaire central tout en faisant remarquer que, « dans les milieux conservateurs et modérés, on persiste à croire, et de bonne foi semble-t-il, que le putsch communiste est inévitable »[65]. Copieusement sollicité depuis des mois et stimulé sur un point de haute sensibilité, l'imaginaire entreprend de façonner la réalité.

Sans s'attarder sur ces affrontements de guerre civile froide qui ne font que confirmer la dureté des moyens utilisés dans le combat idéologique, on peut souligner leurs effets sur les attitudes collectives. Globalement, les peurs de l'été et de l'automne 1936, fortement provoquées et manipulées comme on a pu le voir, jouent à l'évidence un rôle primordial dans la mise en place de ce climat de trouble si caractéristique qui pèse sur la fin de la décennie. Elles accentuent en particulier la propension de l'opinion publique à chercher dans des comportements irrationnels des réponses à son anxiété. À côté de ces perspectives d'ensemble, il est intéressant d'observer le cheminement de la peur et ses prolongements dans des domaines plus restreints. Deux exemples, ceux de l'administration et du clergé, ont paru instructifs.

---

65. 26 décembre 1936. Le même commissaire affirme qu'un système défensif, par îlots de résistance, est mis en place sous la responsabilité d'un général. Il dispose de 700 à 800 hommes équipés avec des armes individuelles. Lors d'une réunion à Perpignan, le colonel de La Rocque aurait en effet interdit l'utilisation d'armes de guerre. L'objectif de cette organisation paramilitaire est de faire face à toute tentative de coup de force en attendant l'intervention de l'armée, à laquelle elle devra se joindre.

Les perceptions des autorités

La logique de la peur n'épargne personne et ses manifestations sont perceptibles dans la représentation que des fonctionnaires d'autorité peuvent ainsi se faire des situations qu'il leur revient précisément d'analyser pour mieux les maîtriser. Sans que l'on puisse mettre en cause l'action partisane des personnes, ces perceptions révèlent, dès que le terrain s'y prête, le poids des présupposés idéologiques dans le jugement[66]. Au sang-froid et au bon sens des premiers jours de septembre succèdent, dans quelques cas, des réactions beaucoup moins nettes. Les enquêtes menées au cours de la première quinzaine d'octobre apportent des indices significatifs sur la fragilité des faits autour desquels la rumeur du complot révolutionnaire s'est construite. Ils sont repris et rassemblés dans deux documents successifs séparés seulement de quelques jours[67]. Les synthèses effectuées peuvent alors laisser croire que la religion de leurs auteurs est faite, les choses semblant désormais tout à fait claires :

– Les listes et les noms des victimes, soit le point nodal de toute l'affaire, sont bien l'arlésienne de la rumeur : « Personne ne peut se targuer d'avoir vu les listes d'otages[68]. »

– On ne les connaît que par ouï-dire. Des notables « disent tenir de la préfecture que des listes d'otages auraient été effectivement dressées ». Or les rapports à destination du préfet, loin d'être une source primaire, s'appuient justement sur des informations en provenance de ces mêmes personnalités[69]. C'est le schéma classique de la rumeur et de sa propagation. En fait, comme le décrit un rapport, « la nouvelle a circulé de bouche en bouche, dans les cafés, sur les marchés, déformée ou amplifiée selon le caractère de chacun. Les événements actuels l'ont accréditée plus facilement parmi les populations

---

66. Ces observations sont à rapprocher de ce qui a été dit sur le problème des sources (cf., dans la 1re partie, le chapitre « Sources et idéologie »).

67. Rapport du commissaire divisionnaire de police spéciale, 14 octobre 1936. Rapport d'enquête du « commissaire mobile », 18 octobre 1936.

68. La phrase est tirée du rapport du 18 octobre, mais le constat est commun aux deux enquêtes.

69. Commissaire mobile.

des campagnes ». Chacun prétend tenir ses renseignements d'un autre qui lui-même les tient d'un troisième, etc.

– À Muret, où la rumeur va prendre un tour inquiétant, un café-restaurant, tenu par un adhérent de l'Action française, semble avoir joué un rôle de premier plan dans sa propagation. Les actionnaires et la clientèle de l'établissement, connus pour leur vive hostilité à Vincent Auriol, étaient « désireux, par conséquent, de tout entreprendre qui pourrait porter préjudice au député de Muret [70] ».

– Des propos imprudents, lancés par quelques communistes, ont pu aider à accréditer les bruits. Dans le cas de Muret, il s'agissait de « rodomontades d'individus en perpétuel état d'ivresse ».

– Des personnalités connues pour leurs opinions de droite, comme le curé doyen de Muret ou des maires du canton de Rieumes, auraient des responsabilités particulières dans la propagation de la panique.

Il a fallu un peu plus d'un mois pour que les autorités locales parviennent à faire le point. Pendant cette période incertaine, certains officiers de gendarmerie ont été visiblement troublés et, plus grave, l'attitude du procureur de la République n'est pas apparue d'une sérénité à toute épreuve. Jugeant que le délit n'était « nullement caractérisé », il oppose, dès le 11 septembre, une fin de non-recevoir au préfet qui demande l'ouverture d'une information pour propagation de fausses nouvelles [71]. Dans la lettre manuscrite qu'il envoie à cette occasion, et où il indique qu'il est impossible de découvrir les auteurs de la rumeur, le procureur se livre à des commentaires personnels révélateurs :

> S'il n'est pas établi que les communistes veulent faire un coup de force pour une date précise, il paraît assez vraisemblable d'admettre qu'ils aient établi des listes d'otages ou quelque chose d'équivalent. Cela résulte de certains propos qui paraissent bien avoir été tenus par M. F., débitant de boissons à Auterive. Cette façon de faire n'a rien de surprenant ; elle est bien conforme à la tactique des affiliés communistes.

70. Commissaire divisionnaire.

71. La réponse, de la main même du procureur, est datée du 24 septembre 1936.

C'est seulement le 20 octobre, quatre jours après une nouvelle démarche du préfet, que celui-ci peut informer le ministre de l'Intérieur de l'ouverture d'une information[72].

Malgré la mise au point des faits effectuée à la mi-octobre, on continue à observer d'autres signes d'une intoxication persistante. Le sous-préfet de Saint-Gaudens n'est ainsi qu'à moitié convaincu. Tout en admettant ne pas croire au bien-fondé de la rumeur « par absence de preuve », il ne peut oublier les « tristes et dangereux exemples » des événements espagnols[73]. Aussi a-t-il ordonné à tous les services de police et de gendarmerie « de redoubler de vigilance pour découvrir les auteurs des listes » d'otages. Attitude dont la logique laisse un peu perplexe. Au mois de décembre, quand la manipulation sera devenue évidente aux yeux de tous, il insiste pour dégager la responsabilité « des membres des ligues dissoutes dans la propagation des bruits de cette nature », contrairement à ce que semblent faire ressortir les conclusions des enquêtes.

Le commissaire divisionnaire de police spéciale lui-même, auteur pourtant du rapport décisif du 14 octobre sur les origines de la rumeur, doutera à son tour et sera un moment sous influence. Le 27 octobre, il dit tenir « d'une source absolument sûre » que des listes de victimes ont été établies par des cellules communistes. Impressionné par la sincérité absolue et la conviction de ses informateurs « appartenant à la meilleure société » et occupant des fonctions[74] qui « donnent à leur démarche un caractère extrêmement sérieux », il annonce au préfet, avec les précisions de détail habituelles, l'imminence d'un coup de force communiste à Toulouse. 562 personnes doivent être immédiatement exécutées, parmi lesquelles le maire socialiste Ellen Prévot, les responsables des ex-Croix de Feu, les grands commerçants de la ville, une vingtaine de fonctionnaires de police dont, on s'en douterait, le commissaire divisionnaire en personne... D'autres listes en préparation comporteraient 5 000 noms !

---

72. Je n'ai trouvé aucune trace des suites éventuelles données à cette affaire.

73. Lettre confidentielle du 22 octobre 1936.

74. Il y aurait un magistrat parmi ces personnalités.

Quelques jours plus tard, le commissaire reprend enfin ses esprits et c'est lui qui tire, avec lucidité, la leçon générale de l'affaire, apportant preuves et noms pour conclure [75] :

> On se trouve en présence d'une campagne méthodiquement organisée par des éléments de droite cherchant à troubler la petite bourgeoisie.

Réalité des faits ou pas, on se doute bien que l'histoire de la peur du complot ne s'arrête pas là. Elle court et resurgit tout au long de ces dernières années de paix, composante essentielle des représentations dominantes du courant d'opinion modéré et conservateur. Elle éclaire, à ce titre, les événements de l'automne 1938 et la dureté de la répression qui suit la grève du 30 novembre. Le 27 juillet 1939 encore, une note confidentielle, adressée par la chambre syndicale des industriels de l'Albigeois à ses adhérents, insiste sur la recrudescence des activités souterraines du Parti communiste qui « prépare un nouvel assaut ». En conséquence, les chefs d'entreprise doivent « redoubler de vigilance et surveiller de très près une activité sournoise qui ne manquera pas de se réveiller » [76].

Les troubles du clergé

Parmi les milieux spécialement touchés par la peur des violences extrémistes, le clergé catholique est un de ceux où les prolongements du phénomène ont été les plus spectaculaires. Dans un rapport confidentiel aux préfets du début du mois d'octobre 1936, le ministre de l'Intérieur indique que certains évêques, « craignant un mouvement révolutionnaire, auraient prescrit aux membres du clergé de se munir de passeports et de vêtements civils afin d'être en mesure de gagner

75. Rapport au préfet du 9 décembre 1936. Selon le commissaire, la responsabilité de certains cadres du Parti social français serait engagée. Il indique par ailleurs que la rumeur a trouvé ses échos les plus efficaces dans les milieux des négociants, des propriétaires, des professions libérales (dont les médecins) et chez des membres du clergé.

76. AD HG 1896-187.

d'urgence l'étranger, le cas échéant[77] ». Des réactions de ce type sont signalées dans la région de Toulouse où, sur ce problème particulier, on l'a vu à maintes reprises, la proximité de l'Espagne rend les sensibilités encore plus vives. Une inquiétude générale compréhensible mais pas, toutefois, d'unanimité dans les attitudes. Chez certains, la peur joue à plein. Dans le clergé régulier, « dès que les événements éclateront[78] », suivant en cela les conseils divulgués, des dispersions sont prévues chez les jésuites, chez les dominicains et dans les congrégations de femmes, où les événements d'Espagne ont provoqué un immense désarroi. Dans deux couvents de Villefranche-de-Rouergue, selon un rapport de police du 16 octobre, la plupart des religieuses auraient déjà quitté les lieux. Les capucins, les franciscains et les cisterciens refuseraient, quant à eux, de partir. Le clergé séculier est également divisé. Des prêtres achètent des vêtements civils et « laissent repousser les cheveux à l'emplacement de la tonsure afin de mieux se dissimuler en cas de danger ». L'évêque de Rodez, « à l'instar de plusieurs de ses collègues », précise un rapport du 16 octobre[79], aurait prescrit aux membres de son clergé « de se munir de passeports et de vêtements civils en vue d'un expatriement rapide ». Il ferait également rechercher « des cachettes sûres » pour y déposer les objets précieux nécessaires à l'exercice du sacerdoce. Ailleurs, comme à Revel, des ecclésiastiques s'indignent au contraire des prescriptions de certains prélats et affirment que l'idée d'abandonner la France en cas de trouble ne leur est jamais venue à l'esprit[80]. Quant à l'archevêque de Toulouse, il aurait brutalement renvoyé les curés du diocèse qui venaient s'enquérir d'une ligne de conduite auprès de lui. C'est d'ailleurs à l'usage de tous et à un emplacement bien

77. AD HG 2358-82. Note confidentielle du 8 octobre 1936.

78. AD HG 1896-145. Rapports confidentiels du commissaire central au préfet et du préfet au ministre de l'Intérieur, 20 octobre 1936. Le commissaire utilise le futur pour parler du coup de force.

79. Cité par Georges Sentis, *Le Ier bataillon de FTPF de l'Aveyron, du maquis d'Olt aux combats libérateurs*, Lille, Éd. Marxisme régions, 1986.

80. AD HG 1896-145. Rapport du commissaire de police de Revel, 12 octobre 1936.

en vue, en page de couverture de *La Semaine catholique*, que Mgr Saliège exprime sans attendre ses conseils :

> Ne vous laissez pas manœuvrer par les semeurs de panique, les propagateurs de fausses nouvelles, fauteurs ou provocateurs de désordre ; gardez soigneusement votre raison, votre sens critique, votre calme et vos motifs d'espérer[81].

L'Espagne et la peur

Impossible d'en terminer avec les effets de la logique de la peur sans revenir brièvement sur l'Espagne, l'Espagne rouge, toujours et partout présente, sur le devant de la scène ou en transparence. Son image et tous les stéréotypes qui s'y rattachent sont indissociables du développement de la peur dans la sensibilité collective. Ils y tiennent souvent lieu d'explication. Dans le discours des autorités sur le mouvement de l'opinion publique, on trouve en permanence le même type de commentaire : c'est à cause des événements qui se déroulent de l'autre côté des Pyrénées que les populations sont particulièrement attentives aux bruits qui leur parviennent et extrêmement réceptives à tous les motifs d'inquiétude[82]. Violemment dénoncées par tous les courants de pensée hostiles au Front populaire, les fureurs de l'Espagne constituent en fait un atout de taille, un moyen inespéré pour accroître l'efficacité de la lutte menée sur le terrain idéologique ; on en use copieusement et à coup sûr. Vers la fin du mois de décembre 1936, la seule annonce de la présence supposée, dans la région, d'un anarchiste du nom de Domingo[83] – mythique ou réel dans la situation évoquée – suffit à relancer les mêmes rumeurs de complot révolutionnaire et parvient une fois de plus à perturber le

81. N° 42 du 18 octobre 1936.

82. Dans les rapports, les références constantes à la guerre civile d'Espagne donnent lieu à l'utilisation généralisée d'une sorte de phrase rituelle : « en raison des événements d'Espagne... ».

83. Le 2e bataillon de la XIVe brigade internationale, formé en grande partie de jeunes anarchistes espagnols, porte le nom de Germinal Domingo. On connaît surtout le Catalan et ministre Marcelino Domingo, républicain mais pas anarchiste.

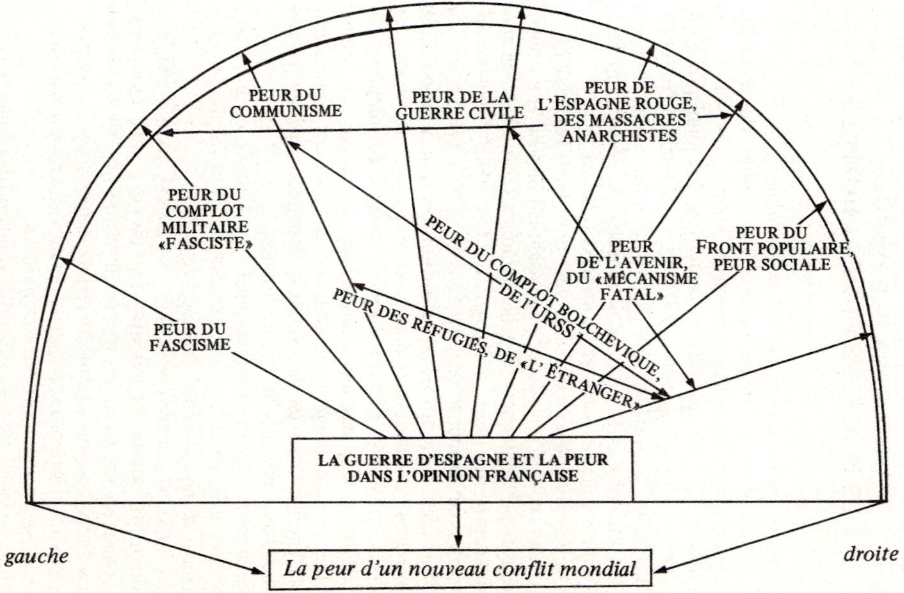
PEUR DU COMMUNISME
PEUR DE LA GUERRE CIVILE
PEUR DE L'ESPAGNE ROUGE, DES MASSACRES ANARCHISTES
PEUR DU COMPLOT MILITAIRE «FASCISTE»
PEUR DU COMPLOT BOLCHEVIQUE, DE l'URSS
PEUR DE L'AVENIR, DU «MÉCANISME FATAL»
PEUR DU FRONT POPULAIRE, PEUR SOCIALE
PEUR DES RÉFUGIÉS, DE «L' ÉTRANGER»
PEUR DU FASCISME
LA GUERRE D'ESPAGNE ET LA PEUR DANS L'OPINION FRANÇAISE
gauche
droite
La peur d'un nouveau conflit mondial

LE MASQUE EST JETÉ [84]

Y A-T-IL ENCORE DES FRANÇAIS ET DES « HOMMES » ?

Nous recevons la communication suivante :

À PARIS. – La situation politique est très tendue : des nouvelles préoccupantes nous parviennent de source très sûre : – on redoute une effervescence violente dans les jours prochains à venir – **LE GOUVERNEMENT EST À UN TOURNANT PÉRILLEUX.**

Et chacun se souvient des paroles de notre ancien ministre de l'Intérieur : « Si on tente de renverser le gouvernement de Front populaire, **NOUS DESCENDRONS DANS LA RUE.** »

On voit fort bien ce que cela veut dire. Paris est anxieux.

À TOULOUSE. – Un silence angoissant est imposé aux troupes rouges par leurs chefs : à peine quelques kermesses bien anodines pour les frères d'Espagne ont fait même diversion ailleurs pour donner le change.

Mais c'est bien **TOULOUSE** et **SA RÉGION** qui, à raison de sa proximité des territoires déjà en effervescence, **EST MARQUÉE POUR FORMER LE CENTRE** du mouvement d'éclatement.

L'activité des anarcho-communistes en réalité s'accentue. Hier encore nous apprenions qu'une voiture automobile « Chrysler » arrivait de VALENCE, Espagne, conduite par des membres influents du Frente Popular.

Pourquoi donc ces professionnels de la tuerie et du pillage viennent-ils de si loin à TOULOUSE ? – Pour respirer l'odeur suave de nos violettes penserez-vous ?

EN RÉALITÉ, TOUS CES CHEFS INFLUENTS DE LA FAI, TEL DOMINGO, VIENNENT PRENDRE LE CONTACT AVEC LES CHEFS COMMUNISTES ET ANARCHISTES DE TOULOUSE, ET INSPECTER EN CONNAISSEURS LES DISPOSITIONS PRISES DANS LA RÉGION.

CEUX-LÀ MÊME QUI SONT CHARGÉS DE VEILLER À NOTRE SÉCURITÉ NE DISSIMULENT PLUS LE DANGER.

Nous sommes bien loin des différends professionnels.

LE MASQUE EST JETÉ.

QUE CHACUN PRENNE SES RESPONSABILITÉS.

Toulousains, habitants du Tarn, de l'Ariège, du Tarn-et-

Garonne, de l'Aude, ouvriers, paysans, **VOUS ÊTES TOUS SOLIDAIRES** du destin commun.
Français de toutes classes et de tous les âges, chacun, dans la mesure de vos **MOYENS MATÉRIELS** :
ORGANISEZ-VOUS AVEC CALME ET SANG-FROID.
AGISSEZ PROMPTEMENT.
FAITES-VOUS CONNAÎTRE : vous serrerez bientôt des mains fraternelles et vigoureuses. – Isolés vous ne pouvez rien. – **AGISSEZ** et vous serez alors étonnés de voir le nombre de Français anxieux et écœurés qui n'attendent que votre exemple pour agir à leur tour.
DÈS AUJOURD'HUI, CHAQUE VILLE, CHAQUE VILLAGE, DOIT AVOIR SON GROUPE ANTIRÉVOLUTIONNAIRE.
GARDEZ LE CONTACT AVEC VOS AMIS ET VOS VOISINS, après cela, mais après seulement, vous aurez le droit d'être optimiste.

84. Article publié dans *L'Express du Midi*, jeudi 3 décembre 1936.

jugement de certains fonctionnaires de police[85]. L'opinion plus modérée, y compris celle qui se sent proche de la cause de la République espagnole, est elle aussi troublée. Parfois, le traumatisme est tel qu'il peut faire basculer brutalement dans un camp ou dans l'autre. « L'essentiel, c'est la guerre d'Espagne... », témoignait François Goguel en tentant d'expliquer l'itinéraire d'Emmanuel Mounier vers une appréhension lucide du national-socialisme. L'essentiel, l'Espagne le fut aussi de l'autre côté, pour des choix opposés. C'est bien ce qui semble avoir été le cas pour l'abbé Sorel, propagandiste de Vichy et persuadé de poursuivre le combat de 1936 en dénonçant en 1943 l'action des résistants, en continuant à lutter contre ceux-là mêmes qui, peu avant, « étaient avec les rouges assassins d'Espagne[86] ». Au total, les représentations de la guerre civile, véritables Espagnes intérieures

85. AD HG 1896-145, 26 décembre 1936.

86. Cf., sur l'abbé Sorel, dans la première partie, le chapitre « Sources et idéologie ». La citation est extraite du *Bulletin* du petit séminaire de Toulouse, juillet 1941. Elle est reprise, avec d'autres, dans un article de Jean-Louis Clément sur l'abbé Sorel, *Annales du Midi*, Toulouse, Privat, septembre 1989.

de l'opinion française, ont exercé une influence apparemment considérable sur l'état de cette même opinion.

Un simple bilan permet de constater que l'Espagne imaginaire est à la fois à l'origine de la plupart des motifs qui créent le sentiment d'angoisse collective et au carrefour de ceux qui l'entretiennent. Ainsi, les désordres sociaux entrent dans un plan d'ensemble des « moscovites » préparé en collaboration avec les rouges espagnols ; le complot et les préparatifs du coup de force révolutionnaire sont organisés avec les extrémistes espagnols et seront conduits par eux, les exécutions en masse prévues se dérouleront selon l'exemple espagnol qui a fait ses preuves ; l'Espagne rouge cherche, en accord et sur les injonctions de Moscou, à entraîner les démocraties dans la guerre. On pourrait continuer... L'Espagne rend la France malade de la peur. Le schéma de la page 201 permet de visualiser l'importance du réseau des peurs qui transitent par les représentations de l'Espagne et des tragédies de la guerre civile. Réseau qui interfère lui-même avec d'autres, dans un véritable système masqué par sa confusion apparente mais fonctionnant selon des croisements et des engrenages que l'on a essayé de dégager.

Premier bilan
La France en pente douce

Il serait absurde de prétendre trouver dans les seuls ressorts obscurs de la psychologie collective les causes majeures des événements de juin 1940. Aucun modèle univoque ne peut prétendre rendre compte d'enchaînements aussi complexes. Plus que jamais, l'étiologie, ici, doit se garder aussi bien du piège de l'aléatoire que du recours aux fausses séductions des mécaniques déterministes. Il reste que, s'ils n'apportent pas réponse à tout, les facteurs de nature mentale se retrouvent à chacun des niveaux de l'explication et souvent à une place décisive. L'analyse des représentations dominantes de l'opinion à la veille de la guerre révèle ainsi la dimension, les ramifications et les effets corrosifs de la crise d'identité collective qui affaiblit le pays et sape les fondements de la nation. C'est en cela qu'elle oblige à élargir la réflexion. Il apparaît bien que la compréhension des attitudes sous Vichy ne relève pas de la seule histoire des années 40, que le problème, malgré la brutalité et l'aspect spectaculaire des faits apparents, ne peut pas être posé exclusivement en termes de rupture. Le mauvais fonctionnement du régime parlementaire, la médiocrité des élites et des ambitions, la sclérose du haut état-major, le désastre militaire et les chocs successifs du « plus atroce effondrement de notre histoire [1] » – en bref, l'arsenal des causes traditionnelles – ne suffisent pas à expliquer de manière satisfaisante le lent processus de renoncement dont le large courant de ralliement au maréchal Pétain est un premier aboutissement.

1. Marc Bloch, *L'Étrange Défaite*, *op. cit.*

La confusion

Le désordre des esprits, la montée de l'irrationalité et tout un engrenage de dérèglements ont incontestablement préparé le terrain. La soumission est souvent fille de la confusion. Difficile, pour l'opinion moyenne et mal informée d'une nation en crise, de retrouver son chemin au milieu d'ambiguïtés, de contradictions ou même de volte-face qui, vues de l'extérieur, ne pouvaient être perçues que comme une succession de palinodies incohérentes. Des nationalistes, germanophobes de tradition toujours prêts à en découdre, qui se mettent à vociférer contre les bellicistes, ceux-là mêmes qu'ils dénonçaient peu avant comme des antimilitaristes enragés et des défaitistes. Des nationaux, obsédés par le complot de l'« Internationale judéo-bolcheviste », mais qui font preuve d'étranges complaisances à l'égard des solutions d'ordre des totalitarismes fascistes. Des dirigeants qui appellent au redressement et aux sacrifices pour lutter contre une menace extérieure, mais qui refusent d'en dénoncer clairement les fondements idéologiques, alors qu'ils n'hésitent pas à jouer sur les affrontements internes d'une nation pourtant affaiblie par ses divisions. Des antifascistes qui applaudissent à l'apaisement munichois au nom des vertus d'un pacifisme ancré dans la tradition historique du mouvement ouvrier et qui s'enferment dans la représentation myope du péril fasciste intérieur. Des antifascistes encore qui réclament l'intervention en Espagne et des canons pour les républicains, mais qui contestent le bien-fondé des nécessités économiques imposées par une stratégie prioritaire de défense nationale et par une production intensive d'armements. Des antifascistes, enfin, qui appellent à la formation d'un « Front français » pour un combat dénoncé ensuite comme un nouveau piège de l'« impérialisme » : dernier épisode d'une longue suite de contradictions, le pacte germano-soviétique du 23 août 1939 ajoute de nouveaux germes de désarroi et accroît l'imbroglio idéologique en donnant libre cours aux fonctions d'alibi de l'anticommunisme et de l'antisoviétisme. On comprend qu'empruntant les mots d'Ernest Renan, aux lendemains de la défaite de 1870, sur la nécessité d'une réforme intellectuelle et morale[2], Marc Bloch ait pu écrire, dans *L'Étrange Défaite*, que la première chose à réapprendre aux Français devrait être « le vieil axiome de la logique classique : A est A, B est B ; A n'est point B ».

La crise de la nation

Même si les signes n'en sont pas aussi facilement perceptibles, le malaise provoqué par les problèmes liés à la crise de la nation laisse des traces profondes. La conscience diffuse qu'une solution de rupture conditionne la survie de l'identité nationale s'impose dans l'opinion. Elle agit à son tour, par le sentiment de la nécessité, au bénéfice de Vichy. Dans la France de 1939, les antagonismes sociaux, les blocages idéologiques, le climat permanent de revanche et de tension, l'altération du sentiment national limitent les possibilités d'un véritable consensus. Les peurs, les aveuglements de tous les pacifismes et, d'une façon générale, l'ambivalence des attitudes face à un danger extérieur détourné, insuffisamment dénoncé et rarement désigné avec netteté, s'accompagnent d'un refus manifeste de rechercher un large consentement autour de ce que pourrait être une résistance, clairement affirmée, aux empiétements des fascismes. Que ce soit en politique extérieure ou intérieure, les bases idéologiques d'un tel choix ne coïncident visiblement pas avec les options de la majorité parlementaire réunie, à partir d'avril 1938, sur un programme de redressement. Les motivations des engagements aux côtés de Daladier, généralement insoupçonnables, apparaissent pour le moins ambiguës dans un certain nombre de cas. Dans ces conditions, le discours incantatoire sur la nécessité de l'unité nationale ne parvient pas à effacer les attitudes de suspicion, voire d'exclusion, à l'égard d'une partie des milieux populaires et surtout du monde ouvrier, trop souvent amalgamés au danger communiste de façon som-

2. C'est en 1871 qu'Ernest Renan publie *La Réforme intellectuelle et morale*. Il y critique sévèrement la démocratie avant de se rallier, quelques années plus tard, à la République. On cite beaucoup Renan dans les deux premières années de Vichy.

maire[3]. Jamais, écrit Jacques Debû-Bridel, l'opinion « n'avait sans doute été à la fois aussi divisée, opposée, désorientée[4] ». Point de vue partagé par Raymond Aron, qui parle à plusieurs reprises des « années maudites », où les déchirements de la nation annoncent la catastrophe, où, constatant que même le malheur ne parvient pas à rassembler des « Français dressés les uns contre les autres », il a souvent « mal à la France »[5].

Les glissements caractéristiques qui, insensiblement, ont amené beaucoup de Français à admettre « qu'il pouvait y avoir quelque chose de supérieur à la défense de la patrie », comme le dit Jean-Jacques Becker[6], traduisent bien l'affaiblissement du sentiment national. L'acceptation de Vichy, enthousiaste ou résignée, est en germe dans cette dégradation du sens de la nation et des solidarités élémentaires qu'il implique – dans ce que Marc Bloch appelle la crise de la moralité collective –, comme elle l'est dans les dérèglements et dans l'évolution des tendances dominantes d'une opinion à la dérive. Par des effets d'engrenage et des aveuglements conjugués, mais non par on ne sait quel plan de subversion ou quel complot, elle est insidieusement préparée à tous les consentements selon une logique bien antérieure à l'armistice et au 10 juillet 1940. Les représentations nées du traumatisme de la défaite vont exacerber le sentiment que la nation a été victime de ses déchirements et du climat conflictuel qui ont marqué les dernières années de paix. Vichy est alors vécu par une population en état de choc comme une tentative indispensable de reconstitution du tissu national. Face au

---

3. Le 8 septembre 1939, Charles Rist écrit à ce sujet dans son Journal : « Ce que l'avenir ignorera probablement, et ce qu'il faut retenir, c'est le rôle formidable que le conservatisme social, la crainte du communisme et du bolchevisme ont joué dans la politique étrangère de ces dernières années en France et en Angleterre. Cette crainte obnubile des centaines de personnes, les rend incapables de saisir les événements autrement qu'à travers ce verre déformant. De là des sympathies cachées mais certaines à l'égard même de Hitler, de ses méthodes, de ses violences. Les gens ne croient plus qu'un gouvernement démocratique soit en France assez puissant pour les protéger [...] La guerre les effraye parce qu'ils voient après elle des concessions aux ouvriers, ce qui est pour eux l'équivalent de concessions au communisme » (*Une saison gâtée*, *op. cit.*, p. 37).

4. *L'Agonie de la IIIe République*, *op. cit.*, p. 397.

5. *Mémoires. Cinquante ans de réflexion politique*, *op. cit.*, p. 131 et 150.

6. Jean-Jacques Becker, *La France en guerre, 1914-1918*, *op. cit.*

bilan des divisions, le trouble n'épargne aucune des sensibilités, et, la pression idéologique aidant, la nécessité de ressouder la nation est très largement partagée. Certains des surprenants ralliements qui se produisent alors dans les courants de gauche, ou proches d'elle, pourraient ainsi, et en partie, s'expliquer par la mauvaise conscience d'hommes culpabilisés par leurs responsabilités – et celles de leur famille politique – dans le déclin et les affrontements antérieurs du pays. C'est l'analyse que l'on trouve chez Angelo Tasca[7]. La volonté de travailler à recréer l'unité du pays les aurait entraînés dans le mirage d'un Vichy capable d'assurer enfin « l'impossible symbiose du national et du social », pour reprendre l'expression de François Bédarida[8].

Résolution ou résignation ?

Le fait que la plupart de ces problèmes n'émergent dans la conscience commune, et dans les pires conditions, qu'après le désastre auquel ils ont en partie conduit, résume la situation. Aussi est-ce fort justement que Janine Bourdin souligne une donnée essentielle quand elle écrit : « On cherche en vain, dans la France de 1939, ce qui pourrait être le ferment d'une véritable Union sacrée[9]. » En effet, sans négliger l'existence d'une réaction positive, mais bien tardive, l'amorce d'un réveil de l'opinion et l'amélioration du climat social pendant

7. « Chez la plupart des socialistes qui ont voté oui [il s'agit du vote du 10 juillet 1940] d'autres sentiments ont prévalu : la mauvaise conscience d'une coresponsabilité dans la défaite, la conscience positive de la nécessité de nouvelles mœurs et de nouvelles structures, le désir sincère de contribuer à refaire, finalement, l'unité de la France en partant d'un tel renouvellement » (*Vichy 1940-1944. Archives de guerre d'Angelo Tasca*, *op. cit.*, p. 232).

8. *Ibid.*, Introduction, p. XV.

9. *La France et les Français en 1938-1939*, *op. cit.*, Préface.

Étant entendu qu'il n'y a pas de déterminisme là non plus, ainsi que le rappellent les profondes divisions politiques, religieuses et sociales de la France avant 1914. Cf. Jean-Jacques Becker, « L'Union sacrée, l'exception qui confirme la règle », *Vingtième Siècle. Revue d'histoire*, Paris, Presses de la Fondation nationale des sciences politiques, nº 5, janv.-mars 1985, p. 111-122, et, du même auteur, *1914, Comment les Français sont entrés dans la guerre*, *op. cit.*

les mois d'été ne doivent pas trop faire illusion. Le calme d'une mobilisation effectuée sans problèmes et la faible proportion d'insoumis [10] restent des indices fragiles et ne suffisent pas pour conclure à des changements irréversibles dans les attitudes. Au début du mois de septembre, de larges pans d'incompréhension demeurent et le souvenir obsédant des charniers de 1914-1918 n'est pas effacé. On peut, comme le préfet du Rhône, jouer subtilement sur le registre des nuances intermédiaires « entre la résolution et la résignation [11] » – toutes peuvent se retrouver ici ou là –, mais la ligne moyenne n'est pas celle de la bissectrice. L'état d'esprit dominant est moins celui d'une nation consolidée par l'épreuve, resserrée et à nouveau réunie dans sa détermination à en finir avec une situation intolérable, que celui d'un peuple prêt à s'acquitter de son devoir. Les images des actualités cinématographiques nous permettent de lire sur les visages ce que répètent généralement rapports et témoins : les soldats de septembre 1939 partent en citoyens disciplinés, avec le sentiment d'une tâche nécessaire à accomplir. *« Je pars. C'est tout »*, note dans son Journal, le vendredi 1er septembre 1939, Robert Escarpit, qui poursuit :

> Je crois que la plupart des gens sont dans le même cas. Ni colère, ni panique, ni ferme résolution [...] On attendait ça puisque ça devait venir, mais, au fond, on pensait que ça ne viendrait pas. Et encore maintenant, 90 % des gens pensent que ça va s'arranger. Je le pense aussi. Il le faut [12].

Ni héroïsme grandiose, ni protestation, mais moins encore de défaitisme. Si l'on se souvient que la France n'est pas alors menacée dans son intégrité territoriale, que le conflit n'a pas les mêmes implications immédiates qu'en 1914 et que le pacte germano-soviétique est venu embrouiller les cartes, il faut convenir que la situation, sans être enthousiasmante, n'a rien de foncièrement anormal.

À moins de confondre histoire et voyance, elle n'autorise en aucun cas à annoncer l'écroulement comme inévitable.

---

10. Le pourcentage, 1,5 %, est du même ordre que celui observé en 1914.
11. Cf. Jean-Louis Crémieux-Brilhac, « La France devant l'Allemagne et la guerre... », art. cité.
12. Robert Escarpit, *Carnets d'outre-siècle*, *op. cit.*, *p.* 232.

Aucune fatalité ne condamnait le pays à la certitude d'une déroute et, contrairement à ce qui sera dit parfois, en particulier à Vichy, rien ne permet d'avancer non plus que les Français n'étaient pas prêts à se battre. Encore fallait-il qu'on leur en donnât les raisons et l'occasion, que l'impulsion ainsi créée permît de casser la mécanique dévastatrice des engrenages antérieurs. Loin de cela, à l'opposé même, la drôle de guerre, avec sa situation de « belligérance sans vraie bataille [13] » qui rejoint les représentations frileuses de l'imaginaire de crise, réinstalle la nation dans le sens de la ligne de pente et achève de tout compromettre. Son atmosphère délétère et sa logique déprimante de l'attente s'ajoutent à l'inaction corrosive et à l'incapacité de définir clairement des buts de guerre pour réactiver et aggraver le poids d'une confusion plus que jamais envahissante. *« Même dans ma solitude actuelle, je sens, par toutes sortes d'ondes, la confusion inouïe de la période que nous traversons »*, écrit Georges Friedmann le 5 décembre 1939 [14]. La drôle de guerre « corrode les énergies et mine les volontés [15] », elle réveille des divisions internes qui s'étaient atténuées, elle révèle et consolide la fonction refuge des perceptions irrationnelles et la puissance de leurs logiques internes. Pourtant, aussi grande que soit la part de responsabilité de cette lente pourriture de la non-guerre dans un nouvel enlisement de l'opinion, elle n'est qu'un chaînon. Elle ne doit pas servir à masquer tout ce qui a précédé, cette accumulation d'aveuglements et d'incohérences qui amenaient Raymond Aron à revenir inlassablement sur l'image d'un « pays en décadence », à s'inquiéter du risque que « ceux qui ne connaissent l'avant-guerre que par les livres [...] comprennent mal ce que fut la décadence de la France » [16].

---

13. L'expression est de René Girault et Robert Frank, *Turbulente Europe et Nouveaux Mondes*, *op. cit.*

14. Georges Friedmann, *Journal de guerre, 1939-1940*, *op. cit.*, p. 113.

15. René Rémond, *Notre Siècle, 1918-1988*, *op. cit.*, p. 271.

16. Raymond Aron, *Mémoires*, *op. cit.*, p. 131.

Les racines fragiles de Vichy

L'idée d'une France décadente exige d'être maniée avec circonspection par l'historien, et la prudence est de règle face à tous les témoignages qui reconstruisent la réalité des années 30 en aval, à partir du point fixe de juin 1940 et des images impitoyables du désastre. Ceci rappelé, c'est bien dans ces représentations du déclin et dans les réseaux de cet imaginaire de la peur que Vichy va venir s'emboîter [17]. C'est sur l'irrationalité qui les imprègne qu'il va s'appuyer. La symbolique et le système de références du Vichy de l'été 1940 vont au plus court : l'ordre, la hiérarchie, le retour aux repères solides du bon sens traditionnel enraciné dans le temps, le paternalisme protecteur, les certitudes péremptoires des analyses répondent aux doutes et à l'anxiété. Rien de comparable entre les deux formes d'émotions populaires, devenues deux symboles antinomiques, mais, quatre ans après juin 1936, c'est bien dans une nouvelle illusion que la France du maréchal plonge ses racines. Il n'est guère de terrain plus instable et plus friable que celui de l'imaginaire collectif et de ses attentes, celui où précisément Vichy s'installe, assoit sa légitimité populaire et puise son pouvoir de séduction. La nature originelle de cette relation entre les Français et le nouveau régime explique à la fois les raisons de sa force apparente et celles de ses faiblesses réelles. Les images de la cohésion nationale retrouvée, de la réconciliation dans l'équité, de l'assurance de l'ordre, de la garantie d'une protection efficace sont, dans l'esprit des Français, quelques-unes des représentations fondatrices de Vichy. Elles découlent des angoisses et des errements antérieurs et s'identifient aux fonctions primordiales qui justifient son existence. Elles posent ainsi les ambiguïtés du malentendu. Dès les premières semaines, elles fixent, au sein même de l'opinion, et en dépit du consensus affiché, la fragilité de son destin.

17. Écarté de la mairie de Lyon par Vichy et retiré dans un petit village de l'Isère, Édouard Herriot, qui trouve le temps de philosopher, écrit le 4 décembre 1940 à son ami Gaston Martin : « La peur ! Ne croyez-vous pas, mon cher Gaston Martin, qu'elle explique une bonne part de l'histoire ? » (rapporté par Henri Amouroux, *Quarante Millions de pétainistes*, Paris, Laffont, 1977, p. 384).

TROISIÈME PARTIE

LES REPRÉSENTATIONS DOMINANTES
ET LE MOUVEMENT DE L'OPINION
1940-1944

CHAPITRE I

Septembre 1939-juin 1940 : régression et enlisement 1940-1944 : perspectives

L'effondrement et la série exceptionnelle des événements qui le suivent marquent le point extrême de la crise d'identité nationale. La nation atteint, en juin 1940, un niveau de décomposition indescriptible dans sa totalité. On ne finit jamais d'en découvrir les formes et les prolongements [1]. En dépit d'une littérature surabondante, il reste encore beaucoup à faire, du point de vue de l'histoire, pour rassembler les multiples aspects d'une commotion sans précédent, tenter d'en mesurer les effets et contribuer à l'intelligence d'un épisode hors du commun. La violence du traumatisme et l'état de choc qui succède à la conscience du désastre révèlent des forces latentes qui se dessinaient dans l'opinion avant le début du conflit. Elles libèrent toute une chaîne de réactions imprévisibles. C'est dans un climat de catastrophe que ces phénomènes de psychologie collective vont émerger, diffuser et, pour la majorité des Français anéantis par la débâcle, tenir lieu de toute réflexion.

---

1. Sur les aperçus essentiels, cf. les études de Jean-Pierre Azéma, *De Munich à la Libération*, *op. cit.*, Jean Vidalenc, *L'Exode de mai-juin 1940*, *op. cit.*, Jean-Baptiste Duroselle, *L'Abîme, 1939-1945*, Paris, Imprimerie nationale, 1982, ou encore Henri Amouroux, *La Grande Histoire des Français sous l'Occupation*, t. I, *Le Peuple du désastre*, *op. cit.* Parmi d'innombrables « témoignages » et œuvres de combat, cf., par exemple, Lucien Rebatet, *Les Décombres*, Paris, Denoël, 1942, et Alfred Fabre-Luce, *Journal de la France, mars 1939-juillet 1940*, Paris, JEP, 1941.

1. Les logiques de la drôle de guerre

Dans ce processus de mécanique affolée, la « drôle de guerre » a exercé une action essentielle. À l'opposé aussi bien des intentions affichées par les responsables que de sa logique reconnue – attendre pour mieux se préparer à gagner –, elle est loin d'avoir inversé, régulé ou même ralenti le mouvement antérieur de désagrégation. Elle en a été, au contraire, dans une même continuité d'esprit, l'étape ultime avant le précipice. L'exploration de la période n'a été qu'à peine esquissée et il faut revenir sur son analyse pour en situer le rôle et en souligner brièvement l'importance. L'un et l'autre vont bien au-delà des aspects liés à la seule conséquence d'une position charnière dans la chronologie. Les velléités de redressement, entrevues dans la philosophie du projet Daladier-Reynaud, viennent s'y empêtrer définitivement, et des mécanismes déterminants trouvent là un terrain de prédilection pour exercer leurs effets corrosifs.

La drôle de chose qu'est la drôle de guerre [2] est, en effet, une sorte d'apogée affligeant dans la convergence des engrenages entre les attentismes, les peurs et les aveuglements des représentations faussées. La manière dont la masse des Français en vit les péripéties déconcertantes donne une orientation décisive au mouvement de l'opinion. Des influences multiples agissent globalement dans le sens d'une régression dans l'atonie et d'un enlisement dans le chaos des désarrois. Sans vouloir faire abstraction d'interférences évidentes, trois grands types d'effets peuvent être schématiquement dégagés :

– une nouvelle plongée dans une confusion encore accentuée ;

– le développement pernicieux d'une logique déprimante de l'attente et de l'inaction qui refait émerger toute une sensibilité de crise ;

---

2. « Drôle de chose qu'une drôle de guerre », écrit Anatole de Monzie, dont le Journal est une mine de notations révélatrices, par allusions, sur l'état d'esprit du courant dirigeant favorable à l'apaisement et aux liens étroits avec l'Italie.

– un climat psychologique débilitant de « Sparte molle », aggravé par une énorme entreprise de désinformation.

Guerre introuvable, guerre trouble

La confusion découle d'abord de l'ambivalence de la situation. Si ce n'est plus la paix, ce n'est pas pour autant la guerre et, la Pologne une fois abandonnée et écrasée [3], l'opinion peut facilement se persuader que les adversaires sont avant tout soucieux de ne pas déclencher un conflit ouvert. Jean-Paul Sartre, qui disserte subtilement sur le passage insensible de la *paix-guerre* à la *guerre-paix*, note le 20 novembre 1939 dans ses carnets : *« La guerre n'a jamais été plus insaisissable que ces jours-ci. Elle me manque, car enfin, si elle n'existe pas, qu'est-ce que je fous ici ? »* Et il ajoute un peu plus loin : « Si les Allemands tiraient, ce serait une autre guerre [...] celle-ci ressemble à l'affaire Oustric et à la philosophie de M. Brunschvicg. Ce n'est pas à son honneur, mais chaque époque a la guerre qu'elle mérite. Tant mieux [4]. » L'anecdote rapportée par Georges Sadoul dans laquelle un officier s'étonne que les Allemands aient éprouvé le besoin de tirer sur des soldats français *sans aucun motif valable* rejoint des milliers de traits comparables dans leur esprit [5]. Aux incertitudes d'une guerre introuvable s'ajoutent des ambiguïtés dans la désignation de l'ennemi prioritaire. Les justifications embarrassées qui ont suivi l'annonce du pacte germano-soviétique [6], l'initiative intempestive du « Groupe ouvrier et

3. Le général Gamelin lance une offensive limitée en Sarre entre le 7 et le 12 septembre. L'Armée rouge entre en Pologne le 17 et, le 27 septembre, Varsovie tombe aux mains des Allemands. Le 16 octobre, les troupes françaises sont ramenées sur le territoire national.

4. Jean-Paul Sartre, *Les Carnets de la drôle de guerre*, Paris, Gallimard, 1983, p. 35-36. Le 26 novembre il dit encore : « En espérant la paix – et pas trop lointaine – je participe, je crois, à un phénomène collectif » (p. 64).

5. Georges Sadoul, *Journal de guerre*, Paris, EFR, 1977. Jean-Pierre Azéma rappelle qu'Albert Lebrun protesta personnellement contre le projet de Winston Churchill de mouiller des mines dans le Rhin, « mesure qui exposait la France à des représailles ».

6. Cf. Stéphane Courtois, *Le PCF dans la guerre*, *op. cit.*, et *Le PCF des années sombres, 1938-1941*, *op. cit.*

paysan français » en faveur de la paix, les mots d'ordre de la propagande communiste dénonçant une guerre injuste et impérialiste jettent le trouble et amènent une vague puissante d'anticommunisme dans l'opinion [7]. Efficacement orchestrée autour de l'amalgame Hitler = Staline = PCF [8], elle se transforme en une véritable psychose où la conception du communisme a tendance à se faire extensive. Si, par exemple, le nom d'Henri Barbusse disparaît des rues ou des écoles de certaines villes de banlieue, à en croire Aragon, on fait parfois de même avec Jean Jaurès [9]. Encouragé officiellement et soutenu par une presse déchaînée, le mouvement d'opinion en faveur de la « petite Finlande » agressée par l'URSS et les projets de stratégie « périphérique » [10] comportent le risque de faire provisoirement passer le danger allemand au second plan et, dans une situation déjà floue, de détourner l'attention sur les vieux démons de *l'ennemi intérieur* [11]. Henri Amou-

---

7. Cf. François Fonvieille-Alquier, *Les Français dans la drôle de guerre*, Paris, Laffont, 1971, Dominique Leca, *La Rupture de 1940*, Paris, Fayard, 1978, Harry R. Kedward, *Naissance de la Résistance dans la France de Vichy*, *op. cit.*, Pierre Laborie, *Résistants, Vichyssois et Autres*, *op. cit.*

Le Groupe ouvrier et paysan français remplace le Parti communiste, interdit depuis le 26 septembre. Cf. Guillaume Bourgeois, « Autour de la lettre du 1er octobre 1939 au président Herriot », *Communisme*, Paris, PUF, n° 1, mai 1982, p. 107-120.

8. On exploite la formule célèbre de Philippe Henriot : « Quiconque est stalinien est hitlérien » (*Gringoire*, 18 janvier 1940).

9. Henri Barbusse, mort en 1935. L'auteur du *Feu*, initiateur avec Romain Rolland, du mouvement Amsterdam-Pleyel « contre la guerre et le fascisme », était entré au PCF en 1923.

Dans *Ce Soir* du 5 décembre 1944, Louis Aragon (qui signe François la Colère) raconte qu'en mai 1940, au début de l'offensive, il trouva son colonel très occupé à choisir entre des plaques bleues : « Il s'agissait de choisir entre celles qui étaient les plus plaisantes. Elles portaient la mention ROUTE NATIONALE, écrite de façon différente, et elles étaient destinées d'urgence à remplacer, dans cette avenue interminable où j'avais erré, les plaques rue JEAN-JAURÈS qui étaient un scandale intolérable qui ne pouvait plus continuer. Une ou deux heures plus tard, les chars de l'ennemi traversaient paisiblement la ville empruntant la ROUTE NATIONALE purifiée de tout souvenir de Jaurès. »

10. Projet de bombardement de Bakou (Caucase), préparation d'un corps expéditionnaire pour la Finlande, délires stratégiques du général Bergeret... Cf. François Bédarida, *La Stratégie secrète de la drôle de guerre*, Paris, Presses de la Fondation nationale des sciences politiques-CNRS, 1979.

11. Les circulaires d'Albert Sarraut sur la lutte contre les communistes montrent une détermination incontestable. Le 23 octobre 1939, il se félicite

roux fait remarquer avec dérision que, quelques exploits de patrouilles exceptés, les succès de la période sont « remportés sur le seul front en activité, celui de l'anticommunisme [12] ». *La Semaine catholique* de Montauban met, elle, tout le monde d'accord. Reprenant régulièrement des propos du cardinal Baudrillart et de Mgr Feltin, archevêque de Bordeaux, elle développe avec constance le thème des véritables enjeux du conflit en prêchant la *croisade* contre la double menace du nazisme et du communisme [13]. Au total, il ne fait guère de doute que beaucoup de Français auraient pu écrire ce que Georges Friedmann consigne le 1er février 1940 dans son Journal : *« La guerre : de plus en plus embrouillée, trouble, obscure* [14]. » Face à ces obscurités, on ne peut que constater l'absence de toute clarification sur les buts de guerre. Le refus des gouvernements d'Édouard Daladier et de Paul Reynaud de donner à la guerre une signification idéologique contribue à accroître dans l'opinion le sentiment qu'elle ne sait pas pourquoi le pays est entré en guerre et contre quoi elle doit se battre. J.-P. Sartre note brutalement : « Mais qu'est-ce qu'on veut que je défende si ça n'est même plus la liberté [15] ? » En s'indignant, avec d'autres, que l'on s'obstine à parler aux Français le seul langage qu'ils ne peuvent comprendre, Georges Bernanos tonne, au printemps 1940,

---

des « effets salutaires » dus à la suppression des municipalités communistes et demande de se « montrer intraitable » à l'égard de la « propagande défaitiste et, partant, nettement antifrançaise » qui se poursuit « par le truchement de militants généralement obscurs ». Il importe de les mettre « rapidement hors d'état de nuire à l'intérêt national » car ils « servent incontestablement la propagande ennemie ». Le ministre de l'Intérieur ajoute : « Le gouvernement attache une importance absolue à ce que l'œuvre d'épuration nationale qu'il a entreprise en plein accord avec l'immense majorité de l'opinion française soit poursuivie dans tous les milieux jusqu'à son terme. » Le 2 mars 1940, en demandant aux préfets de procéder à « l'épuration qui s'impose » dans leurs services, il redit : « L'épuration doit se poursuivre dans un esprit de parfaite équité, mais elle doit être totale » (AD RG 2358-81 ; 2358-82).

12. *Le Peuple du désastre, 1939-1940, op. cit.*, p. 230.

13. Cf. Pascal Caïla, *Le Clergé catholique du diocèse de Montauban dans la tourmente, 1939-1945*, mémoire de maîtrise, université de Toulouse-Le Mirail, 1989.

14. *Journal de guerre, 1939-1940, op. cit.*, p. 173.

15. Le 20 novembre 1939. *Les Carnets de la drôle de guerre, op. cit.*, p. 35.

contre le maniérisme de Giraudoux : « La présence de M. Giraudoux à la propagande prouve qu'on ne veut rien comprendre à cette guerre, que mon pays est soigneusement tenu dans l'ignorance de ce qu'il défend, de ce qu'il risque de perdre, de ce qu'il est presque sûr de perdre si quelque miracle ne suscite pas au dernier moment un homme qui parle enfin à son cœur, à ses entrailles. M. Giraudoux est un de ces esprits délicats qui, par horreur du ridicule, finissent tôt ou tard par tomber dans le ridicule. » Ainsi, ajoute-t-il, « se consomme la rupture irréparable entre le peuple de France et ses prétendues élites – le peuple français presque tout entier inscrit sur le fameux carnet B, tenu tout entier pour suspect... » [16].

Les logiques de l'attente

Attendre sans trop savoir quoi, mois après mois, contribue fortement à aggraver le sentiment de désarroi. L'attente l'arme au pied, interminable, creuse, est consubstantielle à la drôle de guerre. Elle définit presque à elle seule l'essentiel de son univers mental. La logique démoralisante de l'inaction, avec, comme seule perspective, l'usure attendue de ceux d'en face, vide les énergies et démobilise lentement la nation [17]. Elle ronge les petits bénéfices de la fragile reconstitution du tissu national qui semblait se profiler pendant l'été 1939. L'indécision de Daladier, les manœuvres qui renouent avec les ambiguïtés de l'esprit munichois, les calculs et l'irresponsabilité des jeux politiques jettent à nouveau le discrédit sur la démocratie parlementaire, avec un retour aux tentations du passé [18]. L'attente devient aussi celle de

---

16. Dans les dernières lignes du livre *Les Enfants humiliés* qu'il termine en avril 1940 (G. Bernanos, *Essais et Écrits de combat*, Paris, Gallimard, « La Pléiade », p. 904 et 905). Figuraient au carnet B les personnes suspectes à arrêter préventivement en cas de mobilisation générale.

17. Le 21 février, Pierre Cot écrit dans *L'Œuvre* : « Préparer une guerre d'usure longue, c'est le meilleur moyen de rendre cette guerre d'usure aussi courte que possible... » (cité par Jean-Paul Sartre, *Les Carnets de la drôle de guerre*, *op. cit.*, p. 278).

18. Cf. Dominique Leca, *La Rupture de 1940*, *op. cit.* On peut rappeler que les 300 abstentions à la Chambre des députés le 19 mars entraînent la

l'« homme fort », et Gide constate que l'idée de la solution autoritaire progresse dans l'opinion : « Il faut s'attendre à ce que, après la guerre, encore que vainqueurs, nous plongions dans une telle gadouille que seule une dictature bien résolue nous en puisse tirer. L'on voit les esprits les plus sains s'y acheminer peu à peu [19]... » Déceptions et lassitude ramènent au premier rang des préoccupations d'autres interrogations anciennes : pourquoi la guerre, si elle doit être encore plus inutile que la précédente [20] ? C'est encore le proche passé qui remonte avec la dégradation des rapports sociaux. « Je lis, j'observe autour de moi chaque jour des divisions sociales, des ressentiments de classe qui compliquent et salissent le conflit », écrit Georges Friedmann le 16 février 1940. Activés dans certains cas par la revanche patronale, ces ressentiments de classe resurgissent autour des dérives entraînées par la répression contre les militants communistes et par les luttes internes à la CGT pour le contrôle de l'appareil syndical [21]. Ils ramènent aux représentations figées de l'automne 1938 et aux interférences inquiétantes entre le social et le national [22]. Les clivages à nouveau marqués et les conflits d'intérêts qui opposent les catégories sociales accentuent les mécontentements dus à la mise en place progressive, et élastique, d'une économie de guerre [23]. Ces tensions ne sont que

---

démission de Daladier, que Paul Reynaud n'obtient son investiture le 22 mars que d'extrême justesse (268 oui, 156 non, 111 abstentions), que le même Paul Reynaud est démissionnaire le 9 mai, soit la veille du jour de l'offensive allemande.

19. Le 7 février 1940 (*Journal, 1939-1949*, *op. cit.*, p. 14). A. Gide précise sa pensée en poursuivant : « Maints petits faits, de successives menues décisions, qui, chaque fois et prises à leur tour paraissent les plus sages du monde et proprement inéluctables, apprivoisent en nous progressivement cette idée. »

20. Les recoupements indiquent un fléchissement du moral, chez les civils et les militaires, vers la fin de l'hiver 1940. Attentif aux perceptions extérieures, le Journal de Georges Friedmann en porte de nombreuses traces.

21. Le rôle de la tendance *Syndicats*, munichoise et anticommuniste, a été particulièrement actif pendant la période.

22. Sur le climat social pendant la drôle de guerre, cf. Monique Luirard, *La Région stéphanoise dans la guerre et dans la paix, 1936-1951*, Presses universitaires de Saint-Étienne, 1980, et les travaux déjà cités d'Étienne Dejonghe pour le nord de la France.

23. Les récriminations portent sur les avantages financiers des fonctionnaires mobilisés. Chez les paysans, les protestations, nombreuses, contre les

quelques-uns des indices visibles d'un processus plus général : un lent et insensible pourrissement du moral dans une atmosphère débilitante et infantilisante.

La manipulation de l'opinion

À côté des erreurs, de la médiocrité et de l'insignifiance d'une politique ubuesque de l'information, la presse, censurée, porte sa part de responsabilités. Le « bourrage de crânes » fonctionne à son plus haut rendement et on pourrait remplir des centaines de pages, exemples et citations imbéciles à l'appui, sur le mépris avec lequel les Français sont traités pendant cette période, sur le crétinisme de l'intoxication à laquelle ils sont soumis [24]. Cette désinformation, qui durera encore en juin, jusqu'aux limites extrêmes du désastre, cette manipulation outrancière de l'opinion ne font qu'accentuer les tendances schizoïdes déjà décrites. Le partage épuisant entre la peur instinctive et le leurre d'une fausse sécurité, l'encouragement aux solutions de facilité par une plongée dans les profondeurs de l'irrationnel – espionnite, fantasmes de la 5e colonne, recherche de boucs émissaires, délations – éloignent toute possibilité de prise de conscience. L'opinion est coupée de toute réalité, ou du moins tenue à distance éloignée. Elle ne la perçoit plus qu'à travers les représentations qu'elle s'en fait ou, pis, à travers celles qu'on l'incite à s'en faire. Le pays s'enfonce dans des attentes illusoires qui préparent les logiques du renoncement. L'enchaînement entre ces pesanteurs et les peurs de l'exode,

---

« embusqués », visent principalement les 2 millions d'ouvriers « affectés spéciaux ».

Les premières restrictions importantes sont imposées à partir de mars 1940. Les commentaires de la presse sur les « sacrifices » demandés sont, là encore, révélateurs de l'état d'esprit ambiant. Restreindre modérément la consommation de viande de boucherie prouvera que « la nation est prête à tout »...

24. Henri Amouroux, *Le Peuple du désastre*, *op. cit.*, fait un procès sans concession des pratiques utilisées. Cf. également Jacques Charpentier, *Au service de la liberté*, Paris, Fayard, 1949, et R. Cardiinne-Petit, *Les Soirées du Continental. Ce que j'ai vu à la censure, 1939-1940*, Paris, Jean-Renard, 1942.

avec ce qu'elles révèlent impitoyablement sur la décomposition de la nation, produit des effets irrésistibles, désormais impossibles à maîtriser.

Le poids de l'exode

On peut ergoter sur le sens de l'immense mouvement de panique collective qu'est l'exode et accorder crédit à la bonne foi des responsables qui témoigneront de leur volonté de se soustraire ainsi, dans l'esprit, à une collaboration avant la lettre. La portée véritable de l'exode est ailleurs. Elle est dans sa logique politique. Les 8 à 10 millions de Français[25] qui traînent leur désespoir sur les routes et sur les lignes du réseau ferré découvrent l'insupportable sensation du vide et appellent au secours. Le troupeau désemparé et englouti dans les fantasmes de la rumeur est tout entier tendu vers son unique obsession : que le cauchemar prenne fin. En posant ainsi « *le fondement moral de l'armistice* », selon l'expression d'Alfred Fabre-Luce[26], le chaos de l'exode amène les esprits au consentement de la défaite. Replacé dans la perspective de la longue chaîne d'engrenages qui ont modelé l'opinion, il souligne, avec le coup d'assommoir de la défaite des armées, le poids de la contingence dans les facteurs du ralliement de juin et juillet 1940. Le puissant élan d'adhésion au maréchal Pétain est, dans des proportions importantes, le produit de cette double paternité. Un enfant tardif, inattendu, inespéré pour certains, mais un enfant légitime.

25. Phénomène amplifié par la présence d'environ 2 millions de réfugiés belges.

26. *Journal de la France, mars 1939-juillet 1940*, *op. cit.*, p. 344. Après avoir fait remarquer que « ces quinze jours de souffrance inutile préparent la France à son destin » et souligné les effets du sentiment de déracinement, l'auteur conclut : « La paix, l'ordre, telle est la grande aspiration qui surgit du peuple des routes. L'affreux exode a posé le fondement moral de l'armistice. »

2. Perspectives et problèmes

Peut-on, pour la suite, dégager les grandes caractéristiques des réactions dominantes de l'opinion, discerner le processus de son évolution et en distinguer les phases principales ? C'est à cette tentative d'éclaircissement que s'attache cette dernière partie. Pour éviter les multiples et inévitables redites inhérentes à la nature même du fonctionnement de l'opinion et prendre un peu de recul face à une question immense aux rebondissements incessants, on s'en tiendra à trois grandes directions. Faire le point des connaissances sur l'état de l'opinion et les tendances significatives de son orientation entre la défaite et la Libération, à travers les articulations majeures de son évolution et sans chercher à retracer en totalité l'histoire des années noires. Essayer ensuite de discerner et d'élucider le rôle moteur d'un certain nombre de mécanismes d'influence, pour comprendre le mode de fonctionnement des représentations au cours de ces années, et expliquer ainsi, à partir de ces investigations, les mutations décisives dans les choix collectifs. Enfin, et complémentairement, il a paru nécessaire d'approfondir l'effort d'analyse sur quelques-uns des problèmes soulevés par la compréhension des attitudes dominantes des Français entre 1940 et 1944. Deux questions ont été retenues, en raison de leur intérêt, comme des sortes de situations modèles : les relations entre l'opinion française et les Juifs et celles, d'autre part, entre cette même opinion et la Résistance. Elles fournissent l'une et l'autre des exemples caractéristiques de la complexité, de l'ambivalence et parfois de l'ambiguïté qui apparaissent, tout au long de la période, comme des données constantes du sentiment mouvant de l'opinion publique.

Un premier état des lieux

Ces perspectives appellent toutefois quelques observations. Canaliser puis réduire à quelques idées directrices un phénomène aussi confus, aussi multiforme et aussi insaisissable que celui des réactions des Français pendant les années de guerre, implique des conventions de forme et des réductions du champ de vision sur lesquelles il est inutile d'insister. On peut, bien sûr, en accord avec Jean-Pierre Azéma, soutenir qu'au fond des choses, « à tout bien peser, la cohérence et la solidité globale des comportements l'emportent sur leur diversité[27] ». Il n'empêche. Des milliers d'exemples particuliers, des retournements incessants de situations restées instables jusqu'aux derniers jours de la Libération, des variables innombrables peuvent, à tout instant, contredire les perspectives d'ensemble que le propos, ici, laisse entrevoir. Le choix d'en rester à la mise en évidence de quelques idées-forces ne se justifie, on l'aura compris, que comme une première phase de déblayage. Phase de construction sans doute trop abstraite et en partie formelle, puisque liée à la notion conventionnelle d'opinion dominante, mais nécessaire pour fixer une base de repères. Phase utile, peut-être aussi, pour d'autres raisons. Pour éviter, par exemple, l'arbre cachant la forêt, que l'on tire des profits illicites d'une incontestable multiplicité des réactions de l'opinion pour les indifférencier dans les faux alignements d'une mise à plat ; pour éviter que ce foisonnement ne serve d'excuse ou de cache-misère, ici aux facilités d'interprétation, là aux intentions calculées ou aux aberrations d'une pseudo-histoire de parti pris. Il s'agit d'un premier état des lieux, d'un simple cadre de référence qui s'est voulu assez souple pour stimuler les comparaisons et permettre, ultérieurement, d'affiner de véritables grilles de lecture pour chacune des diverses composantes de l'opinion.

Des variables d'influence

Une simplification délibérée mais non une caricature. Prendre le parti de mettre en lumière les seules lames de fond, et de gommer ainsi de multiples particularités, ne dispense pas de quelques remarques préalables sur l'importance des diverses variables d'influence et sur les limites qu'elles imposent à une telle approche. Le facteur géographique doit

27. Jean-Pierre Azéma, *De Munich à la Libération*, *op. cit.*, p. 357.

être immédiatement souligné. Globalement, jusqu'à l'hiver 1942-1943, et encore après avec plus de nuances, la spécificité des zones pèse de manière incontestable sur les attitudes [28]. Ainsi que cela a été précisé dès les premières pages, c'est sur des populations aux dominantes rurales de la France moyenne, et qui ne connaissent l'occupation directe qu'après novembre 1942, que s'appuie principalement ce travail. Un second facteur tout aussi primordial est le critère d'appartenance sociale. Ses effets sur les comportements sont indiscutables et deviennent de plus en plus sensibles avec les clarifications qui s'effectuent dans l'opinion à partir des derniers mois de 1941. Il ne doit pas cependant constituer, comme on le voit parfois, la clé de toute explication. Il faut se méfier des clichés qui pourraient laisser croire à une répartition mécanique du courage patriotique ou de la veulerie. Ni l'un ni l'autre ne constitue un monopole de classe. Ceci précisé, il est évident que le chef d'entreprise catholique qui a tremblé en 1936 sera plus sensible au discours d'ordre, aux valeurs moralisantes du pétainisme et à la dénonciation du terrorisme rouge que le militant de gauche montré du doigt en 1940 pour avoir auparavant manifesté publiquement sa solidarité avec les républicains espagnols. Les phénomènes de classe ne semblent pas d'ailleurs avoir seulement joué en fonction de l'idéologie de référence qu'on leur attribue par convention et des conflits d'intérêts provoqués par les problèmes matériels de la vie quotidienne. D'autres facteurs ont aussi pesé et, pour renvoyer une fois encore à la distinction de Maurice Agulhon, ils relèvent plus du terrain des structures mentales que de celui des idées. Il faut rappeler que les clivages droite-gauche, bien malmenés en 1939, ont fini par voler en éclats. Le poids des héritages culturels chez ceux des paysans qui, comme dans le haut Limousin, en viennent à partager une complicité active avec les résistants, ou la précocité des prises de conscience collectives liées aux formes de solidarité effective qui découlent des traditions et

28. Cf. Étienne Dejonghe, « Le Nord isolé : occupation et opinion, mai 1940-mai 1942 », *Revue d'histoire moderne et contemporaine*, janv.-mars 1979 et, sous la direction du même auteur, *L'Occupation en France et en Belgique, 1940-1944*, Actes du colloque de Lille, 26-28 avril 1985, *Revue du Nord*, n° 2 hors série, 2 vol., 1987-1988.

des conditions de travail spécifiques au monde ouvrier, expliquent bien des choses dans leurs comportements.

La variable du temps est également fondamentale. Elle agit, de plus, à trois niveaux différents, avec des interférences incessantes : dans les réactions immédiates au temps présent et en relation avec les bouleversements qui se succèdent entre 1940 et 1944, dans le passé, à travers les imprégnations de la mémoire proche et des héritages beaucoup plus lointains, mais aussi dans un temps futur hypothétique, à travers des projections divinatoires. Les incertitudes de l'opinion proviennent en grande partie de ces combinaisons incessantes entre des chronologies mesurables et des durées beaucoup plus impalpables [29]. C'est encore cette pression du temps qui relativise la pertinence d'une approche de l'opinion appuyée sur un découpage de type horizontal soucieux de refléter la stratification sociale. La perception synchronique qu'elle induit coïncide mal avec le mouvement d'échanges et la ductilité de l'opinion. D'où le choix, ici, quoi qu'il en coûte de lacunes et de risques de schématisations, de préserver, par-dessus tout, les leçons de la chronologie.

D'autres influences ont joué fortement pour modifier, ici et là, le cours habituel des attitudes. Il faut au moins citer la présence, ou l'absence, d'organisations de Résistance connues et agissantes, la période où elles apparaissent, leur nature, leur sensibilité politique revendiquée (quand c'est le cas), leurs pratiques, tant à l'égard des populations que de l'occupant. Les mêmes remarques sont à effectuer à propos de l'implantation éventuelle et des actions de groupes clandestins armés, en y ajoutant les types de réactions qu'elles suscitent tant de la part de l'occupant que des forces de Vichy – en particulier la Milice – qui lui apportent leur aide dans son action de répression. Les zones de maquis, qui deviennent le plus souvent des secteurs de représailles, risquent de présenter des cas de situations atypiques. Elles peuvent connaître des évolutions plus précoces que la moyenne, mais aussi des mutations brutales d'état d'esprit, dans des sens

29. Les effets des croisements de durées, peu apparents, constituent un des mécanismes essentiels dans la construction des systèmes de représentations.

divergents. Pour en terminer avec ce rapide aperçu, on doit rappeler la place exceptionnelle que les événements ont alors donnée au rôle des hommes et aux destins individuels. À côté d'itinéraires exemplaires qui viennent illustrer les formes d'engagements qu'il est convenu de ranger dans la normalité des évolutions, d'autres, il est vrai moins nombreux, mais avec la force de témoignage que souligne toujours l'exception, apportent des démentis éclatants à toute tentative de modèles généralisables.

CHAPITRE II

1940-1941 : le ralliement et ses malentendus

Parler d'opinion publique au début de l'été 1940 n'a guère de sens. La confusion est à son comble, la République sombre dans la peur et les *consentements moites* de la médiocrité [1], les Français sont déboussolés, la nation est à la dérive. L'armature craque de partout et les organisations politiques, liquéfiées, abandonnent le terrain dans la débandade. Sans être tout à fait dans ce cas, le Parti communiste clandestin, considérablement diminué, flotte lui-même dangereusement entre son opposition virulente à Vichy et les initiatives hasardeuses d'une stratégie légaliste. Elles le conduisent à négocier auprès des autorités d'occupation la reparution de *L'Humanité* et de *Ce Soir* [2], à tenter de se réinstaller dans les mairies et, pendant quelques jours, à encourager la fraternisation avec les soldats allemands [3]. À ce court tableau du délabrement et du désordre rappelé en quelques traits, il faut ajouter les 1 600 000 prisonniers définitivement retenus et dirigés vers des territoires allemands [4].

---

1. Selon l'expression de Jean Lacouture qui écrit : « Ce clapotis de consentements moites où s'abîme la République » (*De Gaulle*, t. I, *Le Rebelle*, Paris, Le Seuil, 1984).

2. Cf. Denis Peschanski, « La demande de parution légale de *L'Humanité* », *Le Mouvement social*, Paris, Éd. ouvrières, n° 113, 1980, et, du même auteur, « L'été 1940 du Parti communiste français », *L'Histoire*, Paris, SES, n° 60, 1983.

3. Entre le 4 et le 27 juillet. *L'Humanité* précise que les soldats sont des travailleurs en uniforme. Le 7 juillet, le journal clandestin trouve particulièrement réconfortant de « voir de nombreux travailleurs parisiens s'entretenir amicalement avec des soldats allemands, soit dans la rue, soit au bistrot du coin ».

4. Sur 1 800 000 soldats tombés aux mains des Allemands, 1 600 000 sont transférés hors de France. Les deux tiers d'entre eux resteront en captivité jusqu'à la fin de la guerre. Cf. les travaux d'Yves Durand et, par

Penser Pétain

Moralement incapables de faire face à ce que le général de Gaulle nommera « l'immense concours de la peur, de l'intérêt, du désespoir [5] », les Français subissent. La pression idéologique excessivement forte s'ajoute aux contraintes d'un environnement psychologique rythmé par les aphorismes du maréchal Pétain, pour alourdir un peu plus encore la sensation d'écrasement. Elles imposent silence, et le zèle tapageur des séides veille à ce que tout propos non conforme soit rejeté comme blasphématoire. La parole religieusement écoutée du « plus illustre des Français » et la nécessité ressentie de rassembler autour de lui les morceaux éclatés de la nation tiennent lieu de boussole. Elles commandent la perception des faits. Penser Pétain reste la seule et unique façon de continuer à penser français. Personne ne pouvant oser soutenir « être plus français que lui », qui n'approuve pas s'exclut de lui-même de la communauté nationale. Aux égoïsmes partisans, aux divisions et aux tendances centrifuges d'avant-guerre, s'oppose désormais la netteté d'une frontière clairement tracée entre les bons et les mauvais citoyens, entre la partie saine de la population et le rebut. Mise ainsi en condition, peu et mal informée, l'opinion, si tant est que l'on puisse appeler encore ainsi une expression collective plus inconsistante que jamais, n'a pas, au début de l'été 1940, les moyens de juger la situation, encore moins d'en mesurer les enjeux.

Dans ce contexte, il est facile de comprendre que des initiatives comme celle d'Edmond Michelet à Brive dès le 17 juin, ou, le lendemain, l'appel du général de Gaulle à la radio de Londres, n'aient recueilli, dans l'immédiat, que des échos insignifiants. Dire avec Péguy que *« celui qui ne se rend pas a raison contre celui qui se rend »*, ou replacer les événements présents dans l'évocation d'une stratégie planétaire du conflit, appartient à un univers de références et à des

---

exemple, *La Vie quotidienne des prisonniers de guerre, 1939-1945*, Paris, Hachette, 1987

5. *Mémoires de guerre. L'Appel, 1940-1942*, Paris, Plon, 1954, p. 73.

mots qui, pour l'instant, ne peuvent pas être entendus, dans le sens, bien sûr, où ils n'entrent pas dans l'entendement général. Le fait que très peu de témoins se souviennent d'avoir lu l'appel du 18 juin 1940 traduit non seulement l'accablement des Français [6], mais signifie surtout qu'à certains moments, pour le plus grand nombre, ce qui se passe dans les têtes bouche les oreilles et obstrue le regard.

Expier

Ces phénomènes collectifs de surdité et de cécité sélectives sont aggravés par l'exploitation du sentiment de culpabilisation issu du désarroi. Dès le 20 juin, Weygand tire les leçons d'une défaite méritée et dénonce *l'esprit de jouissance et de facilité* pour appeler à la mise en pratique d'un idéal résumé à la trinité : Dieu, la Patrie, la Famille. Le jour suivant, sur le même ton, le maréchal Pétain énonce les phrases fameuses : « *Depuis la victoire, l'esprit de jouissance l'a emporté sur l'esprit de sacrifice. On a revendiqué plus qu'on n'a servi. On a voulu épargner l'effort, on rencontre aujourd'hui le malheur* », avant d'y revenir encore le 26 juin. Après avoir répété une fois de plus que la défaite est venue de « nos relâchements » et que « *l'esprit de jouissance détruit ce que l'esprit de sacrifice a édifié* », il enfonce le clou : « *Vous avez souffert, vous souffrirez encore... votre vie sera dure.* » La réparation par la souffrance, l'autoflagellation et les délices de la mortification collective sont dans l'air du temps [7]. Gide s'extasie sur l'allocution du 20 juin en écrivant

6. Sur ce point, cf. Henri Amouroux, *Le 18 Juin 1940*, Paris, Fayard, 1964. Si peu de Français écoutent la BBC le 18 juin 1940, des journaux font état de l'allocution du général de Gaulle et en publient des extraits. C'est le cas à Lyon et à Marseille, où *Le Petit Provençal* le reproduit *in extenso*. Le 19 juin, sans qu'il soit possible de conclure à une relation avec le message de la veille, *La Dépêche* publie en première page un appel des « jeunes Toulousains » à une résistance à outrance à l'envahisseur.

7. Dans ses Mémoires, Jacques Benoist-Méchin écrit qu'il ne pouvait « souffrir l'espèce de délectation avec laquelle certains journaux de Paris nous replongeaient chaque matin dans notre fange de la veille et nous rappelaient que nous étions écrasés » (*De la défaite au désastre. Les occasions manquées...*, *op. cit.*, p. 379).

qu'elle « est tout simplement admirable », et Julien Benda parle de l'obligation à un « consentement des sacrifices »[8]. L'éditorial de *La Dépêche* glorifie à son tour les vertus salutaires du *mea culpa.* Il affirme que le pays ne se relèvera que s'il prend conscience de ses erreurs et seulement « dans la mesure où tous les Français de toutes les classes et de tous les partis se frapperont la poitrine[9] ».

La thématique du châtiment mérité par la nation coupable et du repentir nécessaire est puissamment relayée par le discours de l'Église catholique : Dieu a puni la France qui a péché[10]. Dans tout le pays, prêtres et prélats retrouvent les accents et les arguments des lendemains de la défaite de 1870 et de la Commune pour exalter le souffle purificateur de l'expiation[11]. La rage de battre sa coulpe – mais de préférence sur la poitrine du voisin, selon la remarque judicieuse de Jacques Duquesne – n'épargne personne. Comme les pèlerins du Puy, ceux de Rocamadour, *gementes et flentes*, gémissant et pleurant, implorent la Vierge en priant à genoux, les bras en croix, pour la France qui a fauté[12]. Mgr Saliège accepte

8. Quelques jours après, à la signature de l'armistice, Gide retrouve plus de lucidité et dénonce l'avilissement de la France en faisant état de sa stupeur face aux paroles de Pétain (*Journal, 1939-1949*, *op. cit.*).

9. *La Dépêche* du 25 juin 1940 où l'on trouve aussi l'article de Julien Benda auquel il est fait allusion.

10. À titre indicatif, ce court extrait de la littérature abondante inspirée par le thème de l'expiation. Le 31 août 1940, le cardinal Gerlier déclare, en effectuant le compte rendu de l'assemblée des cardinaux et archevêques réunie à Paris trois jours auparavant : « Il importe [...] de montrer au peuple le rôle providentiel et bienfaisant de la défaite » sans oublier que « la miséricorde infinie de Dieu accompagne toujours sa justice. En châtiant, il guérit et ses châtiments sont des bienfaits ». Cf. *Églises et Chrétiens dans la Deuxième Guerre mondiale. La France*, *op. cit.*, et le travail irremplaçable de Jacques Duquesne, *Les Catholiques français sous l'Occupation*, Paris, Grasset, 1986 (1re éd. 1966).

11. La comparaison est tout à fait éclairante. Cf. Catherine Souloumiac, *L'Église catholique et le Discours de la défaite dans le diocèse de Toulouse, analyse comparée, 1870-1940*, mémoire de maîtrise, université de Toulouse-Le Mirail, 1988.

12. La lettre aux pèlerins de Rocamadour indique : « Le pèlerinage de 1940 revêtira un caractère pénitentiel particulièrement adapté aux circonstances. Car il s'agit d'accepter en esprit de réparation [...] C'est ainsi que nous obtiendrons les grâces du relèvement national auquel nous devons tous généreusement contribuer. [...] La douce Madone nous verra à ses pieds *gementes et flentes* [...] car nos prières et nos chants seront cette année des

la punition et demande pardon à Dieu pour les errements antérieurs en s'interrogeant, dans *La Croix*, sur l'usage qui aurait été fait d'une victoire facile :

> Pour avoir chassé Dieu de l'école, des prétoires de la nation,
> Pour avoir supporté une littérature malsaine, la traite des Blanches,
> Pour la promiscuité dépravante des ateliers, des bureaux, des usines,
> Seigneur, nous vous demandons pardon.
> Quel usage avons-nous fait de la victoire de 1918 ?
> Quel usage aurions-nous fait d'une victoire facile en 1940 [13] ?

Aussi n'est-il pas étonnant d'entendre le socialiste Charles Spinasse, ancien ministre du Front populaire, proposer que le Parlement se charge des fautes communes et se faire le porte-parole d'un sentiment répandu, y compris dans la classe politique, en affirmant publiquement à Vichy que ce « crucifiement est nécessaire [14] ». L'intense ferveur religieuse qui remplit les églises de la France entière, et grossit les foules des pèlerins, s'accompagne d'un retour spectaculaire des superstitions et de diverses prophéties, parmi lesquelles celle de sainte Odile tient le haut du pavé [15]. Dans cette étrange atmosphère de deuil, d'accablement, d'espoirs sincères et d'illusions, la France de l'été 1940, traversée des rumeurs les plus folles, est psychologiquement prête pour le recours au Rédempteur.

1. Mécanismes et limites du ralliement

C'est en effet dans ce climat bien particulier, et en partie à cause de lui, que se nouent des liens non moins particuliers

---

prières et des chants de repentir et de douleur » (*Bulletin de Notre-Dame de Rocamadour*, n° 176, mai-août 1940).

13. *La Croix*, 28 juin 1940. Dans la région de Toulouse, cette méditation sera reprise sous forme de prière.

14. Cf. Jean Montigny, *Toute la vérité sur un mois dramatique de notre histoire*, Clermont-Ferrand, Mont-Louis, 1940.

15. Voir en fin de chapitre la version de la prophétie mise en circulation en 1940.

entre un peuple en perdition et un père, un chef et un sauveur. Vouloir soupeser en pourcentage le volume des adhésions qui se portent sur le vainqueur de Verdun au lendemain de la défaite paraît un calcul dérisoire. Enthousiaste ou silencieuse, la nation, en tout cas ce qu'il en reste, rentre massivement dans le rang et se place derrière le maréchal. Au vrai, que l'on regarde les dérèglements du présent et l'étendue de la tragédie, ou que l'on remonte de quelques années en arrière, il n'y a, ni dans ce repli, ni dans ce recours en forme de refuge, rien qui soit vraiment stupéfiant. Les relations entre les Français et Philippe Pétain qui débutent officiellement en juin 1940, mais avaient commencé bien avant (et ne semblent apparemment pas terminées...), sont, pour l'historien et le citoyen [16], un monde d'interrogations et un thème inépuisable de réflexions. Si l'adhésion massive qui entérine la liquidation de la République relève bien du politique, elle est pourtant en partie étrangère au monde des idées politiques. Elle est de l'ordre de l'imaginaire, elle renvoie directement à l'univers des symboles et de l'irrationalité, avec toutes les équivoques qui s'y rattachent. L'imaginaire maréchaliste est un aboutissement et un sommet. Il s'intègre dans les modes de fonctionnement des représentations dominantes du temps, dans les logiques, les attentes et les rejets qui commandent la vision que les Français se font alors de la réalité. Il en épouse les contours, sans que l'on puisse dire lequel est le produit de l'autre. Il couronne tout un édifice. Dès les premiers jours et de manière significative, il porte les empreintes de quelques-uns des symptômes majeurs qui influencent la sensibilité collective et vont la marquer profondément tout au long des années noires : la peur des vertiges du vide ; des attentes confuses fortement imprégnées d'affectivité et, parmi elles, la recherche mythique de l'unité perdue ; l'ambivalence des images enfin, et son jeu inévitable de temporisations pusillanimes. La mise en évidence de leurs

16. Cf. *Esprit*, septembre 1951, Raoul Girardet, *Mythes et Mythologies politiques*, *op. cit.*, Marc Ferro, *Pétain*, Paris, Fayard, 1987, Milton Dank, *The French against the French*, Philadelphie-New York, Lippincot, 1974, Henry Rousso, *Le Syndrome de Vichy*, *op. cit.*, Gérard Miller, *Les Pousse-au-jouir du maréchal Pétain*, *op. cit.*

interférences nous éclaire sur les mécanismes mentaux du ralliement.

Retrouver des certitudes

Le mouvement spontané de confiance vers Pétain est, en premier lieu, le produit de l'imprévisible. Le poids des contingences, à travers l'exode et la débâcle, a suffisamment été souligné pour qu'il soit utile d'y revenir. La masse flasque qu'est devenue la nation éperdue et culpabilisée recherche instinctivement le refuge des valeurs et des solidarités élémentaires. Elle ressent un immense besoin de certitudes et de repli sur des repères inébranlables. En raison de son prestige exceptionnel, de son passé de vainqueur, d'une simplicité attentive au sort des hommes, d'une prudence de paysan qui lui évite d'être classé comme l'homme d'un clan, d'une réputation de bon sens et de désintéressement que son grand âge ne peut que confirmer, Philippe Pétain est perçu par les Français comme la première de ces certitudes, comme le *point fixe*, pour reprendre l'image de René Rémond, auquel ils vont s'amarrer [17]. À la fois protecteur et autoritaire, patriote insoupçonnable, il est le garant de l'identité menacée. Il voit clair, il énumère, il classe, il condamne, il exclut, il décrète, il rassure par le gouvernement des certitudes [18]. Il fixe les lignes de partage entre les bons et les mauvais Français puis, une fois le nettoyage nécessaire effectué, il opère en chirurgien de la reconstitution. Il ressoude, rassemble et protège

17. Le maréchal Pétain est né en 1856. Il va de soi que la part du mythe est considérable dans les perceptions des vertus et des talents de l'homme providentiel. On sait que le réalisme politique, la dureté de l'homme d'ordre et des convictions réactionnaires profondément ancrées appartiennent aussi (entre autres caractères) à la personnalité de Philippe Pétain. Cf. Jean Plumyène, *Pétain*, Paris, Le Seuil, 1964, Richard Griffiths, *Pétain et les Français, 1914-1951*, Paris, Calmann-Lévy, 1974, Herbert R. Lottman, *Pétain*, Paris, Le Seuil, 1984, Marc Ferro, *Pétain*, *op. cit.*

18. L'assurance imperturbable du maréchal Pétain, appuyée sur des formes de discours du type « je sais la vérité » ou « voilà les causes de notre défaite », relayées par des énumérations chiffrées (les treize causes du déclin de la famille, les vingt raisons de la décadence morale de la nation), répond au désarroi de l'opinion. Cf. Gérard Miller, *op. cit.*

aussi bien des menaces extérieures que des démons intérieurs[19]. Il sait la vérité et face à la détresse commune il s'affirme, lui, capable d'expliquer l'inexplicable ; une compétence, on s'en doute, particulièrement appréciée par une opinion qui réclame qu'on lui désigne les causes et surtout les responsables de son malheur. Au total, un enchevêtrement de jugements sentencieux et d'interdits puise dans les facilités de l'irrationnel et s'appuie sur une culpabilisation qui conduit à tout accepter. Les méfaits de l'Internationale judéo-maçonnique, la chasse aux boucs émissaires, les fantasmes de la décadence, les mirages du repli sur la France seule captent les dérives et les peurs antérieures. Peu de personnes semblent avoir échappé aux habiletés de cet assemblage. François Mauriac identifie la personne du maréchal à la nation humiliée et trouve que ses paroles, le soir du 25 juin, rendaient « un son presque intemporel[20] ». Anatole de Monzie, généralement plus prompt au sarcasme qu'au coup d'encensoir, fait de lui l'officiant d'une formidable messe des désespérés, avant de poursuivre : « *Nul homme au monde n'a aussi soudainement, aussi complètement résumé en soi un peuple dans son intégralité, une nation dans sa quasi-divinité*[21]. »

Forces et fragilités du maréchalisme

Le régime de Vichy va très vite exploiter ces manifestations d'enthousiasme et l'émotivité d'une population qui mêle attachement à la personne et vénération à l'égard du thaumaturge. La sacralisation du culte du maréchal ne laisse aucune place à l'improvisation. Des officines spécialisées en règlent minutieusement le rituel et fabriquent les images emblématiques du mythe Pétain. Complémentairement au matraquage d'une presse aux ordres, leur diffusion s'appuie sur l'organisation efficace d'une production à échelle indus-

19. « Aujourd'hui, c'est de vous-mêmes que je veux vous sauver » (message du 12 août 1941 sur « le vent mauvais »).
20. *Le Figaro* du 3 juillet 1940.
21. Le 21 juin 1940. *Ci-devant*, *op. cit.*, p. 253.

trielle et on tire profit, dans tous les sens du terme, d'une crédulité amplifiée par le malheur. Une avalanche de niaiseries déferle sur le pays. Les ravages de ce qui apparaît aujourd'hui comme un effarant bêtisier en disent long, là encore, sur l'état de déliquescence de ce qui tient lieu d'opinion dans ces premières semaines de l'été 1940. Comme par une sorte de symbole, le regard des Français sur le monde et sur eux-mêmes s'arrête à celui, incomparablement bleu, que le chef charismatique porte pour eux en toutes circonstances et sur toutes choses. « Il m'a regardé de ses beaux yeux bleus que je n'avais jamais vu si bleus », écrit René Benjamin, apologiste infatigable et visiblement marqué par le bleu-maréchal jusqu'à son dernier jour [22].

Avant lui, dès 1935, le maire de Capoulet-Junac n'avait pas pu s'empêcher de déclarer publiquement : « Vos yeux sont clairs et droits, adoucis de tendresse. Ils ne trompent pas [23]. » Les nombreux textes qui discourent avec passion sur le regard d'azur font de cette célébration – selon une pratique banale dans l'exaltation des êtres d'exception – un des points forts de la mythologie maréchaliste. Pour l'heure, la fascination conduit à une situation qui n'est pas très éloignée, du moins jusqu'à l'automne, de ce que Gérard Miller exprime à sa façon : « *En 1940, tous les Français sont myopes sauf un* [24]. »

---

22. Une passion du bleu qui inspire au psychanalyste Gérard Miller deux pages de commentaires et une jubilation certaine : « Ici se place le mythe de l'œil du maréchal [...] Ce bleu n'est pas de ces bleus équivoques, changeants, avec lesquels il faut s'y prendre à plusieurs fois pour savoir s'ils sont bleus. C'est le bleu pur, le bleu franc, le bleu illustre de l'œil des Orléans. »

On trouve des exemples savoureux dans René Benjamin, *Le Maréchal et son Peuple*, Paris, Plon, 1941, *Les Sept Étoiles de France*, Plon, 1942 (à qui l'on doit, entre autres, cette phrase immortelle : « Sa moustache a l'impeccable blancheur de la vertu ») ; dans Henry Bordeaux, *Images du maréchal Pétain*, Paris, Sequana, 1941 ; dans Lucien Romier, *Esquisse d'un portrait moral du maréchal Pétain*, Paris, Imprimerie nationale, 1942, ou encore dans la dédicace de Pierre Taittinger : « Au maréchal Pétain qui s'est sacrifié pour permettre, nouveau Christ, la rédemption de la France vaincue » (*Les Leçons de la défaite. Ce que le pays doit savoir*, Angoulême, Imprimerie charentaise, 1941).

23. Allocution du Dr Paul Voivenel, lors de l'inauguration, par le maréchal Pétain, du monument aux morts (*La Dépêche* du 18 novembre 1935, éd. de l'Ariège).

24. *Les Pousse-au-jouir du maréchal Pétain*, *op. cit.*

Les outrances d'une propagande efficacement orchestrée ne doivent pas être minimisées dans l'explication de ce que Marc Ferro appelle « les noces de Pétain et de la France[25] », mais il faut se garder d'en faire la cause de tous les débordements. Le maréchalisme de base, qui, dès 1940, devient une attitude distincte de l'adhésion à l'idéologie de la Révolution nationale et à la politique du gouvernement, est un phénomène complexe et profond[26]. Il apparaît comme un des ressorts essentiels des attitudes collectives pour toute la durée de la guerre. C'est à la fois une valeur sûre, stable dans sa durée et inconstante dans ses manifestations. Elle tiendra encore la mer quand le reste du bâtiment fera eau de toutes parts, mais elle fournit l'indication la plus nette sur le caractère factice de la fragile unité qui se forme autour du vieil homme. Une sorte de loi simple permet de lire la courbe d'évolution de l'attachement à sa personne. Chaque fois que la perception de la réalité coïncide avec la représentation du mythe fondateur – le père protecteur, le chef garant de l'unité et de l'identité nationale, le patriote germanophobe –, le maréchal Pétain en tire bénéfice. Et cela, qu'il traduise directement en actes ces symboles de référence ou, sans qu'il ait à exprimer sa pensée, que l'imaginaire collectif y supplée, en comparant sa réaction supposée à celles que l'on prête aux autres. L'image repoussoir de Pierre Laval ou, à un degré moindre, celle de l'amiral Darlan, celles des collaborationnistes et de leurs excès, ainsi que les fantasmes du double jeu, ont agi objectivement dans cette direction. C'est aussi dans cette voie qu'il faut chercher sans doute une explication possible au succès d'estime obtenu encore au printemps de 1944 à Paris et dans la zone Nord[27]. En revanche, quand la distorsion est manifeste et que la superposition des deux niveaux d'images n'émet plus que des signaux troubles ou indistincts, le doute s'installe. Le brouillard efface la lueur qui resurgit un peu plus loin, mais un peu plus faible, jusqu'à devenir un symbole vacillant. Montoire, dès le 24 octobre

25. *Pétain*, *op. cit.*

26. La paternité de l'expression de « maréchalisme de base », passée à la postérité, revient à J.-P. Azéma.

27. Voir, dans le chap. V.

1940, est le premier indicateur de cette attente inquiète, vite compensée par la signification rassurante donnée au renvoi de Pierre Laval, le 13 décembre. Après l'été 1941, avec la première poussée de la Résistance dans l'opinion et l'entrée dans le cycle infernal des attentats et des représailles, le processus s'accélère et laisse chaque fois des cicatrices un peu plus voyantes.

D'autres mécanismes d'adhésion

À côté du système de représentations auquel renvoie la notion de maréchalisme, d'autres mécanismes contribuent à expliquer l'attitude globale d'adhésion qui domine, dans l'opinion, en 1940. Interférant étroitement avec les peurs, les attentes et les transferts sur la personne symbolique du maréchal, trois facteurs exercent des effets d'entraînement particulièrement sensibles : l'engrenage du consentement, le sentiment d'une reconstruction nécessaire de la nation, l'absence de lucidité dans l'anticipation.

La logique du consentement est, comme le maréchalisme, une des clés indispensables à la compréhension du mouvement de l'opinion. Par une suite de dérives, elle impose l'idée qu'il n'existe aucune issue en dehors de celle de Vichy, que le seul choix possible est, en conséquence, celui de l'obéissance. Elle prolonge des tendances antérieures au renoncement mais tire surtout son efficacité du véritable dogme de l'infaillibilité auquel est alors associée l'image de Philippe Pétain. Ses vertus exemplaires, et le don de sa personne à la France meurtrie, interdisent à quiconque de prétendre savoir mieux que lui où se trouve la voie de l'intérêt national. Les attributs de sagesse et de bon sens pratique complètent celui du patriotisme insoupçonnable pour convaincre que, loin de signifier la faiblesse ou la soumission, le choix de suivre et d'accepter est l'attitude sensée, juste, normale, réaliste et surtout indispensable au relèvement salutaire de la nation. Entraînée par sa pente naturelle à la passivité, et sous l'influence peut-être d'une culture dominante imprégnée du système de valeurs du monde rural, l'opinion se satisfait d'une représentation de la morale civique où, à travers le culte de la discipline, l'inclination à la résignation est présentée comme une forme élevée du devoir et du courage.

D'autres influences ont également joué dans cette même direction du renoncement par nécessité. Tout comme la mauvaise conscience dont elle est issue, le sentiment d'anéantissement amené par la défaite justifie l'obligation de procéder, dans l'ordre, au profond effort de redressement intérieur contrecarré par l'irresponsabilité de l'« ancien régime[28] ». Enfin – et on rejoint là, en particulier par la logique du rachat, une dimension du maréchalisme –, les prises de position du clergé en faveur de Vichy ont lourdement pesé dans le contexte de 1940. Dans la mesure où, comme le dit René Rémond, la « composante religieuse du mythe Pétain concourt à fonder sa légitimité », désobéir au chef de l'État est, en plus, aller contre la volonté de cette même Providence à qui la France doit « l'homme capable d'atténuer son malheur, de reconstruire sur ses ruines, de préparer l'avenir[29] ».

Cette sorte de mécanique de l'enfermement se retrouve dans les enchaînements qui se greffent sur la volonté sincère et largement partagée de reconstituer le tissu national. Ses effets ayant déjà été envisagés, ils ne seront rappelés que pour mémoire. Dans les représentations dominantes de l'été 1940, les divisions antérieures de la nation sont devenues absolument inséparables des causes de l'effondrement. Le mélange de délectation et d'exagération dans l'exploitation politique du thème de la déchéance, ainsi que le partage du territoire, accentuent le caractère de cette prise de conscience. Renforcée par la tendance instinctive au repli et par le désir de fusion qui prolonge un effet naturel de compensation, elle débouche sur une profonde aspiration à la réconciliation dans l'unité retrouvée de la nation. Vichy utilise à son profit la

28. L'expression appartient au vocabulaire des propagandistes de Vichy. Le thème du « caractère salutaire de la défaite », qui permettra au pays de se débarrasser des « toxines infiltrées dans ses veines » et de la « lèpre » qui rongeait la nation, est une composante essentielle du discours procollaborateur issu des représentations de la décadence française.

29. Les déclarations épiscopales sur Philippe Pétain, don de la Providence, se multiplient à l'automne 1940. La citation est extraite de l'allocution de Mgr Piguet, évêque de Clermont-Ferrand, où le maréchal est en visite le 11 novembre 1940.

puissance de ce sentiment et en fait un des ressorts essentiels de son projet politique. Ce faisant, il se condamne à réussir. Si, en effet, dans l'esprit des Français, l'identification du régime à l'idée-force de l'unité nationale est un solide facteur d'adhésion, elle comporte également, en cas d'échec, le risque de devenir un sérieux motif de désaffection.

C'est ce même principe de l'arme à double tranchant qui joue dans les effets d'anticipation, indissociables de l'imaginaire collectif. Entièrement absorbés par l'urgence des problèmes personnels auxquels ils sont confrontés, les Français, pendant l'été 1940, ne se situent qu'en fonction du court terme. Cette perception aplatie du temps et les diverses logiques de pensée qui convergent vers des attitudes d'assentiment et de repli empêchent la majorité d'entre eux de déceler les engrenages que les perspectives du pétainisme laissent entrevoir. Cette incapacité à discerner avec lucidité la cohérence politique du projet de Vichy – l'indifférence au premier statut des Juifs comme aux autres formes de répression en est un des indices – est inhérente au formidable pouvoir de persuasion qui découle des composantes de la représentation maréchaliste. Pendant les premiers mois de l'existence de Vichy, l'évolution vers la collaboration, que l'entrevue de Montoire va amorcer, est inconcevable pour la majorité de l'opinion. Dans l'idée que le plus grand nombre se fait alors du futur, Vichy n'est perçu que comme un épisode provisoire, un régime de circonstance, une solution d'attente, ou même, pour les plus enclins à spéculer, comme une stratégie d'attente. Spontanément, en raison du contexte, l'opinion ordinaire conçoit mal que l'on puisse construire, de manière stable, un nouvel ordre politique et social tant que le pays se trouve confronté à une situation de guerre. Ainsi, la logique du provisoire et de l'attente qui, dans un premier temps, sert le courant du ralliement à Vichy ou, plus exactement, à l'idée que l'on s'en fait, contribue aussi à sa fragilité et recèle des motifs de méprise.

Repli et indifférence

Au cours de la première année, jusqu'à l'été 1941, les ingrédients du malentendu vichyssois sont en place, mais ne se dévoilent pas. Avec des nuances dont on distingue encore mal, sur le moment, la portée, des courants de fond poussent dans le sens d'une sorte d'assentiment par tacite reconduction. À l'attachement sincère au chef de l'État, à la vénération et au respect dont il est l'objet – sentiments confirmés par les documents comme par le succès des visites qui se succèdent entre les mois de novembre 1940 et de juin 1941 –, correspond plus de prudence que d'enthousiasme à l'égard du projet politique. On n'y retrouve certainement pas l'unanimité confiante dont bénéficie la personne du maréchal. Hors les milieux militants des droites, écartés précédemment du pouvoir par le suffrage universel, qui y voient surtout l'occasion de régler de vieux comptes avec les adversaires de toujours, la Révolution nationale ne parvient pas à secouer une inertie quasi générale. On pourrait y voir des réserves à l'égard d'un climat de répression qui se précise et qui préjuge mal de la grande reconstruction de l'unité nationale annoncée comme une priorité, mais cette explication fait la part trop belle à l'optimisme sur le niveau de conscience de l'opinion. Les réactions d'opposition restent aussi minoritaires que discrètes [30]. Le désintérêt perceptible résulte plutôt de deux phénomènes : le versant défavorable des perceptions, par effet d'anticipation, et la position de recul amenée par des préoccupations quotidiennes que les nécessités du temps vont bientôt faire tourner à l'obsession.

En premier, donc, l'idée précédemment indiquée que Vichy appartient au domaine du provisoire, qu'il est une solution transitoire, que les mesures par lesquelles il affirme son existence d'État ne sont que des concessions obligées, par calcul tactique, aux circonstances [31]. La représentation ambivalente du double jeu, sur laquelle les stratèges du café

30. Exception faite des réseaux qui se mettent en place, mais dont l'impact sur l'opinion est extrêmement faible, les organisations de Résistance, jusqu'au début de l'hiver 1940, n'en sont qu'au stade embryonnaire. Le rôle essentiel revient aux émissions de la France libre transmises par la BBC.

31. Angelo Tasca fait remarquer que la population dit couramment dans la zone occupée, et même dans la zone libre, « le gouvernement de Vichy » et non « le gouvernement français ». Il voit dans cette expression la notion de provisoire que l'opinion attache à ce gouvernement (*Vichy 1940-1944*, *op. cit.*, p. 233).

du Commerce sont intarissables et à laquelle l'opinion veut s'accrocher, intègre de manière cohérente cette projection et la renforce. En second lieu, et de façon assez cohérente avec le choix de temporiser, l'expectative prudente, le repli sur les problèmes de la vie quotidienne imposé par les réalités du ravitaillement, mais qui ne se réduit pas, du moins au début, à cette seule obligation. La mise en application de ce principe d'autoprotection, dans tous les sens du terme, commence dès le début de l'automne 1940. Il deviendra vite une nécessité absolue qui s'exprimera, jusqu'à la fin des hostilités, comme un leitmotiv. Malgré la faible ampleur des variations, la part d'attention que ces problèmes prennent dans les préoccupations prioritaires de l'opinion constitue, pour l'ensemble de la période 1940-1944, un bon baromètre pour mesurer l'évolution des sensibilités et l'impact éventuel des événements.

C'est plus à ce refuge dans l'indifférence, et à une absence de conscience des prolongements concrets des mesures discriminatoires, qu'à la satisfaction d'un antisémitisme populaire, que l'on doit sans doute l'absence de réactions aux mesures prises contre les Juifs à l'automne 1940[32]. L'existence, dans la population, d'un fond d'hostilité primaire à l'égard des Juifs n'est pas contestable. Elle est réactivée et encouragée par le climat ambiant, d'autant plus aisément qu'elle est dirigée contre les « responsables » de la défaite, parmi lesquels les Juifs sont une cible toute désignée. Ils se retrouvent ainsi au milieu d'autres catégories de réprouvés à l'égard desquels, en 1940, on constate la même indifférence. Pierre Limagne, qui avait réagi le 27 août à l'abrogation du décret sur les injures raciales et professionnelles en qualifiant cette décision d'inopportune[33], puis avait dénoncé le 12 septembre les briseurs de vitrines de commerçants présumés juifs, limite à une seule phrase et à trois points d'exclamation, quatorze jours après la publication, son commentaire sur la

32. Le problème sera repris dans un prochain chapitre.

33. « Quel que soit le motif qui ait dicté cette décision, elle paraît inopportune, ne pouvant manquer d'encourager les briseurs de vitrines juives déjà à l'œuvre dans plusieurs villes » (Pierre Limagne, *Éphémérides de quatre années tragiques, 1940-1944*, t. I, Lavilledieu (Ardèche), Éd. du Candide, 1987).

loi du 3 octobre 1940 édictant le premier statut des Juifs : « Nous avons maintenant un “statut des Juifs” ! ! ! » Dans cette torpeur résignée qui caractérise l’autre face des débordements d’enthousiasme exprimés lors des voyages du chef de l’État, et exploités par de puissants moyens de propagande, trois amorces de dérapages montrent les limites de l’équilibre sur lequel repose l’accord apparent de l’opinion.

2. Premiers dérapages

Malgré le drame de Mers el-Kébir, l’affaire de Dakar et le poids d’un discours anglophobe, la majorité de l’opinion reste favorable à la cause britannique et souhaite ouvertement la victoire de l’Angleterre face à l’Allemagne[34]. Ce mouvement de sympathie, qui aurait pu être lié à des traditions spécifiques régionales[35], peut être généralisé, à l’exception de quelques variantes mineures. Les rapports des préfets et les synthèses du contrôle postal soulignent presque partout l’intérêt avec lequel est suivie la bataille d’Angleterre et l’espoir de voir un jour ceux qui restent perçus comme des

34. Le 3 juillet 1940, des navires britanniques ouvrent le feu sur une partie de la flotte française de l’Atlantique mouillée dans la rade de Mers el-Kébir, près d’Oran. Avec les victimes d’un raid de l’aviation anglaise effectué trois jours plus tard, le total des victimes s’élève à 1 297.

Le 24 septembre 1940, après l’échec d’une tentative pacifique puis d’un débarquement de troupes pour tenter de rallier Dakar au général de Gaulle, la flotte anglaise bombarde la ville. La riposte énergique de la marine de Vichy contraint le général de Gaulle, présent sur les lieux, de mettre fin à l’opération, qui tourne au fiasco.

35. Le nord de la France et, dans le Sud-Ouest, le Quercy, le Périgord, l’Agenais et la Gironde, qui accueillent depuis très longtemps de nombreux résidents anglais. Les services secrets britanniques sont d’ailleurs à l’origine de la formation, du financement et de l’encadrement des « groupes Veny », organisation importante dans la région (la deuxième des maquis du Lot, derrière les FTP). C’est au sein de ce mouvement que, au milieu du printemps 1944, André Malraux fera son entrée dans la Résistance active et c’est au retour d’une « mission d’inspection » dans un maquis Veny qu’il sera blessé et arrêté par les Allemands, près de Gramat (Lot), le 22 juillet 1944. Il n’est pas inutile de rappeler que le général de Gaulle était hostile au contrôle direct des Anglais sur les organisations de Résistance intérieure.

alliés « nous sortir de là », pour reprendre une expression régulièrement répétée. Ce sentiment dominant est également confirmé par les documents conservés dans les archives d'Angelo Tasca et par ses propres commentaires [36]. Cela étant, il est vraisemblable que l'anglophilie contient elle aussi sa part d'ambiguïté et que ces réactions, dans une proportion qu'il est impossible de définir, s'expliquent autant par une attitude d'agressivité à l'égard de l'Allemagne que par un amour sans nuage de la Grande-Bretagne.

Il n'y a là qu'une constatation banale sur un mode de fonctionnement élémentaire de l'opinion, que l'on observe à propos de l'Italie et qui se retrouvera à diverses occasions [37]. L'audience de la radio de Londres, qui va de pair, montre, et c'est le fait important, dans quel sens s'oriente la tendance profonde de l'opinion, trois mois à peine après la naissance du régime [38].

L'anglophilie. Montoire

Ce premier et léger décalage entre le sentiment populaire et le discours officiel va se confirmer lors des réactions à l'entrevue de Montoire, le 24 octobre. Les premiers signes de doute et d'inquiétude, parfois de désarroi, répondent à l'initiative de Pierre Laval et du maréchal Pétain. En dépit de la campagne de presse sur le thème « oublions nos ressentiments », les réserves, la nervosité ou même une « anxiété très vive [39] » de l'opinion sont telles qu'elles retiennent l'attention particulière du gouvernement. Des instruc-

---

36. Cf. *Vichy 1940-1944*, *op. cit.*, la contribution de Denis Peschanski et, dans les « documents » d'Angelo Tasca, la fracture de l'été 1940 (p. 43 et 233).

37. Les revers de l'Italie en Grèce servent de défoulement. Témoin ce panneau exposé début janvier 1941 à Cahors où l'on peut lire : « Si vous voulez visiter l'Italie, engagez-vous dans l'armée grecque. »

38. En février 1941, le préfet de l'Ariège, qui ne fait pas mystère de ses sympathies pro-vichystes, reconnaît : « L'opinion publique reste dans sa presque unanimité favorable à l'Angleterre » (28 février 1941, AN F1 CIII 1139).

39. AD HG 1960-103, 28 octobre 1940. Le préfet de l'Aveyron souligne l'inquiétude et la nervosité de la population, qui craint une reprise de la lutte contre l'Angleterre (30 octobre 1940, AN F1C III 1 1 41).

tions aux préfets tentent de prévenir les effets négatifs de l'entrevue entre le chef de l'État et le Führer. Elles montrent bien, par opposition, l'ampleur de l'émotion [40]. Dans un long télégramme, Peyrouton, ministre de l'Intérieur, demande aux préfets de souligner clairement que le maréchal « a admis seulement le principe de la collaboration » et que lui et son gouvernement sont les « seuls capables de juger la réalité de la situation née de la défaite ». C'est, continue-t-il, avec le « souci de l'honneur national » qu'ils poursuivront « la seule politique susceptible d'assurer le salut dans la prospérité reconquise ». Après avoir désigné les coupables du trouble actuel en dénonçant les « injures et mensonges de tous les métèques et capitalistes internationaux attachés à égarer l'opinion française », il demande une surveillance étroite de cette opinion, des mesures discrètes pour assurer le maintien de l'ordre et, pendant une semaine, des comptes rendus télégraphiques quotidiens sur l'évolution de la situation. Deux jours plus tard, de nouvelles directives ordonnent aux préfets, aux maires, aux gendarmes et à la police d'interdire toute écoute publique des émissions de la radio anglaise, dont les premiers rapports parvenus à Vichy signalaient les « ravages ». Si l'allocution du maréchal Pétain le 30 octobre semble marquer un retour au calme et à la confiance – en témoigne le triomphe obtenu par le chef de l'État en visite à Toulouse les 5 et 6 novembre, comme un peu plus tard à Clermont-Ferrand, Lyon, Marseille et Toulon [41] –, l'expulsion des Lor-

40. Signe de ces perturbations, l'extraordinaire succès de la *prophétie de sainte Odile* qui amène, dans la région de Toulouse, intervention de la police, saisies et inculpations (AD HG 1321-8). En plein été 1941, à une autre période de trouble et de doutes, la même prophétie circule à nouveau, et le gouvernement rappelle son interdiction par un télégramme du 23 juillet 1941.

41. La première série des voyages du maréchal Pétain s'étend du 5 novembre au 4 décembre. À Toulouse, les titres impressionnants de *La Dépêche* du 6 novembre, en dépit de la pénurie de papier, font état d'un enthousiasme sans réserve de la population. Le journal est évidemment silencieux sur le lancement de tracts communistes, lors du passage du cortège officiel, par un procédé ingénieux. Ils dénoncent la répression par « les tortionnaires de Vichy » contre ceux qui avaient « défendu la paix » et réclament « Thorez au pouvoir » (cf. Rolande Trempé, « La région toulousaine » in *Les Communistes français de Munich à Châteaubriant, 1938-1941*, *op. cit.*, p. 397-407, et Michel Goubet et Paul Debauges, *Histoire de*

rains, qui commence à partir du 11 novembre, amène de nouvelles secousses [42]. Au même moment (mais sans relation entre les deux événements), se produit la première manifestation de rue contre les Allemands. Le jour anniversaire de l'armistice de 1918, en fin de journée, sur les Champs-Élysées, des étudiants et lycéens de différentes sensibilités, nationalistes, communistes et « gaullistes » mêlés, se heurtent pendant deux heures à la police française puis à des forces allemandes qui ouvrent le feu [43]. Les slogans antihitlériens ou favorables à la France et au général de Gaulle sont nombreux, mais les cris hostiles au maréchal Pétain beaucoup plus rares. Si la portée politique de l'événement est restreinte, et ses motivations diverses, l'union instinctive qui s'est faite contre l'occupant est symbolique. Il apparaît nettement que dans l'ensemble du pays, sans remettre en cause l'attachement à la personne de Pétain, un courant spontanément hostile à la collaboration est en train de se former, qu'un début timide de prise de conscience collective est en marche. Tout à fait cohérent avec la sympathie manifestée à l'Angleterre, il évoluera parfois de manière hésitante mais, globalement, il ne se démentira jamais plus [44].

---

la Résistance, Haute-Garonne, Toulouse, Éd. Milan, 1986, p. 37, où l'on trouve la reproduction d'un des tracts jetés le 5 novembre).

42. À propos de cette expulsion, Jacques Benoist-Méchin écrit : « L'opinion française avait toujours été sceptique quant aux résultats de l'entrevue [Montoire]. Du coup elle devint hostile » (*Mémoires*, *op. cit.*, p. 38).

Le 18 novembre 1940, le portrait du maréchal Pétain disparaît des classes du « lycée de Toulouse » (aujourd'hui Pierre-de-Fermat) et des élèves inscrivent « Vive l'Angleterre, Vive de Gaulle » sur les tableaux (Archives Daniel-Latapie, rapport de police). Avec prudence, à la même période, le préfet de l'Aveyron indique que « tous les Aveyronnais ne sont pas évidemment convaincus que la carte jouée est la bonne » (14 octobre 1940, AN F1 C III 1 1 41).

43. La manifestation a été plus improvisée qu'organisée mais son retentissement, amplifié par la rumeur, a été assez considérable. On a parlé, à tort, de dizaines de morts et de déportations. 143 arrestations ont été effectuées. Cf. Henri Michel, *Paris résistant*, Paris, Albin Michel, 1982, et J.-P. Azéma, « 1940, l'année terrible », *Le Monde*, 30 août 1989, rééd. Paris, Le Seuil, 1990.

44. Dans son Journal, Jules Jeanneney écrit le 30 décembre 1940 que « d'instinct, la masse répugne à la collaboration » (J. Jeanneney, *Journal politique, septembre 1939-juillet 1942*, éd. présentée par Jean-Noël Jeanneney, Paris, Colin, 1972).

Le maréchal au sommet

Les réactions au renvoi de Laval, le 13 décembre, corroborent cette évolution et l'existence d'une sorte de refus viscéral de la collaboration. Même si nous savons que les motifs de la décision du maréchal Pétain ne signifient pas une condamnation de cette politique, ou en tout cas ne s'y réduisent pas[45], la représentation que l'opinion se fait de l'affaire et la signification qu'elle lui donne ne prennent en compte que cette donnée. Pierre Laval, identifié à une volonté de rapprochement étroit avec l'Allemagne, est écarté spectaculairement des responsabilités de l'État. Pour la majorité de la population, qui veut se raccrocher à une des références majeures de l'image de Pétain, il est évident que les deux éléments constituent une relation de cause à effet. Dans le premier brouillon du rapport que le préfet de la Haute-Garonne rédige pour Vichy, il insiste sur la « profonde sensation » produite par l'événement, en soulignant les critiques ou les appréciations réservées qui étaient portées sur sa politique extérieure par une fraction importante de l'opinion[46]. Ce type de commentaires se retrouve partout. Comme l'écrit le préfet du Tarn, la population, sans être pour autant gaulliste ou anglophile, est particulièrement mal préparée à admettre un rapprochement avec la puissance occupante. Le sentiment que le maréchal fait face courageusement à une pression accrue de cette même « puissance occupante » renforce indiscutablement le mouvement de confiance à son égard[47]. « Tout ce qui émane du maréchal est accueilli avec ferveur » et trouve un « écho profond dans le cœur des Ariégeois », affirme le préfet de Foix. L'image qu'il décrit alors de ses concitoyens, « groupés massivement derrière le maréchal », donne, certainement, à ce moment-là, un reflet fidèle d'un sentiment largement partagé dans la France moyenne[48]. Si

45. Cf. les travaux de Robert O. Paxton et de Marc Ferro, *op. cit.*

46. AD HG 1960-103, 17 décembre 1940. La version définitive sera plus nuancée, indiquant une « indifférence de la grande masse » et une « confiance entière » de la « grande majorité » à l'égard du chef de l'État.

47. 10 janvier 1941, AN F1 C III 1193.

48. AN F1 C III 1139, 31 décembre 1940.

l'on met à part les semaines d'émotion intense de la fin du mois de juin et de juillet 1940, le début de l'hiver 1940-1941 représente la période où le prestige du maréchal Pétain est à son plus haut niveau [49]. Ce seul fait témoigne encore, si besoin est, de l'ambiguïté d'un consensus dont la puissance des signes extérieurs peut laisser croire, il est vrai, à une impressionnante solidité.

Dans les premiers mois de 1941, la situation reste étale avec un retour progressif à des attitudes apparemment identiques à celles qui précédaient Montoire. L'indifférence et le repli de l'attention sur les préoccupations matérielles reprennent lentement le dessus. Leur signification n'est plus cependant tout à fait la même, mais sans que cette timide amorce d'évolution ait atteint le niveau de la conscience et encore moins celui d'une quelconque exigence. La confiance demeure tout en se faisant désormais sélective. L'attentisme n'est plus le seul prolongement passif de la docilité et de la résignation. Il commence à inclure, précisément, de véritables attentes.

Premier recul de la confusion

Si l'on fait un premier bilan, au printemps 1941, avant que ne surgissent de nouvelles inquiétudes face aux initiatives de Darlan [50] et que la précipitation des événements ne bouleverse à nouveau les données du jugement, trois grands courants de sensibilité commencent à émerger du magma.

49. Lors d'une conférence prononcée au théâtre du Capitole de Toulouse, le 24 janvier 1941, devant une énorme foule, 2 000 personnes dans la salle et 3 000 à l'extérieur (selon les estimations officielles) acclament le nom du maréchal Pétain quand il est prononcé (AN F1 C III 1 1 54). Pour ce même mois de janvier, les rapports de police indiquent que « les tracts gaullistes sont moins abondants que dans les mois passés » (Archives Daniel Latapie, Toulouse).

50. Reprise des négociations avec les Allemands marquées par la rencontre Hitler-Darlan le 13 mai et l'accord (non officialisé en conseil des ministres) sur les protocoles de Paris, le 28 mai 1941. Voir le chapitre suivant.

LA PROPHÉTIE DE

SAINTE ODILE

Sainte Odile, patronne de l'Alsace, naquit en 657. On sait qu'elle entra en religion et fut abbesse du Monastère de Chenburg, non loin de Moyen Moutier. Elle avait été élevée en France, à Baume-les-Dames.

Elle avait une vive affection pour l'un de ses quatre frères, Hugues; et elle lui écrivait souvent.

L'une de ses lettres, conservée par la tradition, et fort connue en Alsace, constitue la fameuse prophétie, et qui, en vérité, semble bien se rapporter aux évènements de ces deux années.

Voici le texte de cette lettre qui est écrite en latin et datée de l'an 690 environ.

LA PROPHETIE de SAINTE ODILE

Ecoute, écoute, ô mon frère. J'ai vu la terreur des forêts et des montagnes. L'épouvante a glacé les peuples. Il est venu le temps où la Germanie sera appelée la nation la plus belliqueuse de la terre. Elle est arrivée l'époque où surgira de son sein le guerrier terrible qui entreprendra la guerre du monde et que les peuples en armes appelleront l'Antéchrist, celui qui sera maudit par les mères pleurant, comme Rachel, leurs enfants et ne voulant pas être consolées.

Vingt peuples divers combattront dans cette guerre.
Le conquérant partira des rives du Danube.

La guerre qu'il entreprendra sera la plus effroyable que les humains auront jamais subie. Ses armées seront flamboyantes et les casques de ses soldats seront hérissés de pointes qui lanceront des éclairs pendant que leurs mains brandiront des torches enflammées.

Il remportera des victoires sur terre, sur mer et jusque dans les airs, car on verra ses guerriers ailés, dans des chevauchés inimaginables s'élever jusque dans le firmament pour y saisir les étoiles afin de les projeter sur les villes et y allumer des grands incendies.

Les nations seront dans l'étonnement et s'écrieront: "d'où vient sa force?"

La terre sera bouleversée par le choc des combats; les fleuves seront rougis de sang, et les monstres marins eux-mêmes s'enfuieront épouvantés jusqu'au plus profond des océans.

Les genèrations futures s'etonneront que ses adversaires n'aient pu entraver la marche de ses victoires.

Des torrents de sang humain couleront autour de la montagne, ce sera la dernière bataille (ultima pugna).

Cependant, le conquerant aura atteint l'apogee de ses triomphes vers le milieu du sixième mois de la deuxième annee des hostilites, ce sera la fin de la première periode, dite de victoire sanglante. Il croira alors pouvoir dicter ses conditions.

La seconde partie de la guerre egalera en longueur la moitie de la première; elle sera appelee "tempusdiuitionis", la periode de la diminution. Elle sera feconde en surprises qui feront fremir les peuples

Dans la troisième période, tous les peuples spoliés recouvreront ce qu'ils ont perdu et quelque chose de plus; la region de Lutèce sera sauvée elle-même à cause de ses montagnes benies et de ses femmes dévotes. Pourtant, tous auront cru à sa perte, mais les peuples se rendront sur la montagne et rendront grâce au seigneur.

Car les hommes auront vu de telles abominations dans cette guerre que leurs générations n'en voudront plus jamais.

Malheur pourtant encore à ceux qui ne craignent pas l'Antéchrist, car il suscitera de nouveaux meurtres. Mais l'ère de la paix sous le feu sera arrivée et l'on verra les deux cornes de la lune se réunir à la croix, car en ces jours, les hommes effrayés adoreront Dieu en vérité, et le soleil brillera d'un éclat inaccoutumé.

Vente 12, Rue Denfert-Rocherau Toulouse. N° 347 — Imp. J. Cocuron, Rennes —

– Un puissant maréchalisme de sentiment, d'autant plus fervent qu'il autorise, sans calcul conscient, de larges équivoques dont la représentation d'un chef de l'État patriote au-dessus de tout soupçon, protecteur de l'indépendance nationale et adversaire irréductible des Allemands n'est pas la moindre [51].

– Une hostilité viscérale à la collaboration, largement majoritaire, venue des profondeurs. Le courant se nourrit paradoxalement de la représentation ambivalente du chef de l'État et se montre imperméable à tout raisonnement « réaliste ». Son développement reste toutefois encore largement autonome, à distance d'un mouvement de Résistance balbutiant et, parfois même, plus ou moins bien dégagé des pesanteurs maréchalistes [52].

– Un attentisme fortement dominant, qui recoupe le maréchalisme. Il entre toutefois dans une phase évolutive où se dessine, au-delà des fonctions de refuge et d'opportunisme, un début de « distanciation » par un mécanisme de dislocation entre la politique menée par le gouvernement de Vichy et la personnalité symbolique du maréchal Pétain [53]. La suite de l'année 1941 va confirmer et accentuer ce décrochage.

---

51. Au cours d'une visite à Toulouse, le colonel de La Rocque expose les consignes de son mouvement : ni pour l'Angleterre, ni pour l'Allemagne, contre les communistes. Accorder une confiance totale à Pétain mais, « si je vous dis d'être tous derrière le Maréchal, je ne vous demande pas d'être derrière le gouvernement » (AD HG 1896-109, 30 octobre 1940).

52. Cf. Daniel Cordier, *Jean Moulin, l'inconnu du Panthéon*, Paris, Lattés, 1989, t. I.

53. Dans l'impossibilité matérielle de citer des exemples de toutes les sources consultées, il faut préciser que ces conclusions résultent d'investigations menées dans les rapports concernant les départements de l'Aveyron, de l'Ariège, de la Haute-Garonne, du Gers, du Lot, du Tarn et du Tarn-et-Garonne. S'y ajoutent des extraits de rapports de préfets de plus de 40 départements communiqués par D. Veillon et J.-P. Azéma. Enfin, des informations ont été tirées de divers travaux d'étudiants ou transmises, pour la Corrèze, par Gilbert Beaubatie.

CHAPITRE III

1941 : le détachement et le processus de clarification

Dans le prolongement d'une interprétation articulée autour de l'idée répandue, mais contestable, d'un bon et d'un mauvais Vichy, en liaison avec le rôle jugé pernicieux de Pierre Laval, l'importance de l'année 1941 a été longtemps négligée. Elle l'a été aussi, plus simplement, parce que cette année est écrasée par l'importance des événements décisifs qui se multiplient en 1942 et qu'elle se retrouve enfermée à l'intérieur d'un bloc de deux premières années faussement homogènes. Elle constitue en fait une étape primordiale dans l'évolution de l'opinion, le seuil à partir duquel se produit un décrochage irréversible avec le régime, la période où, pour Vichy, tout commence à basculer dans le sens de la dégradation. Non que celle-ci s'inscrive dans une progression linéaire et uniforme : les lois du mouvement de l'opinion ne sont pas celles des sciences exactes ou de la raison, et la cohérence des évolutions comme la régularité des rythmes sont des notions étrangères à son mode de fonctionnement. Il y aura effectivement des phases de stagnation, voire des régressions, mais, sur l'ensemble de la durée, l'orientation générale de la courbe ne variera plus.

Le vent mauvais

C'est, selon les lieux, en avril et mai 1941 que se manifestent les premiers signes de perturbation, dans un contexte qui devient de plus en plus préoccupant. Le printemps et l'été 1941 voient converger et se croiser une succession d'événements d'une importance considérable, tant à l'extérieur qu'à l'intérieur. L'extension de la guerre avec l'intervention des

Allemands en Afrique du Nord et dans les Balkans, la capitulation de la Grèce [1], l'intensification, à l'initiative de l'amiral Darlan, de la politique de collaboration symbolisée par les « protocoles de Paris » provisoirement paraphés le 28 mai [2], les affrontements de Syrie entre les troupes de Vichy et celles de la « dissidence gaulliste [3] », le déclenchement de la guerre contre l'URSS [4] viennent recouper une sérieuse détérioration de la situation économique et sociale. Les contraintes multipliées de la vie quotidienne, les restrictions, la réglementation de plus en plus sévère du rationnement et la montée vertigineuse des prix aggravent les inégalités et entretiennent un climat de mécontentement. Elles s'accompagnent d'un net durcissement du régime, qui va du renforcement de l'ordre moral et de la législation antisémite [5] à l'exigence du serment de fidélité au maréchal, pour aboutir

---

1. L'Afrikakorps de Rommel est engagé en Libye le 22 février 1941 et lance le mois suivant, avec les Italiens, une offensive en direction de l'Égypte. En Europe, les Allemands entrent à Belgrade le 13 avril et les Grecs capitulent le 22 du même mois.

2. Le 6 juin 1941, le conseil des ministres refuse de signer ces protocoles, négociés par Benoist-Méchin et Darlan, qui prévoyaient d'accorder une aide logistique aux Allemands au Proche-Orient et secondairement en Tunisie. Hitler rompt les négociations et se consacre prioritairement à l'invasion de l'URSS. Les victoires anglaises en Irak et anglo-gaullistes en Syrie mettaient, de toute façon, les accords en question.

3. Aidées des Anglais, les Forces françaises libres entrent en Syrie le 7 juin 1941. Les combats entre gaullistes et troupes vichystes se terminent le 14 juillet, à l'avantage des premiers, par l'armistice de Saint-Jean-d'Acre.

4. Le 22 juin 1941, la Wehrmacht pénètre en URSS sur un front de 2 000 kilomètres avec 2 millions d'hommes.

5. Le second statut des Juifs, plus discriminatoire que celui du 3 octobre 1940, est institué le 2 juin 1941.

Pour ce qui relève de l'ordre moral, un exemple qui semble assez peu connu est celui de l'épuration des bibliothèques publiques. Une circulaire du 4 avril 1941, signée de Darlan et de Carcopino, indique qu'il « a paru nécessaire, en vue de contribuer à l'action du gouvernement contre le communisme et en faveur du relèvement moral de la nation », de retirer des bibliothèques publiques (sauf universitaires) « tous les ouvrages de tendance politique extrémiste ou contraires aux notions fondamentales de la morale ». Les listes des œuvres et des auteurs interdits, où voisinent Zola, Colette, V. Margueritte, Marx, Barbusse, A. France, Jouhaux, Blum, Trotski, Ève Curie, P. Louÿs, Gide, Voltaire, etc., y compris les œuvres de G. Clemenceau datant de l'affaire Dreyfus, en disent long sur le niveau des ambitions de l'ordre nouveau.

à l'engrenage sanglant de la répression avec la création des sections spéciales auprès des cours de justice[6]. Les premiers attentats contre des militaires allemands[7] et les exécutions d'otages qui suivent en représailles complètent ce bref rappel d'un lourd contexte.

Le discours célèbre du 12 août 1941 sur le « vent mauvais », que le maréchal Pétain sent se lever de plusieurs régions de France, fait allusion à un malaise bien réel[8]. Les indications identiques transmises par les rapports des préfets et les synthèses du contrôle postal le confirment. Le léger renforcement du courant favorable à la collaboration, qui résulte de l'ouverture de la guerre à l'Est et des conversions entraînées par le thème de la croisade antibolchevique, est loin de compenser l'indication majeure qui ressort de l'évolution des esprits. C'est celle d'une lente liquéfaction du soutien de l'opinion publique sans lequel ni la politique extérieure du gouvernement, ni la Révolution nationale n'ont la moindre chance de réussite[9]. Quelques grandes constantes émergent d'une abondance de commentaires où dominent les tonalités déprimantes.

Le mécontentement devant l'aggravation des conditions d'existence touche de nouvelles couches de la population et

6. Le 27 août 1941, cinq magistrats de la section spéciale de la cour d'appel de Paris condamnent à mort, sans possibilité de pourvoi ou de recours, trois hommes, un Juif et deux communistes, emprisonnés pour des délits politiques mineurs. Ils sont guillotinés le lendemain (cf. Hervé Villeré, *L'Affaire de la Section spéciale*, Paris, Fayard, 1973).

7. Le 21 août 1941, à la suite de l'exécution, deux jours auparavant, de deux de ses amis, militants des Jeunesses communistes, Pierre Georges (connu sous les pseudonymes de Frédo, puis Fabien) abat en pleine journée, à la station de métro Barbès, l'aspirant Moser de la Kriegsmarine.

8. Ce jour-là, le maréchal déclare : « Français, j'ai des choses graves à vous dire. De plusieurs régions de France, je sens se lever depuis quelques semaines un vent mauvais. L'inquiétude gagne les esprits, le doute s'empare des âmes. L'autorité de mon gouvernement est discutée... » Le discours, suivi de toute une série de mesures de reprise en main, est spectaculairement diffusé au Grand Casino de Vichy, devant tout un parterre de notables.

9. En juillet 1941, le préfet de l'Aveyron écrit que les défections des maires et des secrétaires de mairie se multiplient. Les réactions de l'ensemble de la population « ne constituent pas tellement une opposition qu'une abstention qui entraîne une diminution de force incontestable pour le régime » (AN F1 C III 1141, 1er juillet 1941).

s'exprime au grand jour[10]. Ainsi que l'indique à Toulouse, avec ménagement, le commissaire divisionnaire de police spéciale, on accorde beaucoup plus d'importance aux « communiqués sur les rationnements » qu'aux « allocutions de M. l'amiral Darlan »[11]. Les injustices criantes et les antagonismes d'intérêts amorcent la reconstitution de solidarités sociales. Ils font resurgir des clivages et des disparités que le régime affirmait vouloir faire oublier. Sans réduire à des déterminismes sociaux l'expression des divers courants qui se profilent, on commence à discerner des tendances plus accusées selon les situations faites aux diverses catégories de la population. Signe des temps, les rapports officiels commencent à intégrer dans leur contenu des essais d'analyse sur la sociologie des forces de soutien à la politique du gouvernement, tandis que tout un vocabulaire plus ou moins approprié – mais rarement exempt d'arrière-pensées – se développe[12].

Même si l'anticommunisme a amené de nouveaux adeptes au courant favorable à la collaboration, celui-ci reste très minoritaire. À de très rares exceptions près[13], les diverses

10. Toujours dans l'Aveyron, le préfet signale un fort mécontentement, des récriminations grandissantes en notant que « l'esprit de critique fait des progrès » (30 avril et 31 mai 1941, AN, même référence).

11. AD HG 1960-103, 26 mai 1941. À la même date, dans un rapport « secret », le préfet régional Cheneaux de Leyritz dit clairement que les jugements sur la politique menée par le gouvernement sont très fortement influencés par les avantages ou les inconvénients matériels qui en découlent.

12. Exemples : la partie saine de la population, les éléments conscients, la plus grande partie de l'élite, les milieux responsables, les classes inférieures.

13. Si l'on prenait le préfet à la lettre, le cas de l'Ariège représenterait un modèle d'évolution atypique. Le 30 juin 1941, il avance que la « presque totalité » de la population souhaite l'écrasement du « régime bolchevique », que l'anglophilie est en « forte régression » et que, malgré les « ferments de division » propagés par la propagande extérieure, la politique de collaboration rencontre des succès en Ariège. Le 31 juillet, il confirme le sentiment d'hostilité à l'URSS, le bolchevisme étant « unanimement considéré comme responsable, pour une large part, du désordre intérieur et de l'affaiblissement de la France », mais il nuance le « succès » de la collaboration en précisant que cette politique est « approuvée par les éléments sains de la population ». Le 31 août, c'est le changement de cap avec un retour de l'Ariège dans la norme, avec le rappel d'une « hostilité maintes fois constatée à la politique de collaboration » (!) et « le désir très net que les gens ont de voir se réaliser une défaite de l'Allemagne » (AN F1 CIII 1 1 39).

synthèses sur l'état de l'opinion s'épuisent à répéter que la majorité de la population est catégoriquement opposée à l'Allemagne, qu'elle la considère « comme la cause directe ou indirecte, mais comme la cause première de tous ses maux [14] », que la « masse, par sentimentalisme patriotique irraisonné, est réfractaire » à la collaboration [15], que « la grande majorité de la population est hostile aux Allemands et à la collaboration [16] ». On pourrait multiplier les citations et le même discours est ressassé partout. C'est manifestement contre l'occupant, et les représentations négatives qu'il cristallise, que le sentiment national est en train de se reconstituer. Ajouter que cette reconstruction se fait à travers le refus de la politique de collaboration, et précisément sur ce problème de l'identité de la nation, choisi par Vichy lui-même comme un terrain de prédilection pour conduire son action – avec des perspectives évidemment éloignées de tout esprit jacobin –, indique bien que le malentendu entre Vichy et les Français commence à s'épaissir. Et cela, même si chez les uns et les autres, on est loin, en 1941, d'en avoir une conscience lucide.

Le trouble d'un automne de sang

Ce déphasage appelle, par ailleurs, une seconde observation. Il conduit à traiter avec prudence l'interprétation devenue traditionnelle (par réaction salubre au mythe de l'épopée héroïque) qui associe le rythme de l'évolution de l'opinion

---

14. Préfet de l'Aveyron, 1er juillet 1941. Cette perception est générale et constante. Elle s'exprime sous diverses formes, y compris par une réponse aux arguments de la propagande de Vichy. On trouve ainsi : « Les Anglais nous manœuvraient peut-être, mais au moins la vie était plus agréable avec eux. » En novembre 1941, le préfet régional constate que les Allemands sont considérés comme responsables de tout, des difficultés quotidiennes, du marché noir, du limogeage de Weygand, des exécutions d'otages (Archives Daniel Latapie).

15. Préfet du Tarn, 31 octobre 1941, AN F1 CIII 1193. Même chose dans l'Aveyron où la « collaboration blesse le sentiment de ceux chez qui la raison ne domine pas » (10 octobre 1941, AN F1 CIII 1141).

16. Sous-préfet de Brive, 30 septembre 1941. Archives départementales de la Corrèze dépouillées par Gilbert Beaubatie.

française à celui des pronostics sur les chances d'une victoire allemande. Ce qui se produit en 1941 apporte un démenti à cette analyse exagérément simplificatrice[17]. C'est pendant l'automne 1941, au moment où l'Allemagne est à l'apogée de sa puissance militaire avec ses victoires fulgurantes en URSS, au moment où le doute traverse même les militants communistes les plus convaincus[18], où les partisans de la collaboration marquent des points[19], que la montée de la germanophobie se confirme et se manifeste de plus en plus clairement. Des rapports de fonctionnaires, qui croient pouvoir faire état du proche effondrement des Soviétiques, signalent en même temps que « les Allemands comptent, de semaine en semaine, de plus en plus d'adversaires[20] ». La violente émotion populaire produite par le choc des exécutions d'otages accentue ce phénomène de rejet, mais la consolidation renforcée de l'hostilité à l'occupant ne signifie, en 1941, ni un rapprochement avec la Résistance, ni une approbation des attentats individuels[21]. Ils provoquent au contraire

17. Même si, comme nous l'avons écrit, l'opportunisme a tenu une place non négligeable dans les comportements, il n'est pas très sérieux d'en faire la clé souveraine et unique de toutes les explications. L'examen des faits résiste à ce type d'analyse dont les intentions peuvent parfois paraître suspectes.

18. Ce que Jacques Duclos reconnaît dans ses *Mémoires* (t. III, Paris, Fayard, 1970, p. 170) et qui ressort clairement des entretiens avec des témoins alors membres du PCF.

19. Dans les synthèses du contrôle postal, sur les 0,2 à 0,4 % des lettres qui abordent le problème de la collaboration, le pourcentage d'approbation varie entre 20 et 35 % d'octobre à décembre 1941. Il tombe ensuite aux environs de 10 % pour remonter à 25 % environ avec le retour de Pierre Laval à la tête du gouvernement. (Cf. Denis Peschanski, *Vichy 1940-1944*, *op. cit.*, p. 44.)

20. Le thème du « fossé qui se creuse entre Allemands et Français » (préfet de l'Aveyron, 3 novembre 1941) est un leitmotiv en octobre et novembre 1941. L'obscurité des salles de cinéma est propice aux manifestations d'hostilité et un rapport à destination du préfet régional de Toulouse indique, par exemple, que l'apparition sur les écrans de la délégation allemande aux obsèques du général Huntziger déclenche des « bordées de sifflets », des cris et diverses manifestations (rapport du 26 novembre 1941). De façon générale, les spectateurs saisissent toutes les occasions pour manifester leur antipathie à l'égard des Allemands. À un point tel que des règlements exigeront le maintien de la lumière pendant la projection des actualités (AD HG 1896-159).

21. 12 exécutions les 16 et 20 septembre, 48 le 22 octobre à Château-

dans l'opinion un sentiment d'incompréhension et de réprobation. Le mouvement de Résistance, encore très fragile, risque de se retrouver plus isolé, et on sait que la stratégie de la lutte armée entraîne des réticences et de douloureux états d'âme au sein des organisations, y compris chez les communistes [22]. À propos de la mort par attentat de deux officiers allemands, et avec toutes les précautions d'usage, les préfets font état des « lamentables incidents » de Nantes et de Bordeaux [23]. Ils soulignent le blâme qu'ils recueillent dans la population, mais c'est pour ajouter aussitôt que la sévérité de la répression a semé la consternation, provoqué l'indignation, laissé une impression profondément pénible et entraîné partout une véritable angoisse [24].

De façon apparemment contradictoire – mais en fait normale si l'on admet la logique de fonctionnement de la représentation maréchaliste –, les exécutions d'otages vont rehausser indirectement, à la fin de 1941, le prestige du maréchal Pétain qui avait été, auparavant, légèrement entamé [25]. Au

---

briant, à Nantes et au mont Valérien (5), 50 au camp de Souges près de Bordeaux. Au total, 123 otages exécutés au 31 octobre 1941, 1 478 au 31 octobre 1942 (chiffres empruntés à J.-P. Azéma).

22. Les organisations de Résistance semblent, sur le moment, avoir réagi avec un certain désarroi face à l'importance de l'émotion ressentie dans le pays aussi bien devant les exécutions d'otages que face aux attentats. Ceux-ci sont condamnés par le maréchal Pétain le 22 octobre 1941. Le lendemain, le général de Gaulle, tout en trouvant « absolument justifié que les Allemands soient tués par les Français », estime que le moment n'est pas favorable et donne pour consigne de ne pas abattre d'Allemands en territoire occupé (ouvertement, ajoutera-t-il au texte de ses Mémoires). Quant au PCF, il se refuse pendant trois mois à revendiquer la paternité des actions individuelles avant de réussir à l'imposer progressivement. (Cf. Denis Peschanski, « Marcel Cachin face à la Gestapo », in *Communisme*, Paris, PUF, n° 3, 1983, p. 85-102, et Stéphane Courtois, Denis Peschanski, Adam Rayski, *Le Sang de l'étranger*, *op. cit.*).

23. Attentats contre le Feldkommandant de Nantes et contre un officier conseiller de l'administration militaire à Bordeaux, les 20 et 21 octobre 1941.

24. Le préfet de l'Ariège lui-même reconnaît, le 31 octobre, que les réactions brutales des Allemands face aux attentats constituent, avec le ravitaillement, la préoccupation principale de l'opinion.

25. Les bilans indiquent une augmentation des « propos portant atteinte au respect dû au chef de l'État ». Les événements de Syrie semblent avoir semé le doute dans l'esprit de ceux qui voulaient croire obstinément à une entente tacite entre Pétain et de Gaulle (AD HG 1299-2).

mois d'août 1941, quelques jours avant le discours sur le « vent mauvais », la synthèse du contrôle postal indiquait que, si le chef de l'État était toujours respecté, sa popularité subissait une baisse indiscutable[26]. Son appel pathétique du 22 octobre, « Je vous jette un cri d'une voix brisée. Ne laissez plus faire de mal à la France », et l'information selon laquelle il serait intervenu auprès des autorités allemandes pour obtenir des mesures de clémence, amènent un nouvel élan de ferveur à son égard[27].

Vénération et distance critique

Cette réaction éphémère est surtout intéressante dans la mesure où elle illustre une évolution sensible des rapports entre les Français et Philippe Pétain. Si l'on regarde les choses à la surface, on peut continuer à dire que son prestige est immense, son ascendant incontesté et son crédit de confiance intact. Si l'on s'attache au type de vocabulaire utilisé pour décrire les formes de l'attachement dont il est l'objet, on observe un glissement caractéristique. Les références à l'exercice du pouvoir et à l'autorité du chef d'État sont estompées, et celles qui restent employées enferment le maréchal dans le personnage de légende, dans le statut du thaumaturge, dans une quasi-identification à la Providence divine. Au moment où les Français amorcent douloureusement un retour sur le chemin des réalités, la légitimité populaire du maréchal Pétain entre, elle, irrésistiblement, dans la magie du symbolique. Au mois d'octobre 1941, le préfet de l'Ariège fait remarquer que « l'opinion suit le Maréchal parce qu'elle

26. AN F7 14926.

27. 50 condamnés à mort seront graciés sur intervention de Pucheu mais le maréchal Pétain n'a pas un mot pour les otages exécutés. D'autre part, aucun des documents que nous avons consultés ne permet de penser que l'opinion a été informée du projet, un moment envisagé par le chef de l'État, de se présenter comme prisonnier à la ligne de démarcation le 23 octobre à 14 heures. Charles Rist en fait état dans son Journal (*op. cit.*, p. 199), mais il était alors présent à Vichy, préparant une mission aux États-Unis. (Sur ces problèmes, cf. Jacques Isorni, *Philippe Pétain*, Paris, La Table ronde, 1973, Marc Ferro, *Pétain*, *op. cit.*)

compte sur lui pour la sauver de l'abîme[28] ». De son côté, à la même période, la synthèse du contrôle postal conclut que, « actuellement, seule la personnalité du chef de l'État maintient une union toute factice[29] ». Tout est résumé dans cette simple phrase relevée par le contrôle postal de Brive : « Nous qui croyons en lui, prions pour lui et Dieu fera le reste[30]. » Elle annonce ce que le préfet de Rodez pourra écrire ouvertement en septembre 1942 :

> La majorité de la population continue à vénérer le Maréchal mais elle le suit moins en tant que Chef, qu'en tant que personnage de légende, magnifique vieillard aux dons, aux vertus étonnantes[31].

Le décrochage avec la politique du gouvernement est dans le prolongement de tout ce qui précède. Par une suite de touches discontinues, dès le printemps 1941 et de manière répétitive à partir de l'automne, deux grandes constatations déprimantes reviennent chaque fois que le sujet est abordé : l'indifférence et la lassitude de l'opinion. La large panoplie des mots utilisés dans les rapports n'est là que pour éviter une impression de redite fastidieuse. La population amorphe, inerte, timorée, repliée, apathique, sceptique, retirée dans sa coquille, etc., parfois désemparée, se rallie encore à la voix du maréchal, mais pour des approbations qui deviennent de plus en plus fugitives. Le 10 octobre 1941, le préfet de Rodez doit constater que, même dans « le Rouergue où les vertus de la race sont presque intactes » et où « le nettoyage des municipalités est à peu près terminé », « l'inquiétude de tous est grande et la confiance dans le gouvernement s'amenuise »[32]. C'est une conclusion quasi identique qui ressort du bilan du contrôle postal de juillet à septembre 1941 : l'opinion s'éloigne de plus en plus du gouvernement.

---

28. 31 octobre 1941, AN F1 C III 1139.

29. Contrôle de l'opinion, bulletins hebdomadaires, 17 octobre 1941. Archives Angelo Tasca, communiquées par D. Peschanski, IHTP.

30. Novembre 1941, synthèse du contrôle postal de Brive (cité par Gilbert Beaubatie, « L'opinion publique en Corrèze, son évolution en 1941, bilan », in *Bulletin de la Société des lettres, sciences et arts de la Corrèze*, Tulle, 1987, CXC, p. 152-159).

31. 3 septembre 1942, AN F1 C III 1141.

32. AN F1 CIII 1141.

Premiers signes de décantation

Dans l'immédiat, comme dans le cas des exécutions d'otages, ce serait évidemment une erreur de croire que cette position de retrait bénéficie au courant de la Résistance[33]. L'attentisme de 1941 est un attentisme de refuge, de repli, de distance. Il n'est pas encore un attentisme de soutien complice aux actions de la Résistance. Il reste que la seconde partie de l'année 1941, qui s'achève par l'entrée en guerre des États-Unis et par l'échec de l'offensive allemande contre Moscou[34], est une étape déterminante dans l'orientation générale du mouvement de l'opinion. Les fissures ne sont pas spectaculaires, parfois à peine perceptibles, mais elles permettent, en profondeur, hors de la conscience des protagonistes, des mutations fondamentales. L'année 1941 marque le début de reclassements et d'une sectorisation des attitudes qui annoncent une véritable restructuration de l'opinion publique. Elle prépare l'émergence des rapports de force dont la confrontation et les relations dialectiques vont, à partir de là, refléter, partager et faire évoluer les sensibilités collectives jusqu'à la Libération. Trois grands courants dessinent ainsi un partage aux frontières encore mouvantes

– Un mouvement convaincu de la nécessité de collaborer avec l'Allemagne pour préparer un nouvel avenir à l'Europe et la débarrasser du bolchevisme. Qu'il soutienne sans réserve la politique de Vichy ou qu'il la trouve trop timorée, il se réclame publiquement – pour certains par simple calcul – de l'autorité morale du maréchal Pétain et d'une fidélité totale à son endroit. Issu en majorité des droites extrêmes, mais accueillant aux transfuges de la gauche, très remuant, traversé de tendances contraires et de rivalités de personnes,

---

33. Alors que l'appel pour le Front national date du 15 mai 1941, les travaux du colloque sur le PCF de 1938 à 1941 montrent bien l'extraordinaire lenteur avec laquelle les transferts, d'importance modeste, s'opèrent dans l'opinion. (Cf. *Le Parti communiste français des années sombres*, *op. cit.*).

34. Après un mois de combats, l'offensive allemande contre Moscou, qui avait débuté le 16 novembre, est arrêtée le 20 décembre sans résultat.

Les États-Unis et le Royaume-Uni déclarent la guerre au Japon le 8 décembre 1941, le lendemain de l'attaque sur Pearl Harbor.

il occupe bruyamment le terrain mais n'exerce qu'une faible influence sur l'opinion.

– Un attentisme très fortement majoritaire pour une masse inquiète, instable, toujours excessivement perméable aux émotions, mais qui vient néanmoins d'exprimer quelques options primordiales : hostilité à la collaboration, espoir d'une défaite allemande, confirmation de la dissociation entre l'attachement affectif à la personne de Pétain et l'appréciation de ses décisions politiques, irritation de plus en plus vive face au mauvais fonctionnement du régime et aux difficultés économiques grandissantes.

– Un courant modeste et auquel il est encore difficile, à l'échelle de l'opinion générale, de donner le nom de Résistance. Diffus, pluraliste, très minoritaire, limité à des organisations embryonnaires et pour l'instant sans véritables relais de complicité efficace dans les diverses couches de la population, il rassemble, au nom de valeurs différentes, ceux qui sont décidés à agir pour libérer le pays [35].

Bien que le milieu reste mouvant, que les contours de la masse attentiste restent imprécis et que chaque tendance soit travaillée par ses contradictions internes, le brouillard se lève un peu. On sort modestement, mais on sort tout de même, lentement, de la fausse uniformité, de la confusion, des masques et des aveuglements du sentimentalisme et de l'irrationnel. Les critères de choix sont un peu plus en prise sur le réel. Ce processus de clarification, peu spectaculaire, en partie souterrain, est pourtant une étape déterminante. Il conditionne toute l'évolution ultérieure.

Clarification d'abord pour la collaboration. La croisade européenne contre le bolchevisme, déclenchée en juin 1941, rejoint des priorités affirmées entre 1936 et 1939, provisoirement écartées par le pacte germano-soviétique. L'anticommunisme militant peut ouvertement s'exprimer dans le

35. Malgré leur sentiment d'isolement dans le pays et malgré la répression qui, dès 1941, décapite des réseaux de la zone Nord, comme c'est le cas pour celui du musée de l'Homme, les résistants jettent les bases d'une organisation de leurs mouvements. Pour 1941, on peut citer le Front national dans les deux zones, Libération-Nord, l'Organisation civile et militaire (OCM) et Défense de la France en zone occupée, Combat, Libération, Franc-Tireur, Témoignage chrétien, Libérer et Fédérer en zone Sud.

combat idéologique, dans la lutte armée pour quelques-uns, aux côtés de l'Allemagne [36]. Clarification aussi pour la Résistance même si elle prêche encore en pays de mission. La structuration des premiers mouvements – MOI, Combat, Libération, Franc-Tireur, Défense de la France, Témoignage chrétien –, la création du Front national et l'éclaircissement de la stratégie du Parti communiste ouvrent la voie à un large rassemblement dans le camp du refus. Il impose la nécessité d'une coordination dont le général de Gaulle est peu à peu reconnu comme le symbole [37]. La conviction d'une inévitable communauté de destin entre l'Allemagne et le régime de Vichy pénètre progressivement dans les têtes et prépare l'élargissement du courant d'adhésion. Clarification encore dans la relation entre l'opinion et Vichy, même si l'évolution passe, dans ce cas, par les lueurs incertaines de l'ambivalence. La conciliation possible entre une fidélité affective au « sauveur » et une prise de distance à l'égard de la politique de l'État français défie les règles de la logique, mais débloque psychologiquement la situation. Elle permet à l'opinion silencieuse, celle de la grande masse, de redevenir perméable à des influences autres que celle de l'idéologie dominante, d'apprendre à conjuguer toutes les nuances de l'attentisme. Clarification enfin, ou du moins amorce du processus, avec la réapparition de clivages sociaux et idéologiques, dans la mise en évidence des relations entre les choix politiques et les antagonismes d'intérêts. Les discours, pétainistes ou collaborationnistes, sur la solidarité nécessaire et les perspectives de révolution sociale volent en éclats devant les réalités du quotidien, les privations, le marché noir, les inégalités de condition, l'affairisme envahissant, les profits scandaleux [38]. De nouveaux rapports de force se dessinent et leur dynami-

---

36. La Légion des volontaires français contre le bolchevisme (LVF), association loi de 1901, est créée le 18 juillet 1941 à Paris sur une idée de Jacques Doriot, rejoint par la plupart des chefs des organisations collaborationnistes. Sur les 10 000 volontaires, la moitié environ sera retenue. En 1942, ses effectifs sont de 3 600 hommes. (Cf. Henry Rousso, *La Collaboration*, Paris, MA Éditions, 1987.)

37. C'est le 1er janvier 1942 que Jean Moulin est parachuté en France.

38. Cf. J. Delarue, *Trafics et Crimes sous l'Occupation*, Paris, Fayard, 1968. L'auteur, historien et officier de police chargé d'enquêtes sur des affaires datant du temps de l'Occupation, a eu accès à des dossiers réservés.

que annonce les ruptures à venir. Sans exagérer le poids du conditionnement social de l'opinion, ces facteurs ne sont certainement pas étrangers aux divergences des rythmes d'évolution que l'on pourra observer, entre 1942 et 1944, au sein des différentes catégories de Français qui constituent les divers milieux de la majorité attentiste.

CHAPITRE IV

Printemps 1942-hiver 1942-1943 : les ruptures et la lassitude

L'année 1942 est celle de l'axe bissecteur, du basculement, des ruptures décisives [1]. Vision traditionnelle et juste, y compris pour l'évolution de l'opinion. Il faut toutefois préciser que tout ce qui s'y révèle d'essentiel, sous le poids et la conjonction des événements, cette fois de manière explicite et même spectaculaire, avait déjà été mis en place dans les mois précédents. Les bouleversements, au-dedans comme au-dehors, confirment, durcissent et précipitent le cours des choses, plus qu'ils ne les déclenchent.

1. La consolidation des lignes de force

Cette année cruciale commence mal pour tous ceux, les plus nombreux, qui avaient cru un moment que le renforcement du camp des Alliés allait définitivement décider du sort du conflit et accélérer sa fin. Les débuts de 1942, qui ramènent à de sombres réalités, sont à l'image d'une année plutôt lugubre. Les raisons de reprendre espoir ne reviennent que tardivement, en partie effacées par les peurs que provoque

1. Sur le récit des événements et les réactions connues qu'ils entraînent, cf. les ouvrages de base comme celui d'Henri Michel, *La Seconde Guerre mondiale*, Paris, PUF, 1975, de Jean-Pierre Azéma, *De Munich à la Libération*, *op. cit.*, d'Yves Durand, *La France dans la IIe Guerre mondiale*, *op. cit.* On ne gardera dans ce chapitre que ce qui est nécessaire à la cohérence globale de l'analyse proposée. Parmi les sources consultées, les synthèses (postales, téléphoniques, télégraphiques) du Service civil des contrôles techniques et de nombreux écrits préparatoires aux rapports mensuels des préfets ont été dépouillés.

l'occupation totale du pays et par la perspective déprimante de subir les rigueurs d'un quatrième hiver de guerre. Aussi restent-elles, pour cela, mêlées à un goût de cendre.

Sombre printemps

À l'extérieur, l'Inde est sous la menace des Japonais, qui entreprennent avec succès la conquête des îles du Pacifique et des péninsules du Sud-Est asiatique. En Afrique du Nord, l'offensive lancée le 21 janvier par les troupes de l'Axe permet aux Italiens et à l'Afrikakorps de Rommel d'atteindre El-Alamein au mois de juin, à moins de 100 kilomètres d'Alexandrie, en dépit de la défense héroïque des Forces françaises libres à Bir Hakeim. Sur le front de l'Est, après avoir cédé un peu de terrain devant Moscou, la Wehrmacht reprend aussi l'offensive vers le sud pour atteindre Stalingrad et le Caucase. En France, où Boulogne-Billancourt essuie des bombardements meurtriers au début du mois de mars, un raid de commandos anglais échoue, le 27, à Saint-Nazaire. Ce même 27 mars, le premier convoi de Juifs quitte les gares du Bourget-Drancy et de Compiègne pour Auschwitz : décidée à la fin de 1941, préparée par Heydrich et approuvée à la réunion de Wannsee en janvier 1942, la *solution finale* commence pour les Juifs de France [2]. Enfin, deux jours après la suspension du procès de Riom, qui s'était ouvert le 19 février pour juger les « responsables de la défaite », Pierre Laval revient aux commandes le 16 avril et reçoit immédiatement des pouvoirs exceptionnels.

Rejet de l'occupant et refus de la collaboration

Au-delà des réactions immédiates que peuvent produire ces événements, le même schéma général, avec des accen-

2. À partir du mois de juin 1942, tous les Juifs de la zone occupée âgés de plus de 6 ans doivent porter une étoile jaune. Des points textiles, pris sur les cartes de rationnement, sont exigés pour obtenir le tissu nécessaire à sa confection.

tuations ou des atténuations, rend compte des tendances dominantes de l'état d'esprit qui se sont précisées dans les derniers mois de 1941. Les réactions de l'opinion aux bombardements alliés montrent bien par exemple, en dépit de la dramatisation et du profit politique que le gouvernement cherche à en tirer, la persistance des trois grands courants de sensibilité. Deux groupes minoritaires s'opposent par des points de vue catégoriquement opposés. À ceux qui approuvent les raids de l'aviation alliée, et les justifient au nom de l'état de guerre et de la nécessité absolue de porter tous les coups possibles à la puissance militaire allemande, s'opposent ceux qui en dénoncent la sauvagerie en affirmant que « jamais, les Allemands n'ont commis de telles atrocités [3] ». La majorité, elle, continue à balancer mais, sur un sujet pourtant douloureux, laisse quand même percer ses sympathies. Tout en marquant sa réprobation de principe et en regrettant le manque de psychologie des Anglais, elle cherche, « par tous les moyens », à « atténuer leurs responsabilités morales »[4]. C'est, en des termes proches, ce que redit le rapport de synthèse des préfets régionaux d'avril 1942 : l'opinion éprouve une « douloureuse émotion devant les victimes innocentes, mais, une fois le premier moment de stupeur passé, elle tend à excuser ces gestes [5] ». Jacques Benoist-Méchin l'admet dans ses Mémoires et, s'il s'élève contre la mollesse dont, selon lui, les autorités de Vichy font preuve dans ces circonstances, il reconnaît que le gouvernement y était contraint, pour « éviter de blesser les sentiments anglophiles de la majorité des Français [6] ».

Le retour au pouvoir de Pierre Laval, son engagement spectaculaire en faveur d'une victoire de l'Allemagne et la mise en pratique de l'opération de la Relève permettent de

---

3. AD HG 1896-159, rapport du commissaire spécial au préfet régional, 7 mars 1942.

4. AD HG 1896-159, même date et même référence.

5. AD HG 3578-2, synthèse d'avril 1942.

6. Pour Benoist-Méchin, qui écrit que « la grande majorité des Français approuvait les bombardements de la RAF », il est nécessaire « de diriger l'émotion populaire ». « Une opinion se dirige et c'est dans ce genre de circonstances qu'on la dirige le mieux » (*De la défaite au désastre. Les occasions manquées*, *op. cit.*, p. 389).

mesurer la consolidation des idées-forces à travers lesquelles s'exprime désormais le sentiment général : le détachement et l'opposition à la politique de Vichy, le refus de la collaboration, l'hostilité viscérale à l'égard des Allemands. Malgré les pressions évidentes que la nouvelle administration centrale exerce sur les préfets et leurs collaborateurs [7], le rejet de Pierre Laval et son impopularité transparaissent sans la moindre ambiguïté possible. Une note du service régional des Renseignements généraux, rédigée au moment du remaniement ministériel, fait état de l'anxiété générale de la population face au retour d'un homme « dont la personnalité est très discutée », et ajoute : « L'opinion a une tendance regrettable à le considérer une fois pour toutes comme l'agent du troisième Reich en France [8]. » Avec plus de circonspection, le préfet régional de Toulouse, Cheneaux de Leyritz, dit clairement les choses à qui veut les entendre. Après avoir rappelé les réactions d'anxiété et la vague de peur répandues dans le public à l'annonce du retour de Pierre Laval, il précise :

> Il serait excessif de prétendre que les très fortes préventions qui existent dans beaucoup de milieux contre le chef du gouvernement soient partout sur le point de se dissiper.
> ... Les préventions demeurent, intraitables chez ceux qui sont absolument hostiles à la collaboration [9].

Les synthèses du Service civil des contrôles techniques (soit l'exploitation des interceptions postales) disent la même chose. Pierre Laval est identifié à l'idée d'une « étroite collaboration », sa venue au pouvoir est « une concession faite aux Allemands » [10]. Quant au discours du 22 juin où le chef

7. Cf. la première partie sur la critique des sources. Les blocages amenés par le retour de Laval ne font aucun doute, mais c'est tout de même à tort, me semble-t-il, que Marc Ferro écrit qu'aucun préfet « n'ose explicitement parler de l'impopularité de Laval puisque les rapports lui sont adressés » (*Pétain*, *op. cit.*, p. 467).

8. AD HG 1896-159, 18 avril 1942.

9. AD HG 2113-116, 4 mai 1942. Le préfet régional semble profiter de l'occasion pour vider son sac et il dénonce « certaines activités policières qui n'ont pas servi, jusque-là, le prestige de l'État français ».

10. Les synthèses des Services civils des contrôles techniques que j'ai pu consulter sont des dossiers classés « secret », « secret réservé » et « très secret » selon les dates, « très secret » après octobre 1942. Ils couvrent la période qui va de mars 1942 à août 1943. Ils comprennent des informations

du gouvernement déclare souhaiter la victoire de l'Allemagne pour empêcher le triomphe du bolchevisme, il est facile de deviner la réalité des sentiments qui se cachent derrière les appréciations prudentes, transmises par les canaux officiels : « impression nettement défavorable », « impression pénible », « malaise »[11]. Il est incontestable que la représentation largement dominante amalgame totalement Pierre Laval, la collaboration et les Allemands, tous cibles d'une même antipathie. À la fin du printemps 1942, c'est d'agressivité qu'il faudrait parler à propos des occupants. Le mot de haine fait son apparition à leur sujet et vient élargir le vocabulaire généralement plus mesuré de l'administration. La synthèse des contrôles techniques du 9 mai décrit une « haine générale, vigoureuse et sans variation » contre l'occupant, celle du 23 mai une « haine qui grandit partout », avant que ce type de notation ne devienne à son tour banal. Les mêmes sources précisent que « la haine contre l'occupant est encore plus forte en zone occupée » (11 juin). En octobre, on fait cette fois allusion à un véritable sentiment de « rage » à leur égard. L'occupation entière du pays, à partir du 11 novembre 1942, ne va pas jouer, on s'en doute, dans le sens de l'apaisement.

Ambivalences de l'attentisme

Pour le reste, ce sont également les directions tracées en 1941 qui se prolongent et se confirment. Le maréchal Pétain devient de plus en plus l'objet d'un rite de vénération, image

---

en provenance de l'inspection régionale de Toulouse et d'autres, qui semblent être traitées au plan national, mais dont l'origine n'est pas toujours claire. À partir de la fin du mois d'octobre 1942, le ton de quelques commentaires sur les « rouges » et les Juifs semble indiquer que certains rédacteurs se laissent aller à la confusion des rôles. Globalement, ils offrent un très grand intérêt. La synthèse du 9 mai 1942 précise que les rares opinions favorables à Laval proviennent des milieux industriels et commerçants entretenant des relations d'affaires avec les Allemands (AD HG 1896-159).

11. Des formules d'accompagnement du type « réaction regrettable », « incompréhension générale », « manifestation d'égoïsme », « réaction décourageante » aident à faire passer quelques vérités. On trouve aussi : « La masse est hostile au gouvernement Laval mais comme elle serait d'ailleurs hostile à tout autre gouvernement... »

mythique dissociée du pouvoir, et sa popularité va osciller entre des phases d'effacement et des regains d'un attachement affectueux. Élan d'émotion intense, dans les premières semaines de 1942, après son message de début d'année où il évoque l'« exil partiel » auquel il est astreint et la « semi-liberté » qui lui est laissée, pour appeler les Français à l'aider. Longs moments de silence ensuite avec des allusions plus rares, des regrets sur son mutisme et des chutes perceptibles de popularité, qui commencent à être signalées dans les synthèses postales en octobre 1942. Au milieu de ce déclin graduel, des bouffées de passion, comme à Toulouse, le 14 juin 1942, où, titre *La Dépêche* sur toute la largeur de sa première page, il est « acclamé avec une ferveur et un enthousiasme indescriptibles » et où il reprend, devant les légionnaires rassemblés, les paroles prononcées trois jours plus tôt à Vichy : Monsieur Laval et moi marchons la main dans la main. Il y a entre nous une entente complète, une confiance absolue... « Accueil inoubliable » qui « donne lieu à d'émouvantes manifestations de patriotisme », pour citer à nouveau le « journal de la démocratie »[12]. Un mois après, jour pour jour, c'est une autre manifestation de patriotisme qui lui succède. Comme dans d'autres villes de la zone Sud, le 14 juillet 1942, des milliers de Toulousains se rassemblent dans les rues qui entourent la place du Capitole pour la première grande démonstration populaire depuis la défaite. Pendant plus de deux heures, rapporte la presse clandestine, ils acclament la France, de Gaulle, la République, la Liberté et chantent plusieurs fois *La Marseillaise* et *Le Chant du départ*, malgré les charges de police, les lances d'incendie et l'intervention musclée des SOL, des francistes et des membres du PPF[13]. *Combat* écrit : « Pour la première fois, depuis que la

12. Cf. *La Dépêche* des 15 et 16 juin 1942, qui parle aussi de journée inoubliable, de foule innombrable, d'ovation formidable. Le quotidien radical a gardé son sous-titre de « journal de la démocratie ».

13. Les heurts se poursuivent entre 18 h 30 et 21 heures (Archives Daniel Latapie). *Combat* parle de 30 000 manifestants, les milieux résistants de 25 000, mais rien ne permet de vérifier la valeur de ces estimations. Le 16 juin, déjà, une manifestation avait été organisée contre une conférence du « professeur » Grimm. (Cf. Michel Goubet et Paul Debauges, *Histoire de la Résistance, Haute-Garonne*, *op. cit.*).

France est sous la botte du vainqueur et l'ignominieuse dictature de Vichy, le peuple de Toulouse a manifesté en masse son refus de l'oppression, son dégoût de la collaboration, pour tout dire sa volonté de vivre libre et fier. »

Émotion contre émotion. Les accès de fièvre attestent l'existence de nouveaux rapports de force et le raffermissement des mouvements de profondeur, mais ils n'en sont, pour l'instant, que les signes volatils. Fondamentalement, pour la majorité de l'opinion, l'attentisme reste toujours la règle, même si ses couleurs se nuancent et virent un peu vers celles du drapeau à croix de Lorraine. Couleurs encore pâles, qui marquent une sympathie de principe pour la cause de la Résistance, mais avant tout à travers les antagonismes déjà décrits, sans que, pour l'ensemble de l'opinion, la double hostilité au gouvernement et à l'occupant soit encore entièrement confondue. C'est cependant dans cette direction que s'exerce la poussée. Elle s'appuie sur l'opposition à la Relève, et se renforce quand, devant l'échec de l'expérience, le gouvernement la transforme, dès septembre 1942, en un volontariat forcé qui annonce le Service du travail obligatoire [14]. Si le sens de l'évolution ne fait plus de doute, c'est seulement par une attitude de négation, par le rejet de ceux qui ont choisi le camp de l'Allemagne que, en 1942, la solidarité de cœur trouve encore à s'exprimer collectivement. « Le repérage des mouchards et des collaborateurs est désormais considéré comme un devoir pour un vrai Français », peut-on lire dans une synthèse du contrôle technique [15]. Le germanophile Benoist-Méchin, pour qui cette agressivité atteint partout, au printemps 1942, « un degré de virulence extrême », ne dit pas autre chose : « La propagande anglo-soviétique, les difficultés de ravitaillement, les prélèvements de main-d'œuvre et d'une façon générale la seule présence de l'occupant avaient dressé contre les Allemands quatre-

14. La loi du 4 septembre 1942 impose un service obligatoire du travail pour tous les hommes de 18 à 50 ans et les femmes de 21 à 35 ans mais n'indique pas que le travail pourra être effectué hors du territoire national. C'est la loi du 17 février 1943, qui décide la mobilisation des hommes des classes 1940, 1941 et 1942 pour les envoyer en Allemagne, qui est généralement visée par ce que l'on appelle le STO.

15. AD HG 1896-159, 15 mai 1942.

vingt-dix pour cent de la population. Cette hostilité rejaillissait sur tous ceux qui parlaient de s'entendre avec l'Allemagne[16]. » À quelques points près dans le pourcentage, un rapport des Renseignements généraux, effectué à l'échelle régionale, aboutit au même constat. Il en tire la leçon à sa façon en faisant remarquer que si être gaulliste consiste à exprimer sa haine contre l'Allemagne et à souhaiter la victoire des Alliés, alors 80 % de la population est gaulliste. Pour ajouter, en insistant : « Telle est la situation réelle. Il serait vain de vouloir le nier, ridicule de ne pas le dire[17]. »

Ce « gaullisme »-là en est au stade des bonnes intentions et reste l'expression d'une ambivalence persistante. Souhaiter la défaite de l'Allemagne, lire la presse clandestine et écouter fidèlement la radio anglaise peuvent, à l'automne 1942, être parfaitement conciliables avec un attentisme antiallemand et une fidélité de toujours à une « politique purement française ». La représentation collective du maréchal Pétain, dont la composante patriotique est à peu près intacte, en demeure le symbole, par opposition à l'image suspecte de Pierre Laval. L'échec confirmé du régime de Vichy dans l'opinion marque toutefois une rupture, une sorte de point de non-retour, l'entrée dans un processus irréversible de dégradation. Les réactions aux rafles des Juifs pendant l'été 1942 et l'écho exceptionnel donné, bien au-delà de la région toulousaine, aux prises de position courageuses de Mgr Saliège et de Mgr Théas, évêque de Montauban, en sont certainement un des signes les plus incontestables. Parce qu'il est à la fois un reflet de mutations essentielles dans le mouvement de l'opinion et un bon révélateur de ces glissements caractéristiques entre l'ambivalence, l'ambiguïté ou la solidarité, entre la bonne foi et la recherche équivoque de la bonne conscience, le problème des relations entre l'opinion française et les Juifs offre un intérêt d'analyse évident. À travers les effets des logiques de pensée produites par les systèmes de représentations dominants, il permet d'observer le fonctionnement de

16. *De la défaite au désastre*, *op. cit.*, p. 381. Rédigés en 1944, les Mémoires de Jacques Benoist-Méchin n'ont été publiés qu'en 1984, après la mort de l'auteur en 1983.

17. AD HG 1896-159, 15 juillet 1942.

quelques-uns des mécanismes complexes qui agissent sur les attitudes collectives tout au long de ces années troubles.

2. L'opinion et les Juifs

On sait que le sujet donne lieu à des interprétations diverses, tant sur la réalité de l'antisémitisme de l'opinion française, que sur son degré d'indifférence, voire de complicité, dans la répression menée par Vichy et dans l'engrenage du génocide[18]. La méthode d'exploitation des sources peut influencer les résultats, mais, par-dessus tout, il s'agit d'un domaine où il paraît difficile d'espérer dégager une tendance générale significative. Les variables habituelles du temps, des lieux et des milieux, auxquelles il faut ajouter la conception que les élites de Vichy se font de leur rôle, et éventuellement les structures des organisations de Résistance, influencent des réactions contrastées[19]. L'objectif n'est pas de parvenir à une mise au point[20], mais, plus modestement, d'essayer de mettre en lumière un certain nombre de facteurs qui ont pesé,

18. Parmi de nombreux exemples, on peut citer la réaction significative de Maurice Rajsfus dans *Le Monde* du 10 juillet 1982, écrivant que « l'indifférence de la France profonde correspondait à une complicité rampante » ou que « la majorité silencieuse avait alors une police à son image ».

Sur l'ensemble de la question, cf. Robert O. Paxton et Michaël R. Marrus, *Vichy et les Juifs*, *op. cit.*, et Serge Klarsfeld, *Vichy-Auschwitz. Le rôle de Vichy dans la solution finale de la question juive en France*, Paris, Fayard. 1983 et 1985, 2 vol. Les premiers auteurs, en s'appuyant sur les rapports des préfets et les interceptions postales, penchent pour un accord tacite entre l'opinion et les gouvernements de Vichy (jusqu'au retour de Laval) sur les mesures antisémites. Serge Klarsfeld insiste sur le rôle majeur des pressions de l'opinion dans l'infléchissement de la politique de Vichy à l'égard de la répression en 1943. Cf. la mise au point de Denis Peschanski *in* Stéphane Courtois et Adam Rayski (sous la direction de), *Qui savait quoi ? L'extermination des Juifs, 1941-1945*, Paris, La Découverte, 1987.

19. Le cas du Tarn, avec ses « maquisards juifs », est tout à fait exemplaire. (Cf. Valérie Ermosilla, *La Résistance juive dans le Tarn, 1939-1944, réalités et représentations*, mémoire de maîtrise, université de Toulouse-Le Mirail, 1987.)

20. L'échantillon des sources consultées, trop étroit, ne le permet pas. Le travail reste à entreprendre.

et dans les représentations banales que les Français ont pu se faire des Juifs, et dans la façon dont elles ont évolué.

Éthique et préalables de méthode

Cette démarche doit être éclairée par quelques observations préalables avec, au premier rang, un problème d'éthique qui rejoint celui déjà posé sur un plan général. Le fait d'admettre la complexité des phénomènes d'opinion, et le refus de certaines explications trop tranchées, peuvent être interprétés comme une tentative de déculpabilisation. Sur une question comme celle des attitudes antisémites, dans le contexte historique du génocide, la mise en évidence d'influences multiples sur les comportements risque d'apparaître comme une recherche de piètres excuses. Dans ce cas précis, le seuil est en effet étroit entre ce qui peut nous aider à comprendre et ce qui peut être exploité dans le seul but d'étouffer une réflexion sur les responsabilités collectives. Le risque existe mais il faut l'accepter et passer outre, au nom même, précisément, de l'enjeu moral ainsi posé : l'antisémitisme se nourrit trop de stéréotypes primaires pour qu'il ne soit pas acceptable, pour en dénoncer les effets, de lui opposer d'autres simplifications.

Le second préalable concerne un autre risque de dérive dans l'interprétation, celui de l'erreur téléologique. Il n'est pas utile d'insister longuement sur la nécessité, ici comme ailleurs, de tenir compte du contexte mental de la période. On est ainsi renvoyé à tout ce qui concerne le niveau d'information de l'opinion moyenne sur la réalité du sort qui était réservé aux Juifs arrêtés et déportés. Que savait-on et qui savait [21] ? S'il est incontestable que la radio de la France libre et la presse clandestine ont dénoncé les persécutions [22], sans doute insuffisam-

21. Cf. Stéphane Courtois et Adam Rayski, *Qui savait quoi ? L'extermination des Juifs, 1941-1945*, *op. cit.*

22. À la fin du mois de mai 1941, sous le titre « Brisons l'arme de l'antisémitisme », le Parti communiste français diffuse à « des dizaines de milliers d'exemplaires » un tract où il dénonce l'arrestation de « 5 000 travailleurs » par « la force conjuguée de la Gestapo et de la police dite française ». Il s'agit de l'internement de 3 710 Juifs étrangers et apatrides inter-

ment, la signification des déportations ne s'est pas imposée avec la tragique clarté qui a été connue depuis. L'idée d'une extermination systématique, la conception d'un génocide organisé méthodiquement à une telle échelle, l'énormité et l'horreur des faits entraient difficilement dans ce que les esprits étaient intellectuellement capables et pouvaient moralement accepter de concevoir. Dans une guerre psychologique où l'on savait tous les coups permis, on peut se demander si la démesure dans l'atrocité, loin de susciter la révolte, n'aboutissait pas plutôt à favoriser l'incrédulité.

Ensuite, le choc provoqué par la découverte de la monstruosité du processus d'extermination et l'évolution de l'historiographie ont conduit à souligner la spécificité et le caractère irréductible du « problème juif » ou de la « question juive ». Il faut rappeler que cette représentation ne correspond pas à celle que l'opinion publique pouvait avoir du sort des Juifs pendant la période de la guerre, avec certitude pour les premières années, vraisemblablement encore au moment de la Libération, au moins jusqu'au retour des déportés survivants[23]. Sans constituer une préoccupation secondaire, ne serait-ce que par réaction à l'existence d'un discours antisémite constant dans la presse et dans la propagande officielle, les Juifs entrent, au cours de ces années, dans le champ des perceptions incertaines : soit celles, fantasmatiques, des poncifs antisémites, soit celles, très larges et vagues, des nombreuses catégories de la population soumises à des contraintes particulières et victimes, à des titres divers, de la répression allemande ou de celle de l'État français. Ces images brouillées sont restées longtemps distantes des intérêts majeurs de l'opinion, dans une confusion entretenue par leur croisement avec d'autres représentations et avec les amalgames répercutés par des slogans comme judéo-bolcheviste, judéo-gaulliste, judéo-terroriste ou autres du même cru.

La dernière observation tient aux limites de cette investigation. La majorité des travaux confirme une rupture dans

---

nés dans le Loiret, à Beaune-la-Rolande et Pithiviers. (Cf. *Le Sang de l'étranger*, *op. cit.*).

23. Cf. Muriel Pichon, *L'Image des Juifs et du problème juif à la Libération, à Toulouse, août 1944-décembre 1945*, mémoire de maîtrise, université de Toulouse-Le Mirail, 1986.

les attitudes vers le début de l'automne 1942, après les grandes rafles de l'été effectuées dans les deux zones. Aussi, est-ce au seul repérage des mécanismes de la passivité, prédominante jusque-là dans les attitudes, que l'on s'est attaché. Deux grands types de facteurs peuvent aider à comprendre les rouages d'un des prolongements les plus consternants de ce même attentisme d'indifférence : un ensemble de convergences qui aboutissent à banaliser l'inacceptable ; des engrenages porteurs d'aveuglement.

Convergences

Un enchaînement d'éléments contribue à l'effacement des derniers réflexes de vigilance, à la normalisation de l'antisémitisme, à faire admettre, dans les représentations communes, l'idée que toute mesure de répression contre les Juifs n'est qu'une composante ordinaire d'une situation ordinaire. Il faut d'abord, et de nouveau, rappeler le prolongement des dérives des années 30. Ce qui est vrai de l'antériorité des attitudes attentistes vaut aussi pour l'absence de réactions ou pour l'assentiment silencieux face aux mesures discriminatoires de 1940 et de 1941 [24]. L'explication de la défaite par la conjonction des « forces du mal » et par l'acharnement des bellicistes à servir la « guerre juive » rejoint le discours qui faisait de l'antisémitisme une forme d'opposition au Front populaire, qui amalgamait le Juif à un régime méprisé [25], qui dénonçait sa responsabilité dans le malaise général et la crise d'identité, qui l'identifiait à l'étranger fauteur de troubles et de divisions, qui faisait de lui la cause et le symptôme de la décadence du pays [26]. Les liens entre

---

24. D'après les pointages de Michaël R. Marrus et Robert O. Paxton, dans la zone libre, seuls 14 préfets sur 42 signalent des réactions de la population au premier statut des Juifs. Sur ces 14 réactions, 9 sont favorables, 4 hostiles, 1 partagée. Le second statut et les mesures de juin-juillet 1941 ne provoquent que 12 réactions enregistrées par les préfets. Elles se partagent à égalité entre le pour et le contre. (Cf. *Vichy et les Juifs*, *op. cit.*, p. 171 *sq.*)

25. Cf. Pierre Birnbaum, *Un mythe politique, la « République juive »*, *op. cit.*

26. Le 19 octobre 1940, *La Garonne* affirme que les Juifs n'ont « pas

antisémitisme et xénophobie, indissociables à la veille de la guerre puis renforcés par la défaite, se prolongent eux aussi sous Vichy, dans une réaction commune d'exclusion. Dès le 22 juillet 1940, une commission est chargée de réviser les naturalisations acquises depuis 1927 et 15 000 personnes, dont 6 000 Juifs, seront privées de la nationalité française [27]. La manière dont le journal *Le Temps* commente le premier statut des Juifs et escamote, en feignant de l'ignorer, l'aspect racial de la législation de Vichy, exprime de manière significative à la fois la volonté de maintenir la confusion (non sans tartuferie) et l'esprit de suite [28] :

> L'essentiel est qu'on en finisse avec un système dans lequel un naturalisé de fraîche date, célibataire, sans profession définie, sans racines dans le pays, pesait exactement autant qu'un père de dix enfants attaché de longue date au sol et producteur utile [29].

L'apparence de continuité et la sensibilisation à la reconstruction du tissu national dans une France « régénérée » ont

---

peu contribué à la défaite » et rappelle que l'on trouvait partout leur « influence insinuante et finalement décomposante ». En estimant que le statut n'est pas une œuvre de représailles et que le gouvernement s'est efforcé de régler la « question juive » dans un esprit d'humanité, le journal justifie ainsi les mesures : « Notre désastre nous impose de regrouper les forces françaises dont une longue hérédité a fixé les caractéristiques. »

27. Quelques jours auparavant, le 17 juillet, des mesures avaient limité les conditions d'accès aux emplois des administrations publiques. On peut aussi rappeler que c'est le 27 juillet que Vichy abroge le décret-loi du 21 avril 1939 (connu sous le nom de loi Marchandeau) qui sanctionnait les propos racistes et les incitations à la haine dans la presse.

28. En mars et en avril 1939, *Le Temps* s'inquiétait du libéralisme parfois exagéré à l'égard des étrangers et souhaitait une politique « d'assimilation sélectionnée » pour maintenir « l'intégrité de la race ». (Cf. Michaël R. Marrus, « Vichy avant Vichy », in *H Histoire, Les Juifs en France*, numéro spécial, Paris, Hachette, novembre 1979, p. 77-92.) Le 21 juillet 1940, *Le Temps* écrit à propos de l'exclusion des services publics des « Français non originaires » : « On est presque surpris qu'il ait fallu édicter une loi si naturelle », en ajoutant quatre jours après : « Il faut bien convenir que, depuis quelques années, on devenait en France trop aisément français. »

29. Cette citation, ainsi que celles qui sont reprises à la fin de la note précédente, sont extraites de la contribution d'Alain-Gérard Slama. « *Le Temps*, un quotidien républicain sous Vichy, juin 1940-novembre 1942 », in *Le Gouvernement de Vichy, 1940-1942*, Paris, Colin, 1972, Actes du colloque organisé les 6 et 7 mars 1970 par la Fondation nationale des sciences politiques sur le gouvernement de Vichy et la Révolution nationale.

contribué à ce que l'effet de surprise soit considérablement amorti. Le silence de l'Église catholique, l'absence, par ignorance, d'une véritable conscience des effets réels des mesures prises, les soucis d'ordre personnel et matériel devenus prioritaires dans une opinion encore désorientée, l'attention accaparée par les préoccupations sur le sort des prisonniers, l'intérêt porté à la bataille d'Angleterre, les inquiétudes suscitées par le rapprochement avec l'Allemagne s'additionnent et concourent pour peser également dans le sens d'un étouffement. Si des convergences objectives favorisent ainsi cette sorte d'anesthésie, elles n'enlèvent rien à la réalité du phénomène antisémite. En 1940 et 1941, les tendances latentes des années précédentes se confirment et se développent au grand jour. L'existence d'un antisémitisme élémentaire, imprégné de xénophobie, ne fait pas de doute, et il fournit des explications tout à fait cohérentes avec la représentation que le sentiment populaire se fait de la catastrophe. Qui plus est, la forte pression idéologique de Vichy favorise la diffusion de toute une culture politique de la droite catholique et nationale, imprégnée de la pensée de Maurras, où l'antisémitisme relève de la normalité, voire de l'évidence. S'il est manifeste que, dans son ensemble, la population a accueilli sans états d'âme les mesures gouvernementales de discrimination, s'il est vraisemblable qu'en 1941, dans les contradictions du climat de malaise grandissant, une partie d'entre elle a pu en éprouver un certain contentement, il serait hasardeux de vouloir établir un lien de causalité entre ce sentiment majoritaire et les choix politiques du gouvernement, plus encore de prétendre justifier la législation antisémite de Vichy par le souci de satisfaire une demande de l'opinion profonde. L'indifférence au sort des Juifs rejoint, par sa nature, la passivité et le désintérêt avec lesquels est reçue la propagande antisémite. Elle ramène plus aux ambivalences de l'inertie qu'à l'adhésion complice. Cet antisémitisme mou et « ordinaire », qui contribue à enfermer l'opinion dans les pseudo-certitudes de son imaginaire, est un élément de plus qui perpétue sa myopie chronique.

Engrenages

Si elles entrent trop bien dans le système de représentations dominant des premiers mois de Vichy, l'apathie et la lenteur d'une prise de conscience sont aussi renforcées par un engrenage de perceptions. Elles mêlent, à propos des Juifs, des éléments puisés dans les problèmes prioritaires de la réalité quotidienne avec les égarements habituels des fantasmes antisémites. Il y a tout d'abord, à travers les soucis envahissants du ravitaillement, des prix et du marché noir, une convergence explosive entre la zone de sensibilité extrême de l'opinion, dès l'hiver 1940-1941, et une des composantes les plus fortement symboliques du stéréotype commun de l'antisémitisme : l'assimilation séculaire du Juif et de l'argent. Les rapports des préfets, comme les synthèses du contrôle postal, montrent clairement la relation entre la place tenue par l'aggravation des difficultés matérielles et la mise en cause par l'opinion du comportement des Juifs. Les accusations de trafic, d'accaparement, de marché noir, de contournement des réglementations, de richesse insolente, de surenchère sur les prix, d'absence de privations, de luxe tapageur, de vie facile et oisive[30]... font resurgir tous les délires de l'imaginaire antisémite et remplissent les rapports de police. Ce type de perception, qui fait du Juif le responsable idéal de la montée des prix et du marché noir, fonctionne avec d'autant plus d'efficacité qu'il s'appuie sur une autre représentation fantasmatique, celle du Juif omniprésent, insaisissable, innombrable, inévitablement associé à l'idée d'une invasion insidieuse. En 1942, l'Institut d'études des questions juives n'hésite pas à affirmer que la France compte 1 200 000 Juifs et prévoit, dans un siècle, 10 à 15 millions de Juifs pour 20 à 25 millions d'« authentiques

30. Quelques exemples d'expressions rapportées : « vivent dans l'aisance », « se rendent intolérables par leur soif de jouissance », « pratiquent, selon leur habitude, de véritables rafles de denrées », « échappent par leur fortune aux privations, aux souffrances », « acquéreurs à n'importe quel prix des denrées dont ils ont besoin », « achètent tout à des prix fous », « accaparent les logements à des prix exorbitants », « démoralisent la jeunesse par leur vie désœuvrée ».

français »[31]. On sait que les Juifs ne constituaient, en fait, qu'une portion presque infime de la population[32]. D'autre part, leur répartition géographique et leur souci de discrétion limitaient les possibilités de contacts directs avec le reste des habitants. Ils sont pourtant vus partout et nous retombons là en pleine irrationalité. Ainsi que l'écrit Denis Peschanski, « l'image du Juif est plus importante que le Juif lui-même et cette absence de l'autre est décisive dans la construction des fantasmes[33] ».

Un dernier élément aide enfin à comprendre la persistance de ces attitudes d'aveuglement. Il tient, lui aussi, à une représentation qui rejoint l'absence de conscience du caractère spécifique de la répression antijuive. Jusqu'aux événements de 1942, globalement, les Juifs sont perçus comme une catégorie de réprouvés, une parmi d'autres, avec les communistes, les francs-maçons, les militants des organisations de gauche, les gaullistes, les étrangers suspects et autres éléments malsains dénoncés par le régime. Cette perception catégorielle de la nation sous-entend que la masse des restants n'est pas concernée par des problèmes qu'elle considère – et qu'elle veut considérer – comme extérieurs à ses préoccupations. C'est ce qui transparaît à travers ces phrases où Vladimir Jankélévitch cache sous l'ironie une violence à peine contenue : « ... ceux qui n'ont rien à se reprocher, c'est-à-dire l'immense majorité de ce pays, les honnêtes gens, les Français de naissance, les privilégiés de la bonne conscience et de la nationalité-à-titre-originaire, ceux-là n'ont rien à craindre d'un ennemi aussi correct que chevaleresque[34] ».

31. Rapporté par Henri Amouroux, *Les Passions et les Haines, avril 1942-décembre 1942*, Paris, Laffont, 1981, p. 155-156.

32. 300 000 environ en 1939 dont une légère majorité d'étrangers. Ils étaient environ 150 000 en 1919.

33. Cf. Denis Peschanski, « Que savaient les Français ? », in *Qui savait quoi ?*, *op. cit.*

34. Vladimir Jankélévitch, *L'Imprescriptible*, Paris, Le Seuil, 1986.

Le choc de l'été 1942

Avec un temps de retard sur le mouvement général de dégradation à l'égard du régime, l'opinion bouge enfin devant les arrestations en masse de l'été 1942. Les 16 et 17 juillet 1942, la police française appréhende 12 884 Juifs, enfants et vieillards compris, qu'elle entasse à Drancy et au Vélodrome d'hiver. En zone non occupée, entre le 7 août et le 10 octobre, 12 000 Juifs sont transférés à Drancy avant d'être dirigés eux aussi vers Auschwitz [35]. Les protestations des pasteurs et du Comité national de l'Église réformée, les réactions des évêques, où la force des paroles de l'archevêque de Toulouse et de l'évêque de Montauban tranche avec le souci de mesure et de loyalisme de beaucoup d'autres, brisent la complicité du silence [36]. Elles s'ajoutent à l'émotion provoquée par le spectacle des rafles, des transports, des séparations entre enfants et parents ou par les images et les récits qui en sont répandus. La population est choquée, souvent bouleversée. Si les rapports des préfets, en laissant un peu trop transparaître les sentiments de leurs auteurs, décrivent toutes les nuances des réactions, de l'approbation à l'indignation, l'impression générale est celle d'une réprobation [37]. Ces facteurs émotionnels ont joué sur le retournement de l'opinion à l'égard des Juifs et sur le développement de toute une chaîne de solidarités silencieuses qui permettront de sauver des milliers de vies. Ont-ils été à eux seuls décisifs ? Le contexte général dans lequel l'opinion évolue depuis le printemps 1942 incite à rapprocher l'opposition à la persécution

35. Le bilan établi par Serge Klarsfeld aboutit au chiffre de 75 721 Juifs déportés, parmi lesquels 6 000 enfants de moins de 12 ans (dont 2 000 de moins de 6 ans) et 4 000 adolescents de 13 à 18 ans. Un tiers environ était de nationalité française. Sur le total des déportés, 3 % seulement ont échappé à la mort.

36. La protestation de Mgr Saliège, interdite, mais diffusée partout clandestinement, date du 20 août. Celle de Mgr Théas, du 26 août. Dans des termes moins vigoureux, Mgr Delay, évêque de Marseille, et le cardinal Gerlier protestent à leur tour le 6 septembre. Le 20 septembre, l'archevêque d'Albi, Mgr Moussaron, intervient lui aussi.

37. Dans les documents publiés par Serge Klarsfeld (*Vichy-Auschwitz*, *op. cit.*), on trouve de nombreux extraits de rapports de préfets.

des Juifs du mouvement croissant d'hostilité à l'égard des occupants et du gouvernement. On peut ainsi se demander si la condamnation de la répression antisémite ne devient pas effective à partir du moment où elle entre, en les renforçant, dans les modes de pensée qui conduisent au rejet catégorique de la présence ennemie et de la collaboration, quand les méthodes utilisées se trouvent à leur tour identifiées aux conséquences inacceptables de l'Occupation. Le sort réservé aux Juifs devient un argument de plus dans l'enracinement des attitudes d'opposition à la présence allemande et au régime qui vit dans son ombre.

Cette observation et les nouvelles confusions amenées par la Relève et le STO, à leur tour jugés comme d'autres formes de déportation, incitent à la prudence sur la portée du renversement de tendance de 1942. La fin de l'été 1942 marque une mutation des sensibilités, mais ne règle pas fondamentalement le problème de l'antisémitisme latent de l'opinion. Le silence de plomb qui pèse à la Libération et l'ambiguïté des représentations qui subsistent montrent bien, une fois de plus, que les émotions ou les ruptures spectaculaires ne suffisent jamais à donner toute l'explication des phénomènes d'opinion.

3. Hiver 1942 : Grisaille et pessimisme

Dans l'immédiat, les conséquences sont indéniables, les effets ne jouant évidemment pas d'un seul côté. Si la haine de l'occupant contribue à mettre fin à l'indifférence à l'égard du sort des Juifs, les réactions aux drames de l'été 1942 agissent à leur tour sur l'évolution générale de l'opinion. Les rafles montrent avec certitude à la population que le régime de Vichy est non seulement complice mais travaille pour le compte de l'Allemagne nazie. Secouée dans sa torpeur, l'opinion découvre la réalité des liens qui unissent les deux politiques et elle progresse vers une véritable conscience de cette collusion. Accélérée par l'occupation totale du pays à partir du 11 novembre 1942, la jonction s'opère ainsi, dans les esprits, entre l'hostilité à l'Allemagne et l'hostilité à Vichy. S'il s'agit bien d'une mutation déterminante, d'un pivot à partir duquel un basculement devient possible, il serait prématuré de l'interpréter comme un brutal renversement de tendance et le choix d'une adhésion collective au mouvement de Résistance, alors en pleine phase de structuration. Malgré un redressement de la situation à l'extérieur en faveur des Alliés, c'est pourtant vers des attitudes d'expectative et de repli que la ligne de pente semble encore entraîner l'opinion moyenne à la fin de 1942. L'obsession quotidienne des restrictions et une détérioration accusée du moral l'expliquent en partie. À la passivité et à l'inertie régulièrement mentionnées, viennent s'ajouter des notations qui témoignent d'un climat débilitant : une régression sensible de la moralité publique, des égoïsmes de plus en plus exacerbés par les difficultés d'approvisionnement et l'extension du marché noir, le découragement, l'anxiété, le pessimisme, la hantise d'affrontements entre Français que l'on sent devenir inévitables[38]. Il faut enfin y ajouter le trait qui va désormais revenir inlassablement jusqu'à la Libération, le sentiment généralisé d'une immense et profonde lassitude.

---

38. Les synthèses du Contrôle technique indiquent l'émergence de cette peur en octobre 1942. Le sentiment qu'« il y aura des vengeances terribles » lors de l'évacuation du territoire par les Allemands est relevé, le 1er octobre 1942 (Inspection régionale de Toulouse), et la synthèse nationale du 10 octobre note que « le spectre de la guerre civile hante de plus en plus les esprits ».

CHAPITRE V

Printemps 1943-été 1944 : entre la lassitude, la peur et la solidarité

Loin d'être remis en cause, le sens général d'évolution de l'opinion continue à se consolider au cours de la dernière période. Les orientations convergent vers une adhésion sans réserve à la cause des Alliés et le passage, à l'égard de la Résistance, de la sympathie à des attitudes plus solidaires. Ce rapprochement s'effectue cependant sous des formes multiples qui couvrent un large registre et vont du silence complice à des manifestations de soutien actif. Malgré la modification des rapports de force entre les courants internes et malgré la pression considérable des événements, au-dedans comme au-dehors, la situation ne bascule jamais du tout au tout. Les rythmes et l'ampleur des mutations correspondent à autant de cas particuliers selon les régions, le temps ou les milieux humains. Aussi apparaît-il impossible de dégager, de manière nette, une loi d'ensemble de l'évolution des comportements. Toutefois, à coup sûr, le stéréotype des 40 millions de pétainistes subitement transformés quatre ans après, au mois d'août 1944, en autant de résistants-gaullistes, est une projection totalement artificielle, doublée d'une interprétation polémique.

1. L'évolution : certitudes et ambivalences

Si l'on met à part la quasi-unanimité de sentiment qui accompagne la phase d'émotion intense exprimée dans les premiers jours de la Libération, le mouvement de l'opinion traduit surtout, pendant ces dix-huit mois, un balancement constant entre le poids des convictions ancrées sur de solides certitudes et la fragilité de tendances plus indécises reflétant la complexité des choix, leurs hésitations et leurs contradictions. Il résulte de ce jeu incessant entre des données ambivalentes qui installent et reproduisent à la fois la hiérarchie mouvante des préoccupations et les bouleversements dus aux peurs, aux élans d'enthousiasme ou aux pulsions de rejet.

Le double rejet

La jonction, qui s'est opérée au cours de l'hiver 1942-1943 entre la double hostilité à l'égard de la politique de Vichy et des occupants, a renforcé l'une et l'autre. Des deux côtés les motifs d'aversion s'accumulent, et la violence de la sensibilité antiallemande éloigne plus encore l'opinion du gouvernement de Pierre Laval. Les signes abondent qui indiquent partout, à une exception près [1], les mêmes tendances au refus. Le commissaire principal des Renseignements généraux des Hautes-Pyrénées, dont les jugements indiquent une sympathie marquée pour le régime, reconnaît le « fiasco complet » de la célébration du 1er mai 1943 (fêté en fait le 2 mai), l'échec de la Charte du travail et le « fiasco » du STO [2]. Le

1. Il serait fastidieux de multiplier à l'extrême les citations, au-delà des nécessités de l'argumentation. Le dépouillement a porté sur les rapports des préfets aux Archives nationales, les archives du fonds privé Daniel Latapie à Toulouse, les synthèses du Service civil des contrôles techniques aux Archives de Toulouse et celles du contrôle postal aux Archives nationales, les rapports des divers services de police des départements de la région toulousaine y compris ceux des Basses-Pyrénées et du Lot-et-Garonne, des papiers conservés par Pierre Bertaux, commissaire de la République à Toulouse à la Libération, le fonds Robert-Aron conservé à la Bibliothèque de documentation internationale contemporaine (BDIC).

Quant à l'exception signalée, elle est, une fois de plus, celle de l'Ariège. Le commissaire des RG voit au début de 1943 une courbe ascendante de la popularité de Laval « dans les différentes classes de la société, à l'exception peut-être d'une fraction de la classe ouvrière » (AD HG 1945-16). Le 24 juillet 1943, il écrit encore : « La majorité estime que sans le président Laval la situation serait pire. » Il semble enclin, par la suite, à plus de circonspection.

2. Quelques exemples des commentaires donnés par ce commissaire : « Le mal grandit chaque jour », « la population refuse d'évoluer vers des idées plus saines », « l'égoïsme croissant empêche de comprendre la poli-

thème du « danger bolcheviste » ne suffit plus à faire recette. Une grande manifestation organisée à ce sujet par le PPF, à Tarbes, ne réunit que 70 personnes et Philippe Henriot lui-même n'obtient qu'un succès d'estime, tant à Lourdes qu'à Tarbes. Les deux fois, ses conférences ont été suivies « par le même public, malheureusement peu nombreux », et formé de « ceux qui partagent sa manière de voir » [3]. La déconfiture de la Légion est signalée dans toute la région en juin et juillet 1943. Les manifestations tournent court, les critiques pleuvent et les adhérents ne reprennent plus leurs cartes [4]. Bien entendu, pour « tout ce qui, de près ou de loin, touche à la collaboration », c'est un rejet catégorique [5]. Comme le souligne la synthèse régionale des Renseignements généraux, « le pourcentage des anticollaborationnistes dépasse 90 %, leur nombre tend à faire bloc, à se souder, à se cimenter même [6] ».

Le symbole le plus net de cette politique, la Milice, est partout l'objet d'une antipathie qui rejoint, par sa profondeur, celle portée à l'occupant. Dès le mois d'avril 1943, le commissaire principal des Renseignements généraux du Gers prévient qu'il n'y a pas de mouvement plus mal accepté que celui-là. Relevant des menaces de mort proférées contre des miliciens dans différents points de son département, il annonce que « la Milice est vouée à l'échec [7] ». Son pronostic sera confirmé, et au-delà. Dans la région du Sud-Ouest en particulier, à partir des derniers mois de 1943, elle devient l'objet d'une haine sans partage. À ce moment-là et plus encore en 1944, l'identification croissante, dans l'opinion, du régime de

tique de P. Laval ». Les Allemands sont désignés par l'expression de « troupes d'opérations » et non d'occupation. Quant aux arrestations de résistants, « jeunes dévoyés communisants », elles ont fait la meilleure impression parmi la population saine qui se sent protégée contre les fauteurs de troubles (25 avril 1943).

3. 25 mai 1943, AD HG 1945-16.

4. 24 juin 1943, Tarn-et-Garonne, AD HG 1945-16. Les fêtes organisées pour le 3e anniversaire de la Légion ont sombré dans l'indifférence la plus complète. À peine moins de 500 spectateurs à Toulouse contre 10 000 à 15 000 les années précédentes, service régional des RG (AD HG 1945-12, septembre 1943).

5. 28 mai 1943, AD HG 1945-16. Phrase empruntée au préfet du Tarn-et-Garonne, mais dont la portée est générale.

6. AD HG 1945-12, 28 avril 1943.

7. AD HG 1945-16, Gers, 24 avril 1943.

Vichy à un État policier, par le biais des exactions des miliciens et des méthodes expéditives des tribunaux d'exception [8], donne la mesure de l'écart qui sépare, désormais, Vichy du pays réel [9]. La participation de ces mêmes miliciens et d'autres éléments des forces de l'ordre gouvernementales à des actions contre la Résistance aux côtés des troupes d'occupation – comme en mars 1944 au plateau des Glières – finit de démontrer aux derniers hésitants la collusion indiscutable entre Vichy et les Allemands. En constatant à la fin du printemps 1943 qu'« il n'y a plus ni foi ni confiance », que « l'opposition est passive mais tenace » et qu'aucune propagande n'y changera rien, le service des Renseignements généraux du Gers indique on ne peut plus nettement aux autorités que toute tentative pour convaincre et redresser la situation est vouée à l'échec [10]. C'est en effet à cette période, à l'exception des variantes inévitables, que se produit le basculement décisif du plus grand nombre, et on peut dire avec certitude que, à partir de l'été 1943, la cause du gouvernement est complètement et définitivement confondue avec celle de l'Allemagne. L'opinion en est au stade de l'hostilité manifeste [11]. L'évolution des événements extérieurs aidant, les enchaînements coulent de source. « Les rats fuient un navire en perdition » relève, sans autre commentaire, la synthèse du contrôle technique du 20 août 1943 [12].

---

8. La loi du 20 janvier 1944 institue les cours martiales. Composées de trois membres désignés par Darnand, chef de la Milice et secrétaire général au Maintien de l'ordre à partir de décembre 1943, elles jugent sans appel. Les « coupables » sont « immédiatement passés par les armes ».

9. Le rapport du service régional des RG du 1er septembre 1943 indique que, pour l'opinion, le danger communiste est considéré comme un « bobard ». Pour elle, les « individus dangereux, ce sont les miliciens, des mouchards prêts à toutes les sales besognes » (AD HG 1896-159).

10. 25 mai 1943, AD HG 1945-16. À cette même date, un rapport des RG signale que « la haine du public à l'égard des organismes officiels tels que Milice, Légion, va toujours croissante » (source identique).

11. 28 juillet 1943, Lot-et-Garonne, AD HG 1945-16. Le commissaire des RG de ce département écrit que « la maigre cohorte des nationaux loyaux » est la seule à approuver Laval et poursuit : « En définitive, la politique générale suivie par le gouvernement, après avoir connu les étapes de l'incompréhension et de l'impopularité, semble en être arrivée au stade de l'hostilité. »

12. SCCT, Inspection régionale de Toulouse, AD HG 1896-159.

Deux puissants facteurs d'évolution

Le Service du travail obligatoire (STO) est un des tout premiers facteurs de ce mouvement de désagrégation et du changement de cap. De façon continue depuis l'automne 1942, et dans le prolongement des mesures contraignantes de la Relève, il contribue puissamment à accélérer la prise de conscience de la masse sur la nature réelle des relations entre les occupants et Vichy comme entre occupants et occupés, apportant à un dossier déjà lourd des arguments supplémentaires au renforcement des oppositions. Les mesures de réquisition qui visent toutes les catégories de la population, y compris les jeunes paysans un instant épargnés, réduisent en miettes une des composantes essentielles des représentations fondatrices de Vichy, la fonction protectrice que devaient assurer le maréchal Pétain et l'État français. En second lieu, et même si on sait aujourd'hui que seule une minorité de réfractaires au STO sont entrés dans la Résistance active, les effets du refus dont ils portent témoignage participent à une dynamique de lutte. Qu'il décide ou non de porter les armes contre l'occupant, le réfractaire, avec son statut de clandestin et les menaces qui pèsent sur lui, exprime une forme de refus qui rompt avec les prudences de l'attentisme, aussi critique soit-il. La Résistance elle-même, confrontée à la prise en charge d'effectifs imprévus et obligée d'accélérer son effort de structuration [13], commence ainsi, à travers l'organisation de multiples réseaux de complicités, à élargir les bases de son action et à développer les relais de son implantation.

Il va de soi, enfin, que les pronostics sur l'issue de la guerre aident à surmonter les prudences et à convaincre les plus hésitants. La capitulation de l'armée de Paulus le 2 février, à Stalingrad, après une bataille dont les péripéties ont passionné l'opinion, puis la libération de l'Afrique du

13. Fusion de la Résistance non communiste en janvier 1943 (création des MUR), renforcement des liens avec la Résistance extérieure, réunification de la CGT clandestine en avril, fondation du Conseil national de la Résistance (CNR) en mai, un mois à peine avant l'arrestation de Jean Moulin et de ses amis à Caluire le 21 juin.

Nord, en mai, marquent un tournant dans la conduite de la guerre et dans la façon dont l'opinion peut construire ses anticipations. Au mois d'octobre 1943, le sous-préfet de Saint-Gaudens résume en quelques lignes une constatation répétée, mois après mois, sur un ton plus ou moins désabusé selon les auteurs : l'état d'esprit général favorable à la défaite de l'Allemagne donne lieu à des « démonstrations de plus en plus visibles [...] au fur et à mesure que les Allemands reculent en Russie et que les Alliés avancent en Italie [14] ». Ces réactions, dans l'ordre des choses, ne doivent pas masquer l'essentiel : l'opinion n'a pas attendu d'avoir la certitude d'une victoire alliée pour exprimer son choix et s'y maintenir, malgré les pressions de l'environnement politique et, au moins jusqu'à la fin de 1942, malgré une conjoncture peu réjouissante. Prolongeant tout ce qui a été dit à ce propos, le commissaire principal des Renseignements généraux du Gers écrit en termes on ne peut plus clairs, en mai 1943 : nul n'admet, s'il la supporte, la présence allemande sur le sol français et l'immense majorité affirme qu'une victoire allemande équivaudrait au suicide pour la France [15].

Des zones d'ombre

À côté de ces certitudes, et prenant parfois le pas sur elles, des zones d'ombre et des espaces de doute subsistent. Pour l'ensemble de l'opinion, même dans la phase agonisante de Vichy, les choses ne sont jamais ni tout à fait claires, ni tout à fait définitives. C'est un des enseignements qui ressortent en particulier de la façon dont évolue la représentation du maréchal Pétain. Si les liens sont coupés avec l'État vichyssois, le cordon ne l'est pas complètement avec celui qui en reste le chef. L'image devient seulement un peu plus distante, un peu plus trouble, un peu plus mythique. Les allusions aux premières critiques ouvertes sur son âge et sur sa trop grande dépendance aux influences de son entourage apparaissent

14. 15 octobre 1943, AD HG 1896-159.
15. 28 mai 1943, AD HG 1945-12.

discrètement au début de 1943[16]. Le respect demeure mais « on n'a plus en lui la foi et l'espérance des temps écoulés[17] ». À la fin du mois de mars, les synthèses postales révèlent que le nombre des allusions au maréchal diminue dans les lettres, qu'elles sont rarement sympathiques dans le courrier de la zone Nord, que, dans la zone Sud, les hommages qui montent encore parfois vers lui ne visent plus que « le noble vieillard »[18]. Cette vénération maintient, pour certains, la possibilité d'un nouveau recours. En plein été 1943, le commissaire directeur des Renseignements généraux des Hautes-Pyrénées affirme en effet que « le prestige du Maréchal reste intact » et que « c'est vers sa noble figure que se tourneraient tous les regards en cas de nouveaux malheurs fondant sur le territoire métropolitain »[19]. Au même moment, on doit cependant constater, à Caylus, dans le Tarn-et-Garonne, « l'abstention d'une bonne partie de la population » à l'inauguration d'un monument à la gloire du maréchal Pétain, en présence du préfet et de toutes les autorités[20]. Désormais, à son sujet, les directions semblent bien fixées. D'une part, les synthèses postales confirment régulièrement la chute de l'intérêt pour le chef de l'État et la part de commisération, plus ou moins attristée, contenue dans les marques de respect qui lui sont encore adressées. D'autre part, la fidélité affective aux composantes qui forment la base de la représentation originelle du maréchalisme reste toujours sensible. Ainsi, en novembre 1943, la rumeur se répand selon laquelle le maréchal Pétain serait virtuellement prisonnier et empêché de s'exprimer. Elle suffit à provoquer un accès d'émotion en sa faveur[21].

Beaucoup plus que l'image de Philippe Pétain, les pesanteurs du climat général amortissent les effets des mutations

16. Service régional des RG, 15 janvier 1943, AD HG 1945-16.

17. Service régional des RG, février 1943, AD HG 1945-13.

18. SCCT (contrôle technique), 26 mars 1943, AD HG 1896-1 59.

19. 25 juillet 1943, Hautes-Pyrénées, commissaire principal des RG, AD HG 1945-16.

20. 26 juillet 1943, Tarn-et-Garonne, commissaire principal des RG, AD HG 1945-16.

21. 15 novembre 1943, rapport des RG au préfet régional, AD HG 1896-159.

et retardent l'expression de solidarités actives. À côté des problèmes de ravitaillement, qui restent une donnée immuable, la lassitude, mentionnée vers la fin de 1942, devient un des maîtres mots et le restera jusqu'à la fin, associée, selon les périodes, à la passivité, au découragement, au malaise, au pessimisme, à l'angoisse, à l'exaspération, enfin, dans les derniers mois, au retour en force de la peur, celle des opérations militaires et surtout des bombardements, celle aussi des représailles et du climat de guerre civile qui s'installe par endroits.

L'épuisement et la peur

Le désarroi et la lassitude créent un malaise que la résignation ne suffit plus à rendre supportable, peut-on lire dans la synthèse postale de mars 1943, pour retrouver au mois de juin, dans la même source, des indications identiques encore aggravées. Le souhait que la guerre se termine devient obsessionnel, l'atmosphère lourde et angoissée. L'opinion est décrite comme déçue, désabusée, inerte, à bout de nerfs, souhaitant la paix à n'importe quel prix [22]. Le commissaire principal du service régional des Renseignements généraux, qui, en mai, assimilait la passivité de l'opinion (en la jugeant feinte) à de la veulerie, reconnaît un peu plus tard que l'impression d'épuisement domine incontestablement :

> La triviale expression il y en a marre reflète l'état d'esprit général de la masse. Formule lapidaire, elle résume tout si elle n'explique rien [23].

Dans les derniers mois de 1943, la peur vient s'ajouter à la grisaille. Même si l'aversion des Allemands reste la plus forte et fait pencher la balance [24], attentats et représailles

22. 18 juin 1943, SCCT, AD HG 1896-159.

23. 28 juin 1943, AD HG 1945-12.

24. Toutes les sources signalent, par exemple, « l'immense émotion » qui étreint la population à l'annonce de l'exécution de trois jeunes étudiants le 9 novembre 1943 à Toulouse. À l'exception de « quelques collaborateurs et membres de partis nationaux », l'événement est condamné par tous. Le rapport des RG envoyé à Vichy répercute le sentiment général en indiquant : les Allemands se trompent « s'ils croient intimider par des gestes semblables

renvoient l'opinion à son ambivalence fondamentale. Au-delà de la peur immédiate devant la violence des réactions de l'occupant – dans les Alpes, le Jura, le Massif central, le Sud-Ouest, des régions entières vivent sous la terreur à partir du printemps 1944 –, la hantise de la guerre civile n'abandonne jamais les esprits. Dans une violente diatribe, le commissaire divisionnaire du service régional des Renseignements généraux dénonce l'esprit de vengeance qui se cache, selon lui, derrière la résignation apparente :

> Aujourd'hui la modération dans l'expression, la résignation sur les visages, l'attitude veule et bassement sordide de la majorité ne doivent pourtant pas nous cacher l'âpreté de la vengeance et la sourde violence qui s'élèvent dans le cœur de la plupart des Français [25].

Si l'anxiété est générale, il n'en est pas moins certain que toutes les peurs ne sont pas également partagées dans l'opinion. C'est surtout dans les « milieux bourgeois » que l'on craint « par-dessus tout le déclenchement d'une guerre civile [26] ». L'argument, qui correspond à une des dernières cartouches de la propagande de Vichy, va être systématiquement repris en 1944, amalgamé au « danger bolcheviste » et à la pratique des attentats.

L'état des sources officielles, surtout à partir du mois de mars 1944, ne permet pas de se faire une idée convenable du niveau d'approbation ou de rejet des actions armées de la Résistance, y compris de la pratique des attentats. Comme indiqué en début d'ouvrage, de nombreux services de police basculent au service de Darnand ou passent sous le contrôle strict de son entourage direct. Deux exemples tirés de deux sources différentes, sans apporter une preuve irréfutable de cette totale dépendance, laissent en tout cas planer de sérieux soupçons. Le 18 mars 1944, le service des Renseignements généraux décrit ainsi la perception que « les milieux divers » de l'opinion se font des « terroristes », dont il est précisé

---

la population française [...] ils ne réussiront qu'à s'attirer la haine » (AD HG 1896-159, 16 novembre 1943). Une autre source signale qu'une « vague de haine » traverse la population (AD HG 1945-12, novembre 1943).

25. 28 juin 1943, AD HG 1945-12.

26. 2 décembre 1943, AD HG 1896-I 59, service régional des RG.

qu'ils ne sont pas des Français, mais des « parasites de la société » et la « lie de l'Europe » :

> Ceux qui volent, incendient, et tuent sont, pour la plupart, des étrangers. 55 % d'entre eux sont des réfugiés d'Espagne, des échappés des camps de concentration et des maisons centrales, des tueurs des brigades internationales[27].

Au mois de mai, c'est cette fois le commissaire divisionnaire central qui rend compte, au préfet régional de Toulouse, de l'état de l'opinion en ces termes

> Les réalités brutales des bombardements sont le seul résultat tangible de l'intervention alliée [...] Très peu de personnes souhaitent l'invasion.
> L'opinion est unanime pour réprouver le sadisme des agissements de certains terroristes [...] La poussée rouge n'est pas sans créer une profonde inquiétude dans toutes les classes de la société[28].

Ces écarts replacés à leur juste valeur, et en dépit d'une solidarité et d'une complicité acquises à la Résistance et aux Alliés, il semble bien, pourtant, que les esprits soient restés indécis ou perturbés jusqu'à l'approche de la Libération. L'analyse des rapports entre la population et la Résistance armée dans les zones de maquis comme l'étude d'une série de dossiers sur les synthèses postales de l'été 1944 laissent penser que, même si les lignes de force antérieures s'enracinent et accentuent leurs effets, une part d'ambivalence perdure et continue à caractériser l'état moyen de l'opinion[29]. Ces conditions psychologiques, où l'indétermination va avec l'épuisement, éclairent les réticences souvent observées dans l'engagement ou les ralliements, mesurés ou tardifs, à une solidarité de fait, dans l'action, avec la Résistance combat-

---

27. Note des RG, 18 mars 1944, AD HG 1896-159.
28. 19 mai 1944, AD HG 1945-72.
29. À partir du printemps 1944, plus que jamais, la multiplicité des situations et la diversité des réactions qui en découlent rendent aléatoire toute tentative pour échapper au schématisme des conclusions d'ensemble. Il est clair, par exemple, que le type de solidarités actives à l'égard de la Résistance que j'avais pu observer dans la région du Quercy, zone de maquis et de représailles sanglantes, ne constitue pas, sur ce point précis, un modèle d'attitudes généralisable.

tante. Elles permettent de s'interroger sur les chances réelles de succès que pouvait avoir une insurrection généralisée à la Libération.

S'il faut redire, comme on a tenté de le montrer, que l'irrésolution et la passivité apparentes ne peuvent pas, dans le contexte d'une telle période, être assimilées à l'indifférence complice ou à l'opportunisme calculateur, il reste que la persistance de cet état d'esprit dominant incite à la réflexion et laisse en suspens de nombreuses questions. Elles conduisent à tenter de discerner quelques-uns des ressorts de l'attentisme et de l'ambivalence.

2. Mécanismes de l'attentisme et de l'ambivalence

Les trois grandes constatations, qui résultent de l'observation des principales phases d'évolution de l'opinion entre 1940 et 1944, ont été plusieurs fois soulignées : la puissance d'un attentisme permanent, reflet nuancé de rapports de force changeants, remodelé en douceur sous l'effet de facteurs d'influence endogènes et exogènes ; une ambivalence constante des attitudes, qui apparaît comme la traduction la plus concrète de cette dialectique ; l'importance enfin de mécanismes liés au propre fonctionnement de l'opinion, qui interdisent de réduire sa compréhension à la seule mise en relation de ses réactions avec le fil des événements.

L'attentisme des années noires prolonge des habitudes de comportement antérieures. Sans y revenir longuement, il semble évident que des signes de continuité existent entre les représentations mentales qui se structurent vers la fin des années 30, les logiques qui les commandent, et les formes de conduites collectives que l'on retrouve dans les débuts du Vichy premier modèle. Le traumatisme de juin 1940, le désarroi, la culpabilisation, la recherche sincère d'une identité nationale pulvérisée sont autant d'éléments qui renforcent objectivement une tendance au repli frileux, déjà fortement présente auparavant. Les facteurs structurels, qui tiennent à la nature spécifique de l'opinion et à sa tendance à la passivité, ne doivent pas non plus être négligés. Il est certain que les situations d'anomie, loin de favoriser les prises de conscience salutaires, renforcent au contraire le poids des majorités silencieuses et les crispations sur les réflexes conservateurs, le mot étant pris ici dans sa double signification.

L'attentisme, un produit de Vichy

Ces rappels sont nécessaires mais ils ne doivent pas occulter ce qui, dans les attitudes de temporisation, revient en propre à la période de Vichy. L'attentisme de résignation est induit par l'existence même de l'État français, il en est le produit inévitable. L'attente ambiguë, plus exactement l'imaginaire de l'attente avec son cortège d'illusions et de malentendus, est une des marques spécifiques du régime. Divers effets favorisent et entretiennent dans les têtes, presque mécaniquement, une véritable culture de l'ambivalence[30]. On retiendra les trois facteurs qui semblent avoir joué un rôle important.

En premier lieu, une volonté politique de conservation et de restauration, exprimée en toutes choses et qui rejoint le retour instinctif sur les valeurs refuges de la nation en crise. La célébration de l'immobilisme ou le culte d'un passé mythifié, que laissent entendre, ici, le souci de retrouver et de protéger les principes de la morale traditionnelle, là, celui de préserver des privilèges de classe – que l'on avait crus, en 1936, un moment compromis –, stérilisent toute velléité de dynamisme et s'accordent avec les facilités de l'apathie. Laisser croire, par une pression idéologique intense, que le rejet du mouvement, les leçons immuables du temps et le bon sens du retour en arrière constituent les conditions du renouveau de la nation, a pu tromper une opinion désemparée. L'ensemble de ces éléments a certainement contribué à associer, chez beaucoup de Français, acceptation résignée et bonne conscience.

Viennent ensuite les motivations négatives des choix, le nombre important d'attitudes inférées par la loi du moindre

30. Cf. dans la première partie, le chapitre « Opinion et représentations ».

mal. Les acceptations équivoques, qui découlent d'une échelle de jugements avant tout fondés sur la crainte du pire, appartiennent à l'univers de la peur, du scepticisme, à la grisaille prudente des renoncements. Du rejet des mœurs parlementaires de la IIIe République finissante et des responsables du désastre à celui de la collaboration et de l'occupant, ou encore du rejet du STO à la répulsion indignée face aux engrenages de la terreur, on pourrait presque faire, par la mise en perspective des réactions « en contre », une lecture du mouvement de l'opinion sous Vichy. Cette logique de l'expression collective par opposition, où effets de miroir et d'anticipation ne cessent de se croiser, se développe principalement sur le plan des intentions, sans passage à l'acte, sans transfert d'une sensibilité « anti » vers des comportements positifs. L'ambivalence y trouve son pain quotidien.

Le troisième facteur qui favorise les attitudes attentistes tient au rapport hiérarchique des préoccupations prioritaires de l'opinion et au poids écrasant des questions d'ordre matériel. Leur présence incessante, leur caractère répétitif, l'incapacité à entrevoir une solution effectuent, jour après jour, un formidable travail d'usure sur les esprits et les énergies. Ils occupent l'essentiel des disponibilités et des imaginations, ils ramènent concrètement et symboliquement les problèmes au niveau élémentaire des besoins les plus immédiats. Sans parler des prolongements du « système D » et du marché noir, pas plus compatibles avec l'intransigeance sur les principes d'une morale civique qu'avec un esprit de solidarité, cette perception du temps au jour le jour rejoint elle aussi, par son côté obsessionnel et ses blocages inévitables, les solutions de repli. Le retour à la pénurie, aux privations, aux restrictions – en fait une découverte pour la majorité de la population – est un phénomène psychologique qui provoque inévitablement des modifications des systèmes de pensée collective. Encore mal connu, on devine cependant l'importance de ses effets dans les perceptions du monde extérieur. Une fois encore, mais l'hypothèse ne repose ici que sur des aperçus incomplets, on peut penser que, si ces problèmes allongent la liste des motifs de rupture avec le gouvernement de Vichy, ils ne bénéficient pas pour autant, et selon l'automatisme des vases communicants, à la cause de ceux qui agissent pour le combattre[31].

Les héritages, les pesanteurs culturelles et socio-économiques replacent ainsi l'attentisme et l'ambivalence dans un contexte plus général et aident à en comprendre certains mécanismes. Ils ne doivent pas faire oublier que ces derniers relèvent aussi de l'explication politique et recoupent, à ce titre, le problème des responsabilités spécifiques de Vichy. C'est là un autre terrain, qui dépasse celui de l'analyse du fonctionnement de l'opinion. Il ne s'agit pas de dévier et il n'y aurait pas grand intérêt, sans nier leur importance, à reprendre ici des arguments comme le piège de l'obéissance au gouvernement légal ou l'impossibilité, pendant longtemps, de désarticuler une image aussi forte que celle du vainqueur de Verdun acceptant d'accompagner le pays dans son malheur. C'est seulement sur un phénomène d'engrenage, qui touche précisément aux relations entre Philippe Pétain et les Français, que l'on a jugé utile d'insister, dans la mesure où il semble négligé dans les explications habituellement avancées.

Les logiques de l'« imaginaire Pétain »

L'ambivalence de la représentation du maréchal Pétain dans l'opinion facilite, comme cela a été dit, le processus de dissociation avec le régime de Vichy, mais elle contient aussi les germes d'une paralysie attentiste particulièrement ambiguë. L'attachement irrationnel à la personne du chef de l'État a joué, concrètement, un rôle de double frein à l'action contre l'occupant et aux prises de conscience qui s'y rattachent. L'image complexe qui est perçue de lui inclut une forte composante nationale et germanophobe, éléments fondateurs

31. Dans des régions à forte implantation de maquis, il arrive, comme dans le Jura, la Haute-Vienne, la Corrèze, le Lot, que les responsables de la Résistance prennent eux-mêmes en main, souvent sous la contrainte, la réglementation des marchés, des réquisitions et des prix. Il semble que les effets aient été très positifs. *A contrario*, l'aggravation des problèmes de ravitaillement au cours de l'hiver 1944-1945 joue un rôle important dans la dégradation de l'image de la Résistance intérieure.

du mythe jugés longtemps insoupçonnables par la grande majorité de l'opinion. Cette perception sous-entend l'existence d'une stratégie subtile d'attente et de contournement que l'on peut résumer, en simplifiant, par la notion de double jeu, même si la notion prête à malentendu. Toute une logique de l'attentisme découle ainsi de l'« imaginaire Pétain ».

– Agir contre l'Allemagne, c'est bien entendu agir contre la volonté du premier des Français et contre la confiance qu'il demande, mais, qui plus est, c'est entraver la réussite d'un plan dont les voies impénétrables sont supposées échapper aux possibilités du sens commun. S'engager dans la lutte c'est, au-delà de l'argument de la dissidence, combattre contre la renaissance de la nation.

– Ne rien faire, à l'inverse, si ce n'est affirmer sa fidélité au chef de l'État, est précisément le meilleur moyen d'exprimer, avec efficacité et de manière responsable, son sens national et son hostilité au vainqueur. C'est se préparer au futur sans rien compromettre du présent, c'est, en quelque sorte, après le temps du pacifisme patriotique des années 30, celui de l'attentisme patriotique, avec les mêmes effets obliques d'aveuglement.

La perversité du système est évidente et nous plonge, une nouvelle fois, dans l'ambiguïté caractéristique des représentations ambivalentes. L'imaginaire du double jeu est d'autant plus mentalement *nécessaire* à une grande partie de l'opinion, qu'elle est, au fond, peu disposée à entreprendre quelque action que ce soit. On veut d'autant plus croire et se référer à la dualité de comportement chez le chef de l'État, que cette représentation apporte, par là même, une irréfutable et respectable justification à l'inertie. Il y a ainsi une sorte de complicité objective, sans doute inconsciente du côté de l'opinion, entre la volonté politique du maréchal Pétain, qui fonde l'existence de l'État sur l'exigence d'une confiance aveugle, et cette tendance profonde à l'inaction, résultant de tout un contexte complexe de lassitude. La possibilité de concilier une telle ligne de conduite, en toute bonne conscience, avec la certitude d'exprimer sincèrement un sentiment patriotique antiallemand éclaire non seulement certains aspects confus de l'attentisme, mais, sans doute aussi, la persistance d'un long aveuglement dans la célébration du

LA VISITE DU MARÉCHAL PÉTAIN À PARIS

Le 26 avril 1944, le maréchal Pétain effectue une visite surprise à Paris. Pour éviter toute forme de récupération politique, elle a été discrètement décidée, trois jours auparavant, à l'initiative de quelques proches et en particulier du général Charles Brécard. Le chef de l'État veut publiquement manifester sa solidarité avec les populations de la région parisienne exposées aux bombardements alliés, qui se sont intensifiés et ont fait plus de 3 000 morts entre le 10 et le 25 avril. Il obtient l'accord de Renthe-Fink [32] et d'Otto Abetz. Pierre Laval n'est informé qu'une fois la décision arrêtée, mais il participe à la visite.

Après une messe des morts à Notre-Dame en présence du cardinal Suhard et des familles des victimes, le chef de l'État, acclamé à sa sortie, se rend à l'Hôtel de Ville pour un banquet. Prévenue de sa présence, la foule est massée sur la place et elle manifeste son enthousiasme quand il lui adresse quelques mots. Plusieurs versions ont été données de cette courte allocution, et, s'il n'est pas assuré que le maréchal, parlant de ses « gardiens », ait fait explicitement allusion à sa situation de « prisonnier », c'est l'idée qui est retenue et se répand dans Paris. En fin d'après-midi, le chef de l'État est ovationné par les étudiants le long du boulevard Saint-Germain, sous une pluie de fleurs. *Le Petit Parisien* titre le lendemain :

« LE MARÉCHAL ACCLAMÉ PAR LE PEUPLE DE PARIS. »
« À Notre-Dame, le chef de l'État, le président Laval et les membres du gouvernement ont assisté à la cérémonie à la mémoire des Français massacrés par les Anglo-Américains [33]. »

L'enthousiasme de Paris est partagé par les villes de la zone Nord que le maréchal visite entre le 7 et le 28 mai 1944. On n'a pas manqué de le mettre en parallèle, pour en tirer des conclusions sur la versatilité des Français, avec celui que le général de Gaulle déchaînera, quatre mois après jour pour jour, le 26 août 1944.
Il n'est pas utile d'insister sur la difficulté à comparer la marée humaine qui déferle sur les Champs-Élysées – « Ah ! c'est la mer ! », écrira le général de Gaulle – et le rassemblement des Parisiens, y compris les enfants des écoles sagement rangés [34], place de l'Hôtel-de-Ville.
La véritable explication est à chercher dans la signification qui est donnée à la présence du maréchal Pétain, au printemps 1944, après presque quatre ans d'occupation. Aussi dérisoire puisse-t-il apparaître aujourd'hui, c'est sans doute à un des derniers symboles de l'indépendance nationale que s'adresse la ferveur populaire, au seul moyen qui lui est offert, pour l'instant, de pouvoir manifester ouvertement son patriotisme et de chanter *La Marseillaise.*
Il reste que la chronologie est sans pitié. Le 26 avril 1944, il y a moins d'un mois que le maquis des Glières et ses 465 hommes ont été écrasés par les Allemands et les miliciens réunis, que leur mémoire a été déshonorée dans les éditoriaux de Philippe Henriot. Ce même 26 avril précède aussi de deux jours la dernière grande allocution, diffusée en direct, où le maréchal Pétain condamne sans appel la Résistance.

32. Le ministre plénipotentiaire Cecil von Renthe-Fink, ex-ambassadeur auprès du roi Christian de Danemark, avait été placé auprès du maréchal Pétain après la crise de décembre 1943.

33. Cité par Herbert R. Lottman, *Pétain*, *op. cit.*

34. On peut voir des photographies du 26 avril 1944 dans Pierre Bourget, *Paris, 1940-1944*, Paris, Plon, 1979.

culte maréchaliste. L'accueil chaleureux de la population, lors de la visite que le chef de l'État effectue à Paris le 26 avril 1944, en porte encore les traces [35].

Les interférences complexes de l'ambivalence, plus ou moins influentes selon les situations, se retrouvent partout. Déjà observées dans les représentations mouvantes que l'opinion se fait des Juifs, elles apparaissent aussi dans les relations entre la masse de l'opinion et la Résistance engagée dans la lutte armée.

3. Opinion et résistance : l'exemple des maquis

L'analyse des représentations de la Résistance dans la masse de l'opinion soulève toute une série de problèmes de méthode qui renvoient à des observations déjà développées à d'autres occasions. On se contentera de rappeler le nombre de situations dissemblables et la quantité considérable de paramètres qui interviennent dans la détermination des attitudes, en mentionnant tout de même le rôle capital du temps et celui, tout aussi primordial, de la proximité, ou de l'absence, de groupes armés clandestins. Une typologie des divers cas de figure étant exclue ici, seules les indications les plus caractéristiques ont été retenues. Elles reflètent les réactions à l'égard d'une des formes d'action les plus sensibles et les plus visibles de la Résistance, celle des maquis, et elles portent en priorité sur les populations des zones où ils sont implantés.

Une construction de l'imaginaire

Tout indique d'abord que la relation entre l'opinion et la Résistance fonctionne, en grande partie, sur une construction de l'imaginaire. Aussi diverses soient-elles, les multiples perceptions que les populations peuvent se faire de son exis-

35. Cf. l'encadré sur cet épisode.

tence, de son action ou de son rôle ont en effet un trait commun : elles reposent sur une profonde méconnaissance du phénomène, pour des raisons, par ailleurs, facilement compréhensibles. L'observation vaut pour toutes les périodes et pour toutes les formes de Résistance avec, quand la situation amène à vivre directement au contact des maquis, des nuances évidentes. L'apparition, en 1943, puis le développement de ces groupes armés créent, pour l'opinion, une situation neuve, imprévue, dérangeante, étrangère aux habitudes de pensée. Ce contexte d'instabilité, l'ignorance de la réalité et des réactions partagées entre la sympathie et la peur conditionnent la nature particulière des relations avec la population et les perceptions confuses qu'elle entraîne.

L'idée de maquis reste d'autant plus vague et obscure que les éléments à partir desquels elle se forme reposent sur des filières d'information faussées qui amplifient les effets de prisme. L'action armée de la Résistance intérieure, enjeu essentiel dans la conquête de l'opinion, est systématiquement exploitée dans la guerre psychologique. Du côté du gouvernement la presse écrite et la radio ne projettent que des images hostiles et caricaturales. Les méthodes de propagande utilisées, surtout à partir de 1944, ne répugnent pas à l'utilisation des moyens les plus bas, et les éditoriaux de Philippe Henriot, qui se spécialise dans ce travail de démolition, sont à cet égard révélateurs [36]. Dans l'autre camp – sans insister sur le fait que les maquis sont mal connus de la Résistance elle-même, et pas seulement à Londres ou à Alger –, la part de mystère qui entoure leur existence favorise tous les bruits incontrôlables et accentue les déformations. Influencée par les clichés habituels sur les clandestins et les hors-la-loi, la vision populaire des maquis semble indissociable de tout un environnement fabuleux. Les sabotages, les embuscades, les coups mortels portés à l'ennemi, la personnalité héroïque des chefs, transfigurés par la rumeur, donnent naissance à des récits épiques et à des stéréotypes qui vont rester dans les mémoires. Les ressources de l'imaginaire tiennent sans doute

36. Cf. Jean-Louis Crémieux-Brilhac, « La bataille des Glières et la guerre psychologique », *Revue d'histoire de la Seconde Guerre mondiale*, Paris, PUF, n° 99, 1975.

lieu de revanche pour un peuple humilié [37]. Paradoxalement, le processus de mystification s'appuie aussi sur les représentations véhiculées par les Allemands eux-mêmes et qui se traduisent par la manifestation extérieure d'une hantise des « terroristes ». L'insécurité accrue et les aspects déconcertants de la guérilla les amènent à grossir le nombre des partisans et l'importance de leurs actions. C'est aussi cette même exagération du danger potentiel qui justifie la violence inouïe de représailles qui servent d'exutoire à leur propre angoisse [38].

Pour une opinion enfermée depuis des années dans une longue peur, la lutte armée de la Résistance est en effet une nouvelle source d'appréhensions et de menaces. Les influences contraires d'une situation conflictuelle agissent en permanence sur les attitudes : au mouvement de soutien et de solidarité, qui s'appuie sur une profonde hostilité envers les occupants, s'opposent, par un mélange de réflexe attentiste et de craintes, des tendances négatives et des motifs de rejet. C'est l'évolution du rapport des forces à l'intérieur de cette représentation ambivalente de la Résistance, où les tendances favorables au soutien vont finir par peser, qui va définir le sens du mouvement général de l'opinion. Toutefois, contrairement à des schématisations répandues, cette orientation ne sanctionne pas le simple passage, à une période déterminée, d'une position de réserve ou de rejet à l'expression d'une solidarité complice ou active, par effacement de l'une au profit de l'autre. Les attitudes à l'égard de la Résistance ont leur propre logique. Elle ne se résume pas à un transfert élémentaire et définitif de l'attentisme à l'adhésion. Dans ce domaine particulièrement, les termes de l'alternative, pré-

---

37. La légende qui s'est formée autour du retentissement considérable des combats de Saint-Marcel, dans le Morbihan, le 18 juin 1944, est un exemple typique. (Cf. Roger Leroux, « Le combat de Saint-Marcel », *Revue d'histoire de la Seconde Guerre mondiale*, Paris, PUF, n° 55, 1964.)

38. Le journal de marche du groupe d'armées C qui, au mois de mai 1944, se livre à des rafles de civils dans la région de Figeac (Lot) présente ces opérations comme une attaque de la 2e division blindée SS contre des terroristes, attaque qui se serait terminée avec succès et aurait fait 41 tués et 1 266 prisonniers (AN, archives du Comité de la Seconde Guerre mondiale, 72 AJ). Dans les faits, 800 personnes environ (540 pour la seule ville de Figeac) ont été arrêtées et en majorité déportées.

sents dès le début, vont continuer à se poser jusqu'à la Libération et au-delà. L'analyse, d'une part, des principaux mécanismes qui interviennent dans la construction de la représentation des maquis et, d'autre part, des fonctions que celle-ci exerce, en retour, sur l'opinion, permet de mieux comprendre le processus du choix définitif, mais aussi ses limites.

Les facteurs hostiles

Les motifs de désapprobation ou de rejet sont nombreux et leur pression augmente avec le temps, indépendamment des modes de pensée qui condamnent le régime et sa collusion avec l'occupant. Ces facteurs d'hostilité peuvent être regroupés en deux grandes catégories : ceux qui alimentent l'argumentation et la propagande de Vichy et qui touchent l'ensemble de l'opinion, ceux qui découlent des effets liés à la présence des maquis pour les populations concernées.

Les premiers sont bien connus et on n'en donnera qu'un bref échantillon. Ils justifient la répression contre les résistants et obéissent à une stratégie simple : exploiter la peur, disqualifier les hommes et leurs motivations. Un rapide inventaire sémantique tiré, dans la presse légale, de la rubrique quotidienne *répression du banditisme et du terrorisme*, évite de longs commentaires : terroristes, communo-terroristes, judéo-terroristes, bandes d'étrangers, bandits et/ou condamnés de droit commun, criminels, assassins, meurtriers, rouges échappés des bagnes espagnols, Brigades internationales, communistes, anarchistes, bandes hirsutes qui préparent le triomphe du bolchevisme, malfaiteurs, pilleurs, pillards, voleurs, vauriens, incendiaires, attentats crapuleux, bandes affamées de pillage... Le sens des associations que l'on cherche à imposer est limpide et on pourrait aligner des champs lexicaux à longueur de pages. Les résistants sont du gibier de potence, ils tuent aveuglément, torturent, cherchent à mettre le pays à feu et à sang, pillent les fermes, brûlent les meules de foin et de blé, attaquent les banques, les perceptions, les débits de tabac, rançonnent, volent les commerçants. Au moment des combats du plateau des Glières, où la Milice est engagée aux côtés des troupes allemandes, les interventions biquotidiennes de

Philippe Henriot, qui utilise le mépris mensonger et l'insulte pour dénoncer la prétendue lâcheté des chefs, les loques et autres fuyards, indiquent le durcissement et la violence du discours officiel[39].

Dans les facteurs négatifs du second groupe, plus spécifiques aux zones d'implantation des maquis, on peut retrouver certains faits qui recoupent les allégations du pouvoir et installent le doute dans une opinion troublée. Si, comme le dit Henri Noguères, les résistants dignes de ce nom ont, « le plus souvent, dans les zones à forte implantation de maquis, une attitude exemplaire », il arrive que des exactions soient commises par des groupes de pseudo-résistants ou de repris de justice qui tirent profit des circonstances[40]. Dans la majorité des cas, les faux maquis ou les « maquis noirs » sont impitoyablement décimés par la Résistance. Des problèmes engendrés par les nécessités de la vie quotidienne – en particulier le ravitaillement et les transports – peuvent devenir une source de tensions et de conflits, mais c'est évidemment l'aggravation de l'insécurité qui est à l'origine des réticences les plus sérieuses. La peur des représailles pèse lourdement. Même tardivement, et dans des régions réputées acquises à la cause de la Résistance, de nombreux témoignages font état de réactions de rejet. Ainsi en est-il en juillet 1944, dans le haut Jura, après la terrible répression subie au mois d'avril, et où, écrit François Marcot, « les FFI sont parfois harangués par des gens en colère qui les supplient de s'éloigner, refusent de les héberger ou de les ravitailler, [où] des médecins refusent de soigner les blessés, des prêtres d'enterrer les morts[41] ». La réalité de telles attitudes n'est pas discutable, mais elle n'autorise pas pour autant à avancer des conclusions trop simples. Les interpréta-

39. Philippe Henriot parle deux fois par jour à la radio à partir de février 1944. Selon les calculs effectués par Jean-Louis Crémieux-Brilhac (art. cité), 30 % de ses éditoriaux sont consacrés à la dénonciation des combattants des maquis entre février et avril 1944. Certains d'entre eux sont rediffusés jusqu'à trois fois. Son influence est incontestable et il est abattu par un commando de la Résistance le 28 juin 1944.

40. Cf., par exemple, Henri Noguères, *La Vie quotidienne des résistants de l'armistice à la Libération*, Paris, Hachette, 1984.

41. François Marcot, « La Résistance et la population, Jura 1944 : relations d'une avant-garde et des masses », in *Guerres mondiales et Conflits contemporains*, Paris, PUF, n° 146, 1987.

tions tirées de l'observation des populations éprouvées par les rafles ou les massacres ne sont pas univoques. Dans certains cas, l'opinion ne met pas en cause l'action des maquis et elle sort des épreuves avec des convictions patriotiques renforcées. François Marcot penche dans cette direction pour le Jura et rejoint ce que Jean Cassou notait, après un voyage dans plusieurs régions du Sud-Ouest :

> Lorsqu'on a eu l'occasion de visiter [...] un village pillé et incendié par les Allemands, on ne recueille de la part de la population pas un seul mot de récrimination contre le maquis et la résistance. On se trouve en présence d'une sorte d'acceptation farouche [42].

D'autres résistants ont décrit des sensibilités moins stoïques et les témoignages ne manquent pas qui font part, en 1944, d'un état de saturation proche du seuil de rupture [43]. Les effets considérables, sur la mémoire, des représentations construites *a posteriori*, au moment de la Libération, ont, là-dessus, souvent obscurci les données du débat. Les choix n'étaient simples pour personne et ils recoupent les problèmes posés, ailleurs, par la nécessité d'accepter les bombardements alliés. Il serait vain de vouloir nier l'existence de sentiments de colère à l'égard de certaines initiatives de la Résistance jugées irresponsables. Mais il serait également erroné d'en rester là, sans compter avec la dynamique d'une opinion confrontée en permanence à de nouvelles appréciations de la réalité. Les réactions d'hostilité paraissent avoir été aussi violentes que brèves et assez vite effacées, pour deux raisons : les représailles atteignent une telle démesure dans l'horreur qu'elles chargent la mémoire immédiate de motifs de révolte encore plus virulents ; allant dans le même sens que l'évolution générale, ils la renforcent par une haine accrue de l'occupant et se renforcent à son influence. L'idée progresse alors que le moyen efficace de mettre fin au cauchemar est de manifester sa solidarité avec ceux qui combattent pour hâter le moment de la libération.

---

42. Rapport de Jean Cassou à Emmanuel d'Astier de La Vigerie, archives de *Résistance R4*, Toulouse, fonds privé.

43. Par exemple, dans Paul et Suzanne Silvestre, *Chronique des maquis de l'Isère*, Grenoble, Éd. des 4 seigneurs, 1978.

Quels que soient ses effets véritables, le caractère ambivalent de la logique de la peur ne suffit pas à expliquer l'évolution vers une attitude générale de soutien. De puissants facteurs se conjuguent pour créer des solidarités que l'on peut classer en trois grands types :

– des solidarités de fait ou objectives, entraînées par la seule présence de groupements armés de résistants ;

– des solidarités construites qui découlent des diverses fonctions que les actions de lutte remplissent dans l'opinion ;

– des solidarités profondes, liées aux structures mentales et aux héritages culturels.

Les solidarités objectives

Des engrenages inévitables résultent de l'implantation des maquis. Sous peine de destruction, ils doivent bénéficier de tout un ensemble d'aides matérielles, de renseignements, de complicités morales et d'aides extérieures. La diversité et la complexité des besoins nécessaires à l'organisation des structures d'accueil et la pratique des actions de guérilla exigent impérativement tout un enchaînement de concours. Les réseaux de volontaires, qui définissent le premier cercle de soutien, amènent une extension vers des complicités de fait, par développement concentrique. Elles ne cessent de s'élargir avec l'apparition de filières de solidarités qui reproduisent, par simple entraînement mécanique, des situations d'implications objectives. L'infrastructure qui existe derrière tout maquis, souvent ignorée parce que peu spectaculaire et rarement revendiquée, pénètre dans la population par de multiples ramifications. Chacune d'entre elles entraîne à son tour une démultiplication des formes d'appui [44]. Même si les gestes individuels sont le plus souvent modestes quand on les observe isolément – et peuvent se limiter, par exemple, au silence obstiné des paysans devant les questions des forces

44. Les diverses formes de l'aide apportée à la Résistance par le personnel des PTT fournissent un exemple convaincant de tous ces réseaux diffus de complicités. Cf. *L'Œil et l'Oreille de la Résistance. Action et rôle des agents des PTT dans la clandestinité au cours du second conflit mondial*, *op. cit.*

de répression[45] –, ils participent à une chaîne de solidarités qui conduit à des engagements irréversibles[46].

Les solidarités construites

Dans le développement du mouvement d'adhésion à la Résistance, l'action reste certainement l'argument le plus persuasif. Plus ou moins sensibles selon les formes de lutte découlant de la stratégie des diverses organisations, trois grandes fonctions ont favorisé les progrès des attitudes de soutien.

La fonction de rupture. Par leurs initiatives, les maquis contribuent à faire éclater les éléments positifs de la représentation de Vichy dans l'opinion, en prenant pour cible ses références d'identification les plus sensibles. Le régime se voulait le garant de l'ordre. Les coups de main sur les mairies, les postes, les perceptions, les vols de véhicules officiels, les enlèvements de hauts fonctionnaires, les désarmements de gendarmes, mais aussi des sanctions exemplaires contre les trafiquants de marché noir ou même des réglementations de prix imposées sur les marchés, prouvent, entre autres exemples largement commentés par la rumeur publique, la désagrégation de l'État. Il en va de même pour l'image, longtemps efficace, du bouclier protecteur. Alors que les forces de l'ordre pourchassent les réfractaires au STO, la Résistance les aide et monte des opérations spectaculaires contre les services qui organisent les départs[47]. La chasse aux maquisards, menée conjointement par des unités de Vichy, la Milice

45. À partir de 1943, les rapports des autorités soulignent le mutisme général face aux demandes de renseignements et dénoncent cette « complicité tragique ». Pour la très grande majorité de la population, les dénonciations sont perçues comme des abjections.

46. Sur ces manifestations de solidarité, lire, par exemple, Lucie Aubrac, *Ils partiront dans l'ivresse*, Paris, Le Seuil, 1984, Georges Guingouin, *Quatre Ans de lutte sur le sol limousin*, Paris, Hachette, 1974, Charles d'Aragon, *La Résistance sans héroïsme*, Paris, Le Seuil, 1977.

47. Sabotages de voies ferrées dans le Limousin pour empêcher des départs, coup de main et destruction des archives du STO jetées dans le Lot à Cahors, feux de joie allumés avec les documents de recensement dans la Bresse.

et les Allemands, indique dans quel sens s'exerce la protection et démontre l'enlisement du régime. Ces perceptions de la France allemande et du Vichy milicien précipitent son rejet. Un dernier élément renforce enfin l'efficacité de cette entreprise de démolition. Les résistants cherchent à isoler dans la population les partisans et les soutiens actifs de la collaboration. La panoplie des moyens va des inscriptions vexatoires offertes à la curiosité publique, ou des listes dans la presse clandestine, aux menaces sur la vie, parfois aux disparitions et aux exécutions [48]. Ce rapport de force inversé montre aux indécis que la peur a changé de camp et qu'elle habite maintenant ceux qui, il y a peu, en usaient largement à leur profit.

La fonction de témoignage. Il est évident que toute l'activité de la Résistance porte témoignage. Certaines actions ont cependant, plus que d'autres, un caractère probant de démonstration et de valeur pédagogique. La signification exemplaire des combats apparaît ainsi d'une importance capitale. Ils symbolisent avec force le refus de la soumission, ils créent spontanément, autour des victimes, des liens de solidarité. Leur efficacité militaire, souvent modeste, est sans commune mesure avec leur portée morale et ils agissent sur l'opinion, au-delà de l'émotion, en permettant l'émergence d'une communauté de sentiment par hostilité viscérale contre l'ennemi.

La fonction de rassemblement. La multiplication des manifestations publiques exerce une influence prépondérante sur la sensibilité collective à travers les émotions collectives et les symboles de l'imagerie populaire. Les premiers défilés de maquisards et les cérémonies aux monuments aux morts le 11 novembre 1943 [49], les occupations momentanées de villes associées à un rituel symbolique, les bravades que représentent les rassemblements de foules lors des obsèques

48. 25 % environ des exécutions effectuées par la Résistance sont antérieures au 6 juin 1944. Dans les zones de maquis, ce pourcentage moyen est dépassé : 45,19 % pour la Saône-et-Loire, 40,42 % pour l'Ain, 40,27 % pour le Jura (avec 44 cas indéterminés), 37,72 % pour le Lot, 37,5 % pour la Haute-Garonne.

49. Non seulement à Oyonnax, que l'on cite souvent à juste titre, mais également dans de nombreuses localités du Sud-Ouest.

de maquisards tués au combat, les parachutages monstres et les célébrations en armes du 14 juillet 1944 expriment la volonté de rassembler la nation dans le même idéal de lutte. Ces actions reforment les liens et resserrent le tissu social, là où Vichy a échoué.

Les solidarités profondes

Les mécanismes ainsi décrits aident à mieux comprendre les raisons d'une évolution globale, mais ils ne rendent compte que grossièrement des différences d'attitudes qui apparaissent selon les situations géographiques. Seules des explications plus fondamentales, apportées par une histoire des mentalités, pourraient éclairer les disparités observées qui reposent sans doute sur l'expression de solidarités profondes, enfouies dans les systèmes de pensée et peu perceptibles. Dans des régions rurales comme le Limousin, les bordures méridionales du Massif central ou le Sud-Ouest, on pressent ce qu'a pu être le rôle des héritages culturels dans les attitudes de soutien aux maquis. Quelques pistes ont été ouvertes. Ainsi, Gérard Monédiaire, à partir de l'exemple des maquis de Georges Guingouin, a voulu comprendre, en anthropologue, pourquoi les paysans du haut Limousin avaient étroitement partagé et servi la cause de hors-la-loi traqués[50]. Certaines des perspectives proposées rejoignent d'autres observations et montrent, dans l'imaginaire de ces sociétés en crise où prévaut une conscience collective de « dominés », l'importance du phénomène de rupture de dépendance, des résistances à l'oppression par accumulation des effets de rejet, de la forte symbolique de l'imagerie du rebelle, des nostalgies mythiques de normes transgressées, d'une sociabilité fondée sur des codes de parole et des transactions personnelles, de communautés familiales et villageoises solidaires. Le champ à exploiter reste immense mais, aussi nécessaire soit-elle, cette volonté d'explication ne doit pas faire oublier, comme Jacqueline Sainclivier le souligne

50. Georges Guingouin et Gérard Monédiaire, *Georges Guingouin, premier maquisard de France*, Limoges, Souny, 1983.

à propos de la Bretagne, la part d'irrationnel qui, dans « ces temps de passions », rend certains comportements insaisissables[51].

Tout en rappelant que les relations entre l'opinion et les maquis dépendent fortement de leur nature spécifique et des conditions du contexte, on peut tirer de leur analyse quelques enseignements de portée plus générale. L'image de la Résistance a incontestablement évolué de façon favorable, dans le sens du courant porteur de l'opinion, mais elle reste marquée, jusqu'au bout, par le balancement caractéristique d'une ambivalence persistante. Cette instabilité est le reflet d'une contradiction mouvante entre des mécanismes d'adhésion et des motifs de réserve ou de rejet qui, globalement, tourne à l'avantage des premiers. Malgré ces incertitudes, l'influence de la Résistance, en particulier à travers les retombées de son action armée, provoque ou accélère des mutations décisives : elle contribue à faire émerger, dans l'opinion moyenne, la signification claire des enjeux immédiats de la Libération et d'une participation à sa préparation ; elle détruit l'image de l'État protecteur et lui substitue celle, répulsive, du Vichy milicien et policier. Ces prises de conscience reposent sur des liens de plus en plus denses entre des minorités agissantes et une proportion grandissante de la population. Parmi les facteurs qui ont contribué à leur développement, il convient d'insister sur le rôle des réseaux de complicités et de solidarités silencieuses, d'autant plus qu'il touche directement à l'appréhension historique du phénomène de Résistance[52]. L'étude des dynamiques de l'opinion confirme, après d'autres, l'erreur de méthode qui consiste à juger exclusivement de sa dimension à partir de critères d'efficacité militaire

51. Jacqueline Sainclivier, *La Résistance en Ille-et-Vilaine, 1940-1944*, thèse dactylographiée, Rennes, 1978.

52. Sur ces problèmes, cf. François Bédarida, « L'histoire de la Résistance, lectures d'hier, chantiers de demain », *Vingtième siècle. Revue d'histoire*, Paris, Presses de la Fondation nationale des sciences politiques, n° 11, juill.-septembre 1986, p. 75-89, Jean-Pierre Azéma, « Résister », *L'Histoire*, Paris, SES, 1985, n° 80, Henry Rousso, « La Résistance entre la légende et l'oubli », *L'Histoire*, n° 42, 1982, Roger Bourderon et Germaine Willard, *La France dans la tourmente*, Paris, Éd. sociales, 1982, ainsi que la mise au point récente d'Yves Durand dans *La France dans la IIe Guerre mondiale*, *op. cit.*

ou d'évaluations quantitatives des effectifs. Ces interprétations réductrices, en suggérant la marginalité de la Résistance ou son isolement dans la nation, négligent la dialectique des rapports de force et la multitude des gestes obscurs qui conditionnent la survie et le développement de la Résistance. Tout en soulignant leur extrême modestie et en les dissociant clairement des véritables formes d'engagement pour éviter de tomber dans de nouvelles simplifications, ils permettent de remettre en cause le schéma habituel de la masse inerte et opportuniste avec, de part et d'autre, deux minorités actives. De façon différente, c'est à partir de ces chaînes de solidarités que se reconstitue, contre l'occupant et contre Vichy, le tissu de la nation.

4. 1944 : des fragilités persistantes

Le fait que l'opinion ait choisi son camp, en confirmant et en renforçant des orientations distinctement perceptibles dès 1941, ne suffit à effacer ni les inquiétudes, ni les effets des autres courants d'influence. La répartition des pressions se modifie sous le poids des événements, mais les éléments contradictoires de l'ambivalence restent en place. Aussi complexe que l'attentisme dont elle est, dans la logique de son prolongement, une des nombreuses expressions, elle ne signifie absolument pas le renvoi dos à dos des uns et des autres. Tout ce que nous apprend l'étude de l'opinion au cours de cette période montre que les choix ne se sont jamais posés en fonction des données tranchées d'une contradiction simple, comme le seraient, par exemple, les termes d'une alternative entre l'adhésion à Vichy ou à la Résistance. L'ambivalence qui perdure n'est pas le reflet de ce type de débat mais, dans la ligne de force d'un patriotisme de sensibilité jacobine, celui des hésitations entre les différentes possibilités d'adhésion et de soutien. Depuis l'été 1943, avec des nuances et des lenteurs parfois accusées, l'opinion est passée d'un attentisme d'opposition à Vichy à un attentisme de solidarité complice avec la Résistance. Les pesanteurs qui subsistent ne remettent pas en cause le sens de l'évolution, mais elles en limitent les effets en contribuant, globalement, à entretenir des attitudes d'expectative persistantes. C'est l'impression dominante qui ressort de l'analyse des synthèses postales de l'été 1944, entre le mois de juin et les premières semaines d'août[53]. Les tendances qu'indiquent les tableaux, les courbes et les réseaux construits à partir des rapports et des bilans statistiques des divers services des « contrôles techniques » permettent de dégager quelques grandes constatations, avec les réserves inhérentes à l'utilisation de ce type de sources[54].

Comme c'est le cas depuis l'hiver 1941, de façon régulière mais non systématique, les problèmes de ravitaillement restent, même au cœur de l'été 1944, avec une nuance infime dans un cas[55], le souci prioritaire des Français. Le seul fait que l'explosion des événements et l'importance évidente de leurs conséquences ne parviennent pas à modifier fondamentalement un horizon ainsi obstrué par les échéances immédiates de la vie quotidienne aide à comprendre, mieux que tout, la puissance des forces d'enlisement et les entraves paralysantes de cette logique d'autosauvegarde. L'attention portée au débarquement n'arrive qu'en troisième position au mois de juin, avec un gros écart par rapport aux deux premiers centres d'intérêt, puis elle régresse en juillet.

La peur, en juin et en juillet, revient au premier rang des préoccupations à travers la hantise des bombardements, mais elle doit être rattachée à tout un réseau d'angoisses où l'on retrouve les inquiétudes provoquées par l'évolution de la situation intérieure et la menace d'un déchaînement de violences entre Français. Cette remontée des peurs, antérieure à l'été 1944, agit également dans le sens d'une neutralisation des comportements.

La profonde lassitude, teintée jusqu'au début du mois d'août 1944 d'une vision pessimiste de l'avenir, vient immé-

53. AN F7 14928-14932.

54. Cf. la première partie, chapitre « Sources et idéologie ».

55. Le ravitaillement arrive en deuxième position au mois de juillet 1944, dans les résultats du contrôle technique de Montpellier, tout en restant très proche de la peur des bombardements, préoccupation première (28,41 % contre 29,01 %).

diatement derrière les problèmes du ravitaillement et les peurs, donnant à cet ensemble une cohérence indiscutable, dans le prolongement des logiques attentistes. En léger recul dans les deux semaines qui suivent le débarquement en Normandie, elle ne chute qu'avec l'effervescence que provoque la proximité certaine d'une proche libération. Visiblement sensible aux effets des émotions, elle semble n'être que la face apparente d'une exaspération de plus en plus mal contenue. C'est à la lumière de ce passage brutal de l'abattement à l'explosion qu'il faut aussi juger les débordements et les passions de la Libération.

Si l'on revient, à partir de ces indications chiffrées, sur les perceptions des actions de la Résistance et sur ce qu'elles laissent transparaître des attitudes dominantes à son égard, on retrouve les signes des inquiétudes et des hésitations déjà décrites. Les réactions à l'égard des maquis sont en majorité défavorables. Les approbations, jamais supérieures à 20 %, ne dépassent 30 % qu'après le 5 août. En revanche, les attitudes de réprobation et d'hostilité cumulées sont majoritaires et restent importantes jusqu'au début du mois de juillet, un peu plus tard dans le Midi toulousain. Même quand elles commencent à baisser, dans la première quinzaine de juillet, elles représentent encore, en pourcentage, la part des opinions les plus nombreuses. Complémentairement aux problèmes déjà évoqués, le poids de cette attitude doit être mis en relation avec le climat de terreur et la peur des représailles. Assez curieusement, la réprobation des « actions terroristes » est partout inférieure à l'hostilité exprimée à l'égard des maquis. Si l'on ne trouve qu'une infime minorité pour les approuver, le nombre des « neutres » est, en revanche, extrêmement important, ouvrant ainsi diverses possibilités d'interprétation.

Au total, ces réactions, mêlées aux peurs que l'on voit se profiler dans les anticipations du danger de guerre civile, montrent, comme l'expriment également les échantillons d'un vocabulaire significatif, une sensibilité inquiète, incertaine, annihilée par les épreuves et prise de panique à l'idée d'en voir surgir de nouvelles. Le caractère des sources et leur destination imposent de faire la part des choses et de relativiser une tendance à la dramatisation, sur laquelle le régime de Vichy moribond tente encore de jouer dans les dernières semaines de son existence. Ces atténuations sans doute nécessaires ne remettent pas en cause l'image d'une opinion moralement épuisée, à la disponibilité émoussée et partagée entre les effets inhibiteurs de tout un imaginaire de la peur et la poussée d'une vague profonde de solidarité avec le mouvement de libération.

Commission centrale
des contrôles techniques de Vichy
ensemble de la France

Tendance d'évolution du sentiment de *lassitude de juin à août 1944**

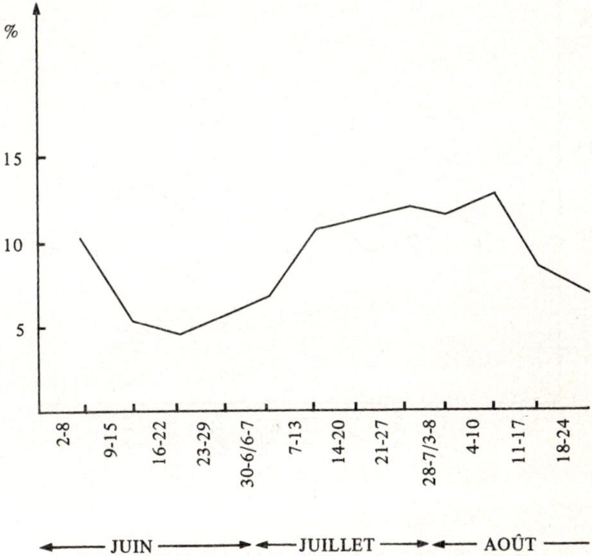

*Les pourcentages sont calculés par rapport au nombre total des opinions relevées sur tous les sujets.

Dès la semaine du 4 août, les allusions témoignant d'une vision positive de l'avenir prennent le dessus (légèrement) sur l'expression du pessimisme.

Contrôle technique
Inspection régionale de Toulouse

Tendance d'évolution du sentiment
de *lassitude du 17 juin au 11 août 1944*

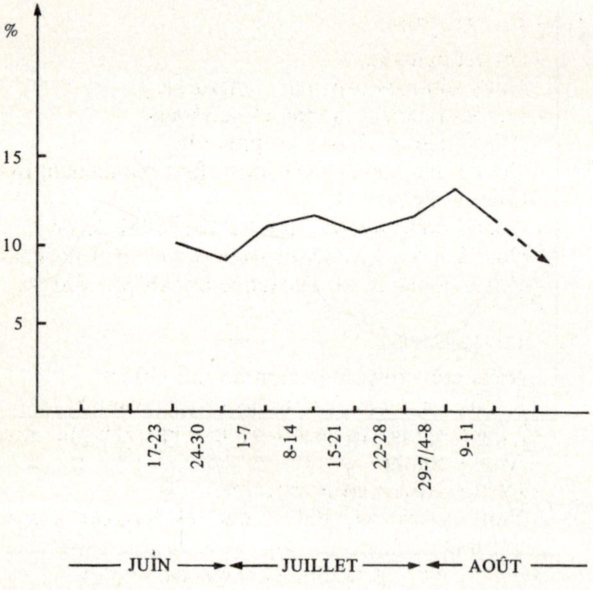

Pour permettre une comparaison avec la courbe générale, nous avons gardé approximativement le même découpage du temps en abscisse. L'évolution est du même type dans les deux cas.

Contrôle technique de Montpellier
Contrôle technique de Toulouse

Exemples de schèmes de phrases caractéristiques *exprimant des sentiments de lassitude et de pessimisme* en juillet et dans les premiers jours d'août 1944.

1. – LA LASSITUDE.

– On est épuisés.
– Nous sommes usés par l'angoisse.
– La lassitude est grande et générale.
– Il faut que ça finisse au plus vite.
– Quelle que soit la décision il faut maintenant que ça finisse vite.
– Quand donc sera-ce fini ? C'est le cri de tous.
– On n'aspire qu'à une seule chose : la fin du cauchemar.
– On se demande si ce cauchemar va prendre fin.

2. – LE PESSIMISME.

– Nous crèverons tous comme des chiens.
– Il faut s'attendre à des choses épouvantables.
– Nous n'avons pas encore vu les choses les plus atroces.
– Avenir sombre.
– Jours terribles en perspective.
– Nous serons inévitablement les vassaux des vainqueurs.
– Seul avenir, la famine et la guerre civile.
– Avec une jeunesse pareille nous allons vers l'anarchie.
– L'anarchie annonce la guerre civile.
– Nous sommes au bord de la guerre civile.
– Nous n'échapperons pas à la guerre civile.
– La révolution et la haine arrivent à grands pas.
– Cela recommence comme en Espagne.
– Moscou mène le bal.
– Alternative terrible : ou l'esclavage ou la délivrance dans les ruines et les victimes sans nombre.

Contrôle technique de Montpellier (5 juillet 1944)
LA HIÉRARCHIE DES PRÉOCCUPATIONS EN JUIN 1944
d'après les synthèses du Contrôle postal

ÉCHANTILLON	ZONE NORD	ZONE SUD	ÉTRANGER	TOTAL
Nombre des opinions	78 349	154 003	4 657	237 009
Nombre des lettres	73 582	227 414	6 525	307 521

ZONE NORD			ZONE SUD			RÉSULTATS D'ENSEMBLE		
	Opinions	**%**		**Opinions**	**%**		**Opinions**	**%**
1 Ravitaillement	18 006	23	**Ravitaillement**	27 498	17,85	**Ravitaillement**	45 504	19,20
2 Peur des bombardements	16 888	21,55	**Peur des bombardements**	24 055	15,62	**Peur des bombardements**	40 943	17,27
3 Débarquement	8 774	11,20	**Lassitude générale**	16 681	10,83	**Débarquement**	23 924	10,09
4 Lassitude générale	7 238	9,23	**Débarquement**	15 147	9,83	**Lassitude**	23 919	10,09
5 Transports	6 003	7,66	**Transports**	11 553	7,50	**Transports**	17 556	7,40
6 Guerre	4 023	5,13	**Terrorisme**	11 178	7,26	**Terrorisme**	12 699	5,35
7 Pessimisme	3 333	4,25	**Pessimisme**	7 338	4,76	**Guerre**	11 135	4,61
8 Mauvaises récoltes			**Guerre**	7 112	4,61	**Pessimisme**	10 671	4,50

Le **terrorisme** n'arrive qu'en n° 10

Contrôle technique de Montpellier
31 juillet 1944
LA HIÉRARCHIE
DES PRÉOCCUPATIONS
EN JUILLET 1944
d'après les synthèses du Contrôle postal

ÉCHANTILLON	**Nombre des opinions**	**Nombre des lettres**
ZONE NORD	16 267	14 028
ZONE SUD	68 486	77 366
ÉTRANGER	2 006	2 327
TOTAL	86 759	93 721

Ensemble du territoire
y compris lettres à destination
ou en provenance de l'étranger

THÈMES	**Nombre des opinions**	%
1 Peur des bombardements	25 175	29,01
2 Ravitaillement	24 661	28,41
3 Lassitude	15 154	17,45
4 Transports	7 019	8,09
5 Guerre	5 603	6,45
6 Débarquement	4 999	5,76
7 Terrorisme	2 001	2,30

Contrôle technique de Toulouse
31 juillet 1944
LA HIÉRARCHIE
DES PRÉOCCUPATIONS
EN JUILLET 1944
d'après les synthèses du Contrôle postal

ÉCHANTILLON	**Nombre des opinions**	**Nombre des lettres**
ZONE NORD	28 424	24 770
ZONE SUD	60 868	91 886
ÉTRANGER	2 341	6 784
TOTAL	91 633	123 440

Ensemble du territoire

THÈMES	**Nombre des opinions**	%
1 Ravitaillement	24 281	26,49
2 Peur des bombardements	17 574	19,17
3 Lassitude	8 788	9,60
4 Débarquement	5 796	6,32
5 Opinion sur belligérants	5 478	5,97
6 Terrorisme	4 406	4,81
7 Guerre	3 608	3,93
8 Pessimisme	2 900	3,16

Commission centrale
des contrôles techniques de Vichy

Ensemble de la zone Sud
Tendance d'évolution des réactions hostiles aux maquis
en juillet et août 1944

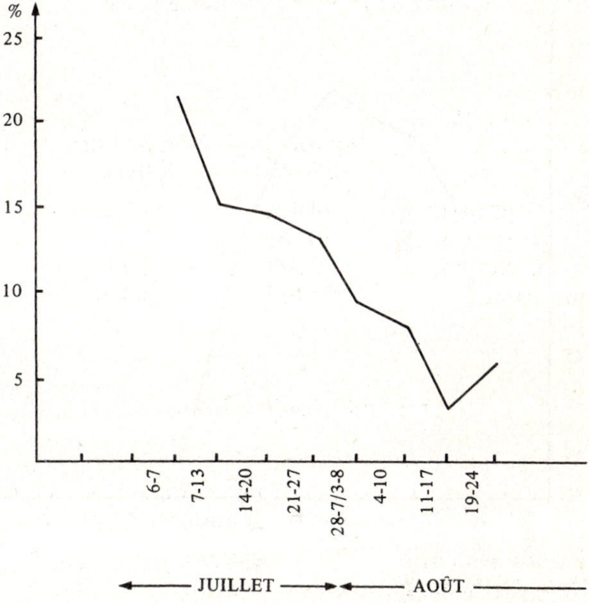

Note : Les services de Vichy différencient les réactions hostiles des attitudes de réprobation. D'où un pourcentage d'allusions beaucoup plus faible que celui de la région de Toulouse où tout est regroupé dans des réactions d'opposition.

Contrôle technique
Inspection régionale de Toulouse

Tendance d'évolution des *réactions hostiles aux maquis du 17 juin au 11 août 1944*

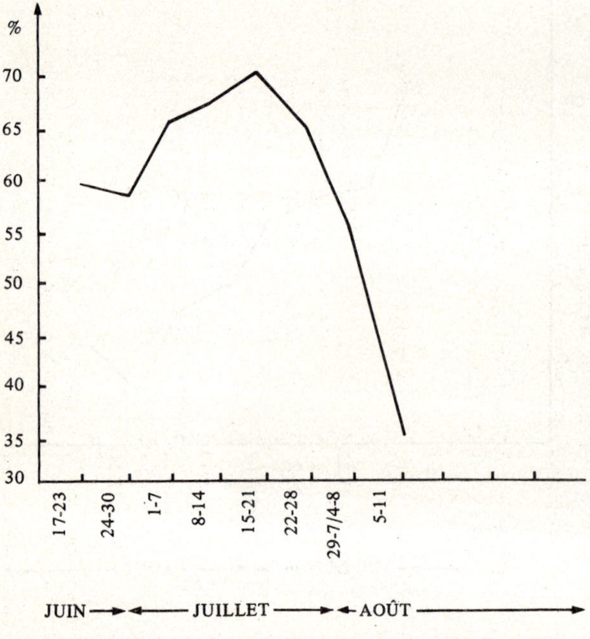

La tendance s'inverse à partir de la mi-juillet, avec, semble-t-il, un temps de retard par comparaison à l'ensemble de la zone Sud.

Contrôle technique
Inspection régionale de Toulouse

RÉACTIONS À L'ÉGARD DES MAQUIS
DU 17 JUIN 1944 AU 11 AOÛT 1944

	Pour	%	Contre	%	Neutres	%	Allusions totales*
17-23 juin	376	17,01	1 317	59,60	517	23,39	2 210
24-30 juin	212	17,12	735	59,36	291	23,50	1 238
1er-7 juillet	144	12,64	745	65,40	250	21,94	1 139
8-14 juillet	121	9,79	820	66,34	295	23,86	1 236
15-21 juillet	94	16,12	413	70,84	76	13,03	583
22-28 juillet	183	16,68	700	63,81	214	19,50	1 097
29 juillet-4 août	141	20,37	386	55,78	165	23,84	692
5-11 août	165	31,60	180	34,48	177	33,90	522

* Le chiffre des allusions totales indiqué dans les synthèses est supérieur à la somme des réactions, sans que l'on dispose d'éléments pour interpréter cette différence. Les chiffres donnés sont, dans l'ordre des semaines : 2 299, 1 317, 1 192, 1 271, 653, 1 285, 845, 638.
Les % sont calculés par rapport aux chiffres du tableau.

RÉACTIONS FACE AUX ACTIONS « TERRORISTES » EN JUIN 1944

d'après les synthèses postales

1. Contrôle technique de Montpellier

	ZONE NORD		ZONE SUD	
	Opinions exprimées	%	**Opinions exprimées**	%
Commentaires neutres	780	55,16	4 816	56,73
Réprobation	579	40,94	3 329	39,24
Approbation	55	3,88	341	4,01
Total des opinions exprimées	1 414	99,98	8 486	99,98

2. Contrôle technique de Toulouse

	ZONE NORD		ZONE SUD	
	Opinions exprimées	%	**Opinions exprimées**	%
Commentaires neutres	1 410	69,70	8 072	65,02
Réprobation	575	28,42	4 144	33,38
Approbation	38	1,87	198	1,59
Total des opinions exprimées	2 023	99,99	12 414	99,99

Contrôle technique
Inspection régionale de Toulouse

RÉACTIONS À L'ÉGARD DES ACTIONS « TERRORISTES »
du 17 juin 1944 au 11 août 1944

	Pour	%	Contre	%	Neutres	%	Allusions totales
17-23 juin	62	1,76	959	27,32	2 489	70,91	3 510
24-30 juin	17	0,55	999	32,75	2 034	66,69	3 050
1er-7 juillet	75	3,40	1 125	35,97	1 927	61,62	3 127
8-14 juillet	49	1,23	1 326	33,32	2 604	65,44	3 979
15-21 juillet	49	1,46	1 055	31,48	2 247	67,05	3 351
22-28 juillet	94	2,18	1 339	31,17	2 862	66,63	4 295
29 juillet-4 août	48	1,47	966	29,65	2 244	68,87	3 258
5-11 août	69	2,55	836	30,96	1 795	66,48	2 700

Contrôle technique de Montpellier
Contrôle technique de Toulouse

Exemples de schèmes de phrases caractéristiques *exprimant des opinions favorables ou hostiles aux maquis* en juillet et dans la première semaine d'août 1944.

1. – OPINIONS FAVORABLES.

– Héroïsme-abnégation.
– Maquis, admirables de patriotisme.
– Quel courage, quel héroïsme.
– On est fiers d'eux.
– Ce sont de rudes gars.
– Voilà des garçons qui aiment leur patrie et qui le prouvent.
– Ils seront reçus à bras ouverts.
– Les gens du maquis sauveront la France.

2. – OPINIONS HOSTILES.

– De véritables brutes. Beaucoup de rouges espagnols.
– Vermine qui vit de rapines et d'assassinats.
– Ne valent pas la corde pour les pendre.
– Ils raflent tout, ils menacent de brûler. Les gens sont affolés, même leurs partisans.
– Repaire de vrais brigands.
– Les gens ont une peur bleue du maquis.
– Bandits authentiques. On pille, on vole.
– Lâches qui déguerpissent à l'arrivée des Allemands.
– Plus facile d'attaquer des gens sans défense que les Allemands.
– S'ils restaient dans leurs maquis ils ne feraient pas fusiller des villages entiers.
– Le maquis terminera le travail des Allemands.
– Des étrangers qui mettent le désordre.

Exemples de schèmes de phrases caractéristiques *exprimant une opinion hostile aux actions « terroristes »* en juillet et dans la première semaine d'août 1944.

- Lâches assassinats au nom du patriotisme.
- Les « patriotes » instaurent la terreur.
- Tous les gens de bon sens sont révoltés.
- Faire tuer des non-coupables, voilà l'essentiel du terrorisme.
- Ne font que déchaîner les Allemands contre des innocents.
- Bandits qui sèment la terreur.
- Bandits qui pillent et tuent par vengeance.
- Épouvantable de vivre une pareille époque de banditisme.

Conclusion

> Expliquer le mal c'est effacer le scandale, c'est d'une façon l'accepter comme naturel, comme inévitable, expliquer le mal, c'est, au fond, le nier.
>
> KARL BARTH, 1939

> Un mot, pour tout dire, domine et illumine nos études : « comprendre ».
>
> MARC BLOCH, 1941
> *Apologie pour l'histoire ou Métier d'historien*

La conjonction des crises, la violence des événements et le caractère déconcertant des choix auxquels l'opinion se trouve confrontée entre le Front populaire et la Libération plongent les Français dans les passions du trouble. Rien ne les avait préparés à affronter un tel enchaînement de situations exceptionnelles, qui les laissent désemparés et longtemps accablés. Gravement affaiblie par la terrible épreuve du premier conflit mondial, à la fois écrasée par son souvenir et cherchant à y échapper par une légèreté parfois excessive, repliée sur elle-même au moment où son identité se désintègre dans les contradictions de ses égoïsmes, la nation, malgré une brève et tardive réaction de sursaut, est déjà fortement déstabilisée au moment du désastre de juin 1940.

La fragilité du tissu national, les lourdeurs du contentieux social et cette sensation de malaise, qui ressort d'impressions où se mêlent les peurs, le doute, les fausses certitudes des aveuglements, l'agressivité du discours idéologique et les signes d'une lassitude résignée, ont créé un climat de confusion propice aux dérèglements. Les représentations de l'opinion moyenne en sont imprégnées à la fin des années 30 et les nouveaux facteurs de divisions et de malentendus que Vichy apporte avec lui ne contribuent pas à ramener un peu d'ordre et de clarté dans les esprits. Le simple fait de rappeler que, pour être convenablement interprétées, les perceptions collectives ne peuvent pas être dissociées des effets de ce contexte mental, est un des nombreux arguments qui soulignent l'importance déterminante des pesanteurs des années 30 sur les réactions ultérieures. Il vaut, à lui seul, bon nombre d'explications et reste indispensable à toutes.

L'équivoque de Vichy succède à la confusion et la prolonge. Dans ces conditions, il paraît vain d'espérer que l'étude des attitudes des Français entre 1940 et 1944 puisse déboucher sur des conclusions limpides. Il est tout aussi illusoire d'en attendre des arguments péremptoires et définitifs dans le débat public qui continue à porter sur cet enjeu essentiel de notre mémoire collective et de notre identité. Les attitudes sous Vichy et l'Occupation sont rebelles à toute classification simple et transparente. Les options habituellement avancées et réduites aux alternatives trop nettes entre pétainisme et gaullisme, Résistance et maréchalisme, Résistance et vichysme, ou, pire encore, entre Résistance et collaboration ne doivent pas nous abuser. Elles peuvent certainement refléter des problèmes de conscience individuels. À l'échelle de l'ensemble de l'opinion et de la France ordinaire, elles relèvent, le plus souvent, de la pure spéculation, de la reconstruction de mémoire, éventuellement des nécessités du journalisme ou de l'écriture cinématographique, mais beaucoup plus rarement d'une approche appuyée sur l'examen attentif des faits d'opinion. Les choses ont été infiniment plus complexes et les frontières plus indécises. Jusqu'à la phase du décrochage progressif, par paliers, de 1941-1942, le fait de rester fidèle au régime de Vichy et à son fondateur ne peut pas être systématiquement assimilé à une attitude d'adhésion à la politique conduite au nom de l'État français, en aucun cas à une approbation de la collaboration. On peut être maréchaliste jusqu'en 1942 tout en se sentant très proche de l'idéal de la Résistance, on ne devient pas résistant quand on cesse d'être vichyssois. Selon ce mécanisme identique de dissociation et de cloisonnement sélectif qui marque l'irrationalité des perceptions, l'hostilité à l'occupant, même exprimée avec la plus grande détermination, ne signifie pas une adhésion pleine et entière au combat de la Résistance, loin s'en faut. Si la masse des Français se reconnaît dans l'expression d'un patriotisme dont elle est le symbole vivant, ses formes d'action entretiennent jusqu'à la Libération – et au-delà [1] – des motifs de solidarité et de réprobation. Aussi est-ce vers les zones incertaines d'une ambivalence ambiguë que l'historien se trouve renvoyé en permanence. Elle transparaît dans la majorité des représentations significatives et on la sent présente jusque dans les contradictions refoulées du vieux complexe à l'égard de l'ennemi séculaire, dans ce que la germanophobie traditionnelle des nationaux-maréchalistes recèle de fascination pathologique pour l'ordre, la discipline, la cohésion et le militarisme allemands [2]. Si l'histoire de l'opinion est l'histoire de l'ambiguïté et de ses zones d'ombre, elle n'a jamais, autant qu'ici, mérité cette définition.

Sans revenir sur des bilans établis lors des conclusions partielles, les nuances subtiles d'un attentisme changeant donnent un des reflets les plus révélateurs de ce qui nous semble apparaître, globalement, comme la caractéristique essentielle des attitudes. Le clair-obscur en indique souvent la tonalité dominante. Tout au long de la période, l'observation du fonctionnement de l'opinion nous contraint à admettre l'existence d'incohérences apparentes qui heurtent la raison immédiate, mais se rattachent à des logiques souterraines

1. Cf. Pierre Laborie, « Opinion et représentations : la Libération et l'image de la Résistance », *Revue d'histoire de la Deuxième Guerre mondiale et des conflits contemporains*, Paris, PUF, n° 131, juillet 1983, p. 65-91.

2. Immense sujet auquel Vladimir Jankélévitch fait allusion (*L'Imprescriptible*, *op. cit.*) et sur lequel les historiens auraient bien besoin du secours de Freud. Claude Bourdet, dans *L'Aventure incertaine* (Paris, Stock, 1975), qui reste un des plus grands livres consacrés à la Résistance intérieure, souligne l'importance, dans les éléments susceptibles d'aider à la compréhension de la période de Vichy, du climat de masochisme officiel et de ses prolongements. Sans parler explicitement d'ambivalence, il relève la dualité des comportements entre une « folie d'autopunition » et une « vague d'admiration quasi sexuelle pour la puissance du vainqueur ». Observation qui le conduit à suggérer que la psychologie infantile devrait contribuer à élucider le phénomène... (p. 55).

qui progressent selon des rythmes autres. Elles interdisent de réduire l'interprétation de la passivité à une signification univoque, à la seule prudence calculatrice ou à la pleutrerie. Juger de l'attentisme implique d'ailleurs d'en faire aussi l'analyse à la lumière de trois paramètres essentiels : le souci de la chronologie, qui reste le meilleur des remèdes préventifs contre le risque de schématisation ; la nécessité ensuite, pour les juger équitablement, de mettre les comportements observés en relation avec la lourdeur des préoccupations quotidiennes, avec, également, la pression idéologique de Vichy et ses sollicitations incessantes pour participer activement à la construction de l'ordre nouveau ; la recherche, enfin, selon les périodes, du sens qui est plus ou moins consciemment donné à ces solutions de temporisation, et des fonctions symboliques qu'elles remplissent. Derrière l'apparence de l'uniformité, les attitudes attentistes ont été incontestablement diverses et mouvantes. Elles sont passées de l'expression d'une obéissance docile, résignée ou bienveillante, à celle de la simple attente, dans le premier sens du terme. Avec, en filigrane, une fonction constante de refuge, elles ont pu dépasser le stade de l'opposition par inertie, et aller, par un cheminement incertain de phases aiguës et de plages de repli, jusqu'à signifier une forme de solidarité complice avec la Résistance active.

Concéder que l'attentisme ne doit pas être confondu avec l'opportunisme banal et l'intérêt calculateur peut apparaître comme une approche elle-même ambiguë. Le risque est réel de faire la part trop belle à la complexité et d'entrer dans une logique d'explication anesthésiante où toutes les responsabilités seraient diluées. On comprend que cette démarche puisse amener une certaine inquiétude et heurter des consciences indignées, à juste titre, par des dérapages qui annoncent le temps où la Résistance devra peut-être se justifier d'avoir existé. L'effort d'élucidation, qui a été tenté ici, ne doit être interprété que comme une contribution à une réflexion générale sur les mécanismes d'une crise morale dont l'effondrement et la décomposition de la nation ont été les manifestations les plus marquantes. L'incompréhension manifeste contre laquelle la Résistance, longtemps isolée, a dû se battre pied à pied, n'en est qu'une preuve supplémentaire. Mettre en lumière une ambivalence des comportements – qui ne fait que traduire celle de représentations collectives où la confusion est depuis longtemps installée – ne doit pas servir à faire oublier des patriotismes très approximatifs, ou à escamoter des défaillances trop évidentes. Il ne s'agit en aucun cas de renvoyer tout le monde dos à dos pour gommer des influences, des erreurs ou des responsabilités primordiales. Celles des classes dirigeantes, aussi bien dans les dernières années de la IIIe République que sous l'État français – mais aggravées, pour les hommes de Vichy, par un énorme abus de confiance à l'égard d'une nation éperdue –, semblent bien avoir été écrasantes dans le délabrement moral de la nation. On pourrait étendre à beaucoup d'autres milieux ce que Marc Bloch disait, en 1940, des cadres de l'armée : « *Au fond de leur cœur, ils étaient prêts, d'avance, à désespérer du pays même qu'ils avaient à défendre et du peuple qui leur fournissait leurs soldats*[3]. » Le discours résistant sur la classe politique de la IIIe République finissante, celui du moins qui correspond à la période des origines, ne s'y trompait pas et n'était pas tendre à cet égard.

Les enseignements qui ressortent des tendances générales d'évolution dans l'opinion moyenne montrent d'ailleurs que, si les nécessités de l'explication imposent d'en passer par la dialectique de l'ambivalence, celle-ci ne se confond pas avec le culte du juste milieu. Leur portée mesurée reflète le poids d'incertitudes incontestables et les signes d'un malaise dont nous avons tenté de montrer l'antériorité et la complexité, mais ils fournissent cependant des indications claires sur le profil du partage qui se dessine. L'échec précoce d'une adhésion effective au nouveau régime, le refus quasi immédiat de la collaboration, momentanément émoussé en 1941 mais constant et jamais remis en question, l'hostilité permanente et grandissante à l'égard de l'occupant, hostilité affirmée dans son principe bien avant que le sort de la guerre ne soit fixé, les réactions, quoique timides et tardives, à la répression

3. Marc Bloch ajoute, et cette phrase résume une des intentions de ce livre : « C'est plus loin et plus profond qu'il faut chercher les racines d'un malentendu trop grave pour ne pas devoir compter parmi les principales raisons du désastre » (*L'Étrange Défaite*, *op. cit.*, p. 164-165).

contre les Juifs, le rejet catégorique du Vichy policier et milicien indiquent, cette fois sans ambiguïté, le versant où se situent les lignes de plus forte pente. La simple justice exige aussi de ne pas oublier le développement des complicités silencieuses et la multitude des gestes anonymes qui s'y rattachent. Ce sont eux qui ont permis au jeune immigré juif qu'était alors Stanley Hoffmann de ne pas désespérer du peuple au milieu duquel il était venu chercher refuge[4], eux encore que l'on devine dans les mots bouleversants qu'un autre déraciné, Boris Vildé, laisse quelques heures avant de mourir, en parlant de la famille qui était devenue la sienne : « C'est à travers des Français comme eux que j'ai appris à connaître et à aimer la France, ma France[5]. »

Cela étant, avec tous les scrupules que l'on peut avoir à prétendre juger, d'une position confortable, une population emportée dans des engrenages complexes et souvent tragiques, le bilan reste en demi-teinte, dans la dominante majeure de l'époque. Tout bien pesé, dans le contexte général et les conditions créées par les terribles dernières semaines du printemps 1940, dont on imagine mal à quel point elles ont pu faire des ravages dans les âmes, on voit mal où la nation déchirée et fatiguée aurait pu soudainement puiser les ressources pour qu'il en soit autrement. Si la fatalité ne détermine pas les comportements, ils n'échappent pas à toutes les pesanteurs mentales. Les nombreux Français qui ont vécu les années noires avec une conscience trouble – et troublée – ressemblent beaucoup au peuple myope de la fin des années 30, refermé sur ses inquiétudes et prisonnier de « *cette mécanique de la concession* » dont Albert Camus, en octobre 1944, disait qu'elle était, « *en effet, le drame du pays* »[6].

4. Cf. *Essais sur la France. Déclin ou renouveau ?*, *op. cit.*

5. Boris Vildé, né à Saint-Pétersbourg en 1908, vit en Estonie, puis en Lettonie et en Allemagne avant de s'installer à Paris en septembre 1932. Polyglotte, brillant ethnologue, il est naturalisé en 1936. Il travaille au musée de l'Homme et entre dans le groupe de résistance qui s'y forme. Arrêté le 26 mars 1941, il est fusillé le 23 février 1942 avec six autres inculpés. Sa femme, Irène, était la fille de l'historien Ferdinand Lot. Cf. B. Vildé, *Journal et Lettres de prison, 1941-1942*, Paris, Cahiers de l'IHTP/CNRS, n° 7, février 1988, présentation de François Bédarida et de Dominique Veillon.

6. Éditorial de *Combat* du 29 octobre 1944. Albert Camus écrit : « La France vivait sur une sagesse usée qui expliquait aux jeunes générations que

En dépit d'exceptions incontestables dans certaines régions ou certains milieux spécifiques, on ne distingue pas, à l'échelle de la nation, l'expression collective d'un esprit véritable de refus et de lutte. À moins de vouloir le confondre avec les signes de solidarité, méritoires mais d'une nature autre, cette absence rend contestable, dans sa généralité, la notion de *Résistance de masse*, avancée avec trop de légèreté, et plus encore les visions épiques qu'elle laisse sous-entendre quand elle est associée à l'idée d'insurrection populaire.

Le même effort de lucidité, qui incite plus à la mesure qu'aux interprétations intempestives, doit aussi nous éviter d'être dupes. L'insistance mise par certains contempteurs à souligner la médiocrité de la France moyenne et la grisaille de ses prudences n'est parfois, consciemment ou non, qu'un ultime moyen pour se justifier ou pour se libérer d'une mauvaise conscience qui entretient des rancœurs tenaces, y compris chez ceux qui se réclament de l'héritage pétainiste. Les donneurs de leçon de l'été 1940 au nationalisme tapageur, obsédés par les fantasmes de la décadence, tentent d'alléger le poids de leurs propres responsabilités en le répartissant généreusement sur le plus grand nombre d'épaules possible, et ainsi de faire oublier à quel point ils se sont trompés.

Des erreurs qui, dans un pays humilié et en partie occupé, ne relèvent pas banalement du risque normal de tout jeu politique. Il ne s'agit pas d'entamer le procès du régime, mais de rappeler ce qu'a été son échec sur le point cardinal de la crise de l'identité nationale. Alors que Vichy s'était imposé comme la seule issue pour préserver l'unité de la nation, qu'il s'en affirmait le garant, et que le ralliement de 1940 à son profit était indissociable du sentiment d'une reconstruction nécessaire du tissu national, il a, à l'inverse, exacerbé les passions et les divisions. C'est en dehors de Vichy et en grande partie contre lui, à travers le refus de ses valeurs et des compromissions sans fin de la collaboration,

---

la vie est ainsi faite qu'il fallait savoir faire des concessions, que l'enthousiasme n'avait qu'un temps [...] Ainsi, de proche en proche, la morale de la facilité et du désabusement s'est propagée. Qu'on juge de l'effet que put faire dans ce climat la voix découragée et chevrotante qui demandait à la France de se replier sur elle-même » (*Essais*, Paris, Gallimard, « La Pléiade », 1965, p. 277-278).

que l'identité de la nation s'est reconstituée, autour de l'héritage jacobin et des valeurs démocratiques de la tradition républicaine. La Résistance, lieu symbolique de rassemblement et de réintégration des exclus au sein de la nation, en a été le moteur avant d'en devenir une des références fondatrices majeures. Certes, les tumultes de la Libération situent les limites du large consensus qui se forme en 1944 autour du mythe vivant qu'est déjà le général de Gaulle, et de nouvelles équivoques hypothèquent sa cohérence. Aux illusions sincères et à l'exaltation de ceux pour qui, comme Vladimir Jankélévitch, « tout s'annonçait pur et neuf, tout recommençait depuis le commencement, ainsi qu'au premier matin du monde[7] », se mêlent d'autres perceptions, elles aussi influencées par de fortes poussées d'irrationalité[8]. À travers ce que l'imaginaire collectif semble alors vouloir retenir de l'expérience de ces quatre années, et devant l'étrange épidémie d'amnésie qui frappe les Français dès 1944, on comprend déjà, en partie, pourquoi la Libération et ses lendemains n'ont pas été le printemps attendu.

Les amertumes et les déceptions touchent surtout la part du rêve. Elles ne doivent pas servir à masquer l'essentiel, la fin d'une longue nuit, l'apaisement d'une des crises les plus graves de la conscience nationale que le pays ait jamais eu à connaître. Reconnaître la complexité des choses n'autorise pas à les confondre. Rappeler que certains Français ont contribué plus que d'autres – et contre d'autres – à en finir avec l'intolérable n'est que leur rendre, pauvrement, cette moindre justice que Boris Vildé demandait sobrement avant de mourir[9]. À un moment de l'histoire où il était facile de trouver mille bonnes raisons, sinon de se soumettre, du moins de ne pas choisir, certains en ont décidé autrement, en sachant

7. Allocution prononcée à l'UNESCO le 28 novembre 1964 en hommage à la Résistance universitaire (le texte est reproduit dans *L'Imprescriptible*, *op. cit.*, p. 67-71).

8. Entre autres exemples, les conditions du déroulement de l'épuration et les fonctions qu'elle semble assumer, ou les fantasmes qui se développent autour des enjeux de pouvoir, apportent la preuve d'une nouvelle plongée dans l'irrationnel.

9. Il écrit dans sa dernière lettre : « Qu'on rende justice à notre souvenir après la guerre, cela suffit » (*Journal et Lettres de prison*, *op. cit.*).

que la mort, pour eux, n'allait pas frapper au hasard. Leur lutte n'avait pas en effet « la terrible justice de la guerre tout court » et, comme l'écrivait encore Albert Camus, ce sont ceux qui se sont désignés qui sont tombés [10]. Cette simple vérité en impose une autre, que la mémoire doit préserver avec exigence : au-delà de toutes les explications, des lignes de partage demeurent, tranchantes.

Cahors-Toulouse
août 1989

10. *Combat*, 28 octobre 1944. Albert Camus écrit : « Les balles du front frappent n'importe qui, le meilleur et le pire. Mais, pendant ces quatre ans, ce sont les meilleurs qui se sont désignés et qui sont tombés, ce sont les meilleurs qui ont gagné le droit de parler et perdu le pouvoir de le faire » (*Essais*, *op. cit.*).

ANNEXES

Annexe 1 : Le couple pacifisme et anticommunisme au lendemain de Munich

1. *L'Humanité*, 14 octobre 1931, 2e page, 5e colonne.
2. Discours du 23 avril 1917.
3. Chambre des députés, 5 mars 1935, *Journal officiel*, p. 1039.

Annexe 2 : Propagande antisémite fin 1938

« Une prophétie qui se réalise »
« Le discours du Rabbin Reichhorn »

« *Voici le texte du discours prophétique que le* Rabbin Reichhorn *prononça à Prague, en* 1869, *sur la tombe du grand Rabbin* Siméon-ben-Ihuda :

Tous les cent ans, nous, les sages d'Israël, nous avons accoutumé de nous réunir en Sanhédrin, afin d'examiner nos progrès vers la domination du monde, que nous a promis Jehova, et nos conquêtes sur la chrétienté ennemie.

Cette année, réunis sur la tombe de notre vénéré Siméon-ben-Ihuda, nous pouvons constater avec fierté que le siècle écoulé nous a rapprochés du but, et que ce but sera bientôt atteint.

L'or a toujours été, sera toujours la puissance irrésistible. Manié par des mains expertes, il sera toujours le levier le plus utile pour ceux qui le possèdent, et l'objet d'envie pour ceux qui ne le possèdent pas. Avec l'or on achète les consciences les plus rebelles, on fixe le taux de toutes les valeurs, le cours de tous les produits, on subvient aux emprunts des États qu'on tient ensuite à sa merci.

Déjà les principales banques, les Bourses du monde entier, les créances sur tous les gouvernements sont entre nos mains.

L'autre grande puissance est la presse. En répétant sans relâche certaines idées, la presse les fait admettre à la fin comme vérités. Le théâtre rend des services analogues. Partout, la presse et le théâtre obéissent à nos directions.

Par l'éloge infatigable du régime démocratique, nous diviserons les chrétiens en partis politiques, nous détruirons l'unité de leurs nations, nous y sèmerons la discorde. Impuissants, ils subiront la loi de notre Banque, toujours unie, toujours dévouée à notre cause.

Nous pousserons les chrétiens aux guerres en exploitant leur orgueil et leur stupidité. Ils se massacreront et déblaieront la place où nous pousserons les nôtres.

La possession de la terre a toujours procuré l'influence et le pouvoir. Au nom de la justice sociale et de l'égalité, nous morcellerons les grandes propriétés ; nous en donnerons les fragments aux paysans qui les désirent de toutes leurs forces, et qui seront bientôt endettés par l'exploitation. Nos capitaux nous en rendront maîtres. Nous serons à notre tour les grands propriétaires, et la possession de la terre nous assurera le pouvoir.

Efforçons-nous de remplacer dans la circulation l'or par le papier-monnaie, nos caisses absorberont l'or, et nous réglerons la valeur du papier, ce qui nous rendra maîtres de toutes les existences.

Nous comptons parmi nous des orateurs capables de feindre l'enthousiasme et de persuader les foules ; nous les répandrons parmi les peuples, pour leur annoncer les changements qui doivent réaliser le bonheur du genre humain. Par l'or et par la flatterie nous gagnerons le Prolétariat, qui se chargera d'anéantir le capitalisme chrétien. *Nous promettrons aux ouvriers des salaires qu'ils n'ont jamais osé rêver, mais nous élèverons aussi le prix des choses nécessaires, tellement que nos profits seront encore plus grands.*

De cette manière, nous préparerons les Révolutions que les chrétiens feront eux-mêmes et dont nous cueillerons le fruit.

Par nos railleries, par nos attaques, nous rendrons leurs prêtres ridicules, et puis odieux ; leur religion aussi ridicule, aussi odieuse que leur clergé. Nous serons alors maîtres de leurs âmes. Car notre pieux attachement à notre religion, à notre culte, en prouvera la supériorité et la supériorité de nos âmes.

Nous avons établi déjà de nos hommes dans toutes les positions importantes. Efforçons-nous de fournir aux goyims des avocats et des médecins ; les avocats sont au courant de tous les intérêts ; les médecins, une fois dans la maison, deviennent des confesseurs et des directeurs de conscience.

Mais surtout accaparons l'enseignement. Par là nous répandrons les idées qui nous sont utiles et nous pétrirons les cerveaux à notre gré.

Si l'un des nôtres tombe malheureusement dans les griffes de la justice chez les chrétiens, courons à son aide ; trouvons autant de témoignages qu'il en faut pour le sauver de ses juges, en attendant que nous soyons nous-mêmes les juges.

Les monarques de la chrétienté, gonflés d'ambitions et de vanité, s'entourent de luxe et d'armées nombreuses. Nous leur fournirons tout l'argent que réclame leur folie, et nous les tiendrons en laisse.

Gardons-nous d'empêcher le mariage de nos hommes avec les

filles chrétiennes : car par elles nous pénétrerons par les cercles les plus fermés. Si nos filles épousent des goyims, elles ne nous seront pas moins utiles, car les enfants d'une mère juive sont à nous. Propageons l'idée de l'union libre, pour détruire chez les femmes chrétiennes l'attachement aux principes et aux pratiques de leur religion.

Depuis des siècles, les fils d'Israël, méprisés, persécutés, ont travaillé à se frayer une voie vers la puissance. Ils touchent au but. Ils contrôlent la vie économique des chrétiens maudits, leur influence est prépondérante sur la politique et sur les mœurs.

À l'heure voulue, fixée d'avance, nous déchaînerons la Révolution qui, ruinant toutes les classes de la chrétienté, nous asservira définitivement les chrétiens. Par ainsi s'accomplira la promesse de Dieu, faite à son peuple. »

Ayant publié ce document [1]*, Readcliff fut tué.*

Regardez aujourd'hui le monde, regardez la Russie, regardez l'Espagne, regardez notre pays.

Ne voyez-vous pas, détail par détail, l'exécution du plan ?

COMPRENEZ-VOUS ENTRE QUELLES MAINS, AVEC LA BANDE JUIVE DES BLUM-ZAY-BRUNSCHWIG, VOUS ET VOTRE PATRIE ÊTES TOMBÉS ?

QU'ATTENDEZ-VOUS POUR RÉAGIR ?

On trouve ce tract au *Centre de documentation et de propagande*, 12, rue Laugier, Paris (17e). – Prix par quantité : les 10 ex. : 1 fr. ; les 50 ex. : 4 fr. 50 ; les 100 ex. : 8 fr. ; les 500 ex. : 40 fr. ; les 1 000 ex. : 75 fr. (Port 15 % en plus.)

1. Il a été republié par *Volsky*, avant guerre, dans son livre : *La Russie juive.*

Lettre de Mgr l'Évêque de Montauban sur le respect de la personne humaine

Mes bien chers frères,

Des scènes douloureuses et parfois horribles se déroulent en France, sans que la France en soit responsable.

À Paris, par dizaines de milliers, des Juifs ont été traités avec la plus barbare sauvagerie. Et voici que dans nos régions on assiste à un spectacle navrant : des familles sont disloquées ; des hommes et des femmes sont traités comme un vil troupeau et envoyés vers une destination inconnue, avec la perspective des plus graves dangers.

Je fais entendre la protestation indignée de la conscience chrétienne et je proclame que tous les hommes, aryens ou non aryens, sont frères parce que créés par le même Dieu ; que tous les hommes, quelle que soit leur race ou leur religion, ont droit au respect des individus et des États.

Or les mesures antisémitiques actuelles sont un mépris de la dignité humaine, une violation des droits les plus sacrés de la personne et de la famille.

Que Dieu console et fortifie ceux qui sont iniquement persécutés ! Qu'Il accorde au monde la paix véritable et durable, fondée sur la justice et la charité !

Pierre Marie
Évêque de Montauban

À lire sans commentaire à toutes les messes dans toutes les églises et chapelles du diocèse le dimanche 30 août 1942.

Note : Le nom de l'évêque de Montauban est Mgr Théas. Ce texte a été rédigé le 26 août 1942 (NdA).

Annexe 3 : Brouillon de la lettre du 26 août 1942 de Mgr Théas

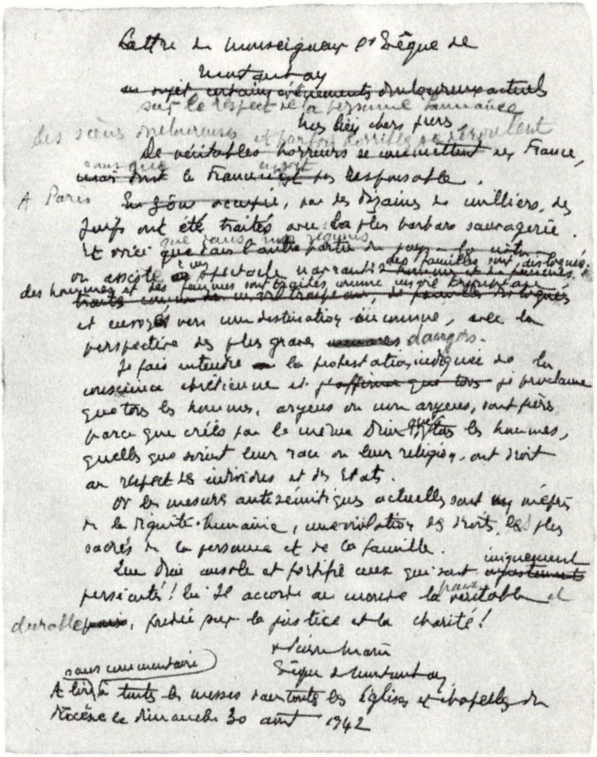

Lettre de Monseigneur l'Évêque de Montauban

~~au sujet certains événements douloureux actuels~~

sur le respect de la personne humaine

Mes bien chers frères

Des scènes douloureuses et parfois horribles se déroulent

~~De véritables horreurs se commettent~~ en France, sans que la France en soit responsable.

A Paris ~~Sur notre sol occupé~~, par des dizaines de milliers, des Juifs ont été traités avec la plus barbare sauvagerie.

Et voici que dans nos diocèses ~~[illegible]~~ on assiste à un spectacle navrant : des familles sont disloquées, des hommes et des femmes sont traités comme un vil troupeau et envoyés vers une destination inconnue, avec la perspective des plus graves dangers.

Je fais entendre la protestation indignée de la conscience chrétienne et ~~j'affirme que tous~~ je proclame que tous les hommes, aryens ou non aryens, sont frères parce que créés par le même Dieu ; que tous les hommes, quelles que soient leur race ou leur religion, ont droit au respect des individus et des États.

Or les mesures antisémitiques actuelles sont un mépris de la dignité humaine, une violation des droits les plus sacrés de la personne et de la famille.

Que Dieu console et fortifie ceux qui sont iniquement ~~injustement~~ persécutés ! Qu'Il accorde au monde la paix véritable et durable, fondée sur la justice et la charité !

+ Pierre-Marie

Évêque de Montauban

(sans commentaire)

A lire à toutes les messes dans toutes les églises et chapelles du diocèse le dimanche 30 août 1942

Source : Inédit, reproduit et publié avec l'aimable autorisation de Mlle Marie-Rose Gineste, Montauban.

REPÈRES CHRONOLOGIQUES
1936-1944

	France		Événements internationaux		Société, culture, vie quotidienne	
1936						
Janvier					18	Mort de Rudyard Kipling.
Février					11	Première, à Londres, du film de Charlie Chaplin, *Les Temps modernes.*
Mars			7	Remilitarisation de la Rhénanie.		
Avril					26	*La vie est à nous*, film de Jean Renoir.
Mai	3	Élections législatives et victoire du Front populaire.				L.-F. Céline, *Mort à crédit.*
	11	Début des grèves et des occupations d'usines.				
Juin	4	Formation du gouvernement de Léon Blum.				
	11-18	Vote des lois sur les conventions collectives, les 40 heures, les congés payés.				De juin à septembre fondation de la Cinémathèque française (Henri Langlois, Georges Franju).
	28	Fondation du Parti populaire français de Jacques Doriot.				
Juillet			13	Assassinat de José Calvo Sotelo, député et dirigeant monarchiste espagnol.		Succès populaire de la pièce de Romain Rolland, *Le 14 Juillet.*
			17-18	Soulèvement militaire au Maroc et en Espagne contre le gouvernement de la République.		
	24	Réforme de la Banque de France.				
Août			1er	La France propose un projet de non-intervention en Espagne. Début de l'aide de l'Italie et de l'Allemagne au camp des insurgés en Espagne (avions, matériel).	1er	Début des Jeux olympiques à Berlin. Victoire du Belge Sylvère Maës dans le Tour de France, devant Antonin Magne.
	11	Loi sur la nationalisation des industries de guerre.			9	En France, loi sur la scolarité obligatoire jusqu'à 14 ans.
	15	Création de l'Office du blé.	14-15	Prise et massacres de Badajoz par les nationalistes.		
			19	Assassinat de Federico García Lorca.		

			21	Déclaration de la France et de la Grande-Bretagne sur la non-intervention en Espagne.		
			25	En URSS, exécution des accusés du « procès des seize », dont Kamenev, Zinoviev, Smirnov.		
Septembre	26	Dévaluation du franc.				*La Belle Équipe*, film de Julien Duvivier.
Octobre			23	L'Allemagne engage la légion Condor en Espagne.		Louis Aragon, *Les Beaux Quartiers.*
	29	Arrestation de Charles Maurras.				
Novembre			8-11	Première intervention des Brigades internationales en Espagne.		André Gide, *Retour de l'URSS.*
	17	Suicide de Roger Salengro.				
			18	La junte de Burgos est reconnue par l'Allemagne, l'Italie et le Portugal.		
			20	Exécution de José Antonio Primo de Rivera.		
			25	L'Allemagne et le Japon signent le pacte anti-Komintern.		
Décembre	5	A la Chambre, abstention des communistes sur la politique extérieure.			7	Mermoz disparaît au large de Dakar.
					10	Mort de Luigi Pirandello.
	18-20	1er congrès national du Parti social français. Le colonel de La Rocque est élu président pour 5 ans.			18	Première de *César*, de Marcel Pagnol.
					31	Mort de Miguel de Unamuno.
1937						
Février	13	Léon Blum annonce la « pause » sociale.				André Breton, *L'Amour fou.*
Mars					14	Encyclique de Pie XI sur le nazisme, *Mit brennender Sorge.*
	16	Fusillade de Clichy (5 morts, 300 blessés).			19	Encyclique *Divini Redemptoris* sur le communisme athée.

Avril	18	Dissolution de la tendance « gauche révolutionnaire » à la SFIO.	26	Bombardement de Guernica par l'aviation allemande.	27	Mort d'Antonio Gramsci.
Mai			3-15	« Journées de mai » à Barcelone. Affrontements entre communistes, anarchistes et trotskistes.		
			18	Défaite des nationalistes à Guadalajara.		
					24	Ouverture de l'Exposition internationale de Paris.
						La Grande Illusion, film de Jean Renoir.
Juin			11	Condamnation et exécution de 8 officiers généraux de l'Armée rouge, dont le maréchal Mikhaïl Toukhatchevski.		
	21	Démission de Léon Blum, mis en échec au Sénat.				
Juillet			1er	Lettre collective des évêques espagnols en faveur de la « Croisade ».		
			8	Début de la guerre sino-japonaise.		
	10-13	Congrès de la SFIO à Marseille.			11	Mort de George Gershwin.
					25	Roger Lapébie remporte le 31e Tour de France après le retrait de l'équipe belge.
					27	*Sept* arrête sa parution.
Août	28	Le Conseil des ministres décide la création de la SNCF.				
Septembre					2	Mort de Pierre de Coubertin.
	11	Attentats de la « Cagoule » à Paris.				*Drôle de drame*, film de Marcel Carné.
Octobre	10-17	Élections cantonales.				
Novembre			6	Adhésion de l'Italie au pacte anti-Komintern.		André Malraux, *L'Espoir*.
					12	Le prix Nobel de littérature est attribué à Roger Martin du Gard.
Décembre	21	Aménagement de la semaine de 40 heures.				L.-F. Céline, *Bagatelles pour un massacre*.
	25-29	Congrès du PCF à Arles.			27	Mort de Maurice Ravel.

1938						
Janvier	13	Démission du gouvernement Chautemps.				
	18	Formation du 4e cabinet Chautemps.				
Février						*La Marseillaise*, film de Jean Renoir.
					18	Émancipation juridique des femmes (en France).
Mars			11-12	Annexion de l'Autriche par l'Allemagne (Anschluss).		
	13	Formation du 2e gouvernement Blum.				
			15	3e procès de Moscou. 18 exécutions, dont celle de Boukharine.		
	24	Début d'une nouvelle vague de grèves.				
Avril	8	Démission du gouvernement Blum.				Jean-Paul Sartre, *La Nausée.*
	10	Formation du 3e cabinet Daladier.	15	En Espagne, l'armée nationaliste atteint la Méditerranée et coupe la zone républicaine en deux.		
Mai						Georges Bernanos, *Les Grands Cimetières sous la lune*. *Quai des brumes*, film de Marcel Carné.
Juin	3	Congrès de la SFIO à Royan.				
					9	Charles Maurras est élu à l'Académie française.
					19	Déjà victorieuse en 1934, l'Italie remporte sa 2e coupe du monde de football à Paris devant la Hongrie.
Juillet					31	Gino Bartali remporte le 32e Tour de France.
Août	21	Discours de Daladier : « Il faut remettre la France au travail » (nécessité de revoir la loi des 40 heures).				

Septembre			15	Rencontre Hitler-Chamberlain à Berchtesgaden.	Charles de Gaulle, *La France et son armée*.
			29-30	Conférence et accords de Munich.	
	30	Daladier acclamé à Paris.	30	Déclaration anglo-allemande de non-agression.	
Octobre	4	La Chambre des députés ratifie massivement les accords de Munich.			
	27	Le congrès radical de Marseille met fin à la politique de « rassemblement populaire ».			
Novembre			7	Attentat mortel contre le conseiller allemand Ernst von Rath, secrétaire de légation.	*Sommes-nous défendus ?*, film-reportage officiel réalisé par Jean Loubignac.
			9-10	« Nuit de cristal » en Allemagne. Violences antisémites.	
	13	Publication des premiers décrets-lois Paul Reynaud.			
	14-15	Congrès de la CGT à Nantes.	15	Retrait des Brigades internationales. Défilé d'adieu à Barcelone.	
	30	Échec de la grève générale de 24 heures organisée par la CGT.	30	Revendications coloniales italiennes et manifestations anti-françaises à la Chambre des faisceaux et des corporations.	L.-F. Céline, *L'École des cadavres*.
Décembre			6	Signature, à Paris, de l'accord de non-agression franco-allemand.	A Moscou, première d'*Alexandre Nevski*, film de S.M. Eisenstein.
	24-25	Congrès extraordinaire de la SFIO à Montrouge. Rupture entre Léon Blum et Paul Faure.			*Hôtel du Nord*, film de Marcel Carné. *La Bête humaine*, film de Jean Renoir. *Les Dieux du stade*, film de Leni Riefenstahl.

1939

Janvier	2	Voyage de Daladier en Corse et en Tunisie.			*La Chevauchée fantastique*, film de John Ford.
			26	Les franquistes entrent dans Barcelone. Fin janvier, 1re quinzaine de février : 450 000 Espagnols se réfugient en France.	*Trois de Saint-Cyr*, film de Jean-Paul Paulin.
Février	7	Le gouvernement Daladier refuse l'amnistie pour les grévistes du 30 novembre 1938.			Antoine de Saint-Exupéry, *Terre des hommes*. Jean-Paul Sartre, *Le Mur*.
			10	Mort de Pie XI.	
			27	Reconnaissance du gouvernement de Franco par la Grande-Bretagne et la France.	
Mars			2	Philippe Pétain est nommé ambassadeur en Espagne.	
				Le cardinal Pacelli est élu pape sous le nom de Pie XII.	
			15	Entrée des troupes allemandes à Prague. La Bohême-Moravie devient un protectorat allemand.	
			27	Adhésion de l'Espagne au pacte anti-Komintern.	
			28	Chute de Madrid.	
				Le 1er avril, un communiqué de Franco annonce que la guerre est finie.	
Avril	5	Albert Lebrun est réélu président de la République.			*La Fin du jour*, film de Julien Duvivier.
	21	Nouvelle série de décrets-lois Paul Reynaud.	8	Entrée des troupes italiennes en Albanie.	Inauguration de l'Exposition universelle de New York.
			30	L'URSS propose une alliance militaire à la France et à la Grande-Bretagne.	
Mai			3	A Moscou, Molotov remplace Litvinov aux Affaires étrangères.	Albert Camus, *Noces*.

	4 Marcel Déat, dans *L'Œuvre* : « Faut-il mourir pour Dantzig ? »		
		12 « Défilé de la victoire » à Madrid avec la participation de la légion Condor.	
		23 Hitler ordonne de préparer l'attaque de la Pologne.	
	27 Congrès de la SFIO à Nantes.		
Juin		Ouverture difficile des négociations militaires entre l'URSS, la France et la Grande-Bretagne.	*Le jour se lève*, film de Marcel Carné.
Juillet			7 Attribution des premiers « grands prix » du Cinéma français. André Malraux termine *Espoir, Sierra de Teruel.* Le film sera interdit par le gouvernement. *La Règle du jeu*, film de Jean Renoir, interdit en septembre.
			28 Promulgation du Code de la famille.
	29 La Chambre des députés est prorogée par décret-loi.		
			30 Le Belge Sylvère Maës remporte le 33e Tour de France.
Août			1er Glen Miller enregistre *In the Mood.*
		10 Les négociateurs militaires franco-anglais arrivent à Leningrad. Les conversations débutent réellement le 12.	
		21 Suspension des négociations.	
		23 Signature du pacte de non-agression germano-soviétique.	
	25 Saisie de *L'Humanité* et de *Ce Soir.*		
	27 Rétablissement de la censure.		

			30	Mobilisation générale en Pologne.		
Septembre	1er	Mobilisation générale.	1er	Les Allemands envahissent la Pologne.		
	2	Vote des crédits militaires.				
			3	Déclaration de guerre du Royaume-Uni et de la France à l'Allemagne.		
	6-12	Opérations militaires en Sarre.				
			17	Entrée de l'Armée rouge en Pologne.		
					23	A Londres, mort de Sigmund Freud.
	26	Dissolution du PCF.				
			27	Capitulation de Varsovie.		
Octobre	4	Désertion de Maurice Thorez.				
			6	Partage effectif de la Pologne entre l'Allemagne et l'URSS.		
Novembre			4	Vote, aux États-Unis, de la loi *Cash and Carry*.		En France, grand succès populaire de *On ira pendre notre linge sur la ligne Siegfried*, interprété par Ray Ventura et ses collégiens.
			30	L'URSS attaque la Finlande.		
Décembre			12	Envoi, par la Grande-Bretagne et la France, de matériel militaire à la Finlande.	15	Aux États-Unis, sortie du film *Autant en emporte le vent* de Victor Fleming. Pierre Drieu La Rochelle, *Gilles*.
1940						
Janvier	20	Vote de la déchéance des députés communistes.				Premières restrictions.
Mars			12	Fin de la guerre finno-soviétique.		
	20	Démission de Daladier.				
	22	Gouvernement Paul Reynaud.				

Avril	4	Condamnation des députés communistes à des peines de prison.			
			9	Invasion de la Norvège et du Danemark par les Allemands.	
			15	Débarquement franco-britannique à Narvik.	
Mai	9	Paul Reynaud est démissionnaire.			
			10	Début de l'offensive allemande à l'Ouest. Winston Churchill devient Premier ministre.	Début de l'exode.
	13	Les blindés allemands franchissent la Meuse.			
	18	Philippe Pétain entre au gouvernement.			
	19	Weygand remplace Gamelin.			
			27	Capitulation de la Belgique.	
			28 mai 4 juin	Dunkerque.	
Juin	5	Remaniement ministériel (de Gaulle et Baudoin, sous-secrétaires d'État).			
			6	Front enfoncé.	
	10	Le gouvernement quitte Paris.	10	Déclaration de guerre de l'Italie à la France.	
	14	Les Allemands à Paris.			
	16	Démission de Paul Reynaud. Pétain président du Conseil.			
	17	Demande d'armistice. Discours de Pétain : « Il faut cesser le combat. » A Brive, E. Michelet distribue un texte de protestation. Tentative de suicide du préfet Jean Moulin à Chartres.			

	18	Appel du général de Gaulle.				
	22	Signature de l'armistice franco-allemand à Rethondes (entre en vigueur le 25).				
					29	Mort, à Locarno, du peintre allemand Paul Klee.
Juillet	1er	Le gouvernement à Vichy.				
			3	Mers el-Kébir.		
			4	La France rompt ses relations diplomatiques avec la Grande-Bretagne.		
	10	Vote des pleins pouvoirs constituants au maréchal Pétain.				
	11	Premiers actes constitutionnels fondateurs de l'État français.				
					14	Suppression du sport professionnel en France.
					30	« Francisation » de l'administration. Institution des « chantiers de jeunesse ».
Août		Début d'organisation des premiers réseaux de renseignements par des agents de la France libre.		Début de la bataille d'Angleterre.		
			5	Otto Abetz ambassadeur à Paris.		
					13	Dissolution des sociétés secrètes (loges maçonniques).
	16	Création des Comités d'organisation.				
			21	Léon Trotski est assassiné au Mexique.		
	29	Création de la Légion française des combattants.				
Septembre	7	Weygand, délégué général en Afrique du Nord.				Rationnement pour les produits alimentaires.

	17	Reparution de *L'Œuvre*.				
					18	Suppression des écoles normales d'instituteurs.
			23	Échec des anglo-gaullistes devant Dakar.		
			28	Directives de Hitler pour préparer l'invasion de l'URSS.		
Octobre	3	Adoption du premier statut des Juifs.				
	13	Des commissions administratives remplacent les conseils généraux. Répression contre les communistes.				
			23	Rencontre Hitler-Franco.		
	24	Rencontre Pétain-Hitler à Montoire.				
			28	L'Italie attaque la Grèce.		
	30	Discours de Pétain sur la collaboration.				
Novembre					1er	Découverte des grottes de Lascaux.
			5	Réélection de F.D. Roosevelt.		
	9	Dissolution des organisations professionnelles nationales.				
	11	A Paris, manifestation patriotique d'étudiants et lycéens.				
			14	500 bombardiers allemands détruisent Coventry.		
	16	Expulsion de 70 000 Lorrains.				
Décembre		Premier numéro de *Libération-Nord*.				
	13	Laval déchu et arrêté. Nomination de Flandin.				
	15	Premier bulletin du groupe du musée de l'Homme *Résistance*.				
					21	Mort de Francis Scott Fitzgerald.

1941

Janvier					4	Oscar du meilleur film étranger pour *La Femme du boulanger*, de Marcel Pagnol. Au marché noir à Paris, 120 F le litre d'huile, 90 F le kg de beurre. Mort d'Henri Bergson.
					13	Mort de James Joyce.
	24	Création du Conseil national.				
Février	1er	Fondation du RNP (Déat et Deloncle).				*Le Juif Süss* est projeté à Paris. L.-F. Céline, *Les Beaux Draps.*
	7	Reparution de *Je suis partout.* Arrestations de membres du groupe du musée de l'Homme.				
	10	Darlan remplace Flandin et devient le nouveau dauphin.				
Mars	2	Serment de Koufra prêté par Leclerc et ses hommes. Rémy fonde la Confrérie Notre-Dame.				
			15	Offensive germano-italienne en Afrique du Nord.		
					28	Mort de Virginia Woolf.
	29	Xavier Vallat commissaire général aux Questions juives.				
	30	Création du Comité d'action socialiste.				
Avril						La ration de pain tombe à 275 grammes par jour.
			13	Les Allemands entrent à Belgrade.		
	15	Création des préfectures régionales.				
					19	Première de *Mère Courage*, de Bertolt Brecht, à Zurich.
			22	Capitulation de la Grèce.		
					25	*Le Crève-Cœur*, de Louis Aragon.
Mai			10	Révolte en Irak.		*Citizen Kane*, film d'Orson Welles, présenté à New York.
			13	Rencontre Hitler-Darlan.		

	14	Arrestation de Juifs étrangers, à Paris. Création du Front national.			
					25 Célébration officielle de la fête des Mères.
	27-28	Protocoles de Paris.			
Juin	2	Deuxième statut des Juifs.			
	3-6	Rejet des protocoles de Paris par le gouvernement.			
			8	Les FFL (Forces françaises libres) en Syrie.	
			22	Les Allemands entrent en URSS.	
Juillet	11	Création de la LVF (Légion des volontaires français contre le bolchevisme).			
		Premier numéro de *Libération-Sud*.		Avance éclair des Allemands en URSS.	
	26	Assassinat de Marx Dormoy.			
Août		Premier numéro de *Défense de la France*.			
	12	Discours de Pétain sur « le vent mauvais ».			
	14	Création des cours spéciales de justice.	14	Signature de la Charte de l'Atlantique (Churchill-Roosevelt).	
	21	Attentat du communiste Fabien contre un aspirant allemand, à Paris, au métro Barbès.			
	22	Ordonnance des otages.			
	29	Exécution d'Honoré d'Estienne d'Orves, de Barlier et de Doornik.			
Septembre					A Paris, inauguration de l'exposition « Le Juif et La France ».
			9	Les Allemands devant Leningrad.	Publication, au *JO*, des noms des dignitaires de la franc-maçonnerie.
	16	Exécution de 10 otages à Paris.			
	24	Constitution du « Comité national			

		français » (à Londres).			
Octobre	4	Promulgation de la Charte du travail.			
			16	Prise d'Odessa.	
	22-23	98 otages exécutés, dont ceux de Châteaubriant.			
Novembre		Fondation du mouvement « Combat ». Premiers numéros de *Combat*, des *Cahiers du Témoignage chrétien*, de *Franc-Tireur*.			*Remorques*, film de Jean Grémillon.
			16	Début de la bataille de Moscou. Contre-offensive anglaise en Libye.	
	18	Renvoi de Weygand.			
Décembre	1er	Rencontre Pétain-Goering à Saint-Florentin.			
	5	Exécution de Gabriel Péri. Naissance du SOL (Service d'ordre légionnaire), officialisé en février 1942.			
			7	Pearl Harbor. Offensive japonaise en Extrême-Orient. Échec allemand devant Moscou.	
1942					
Janvier	1er	Parachutage de Jean Moulin en France.			Roger Frison-Roche, *Premier de cordée*. La ration hebdomadaire de viande est réduite à 180 g.
	17	Organisation du BCRAM à Londres (Bureau central de renseignement et d'action militaire).			
			21	Offensive Rommel en Libye.	
Février			15	Les Japonais prennent Singapour. Leclerc contrôle le Fezzan.	Vercors, *Le Silence de la mer*, parution clandestine aux Éditions de Minuit.
	19	Ouverture du procès de Riom.			
					23 Suicide de Stefan Zweig.

Mars	3-4	Bombardements meurtriers sur Boulogne-Billancourt.			A Paris, inauguration de l'exposition « Le bolchevisme contre l'Europe ».
			21	Fritz Sauckel chargé du recrutement général pour la main-d'œuvre.	
	26	Rencontre Pétain-Laval dans la forêt de Randan.			
	27	Premier convoi de « déportés raciaux ». Emmanuel d'Astier de La Vigerie et Christian Pineau à Londres. Naissance des FTPF (Francs-tireurs et partisans français).	27	Raid britannique sur Saint-Nazaire.	
Avril		Installation officielle de la Gestapo en zone occupée. Pierre Brossolette à Londres.			*La Symphonie fantastique*, film de Christian-Jaque. Paul Éluard, *J'écris ton nom liberté*, publication clandestine.
	14	Suspension du procès de Riom.			
	18	Pierre Laval revient au pouvoir comme « chef du gouvernement ».			
Mai		Manifestations patriotiques dans plusieurs villes de la zone « libre ».		Reprise de l'offensive allemande en URSS.	
	6	Darquier de Pellepoix, nouveau commissaire général aux Questions juives.			
	11	Rencontre Laval-Goering à Moulins.			Exposition Arno Breker à l'Orangerie.
	29	Obligation du port de l'étoile jaune pour les Juifs, en zone occupée.			
Juin	16	Laval-Sauckel : accord sur la « Relève ».		Bir Hakeim.	Albert Camus, *L'Étranger.*
	22	Laval souhaite publiquement la victoire de l'Allemagne. Premier *Cahier* de l'OCM (Organisa-		Rommel devant El-Alamein (chute de Tobrouk).	

		tion civile et militaire).				
					30	Mort de Léon Daudet.
Juillet	14	Manifestations dans la zone Sud.				
	16-17	Opération « vent printanier » : rafle du « Vel' d'hiv' ».				
Août		Rafles de Juifs étrangers dans la zone Sud. Lettres de Mgr Saliège et de Mgr Théas contre les persécutions des Juifs.	18	Échec d'un raid anglo-canadien à Dieppe.		*L'assassin habite au 21*, film d'Henri-Georges Clouzot.
Septembre	4	Loi sur l'organisation du travail obligatoire. Mise en place du NAP (noyautage des administrations publiques).		Début de la bataille de Stalingrad.		Premier numéro clandestin des *Lettres françaises*.
					30	Au « Vel' d'hiv' », Marcel Cerdan reprend son titre de champion d'Europe.
Octobre				Offensive de Montgomery en Égypte.		Albert Camus, *Le Mythe de Sisyphe*. Lucien Rebatet, *Les Décombres*.
Novembre					7	En cyclisme, Fausto Coppi bat le record de l'heure avec 45,848 km.
	11	Occupation totale de la France.	8-11	Débarquement allié en Afrique du Nord.		
	17	Pleins pouvoirs à Laval.				
	27	Sabordage de la flotte à Toulon. Coordination de la Résistance non communiste en zone Sud.				
Décembre		Fondation de l'OMA (Organisation militaire de l'armée) par des officiers d'active.		Les Allemands en difficulté en URSS.		Première de *La Reine morte*, d'Henry de Montherlant. *Les Visiteurs du soir*, film de Marcel Carné. En Suisse, parution de *La Colombe*, de Pierre

						Emmanuel, préface de P. J. Jouve.
	24	Assassinat de Darlan à Alger.				
1943						
Janvier	12	Fernand Grenier à Londres (PCF).				Antoine de Saint-Exupéry, *Pilote de guerre*.
			14-26	Conférence de Casablanca (Roosevelt, Churchill, Giraud, de Gaulle).		
	26	Naissance des MUR (Mouvements unis de Résistance) en zone Sud.				
	30	Création de la Milice.				
Février			2	Capitulation de Paulus à Stalingrad.		
	16	Mobilisation de trois classes pour le STO (Service du travail obligatoire), 1940, 1941, 1942.				
	21	Décision sur la représentation des partis politiques au CNR (Conseil national de la Résistance).				
Mars		Accord entre les organisations de Résistance dans la zone Nord. L'ORA (Organisation de résistance de l'armée) succède à l'OMA.				Louis Aragon, *La Rose et le Réséda*.
					28	Mort de Sergueï Rachmaninov.
Avril		Création du « Service national maquis ».				La ration hebdomadaire de viande est réduite à 120 g.
	5	Blum, Daladier, Reynaud, Mandel, Gamelin livrés à l'Allemagne.				
	17	Réunification de la CGT (accords du Perreux).		Campagne de Tunisie.		Robert Desnos, *État de veille*.
	29	Entrevue Hitler-Laval à Berchtesgaden.				
Mai		Dissolution des chantiers de jeunesse.				Joseph Kessel et Maurice Druon écrivent les paroles du *Chant des partisans*.

			13	Fin de la campagne de Tunisie.		
			15	Dissolution du Komintern.		
	27	Première réunion du CNR.				
Juin	2	Création de la Franc-Garde de la Milice.			2	Première de *Les Mouches*, de Jean-Paul Sartre.
	3	Création du CFLN (Comité français de libération nationale).				
	21	Arrestations de Caluire (Jean Moulin).				
Juillet	8	Mort de Jean Moulin.				*L'Honneur des poètes*, aux Éditions de Minuit.
			10	Débarquement en Sicile.		
			25	Mussolini démis de ses fonctions.		Jean-Paul Sartre, *L'Être et le Néant*.
			26	Début de l'offensive soviétique.		
Août	13	Arrestation de Pucheu.				
			17	Fin de la campagne de Sicile.		Robert Brasillach quitte *Je suis partout*.
			26	Le CFLN est reconnu par les Alliés.		
Septembre		Georges Bidault, président du CNR.	8	Capitulation de l'Italie.		
			12	Libération de Mussolini par les parachutistes allemands.		*Le Corbeau*, film d'Henri-Georges Clouzot.
	13	Début de la libération de la Corse.				
	17	Décision sur la création d'une Assemblée consultative à Alger.				
Octobre	5	La Corse est entièrement libérée.				André Malraux, *Les Noyers de l'Altenburg*.
	8	Le général de Gaulle à Ajaccio.				
Novembre			6	Les Soviétiques reprennent Kiev.		
	8	Giraud quitte le CFLN.				
	11	Défilés des maquis à Oyonnax et dans d'autres localités de la zone Sud.				

			12	Exécution de Ciano et de Balbo.		
	13	Interdit de radio, Pétain cesse d'exercer ses fonctions.				
	25	Rafles parmi les étudiants de l'université de Strasbourg repliée à Clermont-Ferrand.			25	Première du *Soulier de satin*, de Paul Claudel.
			29	Ouverture de la conférence de Téhéran (Staline, Roosevelt, Churchill).		
Décembre	2	Assassinat de Maurice Sarraut, directeur de *La Dépêche* de Toulouse.				
			10	Les FFL sont engagées en Italie.		
	18	Pétain se plie aux exigences allemandes.				
			30	En Ukraine, les lignes allemandes sont enfoncées.		
1944						
Janvier	1er	Darnand, secrétaire général au Maintien de l'ordre. Fondation du MLM (Mouvement de libération nationale).				
			2	Bombardement massif sur Berlin. L'Armée rouge atteint la frontière de la Pologne.		
	7	Philippe Henriot, secrétaire d'État à la Propagande et à l'Information.				
	20	Institution des cours martiales.				
	27	Extension de la Milice à la zone Nord.		Conférence de Brazzaville.		
					31	Mort de Jean Giraudoux.
Février	3	Arrestation de Pierre Brossolette. Montée des maquisards au plateau des Glières.		Début des combats de Cassino.		*Antigone*, pièce de Jean Anouilh. *Le ciel est à vous*, film de Jean Grémillon.

	21	Exécution de 22 membres de la MOI (Manouchian et l'« affiche rouge »).				
Mars					5	Mort de Max Jacob à Drancy. Débuts d'Yves Montand à l'ABC.
	12	Pucheu condamné à mort à Alger.				
	16	Déat nommé secrétaire d'État au Travail. « Programme du CNR ».				
				Grande offensive soviétique.		Découverte d'un charnier chez le Dr Petiot.
	26	Allemands et miliciens prennent le plateau des Glières.				
Avril	2	Massacres d'Ascq.				
	4	Les communistes Grenier et Billoux entrent au gouvernement de la France libre (CFLN).		L'Armée rouge entre en Roumanie.		
		Des maquisards investissent le Vercors.				Droit de vote pour les femmes (décision du CFLN).
		Violents bombardements alliés en France.				
	26	Pétain à Paris.				
	28	Pétain condamne le terrorisme.				
Mai		Voyages de Pétain en zone Nord, puis à Lyon et Saint-Étienne.				Robert Desnos, *Le Veilleur du pont au change*.
			17	Fin des combats de Cassino.		
	26-27	Bombardements alliés sur 25 grandes villes en France.			27	Première de *Huis clos*, de Jean-Paul Sartre.
Juin			6	Débarquement en Normandie.		
		Le CFLN devient le GPRF.				
	7	Occupation de Tulle par les FFI-FTP.				
	9-10	Pendaisons de Tulle et massacre d'Oradour-sur-Glane par la division *Das Reich*.				

	13	Darnand secrétaire d'État à l'Intérieur.				
	16-20	Combats du mont Mouchet en Auvergne, de Saint-Marcel en Bretagne.			16	Marc Bloch est fusillé par les Allemands.
	20	Assassinat de Jean Zay.		Offensive soviétique dans les pays Baltes.		Albert Camus, *Le Malentendu*.
	28	Philippe Henriot exécuté par la Résistance.		Libération de Cherbourg.		
Juillet				Conférence de Bretton Woods.		
	7	Assassinat de Georges Mandel.				
	14	Manifestations populaires.				
			20	Attentat manqué contre Hitler.		
	21-23	Destruction du maquis du Vercors.				
			29-31	Bataille d'Avranches. L'Armée rouge atteint la Vistule.	31	Mort de Saint-Exupéry.
Août	12	Rencontre Laval-Herriot. Libération de Rennes, de Chartres, d'Alençon, d'Orléans (5-16).		Insurrection de Varsovie.		
			15	Débarquement de Provence.		
	17	Dernier conseil des ministres de Laval.				
	20	Pétain est transféré par les Allemands à Belfort. Libération du Centre et du Sud-Ouest.				
	19-25	Libération de Paris avec la participation de la 2e DB.				
	26	Le général de Gaulle sur les Champs-Élysées.				
	31	Le GPRF à Paris.	31	L'Armée rouge entre à Bucarest.	31	*Combat* : De la Résistance à la Révolution.

SOURCES ET BIBLIOGRAPHIE

Principales sources consultées

1. Archives nationales.
   Séries : 72 AJ, F 1 A, FI C III, F 7, F 60.
2. Archives de Midi-Pyrénées et de la Haute-Garonne (archives de la préfecture régionale de Toulouse pour la période de Vichy).
   Séries : 1299, 1318, 1321, 1896, 1912, 1945, 1960, 2008, 2042, 2060, 2113, 2358, 2692, 2731, 3578.
3. BDIC Nanterre.
   Dossier-archives : France esprit public 1938-1940. Fonds Robert Aron.
4. Fonds privés.
   Archives Daniel Latapie, Toulouse.
   Archives Résistance R4.
   Archives Pierre Bertaux (communiquées par Rolande Trempé).
5. Principaux quotidiens et périodiques consultés.
   La Dépêche de Toulouse, *L'Express du Midi* (1936-1937), *La Garonne* (1er numéro le 21 janvier 1938), *Le Midi socialiste, La Croix de Toulouse* (hebdomadaire 1938-1939, 4 numéros manquants en août 1938, mars et novembre 1939, BN Versailles), *La Semaine catholique* de Toulouse (hebdomadaire, Institut catholique, Toulouse), *Bulletin de littérature ecclésiastique*, trimestriel (Institut catholique, Toulouse), *La Voix du Midi*, hebdomadaire PCF (cesse de paraître entre le 20 janvier et le 27 mai 1939), BN Versailles, *Le Patriote.*

Orientation bibliographique

Une bibliographie exhaustive sur un sujet aussi difficile à délimiter qu'une étude d'opinion serait un exercice de pure forme. Beaucoup d'ouvrages ont été cités en notes. Les témoignages, Mémoires et problèmes de méthode mis à part, on n'a retenu qu'un petit nombre de travaux, de préférence parmi les plus récents.

1. Études et ouvrages d'intérêt général

Amouroux H., *La Grande Histoire des Français sous l'Occupation*, Paris, Laffont, 1976-1988 (8 vol. parus).

Azéma J.-P., *De Munich à la Libération, 1931-1944*, Paris, Le Seuil, « Points Histoire », 1979.

Becker J.-J., *La France en guerre, 1914-1918. La grande mutation*, Bruxelles, Complexe, 1988.

Berl E., *La Fin de la IIIe République*, Paris, Gallimard, 1968.

Berstein S., *Histoire du Parti radical*, Presses de la Fondation nationale des sciences politiques, 1980-1982, 2 vol.

Bourderon R. et Willard G., *La France dans la tourmente. 1939-1944*, Paris, Éd. sociales-Messidor, « Essentiel », 1982.

Bourdé G., *La Défaite du Front populaire*, Paris, Maspero, 1977.

Braudel F. et Labrousse E. (dir.), *Histoire économique et sociale de la France*, t. IV, vol. 2, 1914-1950. Paris, PUF, 1980.

« Décadence », numéro spécial du *Journal of Contemporary History*, vol. 17, n° 1, janvier 1982, Londres, SHGE Publications.

Dubief H., *Le Déclin de la IIIe République, 1929-1938*, Paris, Le Seuil, « Points Histoire », 1976 ; rééd. sous le titre *La Crise des années 30*, par Borne D. et Dubief H., Paris, Le Seuil, 1989.

Dupront A., « Du sentiment national », in *La France et les Français*, Paris, Gallimard, « Encyclopédie de la Pléiade », 1972, p. 1423-1472.

Dupâquier J. (dir.), *Histoire de la population française*, t. IV ; *De 1914 à nos jours*, Paris, PUF, 1988.

Durand Y., *Vichy 1940-1944*, Paris, Bordas, 1972.

–, *La France dans la IIe Guerre mondiale, 1939-1945*, Paris, Colin, « Cursus », 1989.

Duroselle J.-B., *Politique étrangère de la France. La Décadence, 1932-1939*, Paris, Imprimerie nationale, 1979 ; nouvelle éd., Paris, Le Seuil, « Points Histoire », 1983.

–, *L'Abîme, 1939-1945*, Paris, Imprimerie nationale, 1982.

Ehrmann H.W., *La Politique du patronat français, 1936-1955*, Paris, Colin, 1959.

Girault R. et Frank R., *Turbulente Europe et Nouveaux Mondes, 1914-1941*, Paris, Masson, 1988.

Guillemin H., *Nationalistes et « Nationaux », 1870-1940*, Paris, Gallimard, « Idées », 1974.

Guiomar J.-Y., « Le tableau de la géographie de la France de Vidal de La Blache », in *Les Lieux de mémoire. La Nation*, vol. I, Paris, Gallimard, « Bibliothèque illustrée des histoires », 1986, p. 569-597.

Histoire générale de la presse française, dir. Bellanger C., Godechot J., Guiral P. et Terrou F. Cf. Albert P. *in* t. III, *1871-1940*, Paris, PUF, 1972, et Bellanger C., Levy C. et Michel H., *in* t. IV, *1940-1958*, Paris, PUF, 1975.

Hoffmann S., *Essais sur la France. Déclin ou renouveau ?*, Paris, Le Seuil, 1974.

Huret M., *Ciné-actualités. Histoire de la presse filmée, 1895-1980*, Paris, Veyrier, « Cinéma », 1984.

Jäckel E., *La France dans l'Europe de Hitler*, Paris, Fayard, 1968.

Lacouture J, *De Gaulle*, t. I, *Le Rebelle, 1890-1944*, Paris, Le Seuil, 1984.

Lequin Y. (dir.), *Histoire des Français, XIXe-XXe siècle. Un peuple et son pays*, t. III, Paris, Colin, 1983-1984.

– (dir.), *La Mosaïque France. Histoire des étrangers et de l'immigration en France*, Paris, Larousse, 1988.

Mayeur J.-M., Bédarida F., Prost A. et Monneron J.-M., *Histoire du peuple français*, t. V, *Cent ans d'esprit républicain*, Paris, Nouvelle Librairie de France, 1965.

Morazé C., Préface à *Histoire du peuple français. Cent ans d'esprit républicain*, Paris, Nouvelle Librairie de France, 1965, p. 7-43.

Nicolet C., *L'Idée républicaine en France*, Paris, Gallimard, 1982.

Nora P., « Ernest Lavisse : son rôle dans la formation du sentiment national », *Revue historique*, juin-septembre 1962.

–, « De la République à la Nation », in *Les Lieux de mémoire. La République*, Paris, Gallimard, « Bibliothèque illustrée des histoires », 1984, p. 651-659.

–, « La Nation-mémoire », in *Les Lieux de mémoire. La Nation*, vol. III, Paris, Gallimard, « Bibliothèque illustrée des histoires », 1986, p. 647-658.

Paxton R.O., *La France de Vichy, 1940-1944*, Paris, Le Seuil, 1973.

Prost A., *L'École et la Famille dans une société en mutation, 1930-1980,* t. IV de *l'Histoire générale de l'enseignement et de l'éducation*, Paris, Nouvelle Librairie de France, 1981.

Rémond R. et Bourdin J. (dir.), *Édouard Daladier, chef de gouvernement, avril 1938-septembre 1939*, Paris, Presses de la Fondation nationale des sciences politiques, 1977.

–, *La France et les Français, 1938-1939*, Paris, Fayard, 1978.

Rémond R., *Notre Siècle, 1918-1988*, Paris, Fayard, 1988.

Vingtième Siècle. Revue d'histoire, numéro spécial, *Les Guerres franco-françaises*, Paris, Presses de la Fondation nationale des sciences politiques, n° 5, janv.-mars 1985.

Vingtième Siècle. Revue d'histoire, numéro spécial, *Nouveaux Enjeux d'une décennie*, n° 11, juillet-septembre 1986.

2. Mémoires, témoignages, ouvrages contemporains

Andreu P., *Le Rouge et le Blanc, 1940-1944*, Paris, La Table ronde, 1977.

Aron R., *Mémoires. Cinquante ans de réflexion politique*, Paris, Julliard, 1983.

–, *Le Spectateur engagé*, entretiens avec J.-L. Missika et D. Wolton, Paris, Julliard, 1981.

Aubrac L., *Ils partiront dans l'ivresse*, Paris, Le Seuil, 1984.

Barth K. et Maury P., *Nous qui pouvons encore parler. Correspondance 1928-1956*, Genève, L'Âge d'homme, 1985.

Barthélemy J., *Ministre de la Justice, Vichy 1941-1943. Mémoires*, Paris, Pygmalion-G. Watelet, 1989.

Benjamin R., *Le Maréchal et son Peuple*, Paris, Plon, 1941.

Benoist-Méchin J., *De la défaite au désastre. Les occasions manquées*, t. I, *1940-1942*, Paris, Albin Michel, 1984.

Bernanos G., *Essais et Écrits de combat*, Paris, Gallimard, « La Pléiade », 1971.
Bloch M., *L'Étrange Défaite. Témoignage écrit en 1940*, Paris, Colin, 1957.
Blum L., *L'Œuvre de Léon Blum, 1940-1945*, Paris, Albin Michel, 1955.
Bourdet C., *L'Aventure incertaine*, Paris, Stock, 1975.
Brasillach R., *Notre avant-guerre*, Paris, Plon, 1941 ; rééd. 1973, Livre de Poche.
Camus A., *Essais*, Paris, Gallimard, « La Pléiade », 1965.
Cassou J., *La Mémoire courte*, Paris, Minuit, 1953.
Chauvel J., *Commentaire de Vienne à Alger*, Paris, Fayard, 1972.
Cocteau J., *Journal, 1942-1945*, Paris, Gallimard, 1989.
Debû-Bridel J., *L'Agonie de la IIIe République*, Paris, Éd. du Bateau ivre, 1948.
Delmas A., *À gauche de la barricade*, Paris, Éd. de l'Hexagone, 1950.
Dorgelès R., *La Drôle de guerre, 1939-1940*, Paris, Albin Michel, 1957.
Drieu La Rochelle P., *Chronique politique, 1934-1942*, Paris, Gallimard, 1943.
–, *Fragments de mémoire, 1940-1941*, Paris, Gallimard, 1982.
Duras M., *La Douleur*, Paris, POL, 1985.
Escarpit R., *Carnets d'outre-siècle*, Paris, Messidor, 1989.
Fabre-Luce A., *Journal de la France, mars 1939-juillet 1940*, Paris, JEP, 1940.
Friedmann G., *Journal de guerre, 1939-1940*, Gallimard, Paris, 1987.
Gaulle C. de, *Mémoires de guerre*, Paris, Plon, 1954-1956 (2 vol.).
–, *Lettres, Notes et Carnets, 1919-juin 1940*, Paris, Plon, 1980.
Giraudoux J., *Pleins Pouvoirs*, Paris, Gallimard, 1939.
Grenadou E. et Prévost A., *Grenadou, vie d'un paysan français*, Paris, Le Seuil, 1966.
Guéhenno J., *Journal des années noires*, Paris, Gallimard, 1947.
Jeanneney J., *Journal politique, septembre 1939-juillet 1942*, éd. présentée par J.-N. Jeanneney, Paris, Colin, 1972.
Jouvenel B. de, *Un voyageur dans le siècle, 1903-1945*, Paris, Laffont, 1979.
Lazareff P., *De Munich à Vichy*, New York, Brentano's, 1944.
Levi P., *Les Naufragés et les Rescapés. Quarante ans après Auschwitz*, Paris, Gallimard, « Arcades », 1989.
Martin du Gard M., *Chronique de Vichy*, Paris, Flammarion, 1946.
Montigny J., *La Défaite. Heures tragiques de 1940*, Paris, Grasset, 1941.

–, *Toute la vérité sur un mois dramatique de notre histoire*, Clermont-Ferrand, Mont-Louis, 1940.
Monzie A. de, *Ci-devant*, Paris, Flammarion, 1941.
–, *La Saison des juges*, Paris, Flammarion, 1943.
Rebatet L., *Les Décombres*, Paris, Denoël, 1942.
Rist C., *Une saison gâtée. Journal de la guerre et de l'Occupation*, 1939-1945, Paris, Fayard, 1983.
Zay J., *Souvenirs et Solitude*, Le Roeulx, Éd. Talus d'approche, 1987.

3. Problèmes de méthodes

Agulhon M., *Histoire vagabonde. Idéologies et politiques dans la France du XIXe siècle*, Paris, Gallimard, « Bibliothèque des histoires », 1988.
Balandier G., *Anthropologie politique*, Paris, PUF, « Quadrige », 1967.
Baczko B., *Les Imaginaires sociaux. Mémoires et espoirs collectifs*, Paris, Payot, 1984.
Bardin L., *L'Analyse de contenu*, Paris, PUF, 1977.
Barthes R., *Mythologies*, Paris, Le Seuil, 1957 ; rééd. « Points », 1970.
–, *L'Aventure sémiologique*, Paris, Le Seuil, 1985.
Bourdieu P., *Ce que parler veut dire*, Paris, Fayard, 1982. Becker J.-J., *1914, Comment les Français sont entrés dans la guerre*, Paris,
Presses de la Fondation nationale des sciences politiques, 1977.
Cinéma et Histoire, Histoire du Cinéma, numéros spéciaux dir. Baldizzone J. et Guibbert P., *Cahiers de la Cinémathèque*, Perpignan, Institut Jean-Vigo, 1982.
Edelman B., *L'Homme des foules*, Paris, Payot, 1981.
Ferro M. (dir.), *Film et Histoire*, Paris, EHESS, 1984.
Girardet R., *Mythes et Mythologies politiques*, Paris, Le Seuil, 1986.
Godelier M., *L'Idéel et le Matériel*, Paris, Fayard, 1984.
Histoire sociale, Sensibilités collectives et Mentalités, Mélanges Robert Mandrou, collectif, Paris, PUF, 1985.
Jodelet D. (dir.), *Les Représentations sociales*, Paris, PUF, 1989.
Joutard P., *La Légende des camisards, une sensibilité au passé*, Paris, Gallimard, 1977.

Laborie P., « De l'opinion publique à l'imaginaire social », *Vingtième Siècle, Revue d'histoire*, Paris, Presses de la Fondation nationale des sciences politiques, avr.-juin 1988, p. 101-117

Miller G., *Les Pousse-au-jouir du maréchal Pétain*, Paris, Le Seuil, 1975.

Moscovici S., *la Psychanalyse, son image et son public*, Paris, PUF, 1961.

–, *L'Âge des foules*, Paris, Fayard, 1981.

Padioleau I., *L'Opinion publique, examen critique, nouvelles directions*, Paris, Mouton, 1981.

Prost A., *Les Anciens Combattants et la Société française, 1914-1939*, vol. III, *Mentalités et Idéologies*, Paris, Presses de la Fondation nationale des sciences politiques, 1977.

Reboul O., *Langage et Idéologie*, Paris, PUF, 1980.

Rémond R. (dir.), *Pour une histoire politique*, Paris, Le Seuil, « L'Univers historique », 1988.

Science et Théorie de l'opinion publique, ouvrage collectif en hommage à J. Stoetzel, Paris, Retz, 1981.

Thompson E.P., « The Moral Economy of the English Crowd in the 18th Century », *Past and Present*, Londres, 1971, n° 50, p. 76-136.

Vovelle M., *Idéologies et Mentalités*, Paris, Maspero, 1982.

4. Études particulières

4.1. Les années 30

Bennassar B., « Les Espagnols en guerre civile, 1936-1939 », in *Histoire des Espagnols,* XVIIIe-XXe *siècle*, Paris, Colin, 1985.

Berstein S., *La France des années 30*, Paris, Colin, 1988.

Bilis M., *Socialistes et Pacifistes ou l'impossible dilemme des socialistes français, 1933-1939*, Paris, Syros, 1979.

Bodin L. et Touchard J., *Front populaire 1936*, Paris, Colin, 1985.

Robert Brasillach et la Génération perdue, Monaco, Éd. du Rocher, « Les Cahiers du Rocher », 1987.

Dioudonnat P.-M., *« Je suis partout. » Les maurrassiens devant la tentation fasciste*, Paris, La Table ronde, 1973.

Droz J., *Histoire de l'antifascisme en Europe, 1923-1939*, Paris, La Découverte, 1985.

La France en mouvement, 1934-1938, présentation de J. Bouvier, Paris, Champ Vallon, 1986.

La France et l'Allemagne entre les deux guerres mondiales, Actes du colloque tenu à Paris-IV, Nancy, Presses universitaires de Nancy, 1987.

Frank R., *Le Financement du réarmement français, 1935-1939*, Paris, Publications de la Sorbonne, 1982.

Grillo R., *Ideologies and Institutions in Urban France. The Representations of Immigrants*, Cambridge, Cambridge University Press, 1985.

Loubet Del Bayle J.-L., *Les Non-Conformistes des années trente*, Paris, Le Seuil, 1969.

Pike D.W., *Les Français et la Guerre d'Espagne, 1936-1939*, Paris, Publications de la Sorbonne, 1975.

Renouvin P. et Rémond R. (dir.), *Léon Blum chef de gouvernement, 1936-1937*, Paris, Presses de la Fondation nationale des sciences politiques, 1981 (1re éd. 1967).

Revue d'histoire moderne et contemporaine, n° 2, 1984 (sur la perception de la notion de puissance en 1938 et 1939).

Schor R., *L'Opinion française et les Étrangers, 1919-1939*, Paris, Publications de la Sorbonne, 1985.

Temime É., *La guerre d'Espagne commence*, Bruxelles, Complexe, 1986.

Touchard J., « L'esprit des années 1930 : une tentative de renouvellement de la pensée politique française », in *Tendances politiques dans la vie française depuis 1789*, Paris, Hachette. 1960.

Vilar P., *La Guerre d'Espagne, 1936-1939*, Paris, PUF, « Que sais-je ? », 1986.

4.2. Les années de guerre. Vichy. La Libération

Amaury P., *Les Deux Premières Expériences d'un « ministère de l'Information » en France*, Paris, Librairie générale de droit et de jurisprudence, 1969.

Baudot M., « L'épuration : bilan chiffré », in *Bulletin de l'IHTP*, Paris, IHTP/CNRS, n° 25, 1986.

Cobb R., *French and Germans, Germans and French. A Personal Interpretation of France under two Occupations, 1914-1918/1940-1944*, Hanovre-Londres, University Press of New England, 1983.

Cointet-Labrousse M., *Vichy et le Fascisme*, Bruxelles, Complexe, 1987.

Courtois S., Peschanski D. et Rayski A., *Le Sang de l'étranger. Les immigrés de la MOI dans la Résistance*, Paris, Fayard, 1989.

Duquesne J., *Les Catholiques français sous l'Occupation*, Paris, Grasset, 1986 (1re éd., 1966).

Eck H. (dir.), *La Guerre des ondes. Histoire des radios de langue française pendant la Deuxième Guerre mondiale*, Paris, Communauté des radios publiques de langue française et Colin, Lausanne, Payot, Bruxelles, Complexe, Québec, Hurtubise. 1985.

Fall of France : Causes, Conference of May 1980, Monographs on Europe. Center for European Studies, Harvard University, 1980.

Fall of France : Results, mêmes références, Harvard University, 1982.

Ferro M., *Pétain*, Paris, Fayard, 1987.

Le Gouvernement de Vichy, 1940-1942, Actes du colloque organisé en mars 1970 par la Fondation nationale des sciences politiques, Paris, Colin, 1972.

Griffiths R., *Pétain et les Français*, Paris, Calmann-Lévy, 1974.

Halls W.D., *The Youth of Vichy France*, Oxford, Clarendon Press, 1981 (trad. et publié aux Éd. Syros, préface de J.-P. Rioux, Paris, 1989).

Handourtzel R. et Buffet C., *La Collaboration... à gauche aussi.* Paris, Librairie académique Perrin, 1989.

L'Histoire, numéro spécial, *Résistants et Collaborateurs. Les Français dans les années noires*, SES, Paris, n° 80, 1985.

Hoffmann S., « Aspects du régime de Vichy », *Revue française de science politique*, VI, 1955.

Jankélévitch V., *L'Imprescriptible*, Paris, Le Seuil, 1986.

Kedward H.R., *Resistance in Vichy France*, Oxford, 1978 (trad. et publié aux Éd. du Champ Vallon, sous le titre *Naissance de la Résistance dans la France de Vichy*, préface de J.-P. Azéma, Paris, 1989).

–, *Occupied France. Collaboration and Resistance, 1940-1944*, Oxford-New York, Blackwell, 1985.

Klarsfeld S., *Vichy-Auschwitz*, Paris, Fayard, 1983 (2 vol.).

Laguerre B., « Les dénaturalisés de Vichy, 1940-1944 », *Vingtième Siècle. Revue d'histoire*, Paris, Presses de la Fondation nationale des sciences politiques, décembre 1988, p. 3-15.

La Libération de la France, Actes du colloque de 1974, Paris, Éd. du CNRS, 1976.

La Libération dans le Midi de la France, dir. R. Trempé, Actes du colloque de 1985, Toulouse, Eché-Publications UTM, 1986.

Levy C., *Les Nouveaux Temps et l'Idéologie de la collaboration*, Paris, Presses de la Fondation nationale des sciences politiques, 1974.

–, « L'opinion française devant le régime de Vichy, 1944 », *in* Actes du colloque *La Libération de la France*, Paris, Éd. du CNRS, 1976.

Marcot F., *Les Voix de la Résistance*, Besançon, Cêtre, 1989.

Marrus M.R. et Paxton R.O, *Vichy et les Juifs*, Paris, Calmann-Lévy, 1981.

Michel H., *Vichy année 1940*, Paris, Laffont, 1966.

Mysyrowicz L., *Autopsie d'une défaite. Origines de l'effondrement militaire français de 1940*, Lausanne, L'Âge d'homme, 1973.

Noguères H., *La Vie quotidienne des résistants de l'armistice à la Libération*, Paris, Hachette, 1984.

– (en collaboration avec Degliame-Fouché M.), *Histoire de la Résistance*, Paris, Laffont, 1961-1985, 5 vol.

Novick P., *L'Épuration française, 1944-1949*, Paris, Balland, 1985.

Ory P., *Les Collaborateurs, 1940-1945*, Paris, Le Seuil, « Points Histoire », 1976.

Rimbaud C., *L'Affaire du « Massilia », été 1940*, Paris, Le Seuil, 1984.

Rioux J.-P., *La France de la Quatrième République*, 1, *L'Ardeur et la nécessité, 1944-1952*, Paris, Le Seuil, « Points Histoire », 1980.

Rousso H., *Le Syndrome de Vichy, 1944-198...*, Paris, Le Seuil, 1987.

Sweets J.-F., *Choices in Vichy France. The French under Nazi Occupation*, New York-Oxford, Oxford University Press, 1986.

Veillon D., *La Collaboration, textes et débats*, Paris, Le Livre de Poche, 1984.

Vichy 1940-1944. Archives de guerre d'Angelo Tasca, éd. par D. Peschanski, Milan-Paris, Feltrinelli-CNRS, 1986.

4.3. Culture. Idéologies

Agulhon M., « Les communistes et la libération de la France », *in* Actes du colloque, *La Libération de la France*, Paris, Éd. du CNRS, 1976.

Azéma J.-P., Prost A. et Rioux J.-P., *Le Parti communiste français des années sombres, 1938-1941*, Paris, Le Seuil, 1986.

Becker J.-J. et Berstein S., *Histoire de l'anticommunisme en France, 1917-1940*, t. I, Paris, Orban, 1987.

Bertin-Maghit J.-P., *Le Cinéma sous l'Occupation*, Paris, Olivier Orban, 1989.

Birnbaum P., *Un mythe politique, la « République juive », de Léon Blum à Pierre Mendès France*, Paris, Fayard, 1988.

Bourgeois G., *Communistes et Anticommunistes pendant la drôle de guerre*, Paris, Nanterre, 1983.

Burrin P., « La France dans le champ magnétique des fascismes », *Le Débat*, Paris, Gallimard, n° 32, 1984, p. 52-72.

–, *La Dérive fasciste, Doriot, Déat, Bergery*, Paris, Le Seuil, 1986.

Faure C., *Le Projet culturel de Vichy*, Lyon, Presses universitaires de Lyon-CNRS, 1989.

Garçon F., *De Blum à Pétain. Cinéma et société française, 1936-1944*, Paris, Éd. du Cerf, 1984.

Jeancolas J.-P., *15 Ans d'années trente. Le cinéma des Français, 1929-1944*, Paris, Stock/Cinéma, 1983.

Milza P., *Fascisme français, passé et présent*, Paris, Flammarion, 1987.

Ory P. et Sirinelli J.-F., *Les Intellectuels en France, de l'affaire Dreyfus à nos jours*, Paris, Colin, « U », 1986.

Rémond R., *Les Droites en France*, Paris, Aubier-Montaigne, 1982.

Rioux J.-P. (dir.), *Politiques et Pratiques culturelles dans la France de Vichy, Cahiers de l'Institut d'histoire du temps présent*, n° 8, juin 1988, Paris, IHTP/CNRS.

–, Prost A., Azéma J.-P. (dir.), *Les Communistes français de Munich à Châteaubriant, 1938-1941*, Paris, Presses de la Fondation nationale des sciences politiques, 1987.

Sadoun M., *Les Socialistes sous l'Occupation. Résistance et collaboration*, Paris, Presses de la Fondation nationale des sciences politiques, 1982.

Siclier J., *La France de Pétain et son cinéma*, Paris, Veyrier, 1981.

Sirinelli J.-F., *Génération intellectuelle. Khâgneux et normaliens dans l'entre-deux-guerres*, Paris, Fayard, 1988.

Sternhell Z., *Ni droite ni gauche. L'idéologie fasciste en France*, nouvelle éd., Bruxelles, Complexe, 1987.

Vidal-Naquet P., *Les Juifs, la Mémoire et le Présent*, Paris, Maspero, 1981.

–, *Les Assassins de la mémoire*, Paris, La Découverte, 1987.

Winock M., *Histoire politique de la revue « Esprit », 1930-1950*, Paris, Le Seuil, 1975.

–, *La Fièvre hexagonale. Les grandes crises politiques, 1871-1968*, Paris, Calmann-Lévy, 1986.

Films

La Belle Équipe, Julien Duvivier, 1936.
La Grande Illusion, Jean Renoir, 1937.
Quai des brumes, Marcel Carné, 1938.
La Règle du jeu, Jean Renoir, 1939.
La Fille du puisatier, Marcel Pagnol, 1941.
Les Visiteurs du soir, Marcel Carné, 1942.
Le Corbeau, Henri-Georges Clouzot, 1943.
Premier de cordée, Louis Daquin, 1943-1944.
Le ciel est à vous, Jean Grémillon, 1943-1944.
Le Père Tranquille, René Clément, 1946.
Le Silence de la mer, Jean-Pierre Melville, 1949.
Jeux interdits, René Clément, 1952.
Nuit et Brouillard, Alain Resnais et Jean Cayrol, 1956.
Un condamné à mort s'est échappé, Robert Bresson, 1956.
La Traversée de Paris, Claude Autant-Lara, 1956.
Hiroshima mon amour, Alain Resnais, 1959.
Week-end à Zuydcoote, Henri Verneuil, 1964.
Le Vieil Homme et l'Enfant, Claude Berri, 1967.
L'Armée des ombres, Jean-Pierre Melville, 1970.
Le Chagrin et la Pitié, Marcel Ophuls, 1971.
Lacombe Lucien, Louis Malle, 1973.
Le Train, Pierre Granier-Defferre, 1974.
Souvenirs d'en France, André Téchiné, 1976.
Le Vieux Fusil, Robert Enrico, 1976.
L'Affiche rouge, François Cassenti, 1976.
Le Dernier Métro, François Truffaut, 1980.
Shoah, Claude Lanzmann, 1986.
Au revoir les enfants, Louis Malle, 1987.
Uranus, Claude Berri, 1990.

Supplément bibliographique
(mars 2001)

Ce complément bibliographique est sélectif. Les études d'opinion traversent l'ensemble des problèmes qui intéressent l'histoire de la période et les publications sur les années noires sont innombrables. Seuls quelques-uns des ouvrages parus depuis 1990 ont été retenus ici.

1. Instruments de travail. Ouvrages généraux

Azéma Jean-Pierre et Bédarida François (dir.), *Les Années de tourmente, dictionnaire critique*, Paris, Flammarion, 1995.

Bancaud Alain, *La Haute Magistrature française entre politique et sacerdoce ou le Culte des vertus moyennes*, Paris, LGDJ, 1993.

Berlière Jean-Marc, *Le Monde des polices en France, XIXe-XXe siècle*, Bruxelles, Complexe, 1996.

Berstein Serge et Milza Pierre, *Histoire de la France au XXe siècle, 1930-1945*, Bruxelles, Complexe, 1991.

Blanc Brigitte, Rousso Henry et Tourtier-Bonazzi Chantal de, *La Seconde Guerre mondiale. Guide des sources conservées en France, 1939-1945*, Paris, Archives nationales, 1994.

Blondiaux Loïc, *La Fabrique de l'opinion*, Paris, Le Seuil, 1998.

Burrin Philippe, *Fascisme, nazisme, autoritarisme*, Paris, Le Seuil, « Points Histoire », 2000.

Corbin Alain, *Historien du sensible*, entretien avec Gilles Heuré, Paris, La Découverte, 1999.

Chartier Roger, *Au bord de la falaise*, Paris, Albin Michel, 1996.

Courtois Stéphane et Lazar Marc, *Histoire du Parti communiste français*, Paris, PUF, 1995.

Duby Georges et Perrot Michelle (dir.), *Histoire des femmes en Occident*, *Le XXe siècle*, dir. Françoise Thébaud, Paris, Plon, 1992.

Écrire l'histoire du temps présent. En hommage à François Bédarida, dir. Robert Frank, Paris, Éd. du CNRS, 1993.

Farçy Jean-Claude et Rousso Henry, *Justice, Répression et Persécution en France. Essai bibliographique, Cahiers de l'IHTP*, n° 24, 1993.

Farge Arlette, *Des Lieux pour l'histoire*, Paris, Le Seuil, 1997.

Frank Robert, *La Hantise du déclin. Le rang de la France en Europe, 1920-1960*, Paris, Belin, 1994.

Friedländer Saul (dir.), *Probing The Limits of Representation : Nazism and The Final Solution*, Cambridge, Harvard University Press, 1992.

Julliard Jacques et Winock Michel (dir.), *Dictionnaire des intellectuels français*, Paris, Le Seuil, 1996.

Klarsfeld Serge *et al.*, *Le Temps des rafles, catalogue de l'exposition*, Mairie de Paris-CDJC, Paris, 1992.

Klarsfeld Serge, *Le Calendrier de la persécution des Juifs en France, 1940-1944*, Paris, FFDJF et The Beate Klarsfeld Foundation, 1993.

Lagrou Peter, *The Legacy of Nazi Occupation. Patriotic Memory and National Recovery in Western Europe, 1945-1965*, Cambridge, UK 1999.

Lepetit Bernard (dir.), *Les Formes de l'expérience. Une autre histoire sociale*, Paris, Albin Michel, 1995.

Lindenberg Daniel, *Les Années souterraines, 1937-1947*, Paris, La Découverte, 1990.

Maitron Jean et Pennetier Claude (dir.), *Dictionnaire biographique du mouvement ouvrier français*, Paris, Éditions ouvrières, 44 vol. publiés en 2000.

Marrus Michael, *L'Holocauste dans l'Histoire*, rééd., Paris, Eshel, 1990.

Novick Peter, *The Holocaust in American Life*, Boston-New York, Houghton Mifflin Company, 1999.

Ory Pascal, *La Belle Illusion. Culture et politique sous le signe du Front populaire, 1935-1938*, Paris, Plon, 1994.

Peschanski Denis, Pollak Michael et Rousso Henry, *Histoire politique et Sciences sociales*, Bruxelles, Complexe, 1991.

Prost Antoine, *Douze Leçons sur l'histoire*, Paris, Le Seuil, 1996.

Revel Jacques (dir.), *Jeux d'échelles. La micro-analyse à l'expérience*, Paris, Gallimard-Le Seuil, 1996.

Rousso Henry, *Le Syndrome de Vichy de 1944 à nos jours*, Paris, Le Seuil, « Points Histoire », nouvelle éd., 1990.

Schor Ralph, *L'Antisémitisme en France pendant les années trente. Prélude à Vichy*, Bruxelles, Complexe, 1992.

Segev Tom, *Le Septième Million*, Paris, Liana Levi, 1993.

Sternhell Zeev, *Ni droite ni gauche. L'idéologie fasciste en France*, nouvelle édition, Paris, Fayard, 2000.

Sirinelli Jean-François (dir.), *Histoire des droites en France*, 3 vol., Paris, Gallimard, 1992.

Weil Patrick, *La France et ses étrangers, l'aventure d'une politique d'immigration,* Paris, Gallimard, « Folio », 1995.

Winock Michel, *Le Siècle des intellectuels*, Paris, Le Seuil, 1997.

2. Essais

Arendt Hannah, *Eichmann à Jérusalem. Rapport sur la banalité du mal*, Paris, Gallimard, « Folio », 1991 (édition présentée par Michelle-Irène Bradny de Launay).

Conan Éric et Rousso Henry, *Vichy, un passé qui ne passe pas*, Paris, Fayard, 1994.

Hartog François, « Le témoin et l'historien », *Gradhiva*, n° 27, 2000.

Judt Tony, *Un passé imparfait. Les intellectuels en France, 1944-1956*, Paris, Fayard, 1992.

Kershaw Ian, *Qu'est-ce que le nazisme ? Problèmes et perspectives d'interprétation*, Paris, Gallimard, « Folio », 1997.

Lavabre Marie-Claire, « Entre histoire et mémoire, à la recherche d'une méthode », *in* Jean-Clément Martin (dir.), *La Guerre civile entre histoire et mémoire*, Nantes, Ouest Éditions, 1995.

Noiriel Gérard, *Les Origines républicaines de Vichy*, Paris, Hachette, 1999.

Nora Pierre, « Gaullistes et communistes », in *Les Lieux de mémoire*, tome III, Paris, Gallimard, 1992.

Pollak Michael, *L'Expérience concentrationnaire. Essai sur le maintien de l'identité sociale*, Paris, Métailié, 1990.

Ricœur Paul, *La Mémoire, l'Histoire, l'Oubli*, Paris, Le Seuil, 2000.

Rousso Henry, *La Hantise du passé*, entretien avec Philippe Petit, Paris, Textuel, 1998.

Sartre Jean-Paul, *Qu'est-ce que la littérature ?*, Paris, Gallimard, « Folio essais », rééd., 1993.

Semprun Jorge, *L'Écriture ou la Vie*, Paris, Gallimard, 1996.

Thomas Yann, « la vérité, le temps, le juge et l'historien », *Le Débat*, n° 102, 1998.

Vidal-Naquet Pierre, *Le Trait empoisonné. Réflexions sur l'affaire Jean Moulin*, Paris, La Découverte, 1993.

Weber Max, *Essai sur la théorie de la science*, Presses Pocket, rééd. 1995.
Wieviorka Annette, *L'Ère du témoin*, Paris, Plon, 1998.

3. Témoignages, Mémoires, Journaux

Baumel Jacques, *Résister. Histoire secrète des années d'Occupation*, Paris, Albin Michel, 1999.
Bielinky Jacques, *Un journaliste juif à Paris sous l'Occupation, 1940-1942*, annoté par Renée Poznanski, Paris, Éd. du Cerf, 1992.
Bloch Marc, *L'Étrange défaite*, Paris, Gallimard, rééd. 1990.
Boegner Marc, *Carnets*, Paris, Fayard, 1992.
Copeau Jacques, *Journal, 1901-1948* (t. II, *1916-1948*), Paris, Seghers, 1991.
Daladier Édouard, *Journal de captivité*, Paris, Calmann-Lévy, 1991.
Drieu La Rochelle Pierre, *Journal, 1939-1945*, Paris, Gallimard, 1992.
Duméril Edmond, *Journal d'un honnête homme pendant l'Occupation, juin 1940-août 1944*, présenté par Jean Bourgeon, Thonon-les-Bains, L'Albaron, 1990.
Gaulle Charles de, *Mémoires*, présentation par Jean-Louis Crémieux-Brilhac, Paris, Gallimard, « La Pléiade », 2000.
Gide André, *Journal*, 2 vol., nouvelle édition, Paris, Gallimard, « La Pléiade », 1996-1997.
Grenier Jean, *Sous l'Occupation (propos recueillis)*, annoté par Claire Paulhan et Gisèle Sapiro, Éd. Claire-Paulhan, Paris, 1997.
Jünger Ernst, *Journaux de guerre*, Paris, Julliard, 1990.
Lacouture Jean, *Le témoignage est un combat, une biographie de Germaine Tillion*, Paris, Éd. du Seuil, 2000.
Leiris Michel, *Journal, 1922-1989*, annoté par Jean Jamin, Paris, Gallimard, 1992.
Lévy Jean-Pierre, avec la collaboration de Dominique Veillon, *Mémoires d'un franc-tireur. Itinéraire d'un résistant, 1940-1944*, Bruxelles-Paris, Complexe-IHTP, 1999.
Martin du Gard Roger, *Journal*, tome III, 1937-1949, Paris, Gallimard, 1993.
Mauriac sous l'Occupation, édité par Jean Touzot, Paris, La Manufacture, 1990.

Paulhan Jean, *La vie est pleine de choses redoutables. Textes autobiographiques*, Paris, Éd. Claire Paulhan, 1997.

–, *Choix de lettres*, présenté par Dominique Aury et Jean-Claude Zylberstein, revu et annoté par Bernard Leuilliot, tome II, *1937-1945. Le Traité des jours sombres*, Paris, Gallimard, 1992.

Ravanel Serge, *L'Esprit de Résistance*, Paris, Le Seuil, 1995.

Tasca Angelo, *Journal de 1940-1941* (édition annotée), *in* Bidussa David et Peschanki Denis (dir.), *La France de Vichy. Archives inédites d'Angelo Tasca*, Milan, Fondation et Éditions Feltrinelli, 1996.

Thomas Edith, *Pages de Journal, 1939-1944*, présentation par Dorothy Kaufmann, Paris, Viviane Hamy, 1995.

–, *Le Témoin compromis. Mémoires*, présentation par Dorothy Kaufmann,Viviane Hamy, 1995.

Vercors, *La Bataille du silence. Souvenirs de minuit*, Éd. de Minuit, 1967, rééd., 1992.

Vildé Boris, *Journal et lettres de prison, 1941-1942*, Paris, Allia, 1997.

Wellers Georges, *Un Juif sous Vichy*, Paris, Tirésias, 1991.

Werth Léon, *Déposition. Journal, 1940-1944*, préface de J.-P. Azéma, Paris, Viviane Hamy, 1992.

–, *33 Jours*, Paris, Viviane Hamy, 1992.

4. Études

Aglan Alya, *La Résistance sacrifiée. Le mouvement Libération-Nord*, Paris, Flammarion, 1999.

Andrieu Claire, *La Banque sous l'Occupation*, Paris, Presses de la Fondation nationale des sciences politiques, 1990.

Asséo Henriette, « Contrepoint : la question tsigane dans les camps allemands », *Annales ESC*, mai-juin 1993.

Azéma Jean-Pierre, (dir.), *Jean Moulin face à l'Histoire*, Paris, Flammarion, 2000.

Azéma Jean-Pierre et Bédarida François (dir.), avec la collaboration de Denis Peschanski et Henry Rousso, *Le Régime de Vichy et les Français*, Paris, Fayard, 1992.

–, *La France des années noires*, 2 vol., Paris, Le Seuil, « Points Histoire », 2000.

Azéma Jean-Pierre et Wieviorka Olivier, *Vichy 1940-1944*, Paris, Perrin, 2000.

Bachelier Christian, *La SNCF sous l'Occupation allemande, 1940-1944*, 2 vol. plus 2 vol. d'annexes, Paris, IHTP-SNCF, 1996.

Baruch Marc Olivier, *Le Régime de Vichy*, Paris, La Découverte, 1996.

–, *Servir l'État français. L'administration en France de 1940 à 1944*, Paris, Fayard, 1997.

Bédarida Renée, *Les Catholiques dans la guerre 1939-1945. Entre Vichy et Résistance*, Paris, Hachette, « Littératures », 1998.

Bertrand Dorléac Laurence, *L'Art de la défaite, 1940-1944*, Paris, Le Seuil, 1993.

Bougeard Christian et Sainclivier Jacqueline, *La Résistance des Français : enjeux stratégiques et environnement social*, Rennes, PUR, 1995.

Burrin Philippe, *La France à l'heure allemande*, Paris, Le Seuil, 1995, « Points Histoire », 1997.

Buton Philippe, *Les Lendemains qui déchantent. Le Parti communiste à la Libération*, Paris, Presses de la Fondation nationale des sciences politiques, 1993.

Buton Philippe et Guillon Jean-Marie (dir.), *Les Pouvoirs en France à la Libération*, Paris, Belin, 1994.

Capdevila Luc, *Les Bretons au lendemain de l'Occupation. Imaginaire et comportements d'une sortie de guerre*, Rennes, PUR, 1999.

Caron Vicki, *Uneasy Asylum : France and the jewish refugee crisis, 1933-1942*, Stanford, Stanford University Press, 1999.

Caucanas Sylvie et Sagnes Jean, *Les Français et la Guerre d'Espagne*, Perpignan, CREPF, 1990.

Charle Christophe, *La République des universitaires, 1870-1940*, Paris, Le Seuil, 1994.

Cohen Monique et Malo Éric, *Les Camps du Sud-Ouest, exclusion, internement, déportation*, Toulouse, Privat, 1994.

Cointet Jean-Paul, *Pierre Laval*, Paris, Fayard, 1993.

Comte Bernard, *Une utopie combattante. L'École des cadres d'Uriage, 1940-1942*, Paris, Fayard, 1991.

–, *L'Honneur et la Conscience. Catholiques français en résistance, 1940-1944*, Paris, Éd. de l'Atelier, 1998.

Conan Éric, *Sans oublier les enfants. Les camps de Pithiviers et de Beaune-la-Rolande, 19 juillet-16 septembre 1942*, Paris, Grasset, 1991.

Cordier Daniel, *Jean Moulin. L'inconnu du Panthéon*, tomes II et III, Paris, Jean-Claude Lattès, 1993.

–, *Jean Moulin, la République des catacombes*, Paris, Gallimard, 1999.

Crémieux-Brilhac Jean-Louis, *Les Français de l'an quarante*, 2 tomes, Paris, Gallimard, 1990.

–, *La France libre*, Paris, Gallimard, 1996.

Cuesta-Bustillo Josefina et Bermejo Benito (dir.), *Emigración y exilio. Españoles en Francia 1936-1946*, Madrid, Eudema, 1996.

Dejonghe Étienne et Le Manner Yves, *Le Nord-Pas-de-Calais dans la main allemande, 1940-1944*, Lille, *La Voix du Nord*, 1998.

Douzou Laurent, *La Désobéissance. Histoire d'un mouvement et d'un journal clandestins. Libération-Sud, 1940-1944*, Paris, Odile Jacob, 1995.

Douzou Laurent, Frank Robert, Peschanski Denis et Veillon Dominique (dir.), *La Résistance et les Français : villes, centres et logiques de décisions*, Paris, Éd. du CNRS, 1995.

Dreyfus-Armand Geneviève, *L'Exil des républicains espagnols en France, de la guerre civile à la mort de Franco*, Paris, Albin Michel, 1999.

Farmer Sarah, *Oradour. Arrêt sur mémoire*, Paris, Calmann-Lévy, 1994.

Fishman Sarah, Downs Laura Lee, Sinanoglou Ioannis, Smith Leonard V. et Zaretsky Robert, *France at War. Vichy and the Historians*, Oxford-New York, Berg, 2000.

Fouilloux Étienne, *Les Chrétiens français entre crise et libération, 1937-1947*, Paris, Le Seuil, 1997.

Frank Robert et Gotovitch José (dir.), *La Résistance et les Européens du Nord*, Bruxelles, CERHSGM-IHTP, 1994.

Fresco Nadine, *Fabrication d'un antisémite*, Paris, Le Seuil, 1999.

Froment Pascale, *René Bousquet*, Paris, Stock, 1996.

Gervereau Laurent et Peschanski Denis, *La Propagande sous Vichy*, Paris, BDIC-La Découverte, 1990.

Grynberg Anne, *Les Camps de la honte*, Paris, La Découverte, 1991.

Guillon Jean-Marie et Laborie Pierre (dir.), *Histoire et Mémoire. La Résistance*, Toulouse, Privat, 1995.

Guillon Jean-Marie et Mencherini Robert (dir.), *La Résistance et les Européens du Sud*, Actes du colloque d'Aix-en-Provence, Université de Provence-Teleme, 1997.

Kaspi André, *Les Juifs pendant l'Occupation*, Paris, Le Seuil, 1991

Kaspi André, Kriegel Annie et Wieviorka Annette (dir.), « Les Juifs de France dans la Seconde Guerre mondiale », *Pardès*, numéro spécial, 1992.

Kedward Harry Roderick et Wood Nancy (dir.), *The Liberation of France : Image and Event*, Washington-Oxford, Berg, 1995.

Kedward Harry Roderick, *À la recherche du maquis. La Résistance dans la France du Sud*, Paris, Éd. du Cerf, 1999.

Klarsfeld Serge (dir.), *Il y a cinquante ans : le statut des Juifs de Vichy*, Paris, CDJC, 1991.

Levisse-Touzé Christine, *L'Afrique du Nord dans la guerre, 1939-1945*, Paris, Albin Michel, 1998.

Lindeperg Sylvie, *Les Écrans de l'ombre*, Paris, Éd. du CNRS, 1997.

Loiseaux Gérard, *La Littérature de la défaite et de la collaboration*, Paris, Fayard, 1995.

Marcot François (dir.), *La Résistance et les Français, lutte armée et maquis*, Besançon, Université de Franche-Comté, 1996.

Muel-Dreyfus Francine, *Vichy et l'Éternel féminin. Contribution à une sociologie politique de l'ordre des corps*, Paris, Le Seuil, 1996.

Nobécourt Jacques, *Le Colonel de La Rocque, 1885-1946*, Paris, Fayard, 1996.

Parrot Louis, *L'Intelligence en guerre*, réédition, Le Castor astral, 1990.

Paxton Robert O., *La France de Vichy*, Paris, Le Seuil, nouvelle éd. 1997.

Péan Pierre, *Une jeunesse française. François Mitterrand 1934-1947*, Paris, Fayard, 1994.

Piketty Guillaume, *Pierre Brossolette, un héros de la Résistance*, Paris, Odile Jacob, 1998.

Poznanski Renée, *Les Juifs en France pendant la Seconde Guerre mondiale*, Paris, Hachette, 1997.

« Présence du passé, lenteur de l'Histoire. Vichy, l'Occupation, les Juifs », *Annales ESC*, numéro spécial, juin 1993.

Prochasson Christophe, *Les Intellectuels, le Socialisme et la Guerre, 1900-1938*, Paris, Le Seuil, 1993.

Prost Antoine (dir.), *La Résistance, une histoire sociale*, Paris, Éd. de l'Atelier, *Le Mouvement social*, 1997.

« Que faire de Vichy ? », *Esprit*, numéro spécial, mai 1992.

« Que reste-t-il de la Résistance ? », *Esprit*, numéro spécial, janvier 1994.

Rayski Adam, *Le Choix des Juifs sous Vichy. Entre soumission et résistance*, Paris, La Découverte, 1992.

« La Résistance et les Français. Nouvelles approches », *Les Cahiers de l'IHTP*, décembre 1997, Paris, IHTP-CNRS.

Réau Élisabeth du, *Édouard Daladier*, Paris, Fayard, 1993.

« Les revues sous l'Occupation », *La Revue des revues*, numéro spécial, IMEC, n° 24, 1997.

Rioux Jean-Pierre (dir.), *La Vie culturelle sous Vichy*, Bruxelles, Complexe, 1990.

Rouquet François, *L'Épuration dans l'administration française.*

Agents de l'État et collaboration ordinaire, Paris, Éd. du CNRS, 1993.

Sainclivier Jacqueline, *La Résistance en Ille-et-Vilaine, 1940-1944*, Rennes, PUR, 1993.

Sapiro Gisèle, *La Guerre des écrivains, 1940-1953*, Paris, Fayard, 1999.

Simonin Anne, *Les Éditions de Minuit, 1942-1955. Le devoir d'insoumission*, Paris, IMEC, 1994.

Singer Claude, *Vichy, l'Université et les Juifs*, Paris, Les Belles Lettres, 1992.

Sirinelli Jean-François, *Intellectuels et Passions françaises. Manifestes et pétitions au XXe siècle*, Paris, Fayard, 1990.

Sweets John F., *Clermont-Ferrand à l'heure allemande*, Paris, Plon, 1996.

Thalmann Rita, *La Mise au pas. Idéologie et stratégie sécuritaire dans la France occupée*, Paris, Fayard, 1991.

Veillon Dominique, *Vivre et survivre en France*, Paris, Payot, 1995.

Virgili Fabrice, *La France virile. Des femmes tondues à la Libération*, Paris, Payot, 2000.

Voldman Danièle, *La Reconstruction des villes françaises de 1940 à 1954. Histoire d'une politique*, Paris, L'Harmattan, 1997.

Wieviorka Annette, *Déportation et génocide. Entre la mémoire et l'oubli*, Paris, Plon, 1992.

Wieviorka Olivier, *Nous entrerons dans la carrière*, Paris, Le Seuil, 1994.

–, *Une certaine idée de la Résistance. Défense de la France*, Paris, Le Seuil, 1995.

Winock Michel, *« Esprit ». Des intellectuels dans la cité, 1930-1950*, Paris, Le Seuil, « Points Histoire », 1996.

Index

Table

TROISIÈME PARTIE

LES REPRÉSENTATIONS DOMINANTES ET LE MOUVEMENT DE L'OPINION 1940-1944

COMPOSITION : I.G.S.- CHARENTE PHOTOGRAVURE À L'ISLE-D'ESPAGNAC
IMPRESSION : NORMANDIE ROTO SA À LONRAI (01-64)
DÉPÔT LÉGAL : MARS 2001. N° 32291 (010164)

Collection Points

SÉRIE HISTOIRE

DERNIERS TITRES PARUS

H9. Histoire du Japon et des Japonais
1. Des origines à 1945, *par Edwin O. Reischauer*
H10. Histoire du Japon et des Japonais
2. De 1945 à 1970, *par Edwin O. Reischauer*
H11. Les Causes de la Première Guerre mondiale
par Jacques Droz
H12. Introduction à l'histoire de notre temps
L'Ancien Régime et la Révolution
par René Rémond
H13. Introduction à l'histoire de notre temps
Le XIXe siècle, *par René Rémond*
H14. Introduction à l'histoire de notre temps
Le XXe siècle, *par René Rémond*
H15. Photographie et Société, *par Gisèle Freund*
H132. De Gaulle 1. Le rebelle (1890-1944), *par Jean Lacouture*
H133. De Gaulle 2. Le politique (1944-1959), *par Jean Lacouture*
H134. De Gaulle 3. Le souverain (1959-1970), *par Jean Lacouture*
H135. Le Syndrome de Vichy, *par Henry Rousso*
H136. Chronique des années soixante
par Michel Winock
H137. La Société anglaise, *par François Bédarida*
H138. L'Abîme 1939-1944. La politique étrangère de la France
par Jean-Baptiste Duroselle
H139. La Culture des apparences, *par Daniel Roche*
H140. Amour et Sexualité en Occident, *par la revue « L'Histoire »*
H141. Le Corps féminin, *par Philippe Perrot*
H142. Les Galériens, *par André Zysberg*
H143. Histoire de l'antisémitisme 1. L'âge de la foi
par Léon Poliakov
H144. Histoire de l'antisémitisme 2. L'âge de la science
par Léon Poliakov
H145. L'Épuration française (1944-1949)
par Peter Novick
H146. L'Amérique latine au XXe siècle (1889-1929)
par Leslie Manigat
H147. Les Fascismes, *par Pierre Milza*
H148. Histoire sociale de la France au XIXe siècle
par Christophe Charle
H149. L'Allemagne de Hitler, *par la revue « L'Histoire »*

H150. Les Révolutions d'Amérique latine
par Pierre Vayssière
H151. Le Capitalisme « sauvage » aux États-Unis (1860-1900)
par Marianne Debouzy
H152. Concordances des temps, *par Jean-Noël Jeanneney*
H153. Diplomatie et Outil militaire
par Jean Doise et Maurice Vaïsse
H154. Histoire des démocraties populaires
1. L'ère de Staline, *par François Fejtö*
H155. Histoire des démocraties populaires
2. Après Staline, *par François Fejtö*
H156. La Vie fragile, *par Arlette Farge*
H157. Histoire de l'Europe, *sous la direction de Jean Carpentier et François Lebrun*
H158. L'État SS, *par Eugen Kogon*
H159. L'Aventure de l'Encyclopédie, *par Robert Darnton*
H160. Histoire générale du XXe siècle
4. Crises et mutations de 1973 à nos jours
par Bernard Droz et Anthony Rowley
H161. Le Creuset français, *par Gérard Noiriel*
H162. Le Socialisme en France et en Europe, XIXe-XXe siècle
par Michel Winock
H163. 14-18 : Mourir pour la patrie
par la revue « L'Histoire »
H164. La Guerre de Cent Ans vue par ceux qui l'ont vécue
par Michel Mollat du Jourdin
H165. L'École, l'Église et la République, *par Mona Ozouf*
H166. Histoire de la France rurale
1. La formation des campagnes françaises
(des origines à 1340)
sous la direction de Georges Duby et Armand Wallon
H167. Histoire de la France rurale
2. L'âge classique des paysans (de 1340 à 1789)
sous la direction de Georges Duby et Armand Wallon
H168. Histoire de la France rurale
3. Apogée et crise de la civilisation paysanne
(de 1789 à 1914)
sous la direction de Georges Duby et Armand Wallon
H169. Histoire de la France rurale
4. La fin de la France paysanne (depuis 1914)
sous la direction de Georges Duby et Armand Wallon
H170. Initiation à l'Orient ancien, *par la revue « L'Histoire »*
H171. La Vie élégante, *par Anne Martin-Fugier*
H172. L'État en France de 1789 à nos jours
par Pierre Rosanvallon
H173. Requiem pour un empire défunt, *par François Fejtö*
H174. Les animaux ont une histoire, *par Robert Delort*

H175. Histoire des peuples arabes, *par Albert Hourani*
H176. Paris, histoire d'une ville, *par Bernard Marchand*
H177. Le Japon au XXe siècle, *par Jacques Gravereau*
H178. L'Algérie des Français, *par la revue « L'Histoire »*
H179. L'URSS de la Révolution à la mort de Staline, 1917-1953
par Hélène Carrère d'Encausse
H180. Histoire médiévale de la Péninsule ibérique
par Adeline Rucquoi
H181. Les Fous de la République, *par Pierre Birnbaum*
H182. Introduction à la préhistoire, *par Gabriel Camps*
H183. L'Homme médiéval
collectif sous la direction de Jacques Le Goff
H184. La Spiritualité du Moyen Age occidental (VIIIe-XIIIe siècle)
par André Vauchez
H185. Moines et Religieux au Moyen Age
par la revue « L'Histoire »
H186. Histoire de l'extrême droite en France
ouvrage collectif
H187. Le Temps de la guerre froide, *par la revue « L'Histoire »*
H188. La Chine, tome 1 (1949-1971)
par Jean-Luc Domenach et Philippe Richer
H189. La Chine, tome 2 (1971-1994)
par Jean-Luc Domenach et Philippe Richer
H190. Hitler et les Juifs, *par Philippe Burrin*
H192. La Mésopotamie, *par Georges Roux*
H193. Se soigner autrefois, *par François Lebrun*
H194. Familles, *par Jean-Louis Flandrin*
H195. Éducation et Culture dans l'Occident barbare (VIe-VIIIe siècle)
par Pierre Riché
H196. Le Pain et le Cirque, *par Paul Veyne*
H197. La Droite depuis 1789, *par la revue « L'Histoire »*
H198. Histoire des nations et du nationalisme en Europe
par Guy Hermet
H199. Pour une histoire politique, *collectif*
sous la direction de René Rémond
H200. « Esprit ». Des intellectuels dans la cité (1930-1950)
par Michel Winock
H201. Les Origines franques (V^{e}-IXe siècle)
par Stéphane Lebecq
H202. L'Héritage des Charles (de la mort de Charlemagne
aux environs de l'an mil), *par Laurent Theis*
H203. L'Ordre seigneurial (XIe-XIIe siècle)
par Dominique Barthélemy
H204. Temps d'équilibres, Temps de ruptures
par Monique Bourin-Derruau
H205. Temps de crises, Temps d'espoirs
par Alain Demurger

H206. La France et l'Occident médiéval
de Charlemagne à Charles VIII
par Robert Delort (à paraître)
H207. Royauté, Renaissance et Réforme (1483-1559)
par Janine Garrisson
H208. Guerre civile et Compromis (1559-1598)
par Janine Garrisson
H209. La Naissance dramatique de l'absolutisme (1598-1661)
par Yves-Marie Bercé
H210. La Puissance et la Guerre (1661-1715)
par François Lebrun
H211. L'État et les Lumières (1715-1783)
par André Zysberg (à paraître)
H212. La Grèce préclassique, *par Jean-Claude Poursat*
H213. La Grèce au Ve siècle, *par Edmond Lévy*
H214. Le IVe Siècle grec, *par Pierre Carlier*
H215. Le Monde hellénistique (323-188)
par Pierre Cabanes
H216. Les Grecs (188-31), *par Claude Vial*
H218. La République romaine, *par Jean-Michel David*
H219. Le Haut-Empire romain en Occident
d'Auguste aux Sévères, *par Patrick Le Roux*
H220. Le Haut-Empire romain.
Les provinces de Méditerranée orientale,
d'Auguste aux Sévères, *par Maurice Sartre*
H221. L'Empire romain en mutation, des Sévères à Constantin
(192-337), *par Jean-Michel Carrié et Aline Rousselle*
H225. Douze Leçons sur l'histoire
par Antoine Prost
H226. Comment on écrit l'histoire, *par Paul Veyne*
H227. Les Crises du catholicisme en France
par René Rémond
H228. Les Arméniens, *par Yves Ternon*
H229. Histoire des colonisations, *par Marc Ferro*
H230. Les Catholiques français sous l'Occupation
par Jacques Duquesne
H231. L'Égypte ancienne, *présentation par Pierre Grandet*
H232. Histoire des Juifs de France, *par Esther Benbassa*
H233. Le Goût de l'archive, *par Arlette Farge*
H234. Économie et Société en Grèce ancienne
par Moses I. Finley
H235. La France de la monarchie absolue 1610-1675
par la revue « L'Histoire »
H236. Ravensbrück, *par Germaine Tillion*
H237. La Fin des démocraties populaires, *par François Fejtö
et Ewa Kulesza-Mietkowski*
H238. Les Juifs pendant l'Occupation, *par André Kaspi*

H239. La France à l'heure allemande (1940-1944)
par Philippe Burrin
H240. La Société industrielle en France (1814-1914)
par Jean-Pierre Daviet
H241. La France industrielle, *par la revue « L'Histoire »*
H242. Éducation, société et politiques. Une histoire
de l'enseignement en France de 1945 à nos jours
par Antoine Prost
H243. Art et Société au Moyen Age, *par Georges Duby*
H244. L'Expédition d'Égypte 1798-1801
par Henry Laurens
H245. L'Affaire Dreyfus, *collectif Histoire*
H246. La Société allemande sous le IIIe Reich
par Pierre Ayçoberry
H247. La Ville en France au Moyen Age
par André Chédeville, Jacques Le Goff
et Jacques Rossiaud
H248. Histoire de l'industrie en France
du XVIe siècle à nos jours, *par Denis Woronoff*
H249. La Ville des temps modernes
sous la direction d'Emmanuel Le Roy Ladurie
H250. Contre-Révolution, Révolution et Nation
par Jean-Clément Martin
H251. Israël. De Moïse aux accords d'Oslo
par la revue « L'Histoire »
H252. Une histoire des médias des origines à nos jours
par Jean-Noël Jeanneney
H253. Les Prêtres de l'ancienne Égypte, *par Serge Sauneron*
H254. Histoire de l'Allemagne, des origines à nos jours
par Joseph Rovan
H255. La Ville de l'âge industriel
sous la direction de Maurice Agulhon
H256. La France politique, XIXe-XXe siècle
par Michel Winock
H257. La Tragédie soviétique, *par Martin Malia*
H258. Histoire des pratiques de santé
par Georges Vigarello
H259. Les Historiens et le Temps, *par Jean Leduc*
H260. Histoire de la vie privée
1. De l'Empire romain à l'an mil
par Philippe Ariès et Georges Duby
H261. Histoire de la vie privée
2. De l'Europe féodale à la Renaissance
par Philippe Ariès et Georges Duby
H262. Histoire de la vie privée
3. De la Renaissance aux Lumières
par Philippe Ariès et Georges Duby

H263. Histoire de la vie privée
4. De la Révolution à la Grande Guerre
par Philippe Ariès et Georges Duby
H264. Histoire de la vie privée
5. De la Première Guerre mondiale à nos jours
par Philippe Ariès et Georges Duby
H265. Problèmes de la guerre en Grèce ancienne
sous la direction de Jean-Pierre Vernant
H266. Un siècle d'école républicaine, *par Jean-Michel Gaillard*
H267. L'Homme grec
collectif sous la direction de Jean-Pierre Vernant
H268. Les Origines culturelles de la Révolution française
par Roger Chartier
H269. Les Palestiniens, *par Xavier Baron*
H270. Histoire du viol, *par Georges Vigarello*
H272. Histoire de la France
L'Espace français, *sous la direction*
de André Burguière et Jacques Revel
H273. Histoire de la France
Héritages, *sous la direction*
de André Burguière et Jacques Revel
H274. Histoire de la France
Choix culturels et Mémoire, *sous la direction*
de André Burguière et Jacques Revel
H275. Histoire de la France
La Longue Durée de l'État, *sous la direction*
de André Burguière et Jacques Revel
H276. Histoire de la France
Les Conflits, *sous la direction*
de André Burguière et Jacques Revel
H277. Le Roman du quotidien
par Anne-Marie Thiesse
H278. La France du XIXe siècle, *par Francs Démier*
H279. Le Pays cathare, *sous la direction de Jacques Berlioz*
H280. Fascisme, Nazisme, Autoritarisme
par Philippe Burrin
H281. La France des années noires, tome 1
sous la direction de Jean-Pierre Azéma et François Bédarida
H282. La France des années noires, tome 2
sous la direction de Jean-Pierre Azéma
et François Bédarida
H283. Croyances et cultures dans la France
d'Ancien Régime, *par François Lebrun*
H284. La République des instituteurs,
par Jacques Ozouf et Mona Ozouf
H285. Banque et affaires dans le monde romain
par Jean Andreau